新时代高等学校社会工作专业核心课程教材

社会工作导论

Introduction to Social Work

贾志科　主编

武汉大学出版社

图书在版编目(CIP)数据

社会工作导论/贾志科主编.—武汉：武汉大学出版社,2020.8
新时代高等学校社会工作专业核心课程教材
ISBN 978-7-307-21731-7

Ⅰ.社…　Ⅱ.贾…　Ⅲ.社会工作—高等学校—教材　Ⅳ.C916

中国版本图书馆 CIP 数据核字(2020)第 156175 号

责任编辑:郭　静　　责任校对:汪欣怡　　版式设计:马　佳

出版发行:**武汉大学出版社**　　(430072　武昌　珞珈山)
　　　　　(电子邮箱:cbs22@ whu.edu.cn　网址:www.wdp.com.cn)
印刷:湖北恒泰印务有限公司
开本:787×1092　1/16　印张:17.5　字数:412 千字　插页:1
版次:2020 年 8 月第 1 版　　2020 年 8 月第 1 次印刷
ISBN 978-7-307-21731-7　　定价:46.00 元

序　言

社会工作导论是高校社会工作专业本科生的入门课程，也是整个社会工作专业的核心基础课程之一。本课程所涵盖的基本知识、理论和方法是踏入社会工作专业的本科生必须掌握的基本功。目前，专业社会工作知识和方法已经越来越广泛地应用于儿童青少年社会工作、老年社会工作、妇女社会工作、家庭社会工作、社区矫正、医院社会工作、学校社会工作等诸多实务领域，因此这也是从事社会工作实务的工作者所需掌握的基本本领。学习和掌握社会工作的基本知识、理论和方法，不仅有助于我们理解社会工作这门学科的基本内容，也有助于我们理解社会工作者在探索解决社会问题过程中所做的各种努力。

本书的撰写主要遵循了"系统全面、简洁实用"的原则，努力做到科学、规范、严谨地表达，力求达到适合社会工作专业教学实际的目的。在章节内容的安排上，尽可能全面、系统，并注意全书的整体逻辑结构，主要由"基本知识+主要理论+重要方法"等构成；在材料的组织、知识的拓展和案例的提供上，尽可能详细，并紧密结合专业教学的实际和特点，以方便教师和学生使用；在每一章后面，不仅列出了该章节中涉及的一些基本概念，还设计了一些让学生课下思考的练习题。

笔者深知，对社会工作导论中所涉及的知识、理论和方法进行全面和深入介绍，不是一件容易的事情，很多是超出个人的学识和能力范围的。而本书的编写也是尝试着在为中国社会工作教育的发展贡献微薄之力。自 2005 年笔者开始讲授社会工作概论课程以来，国内的相关教材和参考书可以说发生了翻天覆地的变化，尤其是全国社会工作者职业水平考试开始和 MSW 硕士点开设以来，极大地推动了专业教材的编写和发展。

河北大学作为全国较早设立社会工作专业的院校之一，社会学系的各位老师也在不断地尝试着尽自己所能来为中国社会工作教育的进步与发展贡献力量，为此，我们组织了相关领域内有多年教学经验的老师和研究生一起参与本书的编写，以求能够尽可能科学、客观地梳理与介绍相关内容。本书也是社会学系多位教师在多年教学实践经验基础上的一个总结。

诚然，由于受到个人和团队在学识、能力和水平方面的限制，本书中一定存在着这样或那样的缺陷、错误和不足，真诚希望使用本教材的老师和同学们能够对本书中的各种缺点给予批评和指正。我们也将进一步学习和阅读相关新资料，开展新研究，以逐步修订和完善本书内容，使之不断提高，以适应广大师生和实际工作者的需要。

在本书出版之际，我要感谢武汉大学出版社提供的大力支持，感谢责任编辑郭静女士对本书出版所付出的辛勤劳动，也要感谢参与本书编写的河北大学社会学系诸位老师和研究生。

最后，希望广大读者能够对本书提出批评和建议，以便于我们在今后适当的时候对本书进行修订和完善。我的邮箱地址是 hbujzk@163.com。

贾志科

2020 年 3 月 31 日

于河北大学

前　　言

　　社会工作自产生之初，就是以社会问题为导向的。自人类社会产生，便开始有社会问题的出现。尤其是工业革命之后，人类进入到近现代社会以来，各种社会问题不断涌现出来。当今社会，人们所面临的现实社会问题，复杂而且多样。伴随着经济发展而出现的贫富分化、阶层冲突、地区差异成为许多社会问题的导火索。当前，摆在人类面前的多种社会问题，让我们不得不思考如何加以应对。诸如：人口问题以及由人口问题引发的住房、教育、交通、医疗、生活服务与环境等问题；就业问题，包括失业引发的犯罪、身心障碍者就业服务、劳资矛盾、工资福利待遇纠纷等问题；"三农"（农业、农村、农民）问题，包括农村换届选举、宅基地纠纷、农民增收、乡村振兴、扶贫等问题；进城务工人员问题，包括进城务工人员的社会适应、子女教育、居住、婚姻与犯罪等问题；人口老龄化问题，包括养老服务的提供、老年人的赡养等问题；婚姻家庭问题，包括夫妻关系、亲子关系、家庭暴力、婚外情、儿童权益与单亲家庭等问题；学校教育和学生相关的问题，包括教育公平、学生恋爱、违规违纪等问题；此外，还有青少年犯罪问题、医患纠纷问题等。

　　社会问题包罗万象，但通常被社会工作认定为其职责所在的社会问题主要有：贫困问题、失业问题、疾病问题、婚姻家庭问题、儿童问题、老年问题、身心残障问题、吸毒问题、酗酒问题、犯罪问题、劳工问题和种族歧视问题等。越来越多的社会问题，单靠个人力量已经无法妥善解决，迫切需要社会化的手段来协助解决，因此社会工作应运而生。

　　不可否认，当今社会是一个社会问题不断涌现，社会矛盾日渐突出，迫切需要和谐稳定的社会。日益社会化了的社会问题可能会影响到经济的发展和社会稳定，它迫使政府和社会必须及早拿出解决的方案来。也正是因为诸多社会问题需要得到妥善处理和解决，国家和政府也意识到了这一问题的严重性，于是，社会建设与社会治理被提上日程，并逐渐加以推行。社会工作最初就是以社会问题为导向而生的，并且也是为了解决社会问题、缓解社会矛盾而逐渐发展起来的。值得注意的是，社会工作不是万能的，也不可能完全或彻底地解决社会问题。然而，它在缓解社会矛盾，促进社会和谐和公正方面的作用，越来越得到社会和大众的认可，也逐渐受到了政府和社会各界人士的高度关注和重视。

　　2006年10月8日至11日，党的十六届六中全会上，中共中央做出了《关于构建社会主义和谐社会若干重大问题的决定》。决定中明确提出，要"建设宏大的社会工作人才队伍"，并指出"造就一支结构合理、素质优良的社会工作人才队伍，是构建社会主义和谐社会的迫切需要"，要"建立健全以培养、评价、使用、激励为主要内容的政策措施和制度保障，确定职业规范和从业标准，加强专业培训，提高社会工作人员职业素质和专业水平"，要"制定人才培养规划，加快高等院校社会工作人才培养体系建设，抓紧培养大批社会工作急需的各类专门人才",还要"充实公共服务和社会管理部门,配备社会工作专门人员,完善社会工作岗位设置,通过多种渠道吸纳社会工作人才,提高专业化社会服务水平"。可以说,这是关于社会工作专业发展方向最明确的中央指示和决定精神,在很大程度上造就了现阶段中国社会工作发展的繁荣局面。

2008年6月28—29日,全国助理社会工作师、社会工作师职业水平考试如期举行,当时全国共有13.3万名考生报名参加此次考试。根据2008年9月份公布的全国助理社会工作师、社会工作师职业水平考试成绩,共有24191人通过了考试,其中,20086人获得了助理社会工作师职业水平证书,4105人获得社会工作师职业水平证书。中国首批助理社会工作师、社会工作师诞生。应该说,这是中国社会工作职业化发展道路上的里程碑事件,它标志着我国社会工作者职业水平评价制度向实施阶段迈出了重要一步!

2010年6月,国家发布了《国家中长期人才发展规划纲要(2010—2020年)》,该文件提出到2020年要加紧建设六种主体人才队伍,社会工作人才队伍便是其中之一。2011年9月14日,中央18个部委和群团组织联合发布了《关于加强社会工作专业人才队伍建设的意见》,该文件是中央第一个关于社会工作专业人才的专门文件,也是当前和今后一个时期全国社会工作专业人才队伍建设的指导性纲领,在我国社会工作事业发展史上具有里程碑意义。2012年4月,经中央人才工作协调小组审议通过和中央领导同志同意后,中央组织部、中央政法委、中央编办、国家发改委、教育部、公安部、民政部、司法部、财政部、人力资源和社会保障部、文化部、卫生部、国家人口计生委、国家信访局、国务院扶贫办、全国总工会、共青团中央、全国妇联和中国残联等19个部委和群团组织又联合发布了《社会工作专业人才队伍建设中长期规划(2011—2020年)》。这是我国第一个关于社会工作专业人才队伍建设的中长期规划,是继中央18个部委和群团组织发布《关于加强社会工作专业人才队伍建设的意见》之后出台的推进专业社会工作事业发展及其人才队伍建设的又一纲领性文件。文件中提出,到2015年,我国一线社会工作专业人才总量增加到50万人,其中具有社会工作师职业水平证书或达到同等能力素质的中级社会工作专业人才达到5万人,具有高级社会工作师职业水平证书或达到同等能力素质的高级社会工作专业人才达到1万人。到2020年,我国一线社会工作专业人才总量增加到145万人,其中中级社会工作专业人才达到20万人、高级社会工作专业人才达到3万人。但不可否认,目前看来社工人才队伍尚存在较大的缺口。

2013年11月12日,中国共产党第十八届中央委员会第三次全体会议通过的《中共中央关于全面深化改革若干重大问题的决定》中明确指出,要"激发社会组织活力",要"正确处理政府和社会关系,加快实施政社分开,推进社会组织明确权责、依法自治、发挥作用",提出:"适合由社会组织提供的公共服务和解决的事项,交由社会组织承担;支持和发展志愿服务组织;限期实现行业协会商会与行政机关真正脱钩,重点培育和优先发展行业协会商会类、科技类、公益慈善类、城乡社区服务类社会组织,成立时直接依法申请登记。"这些都为开展专业社会工作做出了良好铺垫。

2015年3月5日,李克强总理在国务院《政府工作报告》中首次提到要发展专业社会工作,随后2016年、2017年、2018年,国务院《政府工作报告》中连续多次提及专业社会工作,措辞分别从"发展、支持到促进"演变,其意义重大,指导着中国社会工作的发展。

2018 年，中共中央国务院印发的《乡村振兴战略规划（2018—2022 年）》中也明确提到了社会工作和志愿服务，指出要"推动各地通过政府购买服务、设置基层公共管理和社会服务岗位、引入社会工作专业人才和志愿者等方式，为农村留守儿童和妇女、老年人以及困境儿童提供关爱服务"。可见，专业社会工作已经成为国家和政府在政策制定中不可或缺的重要内容。

鉴于此，中国社会工作的发展形势已经变得越来越紧迫，越来越需要赶上时代的步伐，甚至要引领时代的潮流。然而，尽管社会工作发展前景光明，"春天已经来临"，但现实中各地社会工作的发展仍存在很大差异，有的地方甚至举步维艰，亟待突破，可谓是初春"乍暖还寒"。

希望本书能够在向读者系统介绍专业社会工作基本知识的基础上，帮助读者理解专业社会工作的主要理论，掌握和运用专业社会工作的重要方法，为推动中国社会工作教育的进步与发展贡献一定的力量，发挥一定的作用。

目 录

第一章 关于社会工作的基本认识

要深入了解社会工作，必须首先对社会工作有一个较为清晰的基本认识。本章将从社会工作的涵义与特征谈起，介绍社会工作的对象和领域，进一步分析社会工作的目标与功能，最后对社会工作与其他社会科学之间的关系加以讨论。

第一节 社会工作的含义与特征

对中国人而言，社会工作这个概念其实并不陌生，但是现在所讲的社会工作不同于过去所讲的概念。过去所讲的社会工作是在本职工作之外所兼任的其他社会性的工作，也就是非本职性的、公益性的工作。这些工作是不取报酬的，比如包括当学生干部，做工会委员等。而现在我们对社会工作却有了不同的认识和理解，在这里所介绍的社会工作是专业性的社会工作，是学科意义上的社会工作。它是现代社会的产物，是适应现代工业社会的需要而发展起来的，产生于英美等西方发达国家，由英文 Social Work 直译而来。Social 一词的基本含义是"社会的"或"社会性的"，它是与营利性、经济性、利己性的含义相对。这样，社会工作基本上是指非营利性的、服务于他人和社会的活动。由于各国文化不同、历史渊源不同，因而对这类活动的称呼也不尽相同。在英语世界中，Social Work 指的就是专门从事社会服务的职业性活动。而在其他一些国家和地区，这类活动还被称作是社会服务(Social Service)或者社会福利服务(Social Welfare Service)。在 20 世纪上半叶，我国还把 Social Work 这类的活动称为社会服务或社会事业。

尽管不同国家和地区使用的概念有所不同，但其基本内涵是一致的。作为一种助人的实践活动，由于社会工作这一概念的使用并非起始于某个权威组织的规定，再加上由于社会工作在不同国家和地区面对的主要任务不同、解决问题的具体方法也不尽相同，因而社会工作在世界各国和地区具有不同的实践形态。而且，伴随着社会变迁，社会工作也在不断演进，社会工作的理论和实践也在不断得到丰富和发展，人们从不同角度看待复杂的社会工作活动时，对社会工作的界定和解说就呈现出了多样化的特点。

一、对社会工作基本内涵的理解

在社会工作学术界，不同的学者对于社会工作有着不同的定义，有的学者强调社会工作是一种服务，有的强调它是一个助人过程，也有的认为它是一种艺术。

李迎生在其主编的《社会工作概论》一书中，介绍了国际上关于社会工作的三种认识角度：第一类，把社会工作视为一种个人慈善事业，这是在社会工作初期阶段的认识；第二类，将社会工作视为由政府或私人社团举办的以解决各种因经济困难所导致的问题为目的的各种有组织的活动，这是当前大多数国家的认识与实践；第三类，将社会工作视为一种由政府或私人社团所举办的专业服务，这种认识主要存在于发达国家。

根据国内学者对社会工作的认识，从整体的观点来看，归纳起来，社会工作的内涵至少包含以下几个方面：

（一）社会工作是一种科学助人的职业活动

如果说医生的职责是为人们医治生理上的疾病的话，那么，社会工作者的职责首先就是帮助那些在社会生活中遇到各种困难和问题的人。从最初的施舍到后来的慈善活动再到专业的社会工作，社会工作一开始就带有鲜明的助人特征，它已经成为了一种充满爱心的崇高事业。但是，在社会工作活动和服务中，有爱人之心并不等于真正能够帮助人。真正的帮助人是帮人之所需，使帮助富有效果，而且效果持久。那么，这就需要有科学的知识和方法作为基础。

目前，社会工作界一般把一百多年前的两项活动作为国际专业社会工作的开端：第一项活动是 1898 年美国纽约慈善学院举办了为期 6 周的训练班，训练给薪的"友善访问员"（Friendly Visitor）；第二项活动是同年荷兰阿姆斯特丹社会工作学院成立，开设两年制的社会工作教育。此后，在一个世纪的时间里，这种通过专门教育来培养人才、从事社会服务的活动和现象在整个世界范围内发展开来。

到现在，社会工作已经被看作是一项专门有一批人以这项工作为安身立命的事业，是一项领取工资、领取报酬而进行的专门工作，也就是说，社会工作成为一项职业，已经成为了国际共识。美国的一位学者在《纽约时报》的一篇社论中说："一种新的职业已经并且正在我们鼻子底下日渐成熟，这就是社会工作。人们过去曾把社会工作想象成一种手挎菜篮去帮助穷人的活动，现在，社会工作是一种运用科学的方法和艺术的手段去解决各种各样社会问题的职业。"

社会上的职业非常多。说社会工作是一项职业，之前也有人提出过不同的意见，为什么要专门有一批人领取工资来进行这项工作呢？这是因为，随着社会的发展，人们的社会需求多样化，社会上一些人的困难并不是靠单纯的有爱心就能帮他们解决，只有寻找职业的助人者才能帮他们真正解决问题。比如，民政系统可能会碰到一些问题，有人会来到民政部门求助，要求帮助解决家庭暴力问题，但是仅凭热情，没有专业的技术、价值观和方法，就有可能适得其反，并不能有效地帮助当事人解决问题，但是当我们有专业的判断，用社会工作的价值观和工作方法来帮助当事人解决问题时，就能够做出比较合理、全面的分析。再比如，老龄社会的到来使得更多的老年人需要各种各样的养老服务，这就需要有一大批人来专门提供相关的养老服务。因而，社会工作逐渐成为一种职业活动。

随着社会的发展，现代社会的复杂化导致有些人遇到的问题十分困难，不是依靠周围亲朋好友的帮助就能解决的，这就需要专门的、以此为职业的人来帮助其解决，因此，从这一意义上理解，社会工作就是一种科学助人的职业活动。也就是说，社会上有专门的人学习专门的知识、利用专门的方法来帮助他人解决面临的问题。社会工作就是由自愿性的、互助性的活动而发展到了职业化的程度，成为了专门领取工资、领取报酬的一种职业。如果用一个比喻来说的话，"社会工作者是领工资的雷锋"。

（二）社会工作是一个专业

目前，国际上社会工作已经被承认是一种专门的职业。社会工作作为一种专门的职业，在一个国家或地区内表现为：在社会福利制度体系中，从事社会福利服务的机构必须获得合法的社会服务的专业资格，从事社会服务的、具有较高职级的人士一定要经过社会工作的专业培训或专业教育。因此，在这种情况下，社会工作必然也应该是一个专业。

在我国，专业可以从学科和生产部门两个角度来划分。从生产部门的角度来看，专业（Profession）是指在社会生产部门中根据产品生产的不同过程和技术划分而成的各个部分。实际上，现代意义上的专业是指建立在科学教育和训练之上的、某类人专门拥有的职业领域。专业是现代社会的产物。按照马克斯·韦伯的说法，要获得专业资格需要经过较长时间的专业培训，进入相应的工作领域也需要获得专业资格，而不是凭借其他方面的能力。

可见，职业和专业既有联系又有区别。专业是一个职业，但并不是所有的职业都是专业。在众多职业中，称得上是专业的只是其中的一部分。只有经过专门的训练，具备专门的知识，有较高的专业技能，才能去从事这样一种职业活动，这才称得上是专业。例如：医生、律师、会计师、教师等。从事这些职业的人需要接受专门的训练、系统的知识学习，并且具备较高的技能，因而才能成为专业人士。同样，社会工作也是一个专业。未来中国社会工作人才队伍的建设，需要的是专门的人才，也就是专业人才。原人事部（现人力资源和社会保障部）、民政部等国家有关部门的政策文件中有明确说明，就是要把社工师、助理社工师纳入全国统一的专业技术人员系列对待，这就需要有较高知识和技能的专业人才。

当然，不同的职业要求也是不一样的。社会工作需要经过长期的训练才能有所成就。掌握一定理论知识和专业方法的助人活动，很多时候可以将疑难问题较好地化解，达到"四两拨千斤"的效果。随着社会的发展，很多问题需要掌握特定理论知识和方法的人才能解决，例如家庭治疗模式就是众多社会工作理论中的一种，这种社会工作的理论和方法只有被认真掌握，并娴熟应用，才能收到真正的良好效果。

（三）社会工作是一门学科

既然社会工作是一个专业，需要经过严格的训练、教育才能获得的专业技能，那么，社会工作必须要成为高等教育中的学科来进行设置，才能达到专业训练和教育的目的。为了培养具有社会工作专门知识和技能的人才，许多国家在大学里设立了社会工作学院或者社会工作系，专门培养社会工作的学士、硕士和博士。一些国家还设立了社会工作教学委员会，来规范社会工作专业课程的设置，以推进社会工作教学的发展。

从社会工作的发展历史来看，美国、英国由志愿服务发展到职业，由职业推进到专业，这个过程中社会工作专业教育发挥了重大作用。经过社会工作者的不懈努力，社会工作专业已经发展成比较完备的、丰富的、庞大的专业学科体系。在科学范围内，社会工作也已经逐渐成为一个有着自身特点的社会科学学科。在这一专业学科体系中，包含着一系列的内容，包括丰富的专业理论、专业伦理、专门的社会工作方法以及社会工作实务的经验总结，等等。

而社会工作的学科领域涉及的范围相当广泛，其中包括儿童社会工作、青少年社会工作、老年社会工作、妇女社会工作、残疾人社会工作；学校社会工作、农村社会工作、企业社会工作；救助社会工作、反贫困社会工作；等等。因此，社会工作现已成为一个庞大的学科体系。

（四）社会工作是一种制度

早在1942年，威特默（Witmer）就写过一本书，名字叫做《社会工作——一种社会制度分析》，他在书中就写道："社会工作是一个有组织的机构或社团为解决个人所遭遇的困难而提供的一种援助，（是）为协助个人调整其社会关系而提供的各种服务。"由此，可以认为，社会工作是由政府或民间组织提供的一种规范化的、专业的服务，它也因此而被纳入到了现代社会的制度系统中，成为了贯彻政府的福利政策、确保社会稳定的一种不可或缺的制度。

社会福利和社会保障制度都有一个产生、发展的过程，在最初，它们也只是保障人们的基本需求，目标比较低。进入现代社会，它们除提供基本的生存条件以外，还要有服务的提供。如今，它们更高的保障层次就是满足人们不同的需求，社会工作就是对解决特殊需求和服务的满足，比如为老年群体提供的心理慰藉、为失独家庭提供的心理支持等。社会工作就是为了解决各类人群特殊需求的，这也是社会工作产生和现代社会之所以需要社会工作的原因所在，这涉及一个更高层面制度建设的问题，它所提供的是制度性的服务。社会工作可以提供专业服务的保障，这样就能提高原有保障的效能，并拓展其范围向更高的层面发展，只有把物质保障与服务结合起来才能得到和谐目标。所以，社会工作体系已成为现代社会福利制度的重要组成部分。

总的来说，以上对社会工作基本内涵的理解为我们大致勾勒出了社会工作的全貌。首先，社会工作是一个职业，是一种科学助人的职业活动；其次，在职业中间它又是一个专业；再次，这个专业还需要有丰富的学科知识作支撑；最后，社会工作还是一个制度的建设。由此可见，从事社会工作是一个光荣而艰巨的任务，因为现阶段在中国社会，从事社会工作是在进行新制度的构建，和谐社会的建设，意义深远。

二、社会工作的定义

如果说非要给社会工作下一个定义的话，我们可以给出一个现在国内相对比较统一的对社会工作概念的界定。

现在国内较为通用的是王思斌在其编写的《社会工作概论》一书中对社会工作的定义，即社会工作是以利他主义价值观为指导，以科学的知识为基础，运用科学方法助人的服务活动。这一定义指出了如下几点：第一，社会工作是以帮助他人（服务对象）为目的的活动；第二，社会工作是以科学知识为基础的活动；第三，社会工作有着科学的助人方法；第四，社会工作本质上是一种助人服务活动。

此外，李迎生在其主编的《社会学概论》一书中，也给出了一个界定，这一界定是从综合的角度来给社会工作所下的定义。即：社会工作是遵循以人为本、助人自助、平等公正的专业价值观，在社会服务及社会管理等领域，综合运用专业知识、技能和方法，帮助有需要的个人、家庭、群体和社区，整合社会资源，协调社会关系，预防和解决社会问题，促进社会稳定和谐的专业和职业。

由此，这就使得我们可以将社会工作同人们之间的互助、同一般的慈善活动区别开来，同偶尔地在社会上做一些公益活动区别开来，也同以管理人、控制人为特点的行政活动区别开来。不论哪个定义，学者们对社会工作如何进行界定，总体而言，可以说，社会工作是充分考虑到受助人的需要及主体性，运用尽可能有效的方法帮助和协助受助对象满足其需要、摆脱困境的活动和过程。

三、我国现存的三种不同理解

事实上，当前在我国对于社会工作存在着最起码三种不同的理解，包括普通社会工作、行政性社会工作和专业社会工作。普通社会工作是在我国原来的计划经济体制下，政府机关、国有企业、事业单位之中或之外普遍存在、人们在本职工作之外承担的、不计报酬的思想政治教育性或公益服务性的活动；行政性社会工作是指在政府部门和群众团体中，专门从事职工福利、社会救助、思想工作等类型的助人活动；而专业社会工作是由受过社会工作专业训练的人开展的助人活动。应该指出的是，这三种形态的社会工作有着明显的差异，也有一些相通之处。它们在不同的经济、社会背景下，在各自的经济-政治-社会系统架构中发挥着各自不同的作用。

四、社会工作的主要特征

社会工作是运用科学知识和方法助人的职业活动，概括而言，其主要特征包括实务性、科学性和价值相关性。

(一)实务性

实务性也称实践性，这是相对于理论性而言的。在学科分类上，有些学科偏重于理论知识的研究，称为理论性学科，如哲学；有些偏重于研究解决实际问题的方法，称为应用性学科，如社会学、公共管理学等。在应用社会科学中，也有偏重理论和偏重应用之分，前者如社会学，偏重于从宏观上、制度和结构上分析社会问题之所在；后者如社会工作，则偏重于具体地去干预和解决社会问题。就学科知识而言，社会工作是实务取向的，它是围绕和为了解决社会问题而形成的学科知识，就像自然科学中的医学一样。

实务性的另一层涵义是说，它不但关注如何去具体地解决问题，而且强调真正实际地去参与解决问题。社会工作是服务于困境人士特别是弱势群体的职业活动，具体地去做是社会工作有别于其他学科的重要特点。比如，一个哲学家可能有关怀弱势群体的情怀，一个社会学者常常会去研究贫困产生的一般原因，而作为社会工作者，则要具体地分析某一特定贫困群体之所以贫困的具体原因，并且重要的是，还要以自己的行动去设法帮助他们。

(二)科学性

社会工作要做到科学地助人，科学性是其重要特点。这里的科学性包括两层含义：

第一，社会工作不是一般的助人活动，不是粗略的、不加分析的助人活动，而是建立在对问题科学分析之上的助人活动。在助人过程中，要运用理论分析、使用科学的方法和技巧、制定科学的助人方案和计划等。

第二，社会工作者的助人实践是以科学知识为基础的。社会工作者在其长期的专业学习和训练中，会获得许多解决社会问题的知识和经验，这些是经过无数次检验的科学知识，可以为解决现实问题提供参考。社会工作者运用这些知识和方法科学地帮助有困难的人，能够取得更好的效果。当然，在这一助人的实践过程中，社会工作者还会创造出新的经验和知识。

(三)价值相关性

社会学家马克斯·韦伯，在论述社会学方法论的时候，提出了价值相关和价值中立这一对概念。在他看来，科学研究就是要客观地了解研究对象，而非用研究者的价值观念(好恶)去选择研究的问题和影响研究结果。研究者所持有的价值观念不干涉研究过程，这就是价值中立。而价值相关，则与价值中立相反，即研究者的价值观念直接影响研究过程和结果。很显然，在科学研究中要坚持价值中立的原则，然而完全做到价值中立并不容易。在韦伯提出这对概念之后，它们常被用于各种研究和实践中。

社会工作者在其社会服务的实践中，也使用这对概念。社会工作认为，在对问题进行研究和评估的过程中，社会工作者应当是价值中立的，而在社会服务实践中，由于是要跟人打交道，要帮助人，这时应该是价值相关的。这里的价值中立，就是要保障能够科学、客观地认识和分析问题，进而找出科学解决问题的方法，而在解决社会问题的行动实践中，社会工作者则要秉持其专业要求的价值观，并遵循专业伦理守则。这一点，在后面的章节中我们会再深入讨论和介绍。

正是由于社会工作的价值相关性，因此社会工作是充满价值的，是一种道德实践。一方面，社会工作是为了实现社会正义、增加社会和谐、推动社会进步而进行的活动，而这些社会价值都与道德联系在一起；另一方面，社会工作者在具体的认识和界定问题、干预和处理问题的过程中，都以一定的价值观为指导，从而使其助人实践带有道德的特点。

五、与社会工作相关的一些概念

事实上，社会工作在缓解社会问题、增进社会和谐的意义上，是与社会福利、社会保障、社会服务等概念直接相关的，它们属于同一类型的概念，在不少场合甚至被交替使用。但是，它们又属于不同的理解层面，有着不同的内涵。因此，厘清这些概念有助于我们更准确地理解和把握社会工作的内涵。

(一)社会福利

社会福利(Social Welfare)一词最早出现在1941年的大西洋宪章和1945年的联合国宪章中。作为现代社会的一种制度，社会福利制度体现了国家的政策和社会大众的理想，其目标在于增进社会上每一个人的生活需求和能力，从而创造一种安康的社会生活环境。

社会福利通常有广义和狭义之分。广义的社会福利又称为积极的社会福利或公共福利，它是指一切有助于公民生活质量和社群福祉改善的活动、服务及资源，它们既可以是有形的物质、金钱支持，也可以是无形的精神帮助；既可以是实物形式的帮助，也可以是现金形式的支持。而狭义的社会福利又称"补残式"社会福利，它是指为社会中最不能自助者(弱势群体)提供的、满足其最基本的生存需要的资源和服务。比如社会救济和优抚、对生活困难家庭的补助、对残疾人和高龄老人的照顾等。一般来说，这类社会福利是应急性的，也具有很强的针对性，其目的就在于满足弱势群体的基本需要。从传统的社会工作角度，一般对社会福利作狭义理解。

(二)社会保障

社会保障(Social Security)与社会福利同属政策、理念的层面。广义的社会福利包含着社会保障的内涵，但社会保障也有着自己独特的指称对象。社会保障就是政府和社会为确保其成员的最基本的生活需求，通过国民收入的分配与再分配，为那些因各种原因而面临生活困难的人提供物质帮助和社会服务，它是一种依法保障社会成员的基本生活的社会制度。其目的在于保障社会成员不因基本生活受损而招致危险，并进一步达到社会的稳定，因此，它具有"社会安全网"和"社会稳定器"的性质。社会保障是通过政府立法而确定的，因而基本上属于政府行为。

根据1952年国际劳工组织大会通过的《社会保障最低标准公约》规定，现代社会保障主要包括九项内容：医疗津贴、疾病津贴、失业津贴、老龄津贴、工伤津贴、家庭津贴、生育津贴、残疾津贴和遗属津贴等。其中，医疗津贴和疾病津贴的区别在于：前者范围大，包括意外伤害、疾病等，而后者范围小，仅指疾病，包括大病、小病。现在日常生活中，已经不区分二者，在实务中也不再区分。在我国统称医疗保险，二者区别甚微。根据公约的规定，一个国家只要实行了三种津贴就可被认为已经建立了社会保障制度。

总之，社会保障与社会工作的区别在于：社会保障是一套制度性规定，而社会工作则是依据这些制度性规定而实施的具体服务。当然，现在随着社会工作概念内涵的不断丰富，社会工作在我们国家也逐步地走上一种制度建设的道路，现已成为社会福利制度中的重要组成部分。

(三)社会服务

社会福利和社会保障需要通过一定的程序、方案、项目、活动或行动来落实，这种实施的过程可以被统称为社会服务(Social Service)。社会服务是以劳务为主要形式向有困难的社会成员，特别是社会弱者提供的改善其处境的活动。它与盈利性商业服务有着本质的区别，社会服务可能是社会福利或社会保障组织直接提供的，它们是福利制度内的社会福利或者称为社会福利服务。但大量的社会服务是由各种不同的社会组织、团体或个人提供的，它具有十分广泛的群众性。

狭义的社会福利服务与社会工作基本吻合，但社会工作是以鲜明的专业性而区别于日常的社会服务，就像医生以其专业性而区别于略知卫生常识的普通人一样。社会工作在宽泛的意义上可被纳入社会服务的范畴，但社会工作者总是有意识地把自己掌握的专业知识应用于社会服务的实践中，这不仅大大提高了社会服务的水准，而且使社会服务以规范化的品质纳入到了现代社会的组织与制度体系中。很多时候，社会工作者也从事直接的社会服务，但相比较而言，它更关注的是社会服务的组织、督导以及社会服务方案的操作等方面的内容。与此同时，社会工作者还怀着极大的热情，积极参与制定各种社会福利和社会保障政策，因此，社会工作在社会政策的层面上，与社会福利和社会保障也有部分的重叠。

第二节　社会工作的对象和领域

作为一门学科，一定要确定自己的研究对象和领域，从而区别于其他学科。在这里所说的社会工作的对象和领域，严格来说，应该是社会工作的工作对象和工作领域。

一、社会工作的对象

(一)社会工作的基本对象

社会工作对象就是指直接接受社会工作服务的个人或群体，从社会工作起源的角度来看，早期的慈善家们最初帮助的是那些无家可归的流浪者、儿童和老人、因失业等原因而致的贫困者以及战争中的负伤者，等等。也就是说，出于慈善、公益等目的，社会工作最初救助的是社会上最困难的群体，他们是社会上最边缘、从道义上来讲最应该帮助的人。一般他们是由于生理、心理等原因或者由于个人无法抵御的社会和自然原因而陷于生活极度困难的群体。

而今，从发展中国家社会工作的实践来看，其基本对象依然是那些最"需要帮助的人"，比如孤儿、孤寡老人、残疾人，以及那些因自然灾害和社会原因而陷入危险境地的人。这一方面是由社会所认同的基本道德所决定的，另一方面则是出于社会福利的支付能力。由于在现代社会中，社会的福利资源主要来自于各种社会成员的纳税，而且相对于福利需求来说，它常常是短缺的。在这种情况下，运用社会福利资源帮助社会上有困难的人，就必然会首先选择最需要帮助的贫弱者。因为从社会道义的角度来看，这会实现福利效益的最大化，即最能体现社会正义。

(二)从个人到社区

社会工作在其形成的过程中基本上是以最贫弱的个人和贫困家庭为对象的。20世纪30年代以来，特别是"二战"之后，社区也逐渐成为社会工作的对象。早在19世纪中期英国的慈善机构开展社区睦邻组织运动时，就开始了通过社区组织工作解决社会问题的探索，以晏阳初为首的中国学者则创造性地开展了以发展农村社区为目的的"华北平民教育运动"。

20世纪30年代社区工作方法被认可成为社会工作的基本方法之一。"二战"结束后，新独立的民族国家(主要是农业国)将农村发展置于重要地位，联合国也积极在全世界范围内推进社区发展运动，这样，社区成为了社会工作的重要对象。20 世纪后半期，发展中国家的反贫困、发达国家的社会团结问题都同社区密切地联系在一起，甚至社区建设问题成为政府十分关注的领域，社区组织、社区发展也成为社会工作的重要内容之一。社会工作的对象由个人、家庭扩大到了社区。

社区成为社会工作的对象是社会工作内容的丰富和范围的扩大，它在依然关注个人和家庭的基础上，将解决社区的、综合性的"经济-社会"问题作为自己的任务。这不但迫使社会工作者去处理更加复杂的问题，而且也将其工作扩展至宏观层次。实际上，在个人与家庭的微观层面开展工作同在社区这一宏观层面上开展工作有着很大的差异，而且常常是互补的。

(三)社会工作对象范围的扩大

随着社会的变化、社会问题的复杂化和社会的进步，社会工作的对象也在不断扩大，这主要表现为社会工作的性质由补救性、治疗性向治疗与预防、补救与发展相结合的方向发展。

当某些社会成员由于个人和社会原因主要在物质生活方面陷入困境之后，由政府、社会工作机构对其实施物质方面的救助，这是社会工作的最初的、也是最基本的工作内容。后来，社会工作对人的内在因素的强调被突出出来，社会工作的价值也由助人变为助人自助，这样，促进受助对象发展以防止问题的再度发生成为社会工作的重要目标。

福利国家的出现将社会工作面向贫弱者的救助性工作发展成面对全体国民的、全面的、制度化的关怀。不仅对物质上的救助，而且心理方面的援助也成为社会工作的内容。在发达国家，随着社会变迁的加速、社会成员心理压力的增加，缓解人们的心理压力成为社会工作的重要任务，这已经不仅仅局限于社会上的贫弱者，而是扩展至社会的中上层，社会工作的对象得到了极大扩展。比如，对工作压力大的中年群体实施心理支持与发展服务、对物质生活无忧的老年群体实施社区养老服务、对遭遇危机的家庭实施心理和社会支持、对边缘青少年提供辅导服务、对遭受不公平待遇的职工实施维权服务等，这些都属于社会工作的范围。由此，社会工作的对象已经扩大至所有遇到自己不能克服的困难而陷入危机状态的人。

福利国家的出现和兴起，使得全体国民都被纳入到社会福利的视野，相应的社会服务提供，也都进入了社会工作的领域和范畴。可以说，随着社会的发展，社会工作的对象也在发生着变化。它已经不再只是包括社会上公认的弱势群体，而是可能涉及所有社会成员。当他们因各种原因而遭遇危机时，就进入了社会工作对象的范围之中。因此，我们要从发展和变化的眼光来看待和理解社会工作的对象这一问题。

二、社会工作的领域

在现代国家和社会中，社会工作已经成为一种职业。社会工作者承担着为困难群体、弱势群体提供帮助与服务，为社会公众提供社会服务的功能。当今社会，社会工作者已经活跃在人们共同生活的几乎所有领域。

社会工作领域就是指社会工作作为一种专业服务活动所介入的人们的社会生活领域或空间。社会工作可以在人们遭遇困难的各个方面和领域开展服务。当人们遇到生活、工作等各种比较复杂的问题时，社会工作就可以介入其中，帮助人们解决其所面临的问题。社会工作的工作领域十分广阔，综合国内其他学者的观点，我们可以就它的主要方面做初步的分类：

（一）按服务对象的生理和社会特征分类

美国心理学家埃里克森（Erikson）的人类发展理论指出，按照人的生理、心理特征，人的一生可分为八个阶段，每一个阶段都会遇到心理的或社会的压力，遭遇危机。按照个体的成长过程将社会工作领域进行分类，可以明确指出，社会工作能够在人生的各个阶段帮助人们完成其所应当完成的人生任务。由此，社会工作可以分为儿童社会工作、青少年社会工作、老年社会工作、妇女社会工作、残疾人社会工作等。除此之外，还有针对有困难退伍军人的军人社会工作，针对失足青少年的矫治社会工作等。

（二）按服务对象遇到的困难分类

社会工作是帮助人解决困难、恢复正常生活的服务活动。服务对象的困难是社会工作面对的直接任务。因此，按服务对象遇到的困难分类更能反映社会工作的工作范围、领域及其功能。服务对象所遇到的困难大致可以分为以下三个方面的问题，主要包括：

第一，日常生活方面的问题。其中包括因身体不适或身患疾病而难以自理，因心理发育不健全或受挫折而形成的自我封闭和心理失调，因婚姻变故或家庭成员冲突而造成的家庭关系不和睦，儿童无人抚养、老人无人赡养或在抚养、赡养方面出现问题，住房紧张影响正常生活等。日常生活给人们带来的是特别深刻的影响，为有困难的个人或家庭解决日常生活方面的问题是社会工作的一项重要任务。

第二，就业方面的问题。就业关系到一个人的安身立命，是一个人社会地位和经济地位的重要依托。就业方面的问题是当事人，也是社会工作特别关注的问题。这方面的问题包括：失业或待业，就业中的性别歧视，工伤、劳资关系不协调，职工合法利益没有能够得到有效保护，退休金不足或退休后的福利、医疗缺乏保障，等等。

第三，个人行为方面的问题。个人行为失范不但会造成对他人和社会的伤害，也不利于个人的发展。因此，改变某些偏差行为也是社会工作的任务之一。其中包括吸毒、酗酒、赌博等问题，社会工作者通过心理辅导和劝导帮助行为人改变陋习，对犯罪者则通过感化工作使其认识自己行为的危害，从而改恶从善。

（三）根据我国开展社会工作的实际状况和迫切需要分类

根据我国开展社会工作的实际状况和迫切需要，社会工作的领域主要包括儿童及青少年服务、老人社会服务、妇女社会服务、康复服务、社会救助、就业服务、心理健康服务、家庭服务、医疗社会工作、学校社会工作、矫治服务、城乡社区发展、军队社会工作、企业社会工作等多个社会工作的主要服务领域。

随着社会变化和新问题的出现，社会工作领域也在扩展。第一，它所关注的人群范围在扩大,从关注困难人群拓展到面对有需要的群体;第二,它从关注社会问题扩展到关注社会和谐发展。社会工作在传统上关注社会问题,并以解决社会问题促进社会公正作为自己的职责,至今,这一传统还仍然表现得十分明显。但现代社会工作除了关注社会问题,还特别关注社会和谐与社会发展,关注社会和谐也是当代社会工作的一个重要特点。

(四)其他认识

除了上述分类方法外,国内一些学者还提供了更多的分类方法。比如,王思斌的《社会工作导论(第二版)》一书中,将社会工作的领域分为了基本领域和扩展领域,基本领域包括:社会救助、儿童服务、老年人服务、残疾人士服务、妇女社会服务以及家庭服务;扩展领域包括:学校社会工作、就业服务、矫治服务、精神健康服务、医务社会工作以及社区发展与社区建设等。李迎生主编的《社会工作概论》一书中,则给出了8种分类方法。还有的学者按照社会工作方法来进行分类,分为个案工作、小组工作、社区工作、社会行政、社会政策、社会工作督导、咨询和研究等;按照工作场所进行分类,分为学校社会工作、医院社会工作、工厂社会工作、监狱社会工作等;按照服务提供的方式来分类,分为直接社会工作(个案工作、小组工作、社区工作)、间接社会工作(社会行政、社会政策、社会工作研究);按照服务目标来分类,分为治疗性社会工作、预防性社会工作、发展性社会工作;等等。

以上我们对社会工作的领域做了一个初步的分类,进行了概要介绍。这样的分类并没有能够涵盖社会工作的所有领域,也不可能涵盖其所有领域,只是为了便于让人们对社会工作的领域有一个概要了解和整体认识。

📖 拓展资料

埃里克森(Erikson)的人类发展理论

埃里克森认为,个体要经历八个阶段的心理社会演变,这种演变可称为心理社会发展(Psycho-social Development)。这些阶段包括四个童年阶段、一个青春期阶段和三个成年阶段。每一个阶段都有这一阶段应完成的任务,并且每个阶段都建立在前一阶段之上,这八个阶段紧密相连。

1. 婴儿期(0—1.5岁):基本信任和不信任的心理冲突

此时不要认为婴儿是一个不懂事的小动物,只要吃饱不哭就行,这就大错特错了。此时是基本信任和不信任的心理冲突期,因为这期间孩子开始认识人了,当孩子哭或饿时,父母是否出现则是建立信任感的重要问题。信任在人格中形成了"希望"这一品质,它起着增强自我的力量。具有信任感的儿童敢于希望,富于理想,具有强烈的未来定向。反之则不敢希望,时时担忧自己的需要得不到满足。埃里克森把希望定义为:"对自己愿望的可实现性的持久信念,反抗黑暗势力、标志生命诞生的怒吼。"

2. 儿童期(1.5—3岁)：自主与害羞(或怀疑)的冲突

这一时期，儿童掌握了大量的技能，如，爬、走、说话等。更重要的是他们学会了怎样坚持或放弃，也就是说儿童开始"有意志"地决定做什么或不做什么。这时候父母与子女的冲突很激烈，也就是第一个反抗期的出现，一方面父母必须承担起控制儿童行为使之符合社会规范的任务，即养成良好的习惯，如训练儿童大小便，使他们对肮脏的随地大小便感到羞耻，训练他们按时吃饭、节约粮食等；另一方面儿童开始了自主感，他们坚持自己的进食、排泄方式，所以训练良好的习惯不是一件容易的事。这时孩子会反复应用"我""我们""不"来反抗外界控制，而父母决不能听之任之、放任自流，这将不利于儿童的社会化。反之，若过分严厉，又会伤害儿童自主感和自我控制能力。如果父母对儿童的保护或惩罚不当，儿童就会产生怀疑，并感到害羞。因此，把握住"度"的问题，才有利于在儿童人格内部形成意志品质。埃里克森把意志定义为："不顾不可避免的害羞和怀疑心理而坚定地自由选择或自我抑制的决心。"

3. 学龄初期(3—6岁)：主动对内疚的冲突

在这一时期，如果幼儿表现出的主动探究行为受到鼓励，幼儿就会形成主动性，这为他将来成为一个有责任感、有创造力的人奠定了基础。如果成人讥笑幼儿的独创行为和想象力，那么幼儿就会逐渐失去自信心，这使他们更倾向于生活在别人为他们安排好的狭窄圈子里，缺乏自己开创幸福生活的主动性。

当儿童的主动感超过内疚感时，他们就有了"目的"的品质。埃里克森把目的定义为："一种正视和追求有价值目标的勇气，这种勇气不为幼儿想象的失利、罪疚感和惩罚的恐惧所限制。"

4. 学龄期(6—12岁)：勤奋对自卑的冲突

这一阶段的儿童都应在学校接受教育。学校是训练儿童适应社会、掌握今后生活所必需的知识和技能的地方。如果他们能顺利地完成学习课程，他们就会获得勤奋感，这使他们在今后的独立生活和承担工作任务中充满信心。反之，就会产生自卑。另外，如果儿童养成了过分看重自己工作的态度，而对其他方面木然处之，这种人的生活是可悲的。埃里克森说："如果他把工作当成他唯一的任务，把做什么工作看成是唯一的价值标准，那他就可能成为自己工作技能和老板们最驯服和最无思想的奴隶。"

当儿童的勤奋感大于自卑感时，他们就会获得有"能力"的品质。埃里克森说："能力是不受儿童自卑感削弱的，完成任务所需要的是自由操作的熟练技能和智慧。"

5. 青春期(12—18岁)：自我同一性和角色混乱的冲突

一方面青少年本能冲动的高涨会带来问题，另一方面更重要的是青少年面临新的社会要求和社会的冲突而感到困扰和混乱。所以，青少年期的主要任务是建立一个新的同一感或自己在别人眼中的形象以及他在社会集体中所占的情感位置。这一阶段的危机是角色混乱。

埃里克森认为，"这种统一性的感觉也是一种不断增强的自信心，一种在过去的经历中形成的内在持续性和同一感(一个人心理上的自我)。如果这种自我感觉与一个人在他人心目中的感觉相称，很明显这将为一个人的生涯增添绚丽的色彩"。他把同一性危机理论用于解释青少年对社会不满和犯罪等社会问题上，指出，如果一个儿童感到他所处于的环境剥夺了他在未来发展中获得自我同一性的种种可能性，他就将以令人吃惊的力量抵抗社会环境。在人类社会的丛林中，没有同一性的感觉，就没有自身的存在，所以，他宁做一个坏人，或干脆死人般的活着，也不愿做不伦不类的人，他自由地选择这一切。

随着自我同一性形成了"忠诚"的品质。埃里克森把忠诚定义为："不顾价值系统的必然矛盾，而坚持自己确认的同一性的能力。"

6. 成年早期(18—25岁)：亲密对孤独的冲突

只有具有牢固的自我同一性的青年人，才敢于冒与他人发生亲密关系的风险。因为与他人发生爱的关系，就是把自己的同一性与他人的同一性融合一体。这里有自我牺牲或损失，只有这样才能在恋爱中建立真正亲密无间的关系，从而获得亲密感，否则将产生孤独感。埃里克森把爱定义为"压制异性间遗传的对立性而永远相互奉献"。

7. 成年期(25—65岁)：生育对自我专注的冲突

当一个人顺利地度过了自我同一性时期，以后的岁月中将过上幸福充实的生活，他将生儿育女，并关心后代的繁殖和养育。他认为，生育感有生和育两层含义，一个人即使没生孩子，只要能关心孩子、教育指导孩子也可以具有生育感。反之，没有生育感的人，其人格贫乏和停滞，是一个自我关注的人，他们只考虑自己的需要和利益，不关心他人(包括儿童)的需要和利益。

在这一时期，人们不仅要生育孩子，同时要承担社会工作，这是一个人对下一代的关心和创造力最旺盛的时期，人们将获得关心和创造力的品质。

8. 成熟期(65岁以上)：自我调整与绝望期的冲突

由于衰老过程，老人的体力、心智和健康每况愈下，对此他们必须做出相应的调整和适应，所以被称为自我调整对绝望感的心理冲突。

当老人们回顾过去时，可能怀着充实的感情与世告别，也可能怀着绝望走向死亡。自我调整是一种接受自我、承认现实的感受；一种超脱的智慧之感。如果一个人的自我调整大于绝望，他将获得智慧的品质，埃里克森把它定义为："以超然的态度对待生活和死亡。"

老年人对死亡的态度直接影响下一代儿童时期信任感的形成。因此，第8阶段和第1阶段首尾相联，构成一个循环或生命的周期。

埃里克森认为，在每一个心理社会发展阶段中，解决了核心问题之后所产生的人格特质，都包括了积极与消极两方面的品质，如果各个阶段都保持向积极品质发展，就算完成了这阶段的任务，逐渐实现了健全的人格，否则就会产生心理社会危机，出现情绪障碍，形成不健全的人格。

第三节　社会工作的目标与功能

　　新的职业是社会发展、演变和分化的产物。一方面，人类社会的发展不断地满足人们的需要，更不断地创造出新的需要。一旦某种新的需要变得十分强烈，而原有的分工系统又无法提供令人满意的产出时，适应新需要的新职业就可能应运而生。另一方面，人类社会的发展不断地面临着各种社会问题需要解决，更不断地引发出新的社会问题。一旦新的社会问题变得十分严重，而原有的社会组织或系统又束手无策时，人们就不得不寻找解决社会问题的新途径，其中包括创建新的职业。

　　社会工作从一开始就是一种问题导向的职业。它从人与环境互动的角度来看待社会问题，这一独特的视角就使得社会工作更有可能发现问题、解决问题，从而使得社会工作已经成为了一个社会的必要组成部分。在市场经济条件下，社会需要有相当一部分人承担起志愿者的责任，甚至履行专业社会工作者的职责，来为社会提供各种社会服务。

一、社会工作的目标

　　社会工作是现代社会应对纷繁复杂的社会问题而形成的职业活动。在世界各国，不仅民间组织，而且政府也在积极推动社会工作的发展。虽然政府与民间组织推动、发展社会工作的出发点可能会有所差异，但是社会工作还是有着共同的目标。社会工作的目标可以分为服务对象和社会两个层面。

　　(一)服务对象层面的目标

　　1. 解救危难

　　危难是因社会或个人原因导致个体的身体受到严重损伤、个人的基本生活能力受到严重削弱，致使其自身生存受到严重威胁、以至生命遭遇危机的状态。人的生命是宝贵的，当人的生命受到威胁、人的基本生活受到严重伤害时，社会有责任去帮助他们解除危机，帮助他们生存下来、生活下去。在这方面，社会工作负有职业上的责任。危难涉及的是人的正常生活乃至基本生存问题，面对这种境况，社会工作的基本目标就是寻求资源(包括物质资源和社会资源)来支持他们，帮助他们走出危难。

　　社会工作者在解救危难中的角色是多方面的：一方面，在受助者生命处于危机时，社会工作者要施以援手并同其他人士一道为其提供物质支持，包括衣、食、住条件；另一方面，社会工作者要发挥自己的专业特长，对处于危难的人给予心理支持，促进其社会支持网络的发展。这样，才可能真正帮助处于危难者走出困境。虽然社会工作者的上述工作并不是马上就可以奏效的，但是社会工作者都把这些作为自己的责任和工作目标。

　　在中外历史上，社会工作者救人于危难之中的活动十分普遍，从救护战场伤员到救援难民，社会工作发挥了重要作用。在当代社会，救人于危难之中的任务依然存在。比如，某些极度贫困者，因经济破产、家庭关系破裂而精神崩溃者、有自杀倾向者、吸毒成瘾者等都可能陷入危险境地而不能自拔，需要他人救援。再如，汶川地震的灾后救援、天津爆炸案后社会工作的积极介入等。社会工作的目标之一就是帮助处于危险境地的人们脱离危难。

2. 缓解困难

人类所遇到的困难是多种多样的，我们这里把"困难"视为人们的正常生活受到比较严重影响但尚未达到危及生命的状况。每个社会成员都会遇到诸多困难，在某种意义上可以说，人生就是不断克服困难、继续往前走的过程。人们的不同发展阶段有不同的任务，也就会遇到不同的困难。有些困难是一般性的，是人们在人生过程中都会遇到的，这些困难常常由当事人及其家庭、亲友自己解决。但是，也有一些困难比较严重，当事人应付和解决问题的能力有限，所以需要别人帮助才能解决。它们既包括物质方面的困难，也包括精神方面的困难和压力。在这种情况下，当事人一般找政府、工作单位等出面解决。在社会工作比较发达的社会，很多人会求助于各种非营利组织，其中包括社会工作机构。

由于社会工作机构的专业性及其对受助者的尊重、保密等承诺，所以它在解决有关个人困境，特别是其不希望他人知晓的问题方面发挥着重要作用。比如，社会工作在帮助青少年走出迷恋电子网络困境(影视作品《边缘故事》)、协助解决家庭问题、帮助单亲家庭走出困境、促进就业困难者就业、帮助老年人适应退休及老年生活等方面都扮演着不可替代的角色。社会工作的目标就是帮助有困难、有需要的人缓解压力、克服困难。这是有困难的人希望得到的帮助，也是社会工作者向他们提供的直接可感的帮助，更是这种帮助和服务所应达到的目标。当前，在我国，社会的快速转型引发了许多社会问题，社会工作的一项重要任务就是为困难群体解决困难，恢复他们的正常生活。

3. 促进发展

帮助服务对象实现自身发展也是社会工作的重要目标。社会工作尊重人，认为人是有潜能的，并把充分挖掘个人潜能、解决个人生活困难、增进个人幸福当作自己的工作目标。社会工作坚持"助人自助"的理念，而这一理念的一个重要方面就是通过向服务对象提供服务和帮助，促进其潜能的发挥和能力的增长，逐渐达到自己能应对困难、面对生活以至预防新问题出现的状态。在这里，个人潜能的发挥和能力的增长都属于人的发展范畴。

社会工作认为人是有潜能的，这种潜能可能因为社会成员的角色不同、其所面对的问题不同而有差异。比如，青少年面对学习问题时的潜能与失业人员重新走向新的就业岗位的潜能，以及与老年人适应退休后生活所指的潜能是不同的。但是，社会工作者相信人们都会有能力在一定程度上去回应其所遇到的困难，而社会工作的目的之一就是发现这些能力、强化这些能力，使服务对象在得到帮助时也增加自己面对困难的能力和勇气，以更好地应对困难、走出困境、面对生活。在现代社会，增加知识和技能、增强自己克服不利因素的能力、提高个人与社会协调的能力都在发展之列。这也就是说，"发展不但发生于人们尚未遇到困难而进行预防性增能之时，也发生于其遇到困难但靠自身能力的增强而克服困难之时"。由此可见，帮助个人、社会群体乃至社区更好地发展是社会工作的广阔活动空间，而促进和实现发展也是社会工作的重要目标。

(二)社会层面的目标

社会工作不但要对有困难、有需要的人和群体开展服务，而且承担着重要的社会责任。社会工作在社会层面的目标是解决社会问题、促进社会和谐及推动社会进步等。

1. 解决社会问题

一般而言，人们对社会问题的理解有两种。社会学认为，社会问题是社会上的大多数人遇到某种问题，这些问题影响着他们的正常生活，而需要改变的社会状况。它强调问题较大的影响范围和对人们正常生活的较深程度的不利影响，也就是说，当某一问题影响面比较大而且对人们正常生活的影响比较严重时就成为了社会问题。而社会工作认为，社会问题是指那些非纯生理性的问题，即与社会因素有关的问题。它或者由社会因素引起，或者需要运用社会性手段来解决。其中以社会因素引起这一点更为重要。这样的社会问题包括因经济、政治、文化、社会关系等各种原因而产生的问题。同时，社会工作对社会问题的看法并不太看重受影响的人群范围，比如个案工作就是处理个人或家庭所遇到的社会性问题。

作为一种客观存在的、与人们的希望相违背的现象，社会问题与人们对它的认定有关。一些原来并不被认为是问题的，随着人们的认识的发展可能被认为是社会问题。比如，夫妻适应问题，在中国传统文化的氛围中，在"家丑不可外扬"观念的影响下，绝不会成为社会工作的任务。而在现代社会中，家庭社会工作已成为社会工作的重要领域。另外，随着社会的变迁，也会产生一些新的、以前从未遇到的问题。比如，由于计算机和互联网的出现而带来的青少年网络成瘾问题、网络犯罪问题(如网上聊天诱骗、欺诈，网上团伙作案，盗取他人信息等)，网络道德问题(如各种"艳照门"事件、人肉搜索、网络暴力)等。这样，被人们认识到的新的社会问题不断出现，就向社会工作提出了新的任务。无论如何，社会问题被认为是一种消极现象，它不利于人们的正常生活和社会的健康发展。

社会工作的重要任务和目标就是要解决这些问题。社会工作是以社会问题为导向的，正是因为社会上存在众多复杂的社会问题需要解决而产生的，没有社会问题也就不需要社会工作。社会工作者秉持专业价值观，运用专业方法介入社会生活，为的就是要解决个人、家庭、组织以及社区方面的问题，帮助服务对象增强自身功能、修复社会机制、解决和预防社会问题。社会工作相信社会问题的产生有个体方面的原因，更重要的是社会方面的原因。

实际上，社会工作所面对的社会问题主要有两类：一种是结构性或制度性的，即社会中较为普遍地存在的某种问题，如许多发展中国家存在的贫困、失业等。由于社会资源有限、社会资源分配不公、社会制度不健全等原因，都有可能会造成社会问题。另一种是指社会性的问题，即由于受社会性因素直接或间接影响而产生的问题，这些问题有的是个别性的，但又是当事人自己无法解决的，也需要社会工作者提供帮助，例如，某些残疾人不愿参与社区活动，某一社区中邻里关系不和睦等。对于不同类型的社会问题，社会工作可能会采取不同的应对方法。因此，社会工作者在解决社会问题的过程中，既要对各种有困难、有需要的人提供具体的服务，增强服务对象的能力，同时，对于结构性、制度性的社会问题，除了提供具体帮助外，还要在公共政策、制度层面上做工作，以解决社会制度安排方面的问题。总之，社会问题是人们不希望看到的、对人们的正常生活有危害的社会现象。解决了社会问题，消除了不利因素和影响，在某种意义上就是增进了人们的社会福利。

2. 促进社会公正

社会公正也称社会正义，是指一个社会根据其价值观念，在经济、政治等资源分配方面所具有的正当性的状态。公正包括机会公正、过程公正和结果公正等内容。社会公正是现代社会的主要特征，也是社会主义制度的本质特征。追求和实现社会公正是社会主义制度的发展目标，也是社会工作的基本目标。

在现实社会中，由于多方面的原因，社会公正并没有得到充分的保证，其主要表现是社会在财富分配上两极分化严重，在政治领域中有些人的正常权利被侵害。在经济、政治方面权利受到伤害的基本上是弱势群体，他们没有享受到应有的经济和政治方面的权利，被排斥、被边缘化，从而生活于困境之中。大量弱势群体的存在是社会不公正的表现，一个负责任的政府和社会就是要消除严重的不公正现象，促进社会的公平正义，给人们创造一个良好的、积极向上的社会环境。我国把实现公平正义作为一项重要的目标，社会工作也把促进社会公正作为自己的工作目标。

社会工作的基本价值观念之一就是追求社会公正，社会工作者相信人是有尊严的，不论年龄、性别、种族、职业，人们之间是平等的，人们应该公平地享受社会发展、社会进步的成果。为了促进社会公正，社会工作者从多个方面介入社会生活，对不公正现象进行干预，包括：为困难群体提供帮助，增强他们参与社会生活的能力；促进不公正制度的改变，为困难群体、弱势群体参与社会生活提供更多的机会和制度保障等。

二、社会工作的功能

社会工作所发挥的作用被称为功能。目标是指向性的，而功能是现实性的。由于社会的复杂性，社会工作的功能也是复杂的。从大的方面看，社会工作的功能也可以分为对服务对象的功能和对社会的功能。在解释社会工作的这两大方面功能之前，我们首先对功能的概念进行简要介绍，而后再从不同方面进行分析。

(一)功能的概念与类型

1. 功能的含义

功能是一个与系统相联系的概念。系统是由相互联系的部分形成的体系，功能则是指在某个系统中部分对整体所发挥的作用。因此，简单地说，功能就是某一部分的存在和变化对整体及其他部分所发挥的作用。

系统理论认为，社会是一个复杂的系统，它的各个部分是复杂地联系在一起的。它的任何一个部分的变化也会对社会整体发生这样那样、或强或弱的作用，这就是它的功能。按照社会学中功能主义理论的观点，系统或整体的各部分在功能上是互相依赖的，因此系统或整体内部是协调的。在这种情况下，功能基本上指的是积极的作用。实际上，社会系统的某一部分所发挥的作用是否总是积极的是值得怀疑的，因为看待某一部分、某一社会现象所发挥的作用可以有不同的角度，而且某一社会变动所发生的影响也是多方面的，有的影响甚至还要经过一段时间才能显露出来。这样，对功能的认识就不只是单向的，即不能认为功能只是正面的、积极的影响，尽管人们在使用这一概念时常常不加说明地认为功能就是积极的作用。

2. 功能的基本类型

（1）正功能与负功能

从基本性质的角度来分，功能就可以被分为正功能和负功能。所谓正功能是指所发挥的正面的、积极的、支持性的作用。当甲对乙发生了积极影响时，我们就可以说甲对乙具有正功能。比如可以说，最低生活保障制度对改善贫困群体的生活状况具有正功能。但如果甲对乙产生了消极的、负面的影响，就是甲对乙具有负功能。比如，有人认为过分的福利虽然会帮助某些贫困者脱离威胁其生存的困境，但是也可能会"养懒汉"。这里的"养懒汉"就是过分福利的反功能，因为任何社会福利制度的目的都不希望使享受福利者不思进取而依赖这种福利。

（2）显功能与潜功能

由于社会现象十分复杂，所以有时人们能够清楚地认识某些社会现象的功能，有时则不能。社会学家默顿指出，那些明显的、被参与者所预期和认识到的后果是显功能，而那种未被预期和认识到的后果是潜功能。某些社会现象的某些后果是显而易见的，因而容易被认识到，这种社会现象的功能就是显功能。如上所述，最低生活保障制度对改善贫困群体的生活状况所发挥的作用就是显功能。实际上，在社会生活中，人们的行为可能会产生多种后果，其中包括意外后果。

由于社会的复杂性及时间原因，可能行为的某些影响或后果并不会马上被人们认识到。这些还没有被认识到的作用和影响就是潜在的，是产生这些作用的那些社会现象所具有的潜功能。比如，我国在实行城市最低生活保障制度的过程中，许多地方对申请享受这项制度的人实行张榜公布，目的是进行"公示"，以严格制度。但是，没有想到这可能会给申请人带来耻辱感，甚至会阻碍某些符合条件者的申请。这样看来，阻碍某些符合条件者的申请就成了这一做法的潜功能。潜功能是参与者还没有认识到的功能或后果。当然，随着情况的变化，这种潜功能可能会明显化。潜功能既可能是正功能也可能是反功能，一般情况下以反功能居多。在社会工作中，了解正功能与反功能、显功能与潜功能的划分，并在行动过程中尽量认识它们是非常重要的。

（二）社会工作对服务对象的功能

从服务对象的层面而言，社会工作通过为服务对象提供帮助可以达到促进其正常生活、促进人与社会环境的相互适应等功能。

1. 促进服务对象的正常生活

由于社会变迁、家庭或个人原因，有些人可能会一时或较长时间地陷入贫困，从而难以正常地进行生活。对生活上有困难的人给予必要的帮助是社会工作的重要任务，社会工作的功能则是通过上述服务来恢复和促进困难群体、有需要群体的正常生活。正常生活是在一定的社会经济条件下，人们较正常地发挥自己的能力进行生活的状态。在社会层面上则是人们普遍秉持的"应该如此"的价值观在大多数人那里得到实现的状况。正常生活是大多数人的基本要求，是现代社会公民应有的基本权利，也是保持社会秩序、促进社会和谐的基础。

社会工作者向服务对象提供各种具体的帮助和服务，解决其困难、增强其能力，更长远的目标或可以发挥的功能是帮助他们能正常生活。社会工作者在物质帮助、心理和社会支持方面提供的援助是具体的，这可以解决服务对象遇到的、迫切的基本问题(助人)。但是社会工作者的用意和追求并不止于此，社会工作者希望通过提供这些帮助能够发挥更大的作用，希望服务对象能以此为契机走出困境，走向正常的社会生活，并不再如此依赖于社会工作的帮助(自助)。

虽然不同人群有不同的"正常生活"的状态，因而他们接受外界帮助的程度也有不同(比如老年人应该获得更多帮助)，但就某个群体来说，社会工作者还是希望通过服务使服务对象走出不正常的接受帮助状态，能够在较大程度上正常地生活。实际上，促进服务对象正常生活就是增强他们的能力和权利，就是增进他们的社会功能，就是增进他们的尊严和促进他们生活于其中的社会环境的改善，使他们能像别人那样正常地生活。

2. 促进人与社会环境的相互适应

社会工作是帮助困难群体、弱势群体及广大民众解决困难和问题的职业。在分析这些困难和问题的成因时，社会工作者既重视服务对象个人方面的原因，也重视社会方面的原因。在个人方面，有生理、心理、个人经验、能力等方面的原因；在社会方面，有家庭、社区、工作单位和社会制度安排等方面的原因。社会工作分析问题时的基本观点是"人在情境中"，认为人与社会环境是相互依存的。在现代社会中，社会环境应该为人的正常生活、人的成长与发展提供适宜的条件，而个人则有责任发挥自己的能力经营自己的生活并为社会发展作贡献。这样，人与社会环境的相互协调和适应就是社会工作者分析和处理问题的基本出发点。

社会工作者帮助服务对象解决问题常常是面对眼前的问题，以解决这些问题为工作目标。但是，社会工作者并不仅仅是或主要不是提供简单的服务，而且也把服务对象能力的发展、外部环境的改变作为工作目标。在此基础上，社会工作者希望促成人与社会环境的良性互动：一方面，通过解决问题和增强能力使服务对象有能力应对环境的压力和挑战；另一方面，通过调动环境中的资源和改善环境，向人们提供更多支持。因此，促进人与社会环境的相互适应和良性互动是社会工作希望发挥也能够发挥的作用和功能。

(三)社会工作对社会的功能

社会工作是现代社会制度体系的不可或缺的组成部分，它通过提供服务、解决社会问题而对社会运行发挥着重要的影响，具有积极的作用。其对社会的功能主要可以体现在维持社会秩序和促进社会和谐上。

1. 维持社会秩序

社会秩序是社会各部分关系协调、社会稳定的状态，它是任何社会都极力追求的。良好的社会秩序来自于国泰民安，而社会不稳定甚至动乱则源于社会矛盾、特别是因贫困而形成的社会问题的积累。社会工作在最一般的意义上来说是具体解决社会问题的专业活动，对有困难人问题的解决不但可以给他们以实际的帮助，而且由于这些问题的解决可以减少因问题激化而可能产生的对社会秩序的冲击，从而有助于社会稳定。在这里，社会工作通过提供服务而间接地起到社会管理的功能。正因为如此，目前世界上许多国家都非常重视发展社会工作。

当前，在我国社会中产生了许多新问题、新矛盾。由于社会结构、社会组织方式的变化，以往传统的工作方法已经不能完全解决问题，社会工作可以在解决社会问题、促进社会秩序、维持社会稳定方面发挥重要功能。社会工作的维持社会秩序的功能与一般行政管理有所不同。行政管理倾向于用行政力量，即自上而下的行政系统和权力解决问题，维持社会稳定是其直接目标。而社会工作则通过服务化解矛盾、解决问题，从而达到维持社会秩序的效果。在解决问题的方法上，社会工作不但强调社会秩序的重要性，也强调不尽合理的社会结构和制度环境会造成社会问题，因而要通过改变环境、完善制度来解决问题。因此，社会工作可以从更深层次上发挥维持社会秩序的功能。

2. 促进社会和谐

社会和谐是社会各构成要素之间良性互动，社会成员之间相互接纳、平等相处的生活状态，人们之间具有良好的关系和社会支持是健康社会的表现。和谐社会是一个"民主法治、公平正义、诚信友爱、充满活力、安定有序、人与自然和谐相处"的社会，这是对我们所致力于建设的比较理想的社会状态的描绘。社会和谐是人们从事正常生活的基础，也是人类福祉的一种表现。

在现代社会快速转型的过程中，原来相对稳定的社会关系体系被打破，人们之间良好的共同体关系受到了伤害，利益竞争和社会排斥使人们相互隔离，并引发了诸多社会问题，对人们的正常生活产生了诸多不利影响。社会工作以人为本，致力于在社会成员之间建立相互支持的关系，致力于建立一个相互关怀的社会。这不但可以改善人们生活的具体的社会环境，也有利于促进社会和谐。

构建社会主义和谐社会需要在国家的发展战略，在有关社会事业、社会保障与社会福利的制度建设方面做出更多努力，也需要在解决人们的具体问题方面做细致、有效的工作。应该指出的是，社会工作所擅长的、面对面的、深入人心的、人性化的服务在化解矛盾和冲突时所产生的促进社会和谐的作用，是一般行政方法所不能替代和比拟的。社会工作作为专门助人的职业，能够通过具体服务为和谐社会建设做出重要贡献。不但如此，社会工作通过自己的服务，也可以在社会上弘扬服务和慈善精神，促进互相关爱的良好的社会风气的形成，促进社会和谐。这样，社会工作就直接和间接地发挥着促进社会和谐的功能。

(四)其他认识

关于社会工作的功能，也有学者有着不同的观点。比如台湾地区的李文祝认为，社会工作的功能应包括：第一，解决，解决各种个人或家庭等问题，维护社会安定；第二，恢复，使失去适应能力及幸福的人恢复起来；第三，发展，发挥社会资源以及启发个人潜能等；第四，预防，预防新的问题之产生及旧的问题之再生等。另外，也有学者将社会工作的功能归结为三个目标，用这三个目标来体现社会工作的功能。这三个目标分别是三个

C，即 Curing，Changing and Caring，也就是治疗的功能、发展的功能和预防的功能。张乐天也指出，社会工作的职能包括恢复、预防和发展三大职能，其实两种观点差异不大。而李迎生则总结了社会工作的五种功能，包括复原的功能，配置资源的功能，预防的功能，发展的功能和稳定社会的功能等。

第四节　社会工作与其他社会科学的关系

前面章节的内容主要介绍了社会工作的涵义与特征、目标与功能、对象与领域，为我们勾勒了一个社会工作的基本轮廓。而要深刻理解社会工作的内涵，必然要探讨和分析它与其他社会科学之间的关系，从而更好地找准社会工作的定位。当然，社会工作要实现自身的目标和功能，必须要从其他学科中汲取智慧和灵感，因为社会工作毕竟是一个晚近时代才发展、成熟起来的新专业。社会工作能够从人类先哲们积累的人文社会科学中不断地吸取知识养料，从而也就使得社会工作的对象和领域越来越明确，进而不断扩大与发展。本节的主要内容在于明确社会工作的学科性质，进而讨论社会工作与其他社会科学之间的关系。

一、社会工作的学科性质

关于社会工作的学科性质，研究表明，社会工作不是从传统的学术潮流中分化出来的一门学科，而是从实践中产生并逐渐走向专业化的一个新兴学科，社会工作有着很强的应用性，因此，它被俗称为"社会工程学"，社会工作者则被俗称为"社会工程师"。因此，可以将社会工作的学科性质界定为：一门以科学知识为基础的应用型社会科学学科。

由于社会工作十分重视实务和操作，虽然它还不完全具备一整套完整的、逻辑严密的知识体系和理论，但是它有着自己独特的工作理论。目前，因为这套知识体系和理论仍在不断完善之中，因而它可以借用其他社会科学的相关知识并对这些相关知识进行有效的组合，从而形成了对某些现象的独特解释。因此，从它的理论建构以及实践工作的科学性等角度来看，社会工作的确是一门应用型社会科学学科，它是以科学的理论与知识为基础，以解决实际问题为目的的学科。

二、社会工作与其他社会科学之间的关系

由于社会工作要处理与人相关的问题，它关注的是活跃于社会中的人、人的行为、人与人之间的关系以及人与周围环境之间的关系，因此它与众多社会科学学科就发生了密切的联系，其中包括社会学、经济学、政治学、法学、伦理学、社会心理学、教育学、管理学以及环境科学等。

有学者归纳得很好，他说："社会工作者从心理学那里看到了意识和潜意识的巨大作用，从社会学那里学到了角色、地位、群体、社区等概念，从文化人类学那里看到了文化对人的行为的影响，从政治学中明白了权力在社会生活中的运作，从经济学中看到了商品交换的图景，从法学中体察到了规范对于人的行为的制约，如此等等。"可见，社会工作的确从这些社会科学学科中吸收了与自身的学科发展相关的各种知识，因为这些知识能够

提高社会工作者的悟性，能够使得社会工作者更敏锐地看到社会问题，找到问题的症结，并提出有效的解决方案。

从某种意义上说，社会工作是一个开放的体系，很难厘清它究竟从哪些学科中吸取了什么知识。但是，这并不意味着社会工作与那些相关学科的关系都是等同的。事实上，与社会工作关系最密切的首推社会学，其次是心理学和政治学。这里，主要考察和讨论一下社会工作与这几门学科之间的关系。

（一）社会工作与社会学的关系

要考察社会工作与社会学之间的关系，必须首先了解一下什么是社会学以及社会学要解决的基本问题是什么。

社会学是以社会整体为研究对象，研究社会关系与社会行为、社会结构及其功能、社会变迁及其原因，并揭示其规律的社会科学。它所要解决的基本问题是个人与社会（群体）的关系，即人们怎样组成社会，社会又如何运行来满足社会成员的需要，并由于二者之间的张力而导致社会变迁。

我们知道，社会工作和社会学都是随着近现代工业社会的来临而生长起来的新专业，但是社会学的产生要早于社会工作，最初的社会工作的专业培训还是在社会学的名义下进行的。这种特殊的渊源关系就使得社会工作与社会学之间长期以来，密不可分。直到现在，不少人在理念上仍把社会工作归入社会学，正像著名学者邓肯·米切尔所说的那样，他说："社会学已深深地影响到公共组织和慈善事业的专业生活，因此有时人们将社会工作看作是社会学的一个组成部分。"

一个明显的事实或许可以说明社会学与社会工作的特殊关系：在许多国家，社会工作最初是蕴涵在社会学之中的。中国也是如此，在国家的学科建设中，社会工作是作为应用社会学而得到发展的，在现行的高等教育本科专业目录中社会工作属于社会学（一级学科）下的二级学科。

二者之间的联系主要就在于社会学为社会工作提供了广泛的知识基础。以大类划分，至少有三类知识对于社会工作是不可或缺的。

第一，社会学是关于社会行为和人类群体的系统研究，它首先关注的是社会关系对人的态度和行为的影响，关注社会以怎样的方式得以建立、发生变迁。社会学中关于个人与社会的关系的理论，关于社会行动与社会互动的理论，关于社会结构与社会分层的理论等等，这些都是社会工作者在面对实际问题时经常应用的基本理论，有关这方面的大量的研究和论述，有助于社会工作者理解他所置身于其中的社会。

第二，社会学至今仍"主要致力于研究20世纪初形成的经验社会学所热衷的课题——社会问题"，"他们研究家庭危机和解体、夫妇冲突、亲子冲突、各种形式的犯罪和越轨行为、青年的业余追求、老人尤其是孤独而无力赡养自己的老人，还研究社会选择过程、上层的出身优势和下层的出身劣势以及对民主的阻障"等社会问题。社会学家们对社会问题的剖析为直接面对社会问题的社会工作者提供了重要的启迪。

第三，社会学自产生以来发展出一整套社会调查方法、访谈方法、社会实验等定量和定性的研究方法，如抽样调查、问卷调查、参与观察、田野研究、直接访谈、间接采访、个案研究、群体研究、社区研究、比较研究、跨文化比较等，这些研究方法可以直接被社会工作所沿用，这不仅为社会工作提供了不可或缺的认识工具，同时也为社会工作者厘清问题、找到对策提供了基本的手段。

当然，社会工作与社会学之间也存在着明显的差别：

首先，社会学涉猎的研究领域远比社会工作广泛。社会学不仅研究社会问题或者有问题的社会现象，更研究一般的社会现象，寻求社会发展的规律。社会学对宏观的社会现象有浓厚的兴趣，而且把研究的触角伸向人类社会生活的每一个角落，创立了许多应用社会学的分支学科，如文化社会学、科学社会学、经济社会学、法律社会学、宗教社会学、管理社会学、医疗社会学、教育社会学、青年社会学、老年社会学、妇女社会学、农村社会学、都市社会学、家庭社会学等。

其次，社会学的任务是解释社会，理论社会学试图创建具有普适性的一般社会理论，应用社会学侧重于对具体的社会现象做出中观或微观的分析。社会工作的主要任务是参与实践，解决社会问题，帮助那些处于困境中的个人或群体。如果说社会学家是社会的设计师的话，那么，社会工作者是直接进行操作的社会工程师。

最后，社会工作不仅从社会学中吸取养料，而且也采纳其他学科中的各种知识，从这个意义上说，社会工作的知识领域超越了社会学的学科范围。

总而言之，社会工作与社会学之间的紧密联系和交往有助于两门学科的共同发展，同时它们之间的差别又可以使得二者之间互相补充。社会工作的开展常常是建立在社会学的研究和分析之上，因而社会学为社会工作提供了知识基础，而当社会工作把社会学知识应用到助人的实践中去的时候，不仅检验了社会学的知识，而且还可能为社会学研究打开新的经验领域。

(二)社会工作与心理学的关系

心理学有着悠远的学术渊源。作为一门独立的学科，自 19 世纪末 20 世纪初以来，心理学得到更为长足的发展，可以说是学派纷呈、大师辈出。心理学用其自身独特的视角打开了人类认识上一个又一个的盲区，极大地丰富了人们对自己的知识。可以说，心理学的影响已经远远超出了它狭隘的学科范围，有些观念甚至已经渗透到了人们的日常生活意识之中。当然，与人们日常生活密切相关的社会工作也不可避免地受到了心理学的冲击。

心理学对社会工作的影响可以简单地归结为对于心理层面的重视，这就是说，社会工作者在调查、分析、处理服务对象的问题时应当高度关注其思想、观念、态度、情绪等精神方面的因素。由于心理学本身有各种不同的分支和流派，它们各自又以不同的方式为社会工作者们所接受，因此，厘清社会工作与心理学之间的关系比较可取的办法就是舍去细枝末节，而着重关注那些基本和重要的东西。这里，主要讨论对社会工作有着重要意义的普通心理学、精神分析学和社会心理学对社会工作的影响。

普通心理学阐述的是人的意识的特征和作用，它详尽地研究和分析了人的感觉、知觉、思维、记忆、语言、情绪和情感、意志、能力、气质以及性格等与人的行为相关的精神层面的问题。而精神分析则不停留于任何心理现象的表面价值，精神分析学认为在任何心理现象的背后，都隐藏着其他一些更重要的、更有深远意义的精神作用，因此，它要寻根问底地来揭露表象深处的东西。于是精神分析学创造了前意识、无意识、自我、超自我、利比多等新概念，开拓了人类认识自己的新领域。可以说，心理学的研究成果是富有创造性的，它们拓宽了社会工作的视野，为社会工作者提供了认识人的行为、解析社会问题的新视角，从而促进了社会工作的发展。社会工作者从普通心理学和精神分析学中汲取了思想养料，主要把它们运用于个案工作中，大大增加了个案工作的学术内涵。

如果说普通心理学和精神分析学对社会工作的贡献主要在于对人类个体行为的理解的话，那么，社会心理学则为社会工作者理解团体、社区以及各种类型的社会互动现象提供了富有启迪意义的解释。"社会心理学是研究社会心理现象的发生条件及规律的科学，是系统研究社会行为的科学。""社会心理学研究的是人与人之间相互作用的所有领域，包括与社会现象直接相关的各种行为。它涉及我们如何认识其他人，如何对别人做出反应和别人如何对我们做出反应，以及我们是怎样受所在的社会环境影响的。"可以说，社会心理学的研究对象与社会工作所关注的对象是极为相似的，它也为社会工作提供了重要的知识基础。由于社会工作的任务与受助者的心理状态和态度有关，又因为社会工作过程是社会工作者同受助者的细致、复杂的互动过程，所以社会心理学也就必然地成为了社会工作的重要理论支柱。

心理学与社会工作一样，都具有直接实践的品格，心理学家经常与社会工作者协力合作，共同解决社会问题。这种合作一方面证明二者有共同点，另一方面也表明二者有差异，因为差异常常是合作的重要前提。归纳起来，二者在处理社会问题中的差异主要表现在三个方面：

第一，社会工作者倾向于利用总体的社区资源来改善社会关系，有时也利用经济手段，比如，提供无偿的经济援助等；心理学家则常借助于药物、病床、门诊、咨询所、医院等来帮助病人，随着大量新药物的出现，药物在治疗心理疾病中的使用开始变得越来越广泛。

第二，社会工作者把夫妻、家庭、团体看作一个发挥着社会功能的整体，与他们共同工作；而心理学家的注意力集中在个人身上，主要关注的是个人的无意识和内在的精神因素。

第三，社会工作者设法强化与发展个人、团体或社区的潜能，强调自强自助；而心理学家则发展出一套技术手段来诊断、治疗疾病。

(三)社会工作与政治学的关系

要了解社会工作与政治学之间的关系，首先我们需要来了解一下政治学是研究什么的。政治学研究的是国家和政府、权力的分配、各种政治组织的运作，政治学也研究人的政治行为，也就是人与人之间所发生的一种强制性的关系——权力关系。由于权力关系广泛地存在于家庭、学校、社会群体以及各种不同的社区中，因此，政治学有关这方面的研究无疑会受到社会工作者的重视。

不容置疑，社会工作与政治学有着密切的关系。在一些社会工作者看来，社会工作就是要维护社会弱者的权力，使他们享受到公平。他们认为，社会弱者所遇到的困难在很大程度上是由社会制度造成的，要彻底解决他们的问题，根本途径就是完善社会制度。那么，社会工作者为解决这些问题而进行的努力，在一定程度上也就是为社会弱者争取合法地位和权力。

但是我们要知道，社会工作者主要不是通过直接参与宏观的国家政治活动(即改变权力分配)来改进弱势群体的不利地位，而是通过参与制定和实施社会福利政策来促进他们的福利。社会工作者通过向社会权力部门和广大社会群体披露弱势群体的生存状态而期望引起他们的关注，进而制定有利于弱势群体的政策，并在实施社会政策的过程中充分关注弱势群体的参与，以实现他们的最大利益。因此，可以说，社会工作在一定程度上也是一种具体的政治活动，它以伙伴关系和压力群体两种角色同政府发生联系，参与宏观层面的政治。从这种意义上说，社会工作与政治学有一定关系，要从事社会工作必须了解国家政治，特别是作为国家政治的重要表现的社会政策。

另外，社会工作与政治学的密切关系还表现在社会工作的工作方法上。社会行政作为社会工作的工作方法之一，它受政治学的影响最大。社会行政既是政治活动，也是间接的社会工作方法。一方面，政府通过社会行政与社会政策的执行来表达立国的思想；另一方面，通过落实社会政策，政府给社会弱者以利益，由此可以达到社会的稳定。

综上所述，可以看出，社会工作是一门多学科交叉的、应用性很强的社会科学学科，它与很多社会科学学科有着密切联系，除了前面提到的社会学、心理学、政治学以外，它还与经济学、法学、管理学、伦理学、教育学等密切相关，在此不再一一阐述。总之，社会工作从这些学科中汲取了很多的养分来丰富和发展自身学科，当然，这些学科的发展也会更加有力地促进社会工作的繁荣。

基本概念

社会工作　社会福利　社会保障　社会服务　社会工作目标　社会工作功能

课后思考题

1. 谈谈你对社会工作基本内涵的理解。
2. 联系实际，谈谈社会工作的主要特征。
3. 试述社会工作与社会福利、社会保障的区别与联系。
4. 谈谈你对社会工作对象的认识。
5. 试述社会工作的功能。
6. 试述社会工作与社会学、心理学之间的关系。

参考书目

[1] 王思斌. 社会工作概论[M]. 北京：高等教育出版社，2014.
[2] 李迎生. 社会工作概论[M]. 北京：中国人民大学出版社，2018.
[3] 陈良瑾. 中国社会工作百科全书[M]. 北京：中国社会出版社，1994.
[4] 林振春. 社会工作[M]. 台北：师大书苑有限公司，1998.
[5] 林胜义. 社会工作概论[M]. 台北：五南图书出版公司，2001.

[6]周永新. 社会工作学新论[M]. 香港：商务印书馆，1994.

[7]李增禄. 社会工作概论[M]. 高雄：巨流图书公司，2002.

[8]王思斌. 社会工作导论[M]. 北京：北京大学出版社，2011.

[9]全国社会工作者职业水平考试教辅编写组. 社会工作综合能力(中级)[M]. 北京：中国社会出版社，2019.

第二章 社会工作的历史起源、产生与发展

现代意义上的社会工作发端于西方社会，至今已有一百多年的历史。了解社会工作在西方国家的发展历史，对于发展我国的社会工作有着重要的借鉴意义。本章从社会工作的历史起源讲起，一方面介绍社会工作作为一个专业在西方国家的产生和发展的历史，另一方面还要考察影响社会工作专业发展的相关因素在中国社会的发展过程。

第一节 社会工作的历史起源

关于社会工作的起源和形成在学术界有着不同的观点，但是多数人认为社会工作起源于中世纪教会所举办的慈善事业，形成于资本主义时期。

一、社会工作产生的思想萌芽和思想基础

在原始社会，多数情况下，当人们遇到问题时，主要是由当事人自己来解决，各种社会关系也主要靠习俗来进行调节。在这一时期，只有朴素的社会自治性事务，而没有专门的社会工作。进入阶级社会以后，阶级剥削和阶级压迫造成了各种社会问题。剥削阶级最初所采取的是压制手段，比如对流浪、乞讨者实施幽禁、鞭打、烙印、切耳、挖鼻等刑罚，或者对社会问题不闻不问，任其自由发展、蔓延泛滥。当然，最终的结果就是当人们无法忍受这些社会问题的时候，便起来造反，推翻旧的统治，建立新的王朝。到了后来，虽然也规定了一些解决的办法，但却很少真正实行。劳动人民憧憬着一个各种社会问题能够得到圆满解决的社会，而这种愿望在古代一些思想家的思想中得到了反映。

（一）思想萌芽

1. 中国
（1）孔子提出"大同"社会的社会福利主张
早在春秋战国时期，儒家就提出了"大同"的思想。《礼记·礼运》就有这样的记载："大道之行也，天下为公，选贤与能，讲信修睦，故人不独亲其亲，不独子其子，使老有所终，壮有所用，幼有所长，鳏寡孤独废疾者，皆有所养。"这体现了孔子所提出的"大同"社会的社会福利主张。
（2）孟子的"仁政"思想
孟子提出了"仁政"的思想，他主张对人民爱护，并采取保护措施。包括：
第一，民本思想。《孟子·尽心（下）》中写道："民为贵，社稷次之，君为轻。是故得

乎丘民而为天子，得乎天子而为诸侯，得乎诸侯为大夫。"其中指出，得到老百姓的承认才能成为天子，得到天子的认可能够成为诸侯，得到诸侯的认可最多只能成为大夫，这充分体现了"民为贵"的道理。孟子看到了人民的力量，认为社会安定的前提在于百姓的安居乐业，这一点在当时是具有积极意义的。

第二，邦国的主权在民。孟子与梁惠王谈话，梁惠王问："天下恶乎定?"孟子回答："定于一。"梁惠王问："孰能一之?"孟子回答："不嗜杀人者能一之。"梁惠王问："孰能与之?"孟子回答："天下莫不与也。"在孟子看来，一个政权的建立是要通过百姓认可的。

第三，民对不施仁政的暴君是可以不服从的。孟子说："君之视臣如手足，则臣视君如腹心；君之视臣如犬马，则臣视君如国人；君之视臣如土芥，则臣视君如寇仇。"

第四，政事以民为归宿。孟子对梁惠王说："王如施仁政于民，省刑罚，薄税敛，深耕易耨，壮者以暇日修其孝悌忠信，入以事其父兄，出以事其长上。"那么，"地方百里而可以王"。

第五，国君应以保民为职分。孟子主张君王应做到"不扰民"，反复强调"不违农时""勿夺其时"的重要性；君王只有"与民同乐"，才可以"王天下"。

第六，反对不义的战争。孟子说："春秋无义战"，又说："得道者多助，失道者寡助"。他主张如果进行战争，也应"解民倒悬"。

(3)墨子的"兼爱"思想

墨子指出，人与人之间、统治者与人民之间，要互相爱护，社会才能向前发展。墨家提出了"兼爱"的思想，主张"有力者疾以助人，有财者勉以分人，有道者劝以教人，若此，则饥者得食，寒者得衣，乱者得治"(《墨子·尚贤下》)。

(4)荀子的"富民"理论

荀子的"富民"理论主张只有人民过着幸福安乐的日子，国家才能富强起来。他的主要观点包括：第一，思富而弃贫；第二，富民是反"均平"的必然；第三，富是人同自然长期斗争不断积累的结果。

(5)管子的"九惠之教"

法家则提出了"实利"思想，主张调节贫富悬殊，富民以富国，实行"九惠之教"，即"老老、慈幼、恤孤、养疾、合独、问疾、通穷、赈困、接绝"等(《管子·入国》)。

📖 拓展资料

管子的"九惠之教"

据《管子》一书记载，在利义并重的道德教化观念指导下，在治理国家中，管仲十分重视社会福利，他当齐桓公的宰相刚四十天，就五次督促齐桓公在齐国推行九惠之教的社会福利政策，以对百姓实行教化。九惠之教的内容如下：

"老老"。就是在城邑和国都设立"掌老"的官，规定年纪在70岁以上的老人，免其一子的征役，每年三个月有官家的馈肉；80岁以上的，免其二子的征役，每月有馈肉；90岁以上的，全家免役，每天有酒肉的供应。此外，还要求他们的子女细作饮食，平时要经常询问老人的要求，了解老人嗜好。这些老人死了，君主供给其棺椁。

"慈幼"。就是在城邑和国都设立"掌幼"的官，凡士民有幼弱子女，无力供养成为拖累的，规定养三个幼儿即可免除"妇征"，养四个全家免除"妇征"，养五个配备保姆，官家发给两个人份额的粮食，直到幼儿能生活自理为止。

"恤孤"。就是在城邑和国都设立"掌孤"的官，规定士民死后，子女孤幼，无父母抚养，不能自理生活的，就托给同乡、熟人或故旧抚养。代养一个孤儿的，一子免除征役；代养两个，两子免除征役；代养三个，全家免除征役。"掌幼"的官要经常了解情况，对受饥寒和身体瘦弱的孤儿进行救助。

"养疾"。就是城邑和国都设立"掌养疾"的官吏，对身体残疾，生活不能自理的人，官家将其养在"疾馆"，供给其饮食，直到身死为止。

"合独"。就是在城邑和国都设立"掌媒"的官。丈夫丧妻的叫做鳏，妇人丧夫的叫做寡，使鳏寡相配，予其田宅而使之安家，三年后给国家提供职役。

"问病"。就是在城邑、国都要设立"掌病"的官吏。士民有病的，"掌病"以君主旨意慰问，90岁以上的，每天一问；80岁以上的，两天一问；70岁以上的，三天一问；一般病人，五天一问。病重者，向上报告，君主亲自慰问。"掌病"的官吏要巡行国内，以慰问病人为专职。

"通穷"。就是在城邑、国都设立"通穷"的官吏，若有贫穷夫妇没有居处，贫穷宾客没有粮食，要给予救济。其所在乡里及时报告的，给予赏赐；不报告的，给予惩罚。

"赈困"。就是指凶灾之年的时候，为人佣工者往往病而至死，要宽缓刑罚，宽赦罪恶人，发放仓库粮食来救济他们。

"接绝"。就是对死于国事或死于战争的人士，使其生前友好或故旧，领受国家一笔钱，负责祭祀他们。

(6)道家的"无为"思想

道家则提出了"无为"的思想，反对上"多为"，主张下"有为"（《庄子》），并以"甘其食，美其服，安其民，乐其俗"（《老子》）为理想社会的内容。

以上这些思想在当时的历史条件下仅仅是一种超时空的幻想，但这些美好的愿望和有价值的思想对我国后来封建社会各个朝代的慈善事业和救助工作产生了深远的意义和十分重要的影响。更进一步说，古人的这些思想可以被看成是现代的老人福利、儿童福利、社会救济、医疗保健、婚姻咨询、健康服务、贷款扶贫、就业服务、烈士祭祀、社会安全等思想在历史上的最初的萌芽。

2. 西方

在西方，古希腊宣扬的是"幸福论"，认为幸福是与别人共享而得来的，富人要幸福，要控制穷人，就要为穷人提供财富，使穷人有机会获得幸福。

古罗马提倡的是宗教责任观，他们认为富人为穷人解除痛苦，是教义中所包含的一种责任，要使受救济的穷人不因受到救济而丧失尊严，而富人则因为救济穷人才更加显得尊贵。

希伯来人则认为，人们公平地享有社会物质财富是一种正义的观念。公正就是个人按其功劳获得应有的财富，每个人都应公平地享有社会财富。

以上这些在当时的社会、政治、经济条件下所不可能实现的愿望以及各家各派对理想社会憧憬的思想之中，包含和蕴涵着不同动机的慈善事业以及社会工作的思想萌芽。

(二) 思想基础

前述各家各派的思想观点尽管角度不同，但都在某种程度上反映了人们对于理想社会的构想，成为了现代社会社会工作产生的思想萌芽，而现代意义上的社会工作产生，其思想基础主要是资产阶级的人道主义价值观和新教伦理。

1. 资产阶级的人道主义价值观

现代意义上的社会工作发端于西方社会。从思想上看，这与基督教的广泛传播以及它所提倡的博爱思想，还有资产阶级所宣扬的人道主义的价值观直接相关。作为西方社会的一种意识形态，资产阶级的人道主义与宗教伦理一起为后来兴起的慈善活动和广泛的助人活动奠定了思想基础。

人道主义作为一种思潮和理论发端于 14—16 世纪欧洲文艺复兴时代，并在启蒙运动中得到新的发展。资产阶级的人道主义价值观主要有六个方面的内容：第一，反对神学，提倡人学；第二，反对神权，提倡人权；第三，反对神性，提倡人性；第四，反对愚昧，提倡理性；第五，反对迷信，提倡科学；第六，反对神道，提倡人道。从这六个方面的内容我们可以看出，资产阶级人道主义的价值观主张的是以人为中心，一切为了人的利益。资产阶级的思想家强调的是天赋人权，他们认为一切享有天然能力的人在人格上都是平等的，都有追求幸福和自我发展的权力。

资产阶级这种人道主义的价值观主要由四大部分组成：一是哲学上的人本主义，它主要确定的是以人为本位，而不是以神或别的什么为本位；二是经济上的自由主义，因为人道主义是自由经济发展的思想基础；三是政治上的民主主义，这是民主政治发展的理论基础；四是伦理上的人道主义，这是指在伦理的层面上承认人与生俱来的一切权利，包括经济、政治、社会、文化等各个方面的全部权利。这四个部分就构成了资产阶级人道主义的价值观。

在当时，提倡人道主义的进步意义主要就在于：首先，它直接触发了 16 世纪的宗教改革，动摇了中世纪封建统治的基础；第二，人道主义和新教伦理为资本主义的发展奠定了思想基础；第三，它以抽象的形式提出了"人""人权""人性"和"人道"等概念；第四，它弘扬了科学和理性的光辉，促进了科学和社会的进步。

2. 新教伦理的基本假设

新教伦理的核心概念是在上帝面前人人平等。在上帝面前人人平等也就意味着信徒可以直接与上帝对话，直接接受上帝的指示，而不必经过牧师和教会组织来建立与上帝的关系。这样，新教的这种信仰便破除了宗教的等级制度，在神学领域里树立起了个人的权威，这无疑会在世俗领域里产生同样的思想解放的作用，从而诱发自由、民主、自立等观念的产生。

根据基斯-鲁卡斯的研究，新教伦理包含以下六个方面的基本假设：第一，人要为他们自己的成功或失败负责；第二，人性基本上是罪恶的，但是它可以通过一种意志行动来克服；第三，人的主要目的是通过艰苦工作实现物质繁荣；第四，社会的主要目的是维持法律和秩序，以使物质繁荣成为可能；第五，不成功或越轨的人不应受到帮助，虽然应该做出有限度的努力，以便恢复或激发这些失意者为了他们自己更加努力工作；第六，对变迁的主要激励是在经济或物质方面发现奖赏和惩罚。这些新教的价值观念，正是现代社会制定社会政策或社会工作实践的理念基础。

二、社会工作的实践基础——慈善事业对社会工作的贡献

（一）慈善事业的出现

在奴隶社会后期和封建社会，由于奴隶和农奴反抗奴隶主和封建主的斗争加剧，这使得剥削者、统治者意识到单靠镇压不足以维护其统治和社会生产，应该适当地辅之以对穷苦人的恩赐性救济施舍。这个时候，一些社会人士出于对弱者、不幸者的同情怜悯之心，或从不同的宗教观念出发，便开始举办各种不同的慈善事业。

（二）中国历史上的慈善事业和社会救助措施

1. 周代的"保息六政"与"荒政十二"

中国的慈善事业起于周朝。在周代，曾提出过"保息六政"的治国安民方针，在《周礼·司徒》中就有这样的记载："以保息六政养万民"，保息六政即"一曰慈幼，二曰养老，三曰赈穷，四曰恤贫，五曰宽疾，六曰安富"，这六种措施类似于现代的儿童福利、老年福利、社会救助、医疗服务、住宅和就业服务等各种福利服务或工作。

"保息六政"实际上是正常年份特别是升平时期的社会福利措施，而遇到荒年则有另外一些救荒应急的措施。"荒政十二"这样的救荒应急措施也是从周朝开始的。"荒政十二"分别是：（1）散财——给饥民以粮食；（2）薄征——减免租税；（3）缓刑——减免刑罚；（4）弛力——减除徭役；（5）舍禁——解除山林之禁；（6）去几——撤除关卡；（7）省礼——减少吉礼；（8）杀哀——节约凶礼；（9）畜乐——闭藏乐器而不作；（10）多昏——不备礼而婚配者多，则男女相保；（11）索鬼神——祈求保护百姓；（12）除盗贼——为民除害，安定民心。

2. 汉代的"仓储后备制"

从济贫制度来看，影响最为久远的是汉宣帝所设置的"常平仓"。常平仓是"常持其平"的意思，这说的是，官府在谷贱时以较高价买入储存，谷贵时以低价售出，救济百姓，帮助百姓平安度过荒年。常平仓正式确立了我国的仓储制度，在后来的隋、唐、宋、明等朝代还出现了"义仓"和"社仓"等不同形式的仓储制度。义仓创立于隋文帝时期，由政府征收或富户捐粮而形成，遇到遭遇灾荒时会开仓济民；而宋朝的社仓是鼓励民间自行捐粮并管理，在遇到荒年的时候会开仓济民。仓储制度是一种实行较有效的济贫制度，它与现代的社区发展工作的目标和原则相契合。

3. 宋朝的"乡规民约制"

在我国，古代社区组织中还存在一种乡约制度。所谓"乡约"，就是指同住在邻近地区的人共同遵守的规约。我国的乡约始于北宋的"吕氏乡约"，明朝的王阳明先生也定有"南赣乡约"，从自动自发、组织教化以及结合政统等三方面来看，我国的乡约制度均符合现代社区发展的基本要求，所以可以称之为是现代社区发展的典范。

总的来说，在我国古代社会，历朝历代都有着一些不同形式慈善工作的制度和措施，但早期的救济事业多以临时抢救的救荒事业为主，经常性的贫民救济及其他的社会福利事业很少，并未能够形成一种普遍的制度。归纳起来，在历史上，我国慈善事业的类型有 5 种：一是官办的慈善事业，如乞丐收容所、疯人院、济良所（收容妓女）、感化院（改造罪犯）、残废人习艺场等；二是宗教团体办的慈善事业，如由基督教、天主教教会主办的孤儿院、育婴堂等；三是同乡会馆办的慈善事业，主要管理外地到京城应考或办事者的食宿生活，资助那些因贫困而流落京城或其他城市的同籍人返乡，为那些客死异乡的同籍人募捐集资，举行殡葬等；四是宗法性的慈善事业，由祠堂、宗庙救济贫穷族人，开办义学，资助办理婚姻丧葬等；五是私人办的慈善事业，多数以地主、官僚、富商集资举办的善堂、山庄等救济机构为主要形式。中国近代慈善事业很多，有些全国性慈善团体，它们在各地设立四五百个分会，发展会员几十万，在各大城市举办养老院、残废院、教养院、医院、学校等。

（三）西方国家的慈善事业

西方国家的慈善事业最初主要是由教会发起或举办的。一些宗教教义中就明文规定应救助贫民，认为教士保护孤儿，照顾寡妇，帮助老弱病残者，这些行为不但是教士本身的义务，也是死后免遭天谴而使灵魂得救的一种方法。因此，这种宗教观念便引导着那些宗教信徒们去从事各种各样的慈善活动。相比较而言，西方社会似乎比我国更有慈善的传统，这可能跟人们所信仰的宗教也有一定的关系。正是基于这样一些思想萌芽和基础以及慈善事业活动，社会工作才逐渐衍生出来了。

第二节　欧美社会工作的发展历史

从欧美社会工作的发展历史来看，英国的伊丽莎白《济贫法》（1601 年），德国的"汉堡制"（1788 年）和"爱尔伯福制"（1852 年），英美的"慈善组织会社"（1869 年）和睦邻组织运动（1884 年）等，都是早期为社会工作的产生提供了直接前提的重要实践。之后，西方国家又逐步建立了社会保障制度，并产生了福利国家思潮，福利国家得到了兴起与发展，进而促进了专业社会工作产生与发展。

一、英国的伊丽莎白《济贫法》

（一）背景

众所周知，英国是资本主义起步较早的国家。早在 16 世纪初的时候，由于城市中羊毛工业的兴起，资产阶级为了实现资本的原始积累，一方面在农村中大量发展畜牧业，变农田为牧场；另一方面，又通过行政手段，实行"圈地运动"，将大批农民赶出家园。"圈地运动"所造成的一个后果就是大量的自耕农和佃农失去了赖以生存的土地。摆脱了土地的束缚后，许多人开始流入城镇，成为不受法律保护的无产者，进而被抛向了劳动力市场，其中一些人甚至沦为了城镇贫民和乞丐。因而，随着资本主义生产方式的发展，无产者的失业、流浪和贫困问题，成了一个严重的社会问题。为了稳定社会秩序，消除失业、流浪和贫困现象，英国政府将以往各种有关贫民救济的法规加以编纂合并，制定了1601年由英国女王伊丽莎白一世颁布的《济贫法》（又称旧《济贫法》），也称为"伊丽莎白第43号法"。

（二）《济贫法》的主要内容

《济贫法》做了这样一些规定，它规定了政府要利用税收举办公共救济事业，确定了教区要为所在地之居民充实救济经费，为不能工作的人和儿童准备粮食，为体力健全的人准备工作，救济那些无力自理生活的人。济贫法将这些救济的对象分为三类：一是体力健全、有劳动能力的贫民，强迫他们入"感化所"或"习艺所"工作；二是无劳动能力、不能工作的贫民，包括病患者、老人、残废者、精神病者以及须抚育幼小子女的母亲等，令其进入"救济院"或施以"院外救济"；三是无依无靠的儿童，包括孤儿、弃儿或父母无力抚养的儿童，设法领养或寄养。

《济贫法》采取的救济措施主要有以下一些方面的内容：第一，规定每一个教区每周应向地方征收济贫税，明确了政府在救济贫民问题上的责任。第二，规定贫民救济应由地方教区举办，每一教区设立监察员若干人，中央政府也设置监察人员。首创了国家设立机构、建立制度进行救济的先例。第三，规定凡有工作能力的贫民，必须参加工作，以工作换取救济。这是最早的工赈法。教区设有贫民习艺所（Work House）供男女儿童学艺，教区还义务为有工作能力的贫民介绍工作，或配给原料及工具，强迫其进行工作自救。第四，禁止无家可归者及无业游民行乞游荡，设济贫所收容救济，强迫其在济贫所里工作。有家者给予家庭补助，使其仍在家居住。将救济工作分为"院内救济"（indoor relief）与"院外救济"（outdoor relief）两种，首创了机构救济和家庭式社会工作的先例。第五，规定亲属必须首先负起赡养贫民的责任，教区即公共救济机构仅在贫民不能从其家人或亲戚那里获得救济时，才能给予救助。而且，救助对象仅限于在该区出生的人或在该区居住满三年的人。这种以居留权作为接受公共救助的条件，即所谓"亲属责任"或家属责任，到今天还是公共救济中的争论问题。

到了1834年，英国议会对济贫法案进行了三点修改：第一，救济设施必须全国一致，各区应分别联合成立协会，每个协会最少设立一个济贫所，由驻伦敦的委员下乡进行监督，负责拟定章程规则和监督审核账目；第二，济贫所内给予被收容者的待遇应当较一般工作低；第三，原则上只进行院内救济，废除院外救济。这里所做的修改使得贫民救济工作更加系统化和规范化了。此项法案后来几经修订，直到1948年根据《贝弗里奇报告》的建议制定《国民扶助法》之后才宣告废止。

（三）对社会工作发展的意义

《济贫法》历经了三百多年，就与现代社会工作的关系而言，它成为了现代救济工作的开端，对英国、欧洲乃至世界社会救济事业、社会工作专业的发展都具有巨大的影响。它对社会工作发展的意义主要体现在以下几个方面：

首先，政府负起了社会救助的责任，并直接参与了社会救助活动的组织工作。这在某种意义上为社会工作的诞生创设了一个合法性前提，使社会工作专业的诞生有了良好的社会基础。

其次，伊丽莎白《济贫法》从立法的角度确立了助人自助的观念，这既是一个救助原则，又是一个救助理念。《济贫法》还对于不同情况的贫民施以不同的救助，使社会资源得以更有效地利用，同时要求有劳动能力的乞丐要从事劳动，这样也可以避免刺激一些人的"懒汉"思想。

再次，对于社会工作专业的发展来说，伊丽莎白《济贫法》最重要的作用还在于它确定由专门人员从事济贫救助活动。从某种意义上来说，我们可以将救助人员的专门化视作社会工作职业化的开端。

最后，伊丽莎白《济贫法》所实施的院外救济也是社会工作提供服务的一种基本形式。总而言之，伊丽莎白《济贫法》对现代社会工作专业的形成产生了极其重要的影响。

然而，它同时也存在着不少严重缺陷：一是可能养成贫民的依赖心理；二是对贫民的自尊心注意不足；三是干涉了贫民谋生的自由。另外，《济贫法》还以其"惩诫性""恩赐性"著称于世。该法普遍实施之后，不但没有使有劳动能力的贫民自力更生、自食其力，反而使他们沦为永久的贫民。当然，《济贫法》的问世有其进步意义，它奠定了英国乃至欧美各国现代社会救助立法的基础，开创了用国家立法推动社会保障事业的先例。

二、德国的"汉堡制"和"爱尔伯福制"

德国的"汉堡制"（1788 年）和"爱尔伯福制"（1852 年）标志着有组织的社会工作的迅速发展。

（一）"汉堡制"

汉堡是德国的一个工业重镇，自工业发达以来，居民生活悬殊，乞丐和贫民人数日益增多，成为了汉堡市最为严重的问题。汉堡市居民在 1765 年的时候组织了一个团体，这个团体的主要目的就在于改良市政管理制度，其中有一部分计划就是有关救贫的行政方案。为了解决日益严重的贫民问题，1788 年汉堡市实行了一种比较有特色的救济制度，这一制度规定，将整个汉堡市分为若干个社区，每个社区设监督员 1 人，赈济员若干人，并设中央办事局，综合管理全市所有救贫的行政事务。它的实施救济的原则就是助人自助，它的宗旨就是设法帮助贫民自力更生，工作内容或方式包括：（1）为失业者介绍工作；（2）将贫苦儿童送往职业学校习艺；（3）将病患者送往医院诊治；（4）对沿街乞讨者不准施舍，以取缔无业游民；（5）对贫穷者予以救济，并且还募捐资金，建立统一的慈善金库。这种社区型的救助工作被后人称之为"汉堡制"。"汉堡制"实施了 13 年，很有成效。但到后来，因城市人口增加太快，救济人员不足，逐渐趋于衰微。"汉堡制"被奉为现代社会工作和社会救助的先驱。

（二）"爱尔伯福制"

1852 年，德国的另一个小市镇爱尔伯福，仿照"汉堡制"进行工作，并予以改进，实施结果成效显著。爱尔伯福实施的这种救济制度，史称"爱尔伯福制"。这一制度的主要内容包括：（1）把爱尔伯福全市分为 564 段，每段约有居民 300 人，每段贫民不得超过 4 人。（2）每段设赈济员一人，综合管理全段救济工作。（3）赈济员的主要任务就是负责审核求助者资格发放赈济款，并办理段内有关贫穷的预防工作，如介绍职业、训练与管理游民等。（4）同时，在全市将每 14 段分为一个赈济区，每区设监察 1 人，以领导赈济员，每两周开会一次，报告工作概况。（5）此外，还设有中央委员会作为全市的总赈济机关，委员会由九名委员组成，是全市最高的赈济机关，统一支配和管理全市济贫所、医院以及院外的各种救济事项，每两周开会一次。

总的来说，爱尔伯福制主要有以下优点：（1）行政权集中，督导严密，有助于提高行政效率；（2）赈济员由当地热心于公益事业的志愿工作者担任，且可连任，这样既可以节省经费，又能提倡志愿服务精神；（3）赈济员所管区域不大，能对贫民进行周详地照顾；（4）在爱尔伯福制中，消极的救助与协助相结合，可以促使受助者自立，同时也重视预防工作；（5）爱尔伯福制注重家庭访视，这是一种个案工作方法，而划段、区由地方人士志愿服务，这也很符合社区工作的精神和做法。

（三）新汉堡制

由于人口的增多，"汉堡制"与"爱尔伯福制"渐渐不能适用，于是便促成了 1892 年的"新汉堡制"的问世。这里简单介绍一下。"新汉堡制"的特点是中央比以往更能独立行使职权，废除了分段制度，长期发给赈款，并将受救济者分类，以便处理。总的来说，德国的"汉堡制"和"爱尔伯福制"的精神和做法，为以后各国探索公共扶助和社会工作开创了一个新的里程碑。

三、英美的"慈善组织会社"

（一）背景

19 世纪末 20 世纪初，"慈善组织会社"在英美盛行。在英国，一方面由于济贫法不能有效地发挥作用；另一方面由于工业革命的影响，失业与贫困问题日益严重。社会开始特别关心贫民问题，各种具有不同目标的慈善组织纷纷成立。但是，这些慈善组织间缺乏联系与协调，步调不一，重复浪费甚至互相冲突的现象严重。为了解决这一问题，索里（Reverend Henry Solly）牧师参考"汉堡制"及"爱尔伯福制"的做法，于 1868 年建议成立一个组织，来协调政府与民间组织的各种慈善活动。因此，1869 年，伦敦成立了第一个慈善组织会社（Charity Organization Society），即"组织慈善救济暨抑止行乞会社"，后改名为"伦敦慈善组织会社"。

（二）基本观点和救济方法

该会社认为：个人应对自己的贫穷负责，接受公共救济将摧毁贫民之自尊心、进取心及道德意识，终使贫民依赖救济为生。它主张贫民应尽其所能维持其本人的生活，反对扩大公共贫穷救济，特别强调以道德的影响来改变贫民的生活方式，鼓励私人慈善会社的建立及私人对贫民的救济行为。

实施救济的具体方法包括：（1）成立一个中央管理与联系机构，将伦敦全市划分为若干区，每个区成立分支机构主持救济分配工作；（2）各区办理区内所有救济机构受理申请救济案件的总登记，另特设咨询部，供济贫法执行人员、各慈善组织及个别慈善家搜集有关申请救济者的资料，使不少同时向多个救济机构求助的职业乞丐暴露其真面目；（3）各区派人对所有申请案件进行个别详细调查，其涉及的项目包括申请人的各种社会环境，如住房、健康、教育及工资等；（4）提高救济款物配额，使之能够满足申请人的生活需要。

（三）影响与贡献

"伦敦慈善组织会社"成立后，英格兰和苏格兰的其他城市也纷纷效仿，建立了慈善组织协会。此外，1877年美国的布法罗市（Buffalo）也成立了美国第一个慈善组织协会，之后6年时间里，美国共有25个城市成立了"会社"。

"慈善组织会社"对于社会工作专业化的建立做出了极大的贡献：

一方面，它促使了个案社会工作的产生。"会社"首创派"友善访问员"（friendly visitor）访问申请救济者，以了解其社会背景并确定应采取的措施。它强调依据调查，按照个别情况的不同，对每一案件分别做出处理，这其实也是社会个案工作中强调"个别化"原则的做法。

另一方面，"会社"采取了协调合作的方式，使得各个救济机构的作用得以有效发挥，促进了各救济机构和慈善组织为社区解决问题，这也为社区组织工作的发展奠定了基础。

四、英美的睦邻组织运动

继慈善组织会社之后，19世纪80年代，英美两国又兴起了睦邻组织运动（the social settlement movement），或者叫社区组织或社区改良运动。睦邻组织运动以社区睦邻服务所的建立为标志，以知识界人士的广泛深入地参与社区生活，调动并利用各种社会资源服务于社区居民为特色，它是社会工作萌发时期最有影响力的事件之一，为社区工作方法奠定了基石。

睦邻组织运动始于1884年英国伦敦东部圣犹太教区的牧师巴涅特创设的汤恩比馆。巴涅特（Samuel A. Barnett）是英国牛津大学的毕业生，毕业后任东伦敦教区牧师，当时该区是伦敦最贫困的教区之一。汤恩比（Arnold Toynbee）是牛津大学经济学讲师，是一位虔诚的基督教教徒，满怀热情愿为贫民服务，立誓消除贫困，以宣扬基督的博爱精神，消除人间的不平等。两人志趣相投，尽心尽力于共同的事业。但不幸汤恩比年届30岁便因病去世。巴涅特为纪念亡友的伟大牺牲精神，并为号召知识青年为贫民服务以继承汤恩比的遗志，1884年在伦敦东区建立了一个大学社区睦邻服务中心，取名"汤恩比馆"，鼓励学生为贫民服务，并与贫民共同生活，了解贫民生活情形，努力从事经济、生活、文化改革活动。

汤恩比馆实际上就是一个"社区服务中心"，其特点有四：(1)设于贫民区，备有宿舍，所有工作人员与贫民共同生活；(2)没有既定的工作计划，视居民的实际需要而工作；(3)尽量发动当地人才，培养其自觉的互助合作精神，为社区服务；(4)社区睦邻中心不仅是服务中心，也是文化中心，向居民介绍本国及国外文化。

这些具体做法所取得的成绩以及所表现的精神很快成为了许多地方争相效仿的对象。汤恩比馆成立以后，睦邻组织运动迅速推广，它不但成为了英国社会改良运动的一种新潮流，而且也引发了世界上许多其他国家的社区改造运动，其中尤以美国最为发达。美国最有名的社区服务中心是1889年由琼·亚当斯(Jane Addams)女士在芝加哥创立的"霍尔馆"(Hull house)，它对芝加哥市民生活的改良做出了重大的贡献，对美国的社会工作的发展也有很大的影响。到1939年，全美社区睦邻服务中心已经达到500多所。

可以说，睦邻组织运动是一种全新的服务方式，它以整个社区为工作对象，由工作者深入社区，发现社区需要，了解社区居民，发动社区力量，为社区服务，对于现代社区组织工作的发展有重大贡献。

五、德国的社会保障制度

(一)背景与产生

随着资本主义工业化所产生的社会问题日益严重，那些局部的、地方的、补救性的措施已渐渐不能有效地解决问题。为了稳定社会秩序，西方国家政府举办了系统的社会福利事业，并在此基础上创立了全国性的社会保障制度。社会保障制度为现代社会工作奠定了组织制度基础。

德国是资本主义发展起步较晚的国家，但其工业化进程很快。在第一次世界大战前的约40年内，就完成了从农业社会向工业社会的转变。

19世纪下半叶，在马克思主义广泛传播的形势下，社会主义政党出现在德国政治舞台上，无产阶级组织的力量相当强大，而新兴资产阶级的力量则相对软弱。首相俾斯麦采取了"胡萝卜加大棒"的做法，希望能够通过社会保险立法的方式来拉拢工人队伍，借以赢得工人对国家政权的支持，阻止工人运动的进一步发展。因此，在19世纪80年代，他积极推动议会通过了一系列的社会保险法案，并颁布实施。

(二)主要内容

德国出台的社会保险法案主要包括：1883年，创立强制劳工保险和疾病保险，颁布了《疾病社会保险法》，规定由雇主负担1/3，雇员负担2/3的费用，用以支付雇员在生病期间的各种医疗费用。1884年，创立职业灾害保险，颁布了《工伤事故保险法》，规定雇员因工受伤，由雇主负担其全部医疗费和生活费。1889年，创立残疾与老年保险，颁布《老年和残障社会保险法》，规定雇员因年老不能劳动，其老年的生活费用，由雇主和雇员平均负担。

（三）影响及意义

德国这三项社会保险法案的颁布，标志着世界上第一个最完整的社会保险体系的建立，社会保险制度从此产生了。德国也因此而成为了世界上第一个实行社会保险制度的国家。之后，德国又在这一制度的基础上采取了一系列新的社会保障措施。此后，欧美很多国家也先后纷纷效仿，相继建立起了以社会保险为核心的工人社会保障体系。

各国社会保障制度的建立对专业社会工作的意义主要表现在以下两个方面：

一方面，国家通过制定法案或政策，执行对社会福利的管理，使作为间接社会工作方法之一的社会福利行政开始登场。

另一方面，社会保障制度的建立也为社会工作者提供了新的、比较规范的活动空间从事福利服务的提供，并在这一过程中验证、提炼和发展具体的专业方法。

总的来说，世界各国社会保障和社会福利制度的建立，可以说是为无数处于困境中的人们带来了福音，而新的制度的有效运作又需要有相应的组织、机制和方法，这就使得社会工作脱颖而出，在社会生活中发挥着越来越重要的作用。可以说，随着社会保障和社会福利制度的建立，社会工作就已经成为了一种维持社会正常运转、造福于民的不可或缺的职业。

六、"福利国家"的兴起与发展

"福利国家"（Welfare State）这个词最早出现于 1941 年英国大主教威廉·邓普（William Temlpe）所出版的一本小册子《公民与教徒》（Citizen and Churchman）中。他创立了"福利国家"这个概念来取代"权力国家"（Power State）。而"福利国家"的总设计师是英国著名的经济学家与社会活动家威廉·贝弗里奇（W. Beveridge）。

早在"一战"爆发前，贝弗里奇就曾帮英国政府设计起草过失业保障法案，该法案于 1911 年颁布实施。1942 年 11 月，贝弗里奇向英国内阁提交了《社会保障及有关服务》的长篇报告，在报告中，他提出了全面实施社会保障措施以重建家园。这便是后来人们所称的"贝弗里奇报告"。报告提出了要在战后重建英帝国，必须铲除"五害"（疾病、贫穷、愚昧、怠惰和匮乏），同时，须建立"从摇篮到坟墓"的一整套社会福利措施，包括失业、老年、职业伤害、遗属等保险项目和家庭津贴等。报告中最引人注目的建议是，英国应首先推出面向城乡全体国民的社会保障制度，不分种族、信仰、财产状况，只要达到规定的年龄，就有权享受一份退休金，安享晚年。

总体上看，"贝弗里奇报告"为"二战"后的社会保障体系做了理论上的架构，也为福利国家描绘出了初步的模型。1948 年，英国首相艾德礼宣布英国已成为"福利国家"。此后，瑞典、法国、丹麦、挪威、联邦德国、奥地利、比利时、荷兰、瑞士、意大利等先进工业化国家也纷纷按照"福利国家"的模式重建并扩大社会保障项目，先后成为"福利国家"。除西欧、北欧国家外，美国、澳大利亚、日本、新西兰也效仿"福利国家"构建了本国的社会保障体系。

"二战"后，西方社会保障制度具有以下四个特点：（1）项目齐全；（2）标准较高；（3）国际化；（4）全民化。在 1945 年至 1973 年这段被西方称为"辉煌的 30 年"中，西方各国的社会保障事业取得了长足的发展，达到了历史最高水平。但我们也应当看到，西方各国普遍实施的"从摇篮到坟墓"的福利普遍化政策，也潜伏着种种深刻的经济与社会危机。1973 年席卷整个西方世界的石油危机之后，各国的社会保障事业潜伏的危机日益明显地暴露了出来。为此，各国都开始对其福利体系进行改革，目前还在进行中。

"福利国家"的出现，对专业社会工作的主要意义表现在三个方面：第一，它使得社会福利行政得到空前的发展；第二，社会工作作为其中的一项基本制度受到空前的重视，其提供服务的专业方法得到认可和发展；第三，社会工作由主要面向弱势群体的专业开始成为面向全体国民的专业。

七、专业社会工作的产生与发展

（一）专业社会工作的产生

在英国工业革命和法国大革命之后，慈善事业开始向社会工作转变。社会生产力的迅速发展，使得资本主义的基本矛盾进一步加深。农民破产、工人失业，贫穷、流浪、盗窃、卖淫、赌博等社会问题日益增多，社会本身已经提出了对治理这些病态现象的责任要求。在这种情况下，单靠慈善事业显然是不能适应客观要求的，这就需要有专业的知识和技能来解决这些社会问题。

1862 年由英国社会人士所组成的伦敦赈济会，超出了纯粹个人慈善的范围，摆脱了传统宗教的施舍观念。他们和其他一些民间慈善机构开始共同考虑通过专业教育，建立专业体制。此后，美、英、德、法等国由举办慈善学校转变为创建社会工作专门学校，这一现象的出现成为慈善事业转变为专业社会工作的标志。

发生这样的转变，在本质上是以解决各种社会问题的实践为基础的。英、美等国的睦邻组织运动，德国首相俾斯麦社会保险制度的推出，美国罗斯福"新政"中社会安全法案的颁布和实行，英国贝弗里奇社会保障计划的实施和推广，这些都在很大程度上促进了社会工作的发展和扩大。

相对于慈善事业来说，社会工作是社会文明更大的进步，它在一定程度上体现了社会责任感和人道主义思想。在社会工作中，既包含了社会救济事业，又包括了更富有积极意义的社会福利事业，其中不但有各种补救性的援助措施，还发展了改善社会生活、预防社会问题的专门技术和专业管理方法。社会工作虽然起始于资本主义社会，但它是现代社会生活的产物，是人类文明历史中带有规律性的现象，同时也是人类社会管理的一大进步，它为不同制度的社会在解决和预防社会问题上积累了经验。

19 世纪末 20 世纪初，社会工作在西方已经进入专业化发展阶段，具体表现为社会工作专业培训和教育的发展以及社会工作的科学化。1917 年，美国学者玛丽·E·芮奇蒙德（Mary E. Richmond）出版了《社会诊断》（Social Diagnosis）一书，该书主要从社会学的观点出发，强调社会因素在了解个人行为时的重要性，把医学知识也应用到了社会工作专业中来，使得社会工作向多学科的方向发展。这本书的基本宗旨就是要促使社会工作的方法成为一门独立的知识体系，使社会工作的技术成为一种可以传递的技术。该书的出版无疑是社会工作专业的一个正式起点，也是社会工作专业发展史上的一个新的里程碑。

(二)专业社会工作的发展

1. 专业方法的发展

在1917年,玛丽·E·芮奇蒙德出版了《社会诊断》一书以后,她又发表《什么是社会个案工作》一书,社会个案工作作为一种专业的社会工作方法开始被社会工作者普遍接受。在30年代中期(1936年)以前,个案工作一直是社会工作界普遍承认的唯一的工作方法,社会工作主要就是指"社会个案工作"。随着弗洛伊德精神分析心理学的发展及其向社会工作领域的渗透,社会工作者开始关注服务对象个人经验的意义和价值,特别是其早年生活经验对当前行为的影响。这个时候的社会工作者不再只是关心贫民的慈善布施者了,而同时也成为了关注并能解决个人心理问题或心理病症的"社会医师"了。

就社会工作专业知识的发展而言,芮奇蒙德的思想是个案工作诊断派的起源。而汉密尔顿的思想(G. Hamilton)也为个案工作心理分析奠定了学理基础。在个案工作中颇具影响力的功能派也在这一时期形成。个案工作中另一重要派别即问题解决派的形成则相对较晚,形成于20世纪50年代。关于这些派别的具体内容在个案工作方法中有详细的叙述。

在个案工作方法得到不断发展的同时,20世纪20年代,小组工作开始被纳入社会工作训练课程,同时小组工作的理论构建也在积极地进行之中。到30年代时,小组工作开始形成并逐渐受到重视。柯义尔(Grace L. Coyle)在1930年出版了《群体的社会过程》(*Social Process in Organized Groups*)一书,奠定了小组工作的学理基础。直到40年代中期(1946年),小组工作才作为社会工作的专业方法之一开始被当作和个案工作同样重要的方法看待。

另外,社区工作作为一种专业工作方法也是逐步发展起来的。起初它只是一种服务于个案工作的间接方法,后来社区工作者形成了自己的专业团体,并运用自己的专门知识去解决社区中的问题,但其方法的形成以及获得社会工作专业方法的地位相对要晚些。1939年莱恩领导的研究小组在美国社会工作会议上提出研究报告(即著名的《莱恩报告》),认为社区组织这一有着悠久历史发展背景的概念代表着社会工作的一种基本形式,这样,到了1950年的时候,社会组织正式被列为了社会工作的专业方法之一。直到60年代,社区工作才正式得到普遍认同,被承认为社会工作专业与个案工作、团体工作同样重要的一个基本方法。这样,社会工作三大传统方法的地位正式得以确立。此外,社会福利行政以及社会工作研究也开始逐渐受到社会工作界的重视。社会工作正日益走向高度专业化。

2. 目标模式的变化

众所周知,最初,社会工作是为解决已出现的社会问题而存在的,也就是说它主要扮演的是补救者的角色,其任务就在于诊治受助者的问题。这在个案工作占主导地位的阶段表现得尤其明显。随着社会问题的不断涌现和复杂化,社会工作者愈发感到单独的治疗型社会工作是十分被动的,于是预防问题的出现开始成为社会工作的一项重要的工作内容。这是社会工作的目标模式变化的一个方面:由治疗到预防。

另一方面,社会工作最初关心的是眼前问题的解决,通过实践,社会工作者逐渐认识到,不但应该帮助受助者解决当前所面对的问题,而且还要从长计议,尤其要注意发展受助者的能力,以避免其再次陷入困境。这就是由救助到发展。

这样，治疗-预防，救助-发展也就成了社会工作的工作思路。社会工作不但关注现有问题的解决，而且要特别注重从预防和发展的角度开展工作，这就使得社会工作的目标追求提高到了一个新的水平。当然，社会工作目标模式的变化不仅由其任务变化所引起，而且与心理学、社会学的发展密切相关。这种转变也反映了社会工作者对助人过程、对受助者的角色以及社会工作功能的新的理解。

第三节　中国社会工作的历史、产生和发展

一、我国社会工作的曲折发展过程

（一）社会工作的产生

20 世纪 20 年代初，我国社会工作教育事业产生，这标志着我国的慈善事业、救济事业向科学的社会工作的过渡。中国现代意义上的社会工作产生于 20 世纪 20 年代末 30 年代初。

（二）20 世纪二三十年代的社会工作

在这一时期，与社会工作相关的专业团体相继成立，一些重要的理论研究成果也相继问世。在实践方面，乡村建设运动轰轰烈烈的展开。其中比较著名的有：晏阳初领导的定县平民教育实验区，梁漱溟领导的邹平村乡村建设实验区等。

（三）20 世纪三四十年代的社会工作

这一时期的社会工作实践我们分两部分来介绍：

国统区的社会工作：在社会行政方面取得长足进步，1938 年成立了赈济委员会，接着在国民党中央委员会内设立社会组织部，于 1940 年改为社会部并改隶行政院，成为民国以来政府设置最高社会行政管理机构的开始。在这一时期，国民政府除直接举办少数社会事业外，主要是监督和管理私人办理的福利事业。

苏区的社会工作：在共产党领导下的革命根据地和解放区，成立了解放区救济总会，在解放区救济总会指导下开展了拥军优属、拥政爱民、民工动员、支援前线、社会教育、社会改造、社会救济、社会福利、社会服务等方面的工作。

（四）在抗日战争时期及"二战"结束后的社会工作

在抗日战争时期，中国共产党还跟国民党合作，进行了大量的战地服务、救济难民、救亡宣传、慰问将士等方面的工作。一些进步组织如"保卫中国同盟""中国福利会"的社会工作十分活跃。"二战"结束后，中国人民解放区救济总会和国民政府行政院善后救济总署，共同接受联合国善后救济总署募集的大批救济物资，分别在所管辖的地区进行了大量的救济工作，这些都为中华人民共和国社会工作的发展积累了宝贵经验。

(五)中华人民共和国成立时期的社会工作

中华人民共和国成立以后,社会工作学的研究和教学虽然停止了近30年,但是,中国社会工作的实践从未间断。1949年开始,在全国范围内取缔存在了几千年的娼妓、流氓等游民活动,先后封闭了全国所有的妓院,瓦解了全国的流氓游民组织据点,在各地设立920所生产教养院,广泛开展了收容、救济、改造妓女和流氓等游民的工作。1951—1953年,大量集中起来的妓女、流氓等游民,全部被改造成为新人,并得到安置。人民政府在全国城乡普遍开展了禁烟禁毒的群众性运动,封闭烟馆,禁止种植鸦片,收缴毒品,组织吸毒者戒烟,在3年内各地一些吸毒者陆续戒绝。人民政府还开展了对革命烈士及其家属、革命军人家属、革命残废军人、牺牲病故军人、伤亡的工作人员和民兵、民工等,分别给予表扬、抚恤、优待的活动,开展了对复员军人的安置和群众性的拥军优属工作。同时,人民政府还担负了繁重的救灾任务,遣送、安置城市中的灾民、难民,对城乡贫民开展社会救济、以工代赈、生产自救等工作;整顿、调整、改造了半封建半殖民地社会的上千个救济福利团体和数百所旧慈善机构,把它们纳入社会主义社会工作的轨道。1951年公布了《中华人民共和国劳动保险条例》,创建了企业职工社会保险制度,颁布了一系列方针政策,开展了多项职工福利工作。以城市的区、街、居民委员会和农村的乡、镇、村为基层社区,开展了各项社会服务。

(六)全面建设社会主义时期的社会工作

进入全面建设社会主义时期以后,社会工作具有了建设性的特色,更多地发挥出社会服务和社会管理的功能。突出的表现是依靠国家和集体经济组织的力量,在各地普遍开展多种社会福利事业。城市原有的各类生产教养院,在基本完成解决半封建半殖民地社会遗留的社会问题的历史任务以后,分别改为社会福利院、儿童福利院和精神病福利院。以安置残疾人就业为任务的各类社会福利生产单位,在城市组织生产自救的基础上得到了普遍的发展。农村广泛地对鳏、寡、孤、残实行"五保"(保吃、保住、保穿、保烧、儿童保教或老人保葬)的福利制度。同时,开展了城乡的优抚安置、防灾救灾、社会救济、婚俗改革、民间纠纷调解、对流浪人员的收容、遣送、安置等工作。社会保险经过统一规定退休、退职办法,整顿了劳保医疗制度,规定了精简职工保险待遇,还规定了职业病范围和职业病患者处理办法等几方面的措施。

(七)经济体制改革以来的社会工作

20世纪70年代末进行经济体制改革以来,我国的社会工作也相应地进行了改革与创新,集中表现为以多种社会服务的形式结合成社会工作的有机整体结构。主要内容有:70年代兴起的以个案工作为形式的扶贫工作,在很大程度上代替了社会救济;到80年代,形成了一种新的格局,即以社区发展为主要形式,结合有关部门、团体包干负责支援的形式,对革命老根据地、少数民族地区、边远贫瘠山区和其他贫困地区的经济开发与个体的扶贫相结合。社会福利由举办各种不同类型的事业单位,开始扩展为全市、全区、全乡的社会福利网络;或以社会福利事业单位、社会福利企业、各类扶贫经济实体和群众性自治组织为依托的社会福利网络，开展多项目、多层次的社会服务。

当然，我国的社会工作发展至今，其中也存在着很多问题，如社会工作专业化程度不高，实施范围不广，与国情、国力和现代化要求不适应等，由于我国正处于剧烈的社会转型时期，必然会出现一些新的社会问题，所以这就更需要发展专业的社会工作，社会工作的专业教育、培训、研究和推广势在必行。

二、专业社会工作在中国的恢复和未来发展

社会需要促进了专业社会工作在中国的恢复和发展。1979 年，社会学在中国得以恢复、重建后，有关社会工作的课程开始成为社会学系的必修或选修课程。1987 年，国家教委批准在北京大学、中国人民大学、吉林大学等高校设立社会工作与管理专业。其中，北京大学在 1989 年开始招收了该专业的首届本科生，中国人民大学也于 20 世纪 90 年代初以社会工作与管理(社会保障)的名义招收本科生，吉林大学等高校也以不同方式开展社会工作的专业教育。除综合性院校外，其他专科性院校和民政、工会、妇联、共青团等所属学校也在本科、专科、中专等不同层次上开展社会工作的专业教育或专业培训。

2006 年党的十六届六中全会通过的《中共中央关于构建社会主义和谐社会若干重大问题的决定》(以下简称《决定》)从构建和谐社会的实际需要出发，做出了"建设宏大的社会工作人才队伍"的重大战略部署。《决定》指出，"造就一支结构合理、素质优良的社会工作人才队伍，是构建社会主义和谐社会的迫切需要"，并就如何建设宏大的社会工作人才队伍提出了具体的措施，包括"建立健全以培养、评价、使用、激励为主要内容的政策措施和制度保障，确定职业规范和从业标准，加强专业培训，提高社会工作人员职业素质和专业水平。制定人才培养规划，加快高等院校社会工作人才培养体系建设，抓紧培养大批社会工作急需的各类专门人才。充实公共服务和社会管理部门，配备社会工作专门人员，完善社会工作岗位设置，通过多种渠道吸纳社会工作人才，提高专业化社会服务水平"。

可以说，《决定》为社会工作的进一步发展指明了方向。在党和政府的大力推动下，社会工作专业化、职业化快速推进，社会工作相关制度的建设迅速展开。2006 年 7 月，人事部、民政部联合发布了《社会工作者职业水平评价暂行规定》和《助理社会工作师、社会工作师职业水平考试实施办法》，首次将社会工作者纳入专业技术人员范畴。2008 年 6 月，全国首次社会工作师、助理社会工作师水平考试正式举行，截至 2017 年底，全国共有 288768 人取得了社会工作者职业水平证书，其中包括助理社工师 219242 人，社工师 69526 人。(数据来源：《图解："数"说社会工作(2017)》，民政部门户网站，2017 年 3 月 20 日，http：www.mca.gov.cn/article/gk/tjtb/201703/20170315003782.shtml)。另外，2007 年下半年开始，国务院学位办组织专家就 MSW(社会工作硕士)专业学位设置问题进行论证，2008 年年底通过，2009 年通过答辩正式实施，中国人民大学等 33 所高校获得首批试点资格，于 2010 年正式招生。根据民政部网站发布的信息，截至 2019 年 8 月，全国已有 82 所高职院校开设了社会工作专科专业，348 所高校设立社会工作本科专业，150 所高校和研究机构开展了社会工作硕士专业教育，全国范围内共有 17 个社会工作方向的博士点，每年培养社会工作专业毕业生近 4 万名。(数据来源：《民政部对"进一步细化社会工作专业技术职级，推动基层治理精细化"的答复》，民政部门户网站，2019 年 9 月 9 日，

http：//www.mca.gov.cn/article/gk/jytabljggk/rddbjy/201909/20190900019530.shtml）

各地特别是发达地区（北京、上海、深圳等）结合实际情况在发展社会工作方面也进行了一些有益的探索，出现了一些值得推广的经验与模式，如"深圳模式""上海模式"等。近年来，专业社会工作在国内得到了较为快速的发展，由于其适应了市场经济及构建和谐社会的需要，未来在中国必将获得更好的发展。但也应看到，中国社会工作的专业化和职业化水平还有待进一步提高，社会各界甚至至今还对该专业缺乏基本的了解，对专业社会工作与通俗社会工作、社会工作与社会学的关系区分不清，相关制度建设严重滞后等。这些无疑又制约着社会工作教育的发展和专业化、职业化进程。因此，应当通过广泛的宣传，使社会对该专业的特点、作用有一个基本的了解。在专业数量不断上升的同时，应当加强专业基本素质的建设，全国应当有一个既与国际接轨、又有中国特色的专业规范。而更重要的是，要通过毕业生为社会提供高质量的专业服务，以引起社会的广泛关注和重视。

总的来说，通过考察当今世界各国社会工作的发展，可以发现其中有两种并存的发展趋势：一是国际化发展趋势，是指社会工作走出国门，在世界范围内开展，各国在社会工作的理论、内容、方法上也趋于接近，国际社会工作交流更加频繁；二是本土化、民族化发展趋势，是指各国社会工作者，都在着力研究这个起源于西方社会，植根于社会化大生产方式的社会工作的理论、方法，以作为本国、本民族开展社会工作的借鉴，创造适合本国、本民族特点的社会工作。

从表面上看，这两种发展趋势，似乎相互矛盾，但从实质上看，这两种发展趋势展示了社会工作在当代的空前繁荣。在当代，社会问题、社会风险，对整个世界所有处在不同发展阶段、不同发展水平的国家、民族、地区所造成的震荡，较商品经济产生和发展的初期，要剧烈，要广泛，要深刻。正如奥雷利奥·佩西所说："这是历史上第一次，可能在自我实现和自我毁灭两极间的结果将影响的不仅是几个地区和几个民族的未来，而是全人类的命运。"现在是一个充满希望而又充满风险的时代。这样的时代，必然激励着社会工作的繁荣，而它的繁荣也证明了社会工作是一个和人类命运息息相关、为人类创造幸福、促进社会发展的专业。因此，我们应当紧紧跟上形势，牢牢把握机会，加快我国专业社会工作的进一步发展。

✐ **基本概念**

保息六政　九惠之教　人道主义价值观　新教伦理　伊丽莎白济贫法　慈善组织会社
睦邻组织运动　福利国家

💬 **课后思考题**

1. 试述西方专业社会工作产生的背景。
2. 根据基斯-鲁卡斯的研究，新教伦理主要包含哪些基本假设？
3. 伊丽莎白济贫法主要采取了哪些救济措施？
4. 英美"慈善组织会社"和睦邻组织运动对社会工作的发展有什么贡献？

5. "福利国家"的出现对专业社会工作具有怎样的意义？

6. 我国古代实施社会救济的主要方法或措施有哪些？

7. 简述专业社会工作兴起的背景以及发展阶段。

8. 试述专业社会工作在中国发展的现状与趋势。

参考书目

[1] 王思斌. 社会工作概论[M]. 北京：高等教育出版社，2014.

[2] 李迎生. 中国社会工作模式的转型与发展[M]. 北京：人民出版社，2016.

[3] 林振春. 社会工作[M]. 台北：师大书苑有限公司，1998.

[4] 林亿万. 当代社会工作：理论与方法[M]. 台北：五南图书出版公司，2002.

[5] 李增禄. 社会工作概论[M]. 高雄：巨流图书公司，2002.

[6] 陈良瑾主编. 中国社会工作百科全书[M]. 北京：中国社会出版社，1994.

第三章　社会工作价值观与专业伦理

　　社会工作的宗教起源和它与社会福利制度的密切关系，决定了它是一种以价值为本的专业。社会工作价值观是社会工作实践的灵魂，是社会工作者的精神动力。作为一种专业价值观，它的基础是社会主流价值和社会工作专业的独特追求。社会主流价值主要由政治、法律、经济和社会制度等体现的社会意识形态以及传统道德构成。社会工作的专业独特追求在于它通过社会服务的手段去促进社会公平和正义、恢复和改善人们的社会功能。人道主义是社会工作价值观的理论基础。强调个人和群体的生存权利和发展权利、责任和机会，强调社会对个人和群体的权利、责任和支持，重视人类行为与社会环境的和谐发展，是社会工作价值观的基本内容。

　　作为社会工作的灵魂，价值的重要性不仅在于它界定社会工作本身(包括社会工作的目标和意义)，而且在于它同时界定社会工作的技术和方法，机构的项目、目标和社会工作者的行为和态度。价值是贯穿于整个社会工作教育之中的，而不是一章内容所能包含的。而社会工作专业伦理是社会工作价值观的具体化，制定和颁布社会工作专业伦理标准是社会工作专业化的标志之一。现实、完善的社会工作伦理标准体系可以对社会工作从业者进行有效约束，并指引社会工作实践活动。因此，本章我们将重点讨论社会工作价值观和社会工作专业伦理的作用和内容，尤其强调它们与社会工作实践环境之间的关系。

第一节　社会工作价值观的内涵与体系

　　每个人都具有对某些事物的喜爱和偏好。人们在社会生活中的行为动机，就是根据各自理想的喜爱和偏好产生的。对这些偏好的追求就形成人们的价值，稳固、系统的价值，就是所谓的价值观。在界定社会工作价值观的含义之前，我们先来讨论一下价值。

一、价值的内涵与特征

(一)内涵

　　"价值"一词来源于拉丁语，"valere"，本意是"强壮的、流行的或值得的"。后来经过演化，在不同的语境中，人们所用的"价值"概念具有了不同的内涵。

　　在马克思主义政治经济学中，价值是指"凝结在商品中的无差别的人类劳动或抽象劳动，是构成商品的因素之一"。正因有了价值，不同的商品才得以交换。

　　在科学研究的方法讨论中，人们常常将"价值"与"事实"、"价值研究"和"实证研究"

相对应。在这一语境中，价值相当于人作为主体的主观性或者价值取向，包括人的主观好恶、希冀、理想及其追求等。有人甚至认为，只有实证研究才是"研究"，而"价值研究"只是发表个人的"意见"而已。

而在日常生活中，价值的重要内涵是功用，相当于经济学中的"使用价值"。当人们说某事物或某做法没有价值的时候，实际上指的是该事物在功利上失去或没有功用。日常生活意义上的价值概念在理解或使用上范围较窄，往往将价值同它的同质范畴比如道德、审美等等并列使用。同时由于日常生活中价值被理解为使用价值，所以人们常常将价值与价值物等同。所以一些人认为价值就是车子、房子和票子等，有车子才有价值，有房子才有价值，有票子才是有价值。

可见，在不同语境中价值概念的内涵不同，这就需要有一个哲学意义上的"价值一般"来加以统摄。一般意义上的或哲学意义上的价值概念，也就是我们在这里所说的价值，它包括两方面的内涵：一是指客体满足主体需要。某种事物或现象具有价值，就是该事物或现象对个人、阶级或社会具有积极意义，能满足人们的某种需要，成为人们的兴趣、目的所追求的对象。二是指一种以人为本位的哲学理念，它包含着人与社会相互关系的规定。它是对社会中的是非、善恶、真伪和美丑的一种判断或评价，是对人生基本问题的回答。价值的第二方面的内涵更倾向于我们本章内容中所讲的价值。

（二）特征

1. 态度倾向性

价值表现的其实是人的一种态度倾向，也就是说人对于某种事物或现象倾向于用什么样的态度来对待，这反映了一个人的价值观念。

2. 自我选择性

人和人是不一样的，每个人由于所处的现实情况和家庭、文化、社会背景不同，因而对于事物或现象的态度和看法等各不相同，因而价值也是自我选择的结果，具有自我选择性，价值观是多种多样的，人可以选择自己所认同的对于价值的观念、态度等。

3. 人格判断性

价值是对事物或现象所做出的某种判断，对于是非善恶的标准，尤其是对于道德和法律之间发生冲突时的选择，两难的情况下，每个人会根据自己的理解做出自己的判断，这实际上体现的是一种人格上的判断。

4. 文化多样性

文化不同，对于事物或现象的认识也不同，因而处理对待的态度也不同，价值观也各不相同，因而文化多样性也是价值的一个特征。

5. 意识形态对立性

意识形态不同反映出的价值观也不同。以往在批判资本主义时，会指出资产阶级是低级的、腐朽的阶级，他们的价值观是个人主义的、利己主义的；而在社会主义社会，无产阶级的价值观则是高尚的、崇高的，是集体主义的、大公无私的。这其实就体现了价值的意识形态对立性。

二、社会工作专业价值观的内涵和作用

(一)内涵

1. 专业价值

所谓"专业价值"是针对"个人价值"而言的,它是指一整套指导专业行为和认知活动的思想、观念和基本原则。专业价值不仅受到一个社会的传统观念的影响,也受到科学技术发展以及社会变迁等因素的影响。

2. 社会工作专业价值

社会工作的专业价值就是社会工作者长期奉行和遵守的一整套指导其实践的原则与理念。

3. 社会工作专业价值观

社会工作专业价值观不同于个体的价值观,也不同于一般的社会价值观,它是社会工作者专业共同体内部的一种总体价值偏好,代表着整个专业团体内部对社会正义、服务、个人价值与尊严、人类关系重要性、社会团结等的一般看法以及对专业活动标准的认定。

(二)作用

1. 理论

(1)社会工作价值观是构成专业社会工作的必要条件之一

1957 年格林伍德在其《专业的属性》一文中指出,专业应该具有以下特征:第一,一个专业应该有一套系统的、支持其活动的理论体系。第二,它已被社会广泛认可,即社会对这种专门活动是接受的和高度评价的。第三,该种活动具有专业权威,即在这种活动内部已经建立起专业的权威,专业能力成为该领域活动的重要评价标准。第四,职业内部有伦理守则。从事该活动已成为一种职业,而且职业内部有对其成员进行约束的、系统的伦理上的要求。第五,这一职业群体形成了专业文化。从业者有高度认同的价值观,有基本上一致的专业行为方式。可见,社会工作者在工作过程中,应当需要用到相当专业的技巧和能力,也会用专业特有的价值观去处理社会上的各种价值冲突,并且要避免主观主义色彩。可以说,社会工作价值观既是构建社会工作理论和方法的哲学基础,也是社会工作专业伦理的依据。并且,社会工作专业之所以有别于其他人类服务专业,其专业价值观体系也是重要的标志之一。

(2)社会工作价值观是确定社会工作专业使命或目标的根据

社会工作的专业使命是通过提供专业服务解困济贫,维护脆弱群体的权益,发展他们的潜能,从而恢复和增强其社会功能,最终提升其生活福利水平。这样的使命或目标要求从业人员必须坚信:社会能够公平、公正地对待每一个人,能够使每个人都有机会发展自身,追求幸福;社会工作者通过提供专业服务可以使人们尤其是处于弱势地位的人们更好地获得社会的理解、支持和公平对待。

(3)社会工作价值观是专业教育的核心内容

在社会工作教育和培训过程中,能否形成稳固、内化的专业价值观,是衡量学习者是

否达至教育目标的关键标准。对于同一个问题，每个人有着各自不同的看法和认识，观点甚至截然相反。大多数人在接受社会工作专业学习和训练之前，其个人价值观与社会工作专业价值观都存在差异。我们并不要求个人价值观与社会工作专业价值观完全保持一致，但要求社会工作的从业人员能够认识到个人价值观与专业价值观为什么存在差异，以及如何调整可能存在的冲突，并且在从事专业活动时，要体现出受到过专业的教育和训练。

2. 实践

(1)社会工作价值观是社会工作者的实践动力

社会工作本质上属于道德实践。一名合格的社会工作者，会将服务对象的利益放在优先位置。对人类的热爱，对弱势群体的同情、支持，对人类潜能和对专业本身的信心，激励着社会工作者克服种种困难，完成助人使命。

(2)通过专业伦理标准的形式，社会工作价值观可以指导工作者的实践

一般来说，伦理标准越明确具体，这样的指导就越有效。虽然由于复杂的人类关系、有限的社会资源以及专业本身的独特性，加上社会工作者自身的能力、水平等因素，社会工作实践会面临这样那样的伦理困境，但国际社会工作发展的经验表明，社会工作伦理标准对实践的指导作用还是非常重要的。

(3)社会工作价值观是促使社会工作者个人成长的有效力量

社会工作的价值观可以增强社会工作者的社会责任，丰富其人文情怀修养，使社会工作者具有强烈的个人实现感，大大提升个人的生命价值。经过系统的专业学习和实践训练，多数社会工作从业人员都能够改进个人世界观和价值观，许多人已经把热爱人类、服务人类当作自己个人生活的主导信念。

(4)社会工作价值观是维系社会期望和社会工作专业服务关系的关键

对我国的社会公众而言，社会工作还是一种新的专业和职业。能否达到公众的服务期望，在多大程度上达到他们的期望，取决于社会工作者的服务态度、服务精神和服务效果。虽然社会工作的理论、方法和技术有助于解决问题和提升服务水平，但专业价值观在其中起的关键作用是不容忽视的。社会工作者必须在服务过程中充分展示专业价值信念，才能获得公众的信赖和支持。

三、社会工作专业价值观的内容与体系

西方社会工作的价值植根于西方文化之中，崇尚科学、民主、自由、平等、博爱等是西方文化核心的价值观念，这些核心的社会价值观念产生于新教改革运动、文艺复兴运动以及社会改革运动，因此新教伦理、人道主义和社会福利观念也就理所当然地成为了西方社会工作价值的深厚基础。此外，宗教中的一些理念也为社会工作的价值体系奠定了思想上的基础，如爱、给予、人性等。

社会工作起源于西方，目前在大多数西方国家已经达到比较成熟的水平，社会工作价值观也比较稳定。在西方社会工作的发展过程中，关于价值体系的著作很多，但影响最大的主要有三个：一是戈登对社会工作价值的归纳；二是由比斯台克所发展的价值范畴体系，三是由泰彻所发展的价值范畴体系。在了解三种价值范畴体系的基础上，我们再介绍和讨论国际社会工作界认同的社会工作价值观和操作原则。

（一）戈登对社会工作价值的归纳

戈登（Gordon）在 1962 年提出的社会工作价值体系包含六个方面的内容：第一，个人应当受到社会的关怀。第二，个人与社会是相互依赖的。第三，每个人对他人都负有社会责任。第四，每个人除了具有人类共同的需要外，每个人也是独特而异于他人的。第五，民主社会的基本特质，在于每个人的潜能都能得到充分实现，同时也意味着个人应当通过社会参与而尽到其社会责任。第六，社会有责任提供途径以消除自我实现的障碍，以便个人的自我实现得以完成。

在这里，我们可以把戈登对社会工作价值的归纳与新教伦理的六个方面基本假设简单做一下对比。通过对比，可以看出在新教伦理的基本假设中提到个人的内容较多，而在戈登对社会工作价值的归纳中提到社会责任的内容较多。因此，在戈登的社会工作价值体系中所体现的价值观念，与新教伦理中的价值观念的根本不同之处就在于，它完成了从个人责任向社会责任的过渡。这种价值理念是现代社会福利制度得以建立的哲学基础。

（二）比斯台克的社会工作价值体系

比斯台克（Biestek）在其 1967 年出版的《个案工作关系》一书中，提出了他的社会工作价值体系，其中主要包含了九个方面的内容：

1. 人的潜能

人有不同的潜能，这些潜能包括生理的、理智的、情感的、社会的、美感的和心理的等。因此，除了社会上每个人的尊严和价值应被尊重之外，社会福利服务也应注重社会功能中人的潜能的存在。

2. 人的责任

人有与生俱来的动力和责任以实现其本能。因此，个人应当发挥潜能以实现社会功能，从而完成自我实现。

3. 人的权利

人有权利以适当的方法完成自我实现，但这些方法必须是建设性的，而且也是与目标相关的。

4. 人的基本需要

一是所有人都有其基本的人性需要；二是自我实现必须通过潜能的发展和成长过程才能完成；三是基本人性需要的满足及和谐的成长，必须依靠社会所提供和保护的机会，才能得到保障。

5. 人的社会功能

人的社会功能对于完成自我实现是非常重要的，因此，应当促使社会中每个人的社会功能得以发挥。

6. 社会的责任

社会有责任帮助个人完成自我实现，因而社会必须建立和维持公正、和平和秩序，并且培育与自我实现有关的条件和资源。

7. 社会的权利

社会有权利要求每一个人贡献自己的力量，以促进社会的健全和繁荣。社会的繁荣是个人参与的结果，所以社会各项活动都必须通过每个人的关心、参与和活动才能实现，而社会工作更应通过各种活动来增强这种力量。

8. 个人对社会的责任

作为社会成员之一，每个人都有义务在自我实现过程中对公益有所贡献。社会工作的任务是促进服务对象的健康成长，以便他们能够对社会有所贡献。

9. 人的自我抉择权利

人有自我选择的能力，因而在完成自我实现义务的过程中，人应有自我抉择的权利。自我抉择是培养责任、促进成长和实现自我的必要途径。

可见，比斯台克的价值体系对于社会工作价值的叙述是详细而具体的，它认为人的尊严和价值是"至高无上"的，认为人在生理、智力、情感、社会、审美和精神方面具有天赋的潜能和权力等。通过介绍，也可以看出，他对于社会工作价值归纳的表达方式也是符合社会工作的价值理念的，他所提出的价值体系在现代社会工作中依然发挥着重要的作用。

(三)泰彻的价值体系

泰彻(Teicher)认为：第一，每一个人都有作为个人的尊严和价值；第二，每一个人都应该受到尊敬和得到周到的对待；第三，每个人都应该参与影响他的决策；第四，每一个人都应该自由发展他自己的能力和天赋；第五，每一个人都应该公平地分享对物品和服务的控制；第六，对于为了理性行为所必需的信息，每一个人都应该具有完全和自由获得的权利。

泰彻的价值体系与戈登对社会工作价值的归纳是比较接近的，但两者之间的差异在于：后者更多的是从社会的立场上来说话的，而前者则主要是站在个人立场上来说话的；后者采用更加肯定的语气表述，而前者则多采用虚拟语气，这也许是因其基本立场不同所致；后者更加一般化，更加接近知识范畴，而前者则比较具体化，更加接近价值范畴。

(四)国际社工界认同的专业价值观及操作原则

1. 国际社会工作认同的社会工作价值观

目前，国际社会工作界把社会工作价值观归纳为以下六个方面：

第一，服务大众。社会工作者应当超越个人利益为他人提供专业服务。

第二，践行社会公正。社会工作者追求社会变革，特别是与弱势群体一道工作，并代表他们寻求社会变革。

第三，强调服务对象个人的尊严和价值。社会工作者对每个人都给予关心和尊重，意识到个体的差异和文化及种族上的多元性。

第四，注重服务中人与人之间关系的重要性。社会工作者认识到人与人之间的关系是重要的变革工具。

第五，待人真诚和守信。社会工作者始终意识到专业的使命、价值观、伦理原则和伦理标准，并用与之相适应的方式开展实际工作。

第六，注重能力培养与再学习。社会工作者不断致力于增进专业知识和技能，并将他们运用到实际工作中。

2. 社会工作价值观的操作原则

在操作层面上，社会工作价值观可以概括为以下原则：

(1) 对服务对象的接纳

作为一个积极的动词，接纳意味着接受、相信和尊重，意味着对所有的服务对象，社会工作者都应当保持宽容、尊重的态度，不因为民族、性别、年龄、职业、社会地位、政治信仰、宗教信仰以及精神或生理残疾等因素而对他们有所歧视、排斥，或拒绝提供服务。

但需要注意的是，接纳并不意味着我们总是要同意其他人的价值或我们要放弃自己的价值去支持另外某个人的价值，我们不要把接纳误解为认同服务对象的行为或价值观。接纳不等于认同，接纳不等于同意。接纳是社会工作专业对公众的统一服务态度，是建立专业协助关系的伦理前提。每个人都有权获得社会工作者提供的服务。至于认同还是反对服务对象的行为或价值观，则是后续过程中的价值介入问题。

对于社会工作者来说，接纳在实践上有时是困难的。当服务对象的行为违反一般道德，或者当服务对象的价值观与社会工作者的价值相左时，接纳的问题便会产生。拒绝接待，或在接待中用明确的道德判断或价值判断来标定服务对象，都是违反接纳原则的。根据研究发现，接纳"也许是付诸实践的最困难的社会工作原则之一，并且它也是引起最痛苦的道德困扰的一个原则"。

(2) 对服务对象的尊重与包容、不批判

尊重的含义不仅在于对服务对象保持符合社会文化习俗的礼节和称谓，更重要的是要深刻理解服务对象生命存在的价值、获得个人发展以及改善生活水平的权利和机会，并在此基础上，为他们提供适当的资源和优质的专业服务，满足其生存和发展的需要。对社会工作专业来说，尊重是一种实践过程。举例来说，中华民族有尊老的传统。老年人的基本需要是维持健康，享受天伦之乐，并消除社会交往中的孤独感。尊重老人，就要设法满足老人的健康、情感和社会交往等方面的基本需要。而精神病、艾滋病患者或生理残疾者面临的最大困境在于社会歧视和基本生活能力欠缺，尊重他们就意味着应当帮助他们康复或改善环境，并通过各种努力减少社会歧视，维护其正当权益。可见，不同的尊重对象，尊重他们所意味着的内容也是不一样的。

而不批判则意味着社会工作者不应将自身的价值观强加于服务对象，不应指责和批判服务对象的言行和价值观，也不能向服务对象发泄自己的负面情绪。社会工作者可以和服务对象共同分享与服务内容有关的自己的感受和经验，以及社会工作专业对有关问题的看法，并提供解决问题的建议，但不得直接或间接迫使服务对象接受。

(3) 注重个别化原则

个别化是一种逐一对待的方法。它体现了传统的社会工作价值，把每一个人看作是唯一的、不同的实体，应该受到不同的对待。从某种意义上讲，个别化也体现的是对个人的一种尊重。社会工作认为，每个人都应当有权利和机会发展个性，社会工作者应当尊重服务对象的个体差异，不应当使用一般或统一的服务方法回应他们的独特需要，要充分考虑到服务对象在性别、年龄、职业、社会地位、政治信仰、宗教以及精神或生理残疾状况等方面存在的价值差异，及其与社会主流价值之间可能存在的冲突。尊重个性化需求，充分挖掘个人潜能是社会进步的标志之一。

不过，不同的社会工作方法在应用个别化原则时应有所区别，个案工作方法最强调个别化原则，而小组工作和社区工作方法则相对关注服务对象的共性需求。个别化处理体现在方方面面。首先，社会工作者要了解每一个服务对象的特点，主要是心理特点，从而有针对性地进行思想工作。其次，在生活（包括起居饮食）、活动和学习方面也要有相应的措施。另外，在起居上要尊重每个人的隐私权，尽可能地满足每个人保守其隐私的需要。

（4）自我决定与知情同意

自决即自我决定。在社会工作中，自决更多地是针对社会工作者而言的。由于工作者的地位关系，他们很容易替服务对象决定，犯越俎代庖的错误。自决就是提醒社会工作者要尊重服务对象的自我选择和自我决定的权力。

由于学者们在自决的理解上存在很严重的分歧，不同的学者对自决有着不同的理解，但共识之处在于，服务对象的自决必须有两个前提：第一，服务对象绝对清醒，有自决的意志和能力；第二，自决的方向和后果对服务对象绝对无害。在这两个前提下，尊重服务对象的自决权，就是尊重服务对象的自由人权。不具备上述两个前提条件，社会工作者则要为服务对象负起一定的责任。

社会工作者与服务对象之间的关系，不像医生与病人一样是专家和无知者的关系，病人听从医生的诊断意见，接受医生的治疗方案，服用医生开出的各种药物。而社会工作者与服务对象的关系通常是平等的，社会工作者为服务对象提供服务，提出咨询意见，提出克服困难或解决问题的各种可供选择的方案，最后让服务对象自己去做选择。

这就要求在社会工作实践中，社会工作者要与服务对象保持良好的沟通。社会工作者有义务向服务对象提供必要的信息。服务对象有权利在充分知情的前提下选择服务的内容、方式并在事关服务对象利益的决策中起到主导作用。如果服务对象没有能力进行选择和决策，社会工作者应根据法律或有关规定由他人代行选择和决策权利。自决权是个人尊严的一种体现。即便是出于好意，我们一般也不赞成代替服务对象做决定，因为这样不利于服务对象发展自尊和挖掘潜能。

服务对象自决的原则既贯彻在社会工作的各个方面，也贯穿于整个社会工作的全部过程之中。一方面，社会工作者一旦与服务对象结成工作关系，就会遇到方方面面的问题，社会工作者解决这些问题的基本原则是让服务对象自己做出决定。另一方面，在社会工作的整个过程中，工作对象特别是对于是否需要接受社会工作者的服务，始终具有自决权，换句话说，他可以随时终止与社会工作者之间的工作关系，拒绝各种形式的社会服务。

但是，工作对象的自决并不意味着社会工作者完全没有权力去干预服务对象的决定。社会工作者出于两方面的原因而必须自始至终都关注着服务对象的决定。一方面，服务对象的决定将直接影响到社会工作者的工作，社会工作者有必要随时根据服务对象的决定去调整自己的服务方案，以便更有效地提供各种服务。另一方面，当服务对象的决定危害到社会或者他人的利益的时候，社会工作者有权进行干预，以便维护社会整体的利益。

(5)注重为服务对象保密的原则

社会工作者应当保护服务对象的隐私。未经服务对象允许，社会工作者不得向第三者透露涉及服务对象个人身份资料和其他可能危害服务对象权益的隐私信息。特别情况下必须透露有关信息时，社会工作者须向机构或有关部门报告，并告知服务对象有限度公开隐私信息的必要性及相关保护措施。如果事情紧急必须打破保密原则而来不及报告时，社会工作者事后应当提供必要的证据。

第二节　社会工作的专业伦理

社会工作专业伦理是社会工作价值观的具体化，制定和颁布社会工作专业伦理标准是社会工作专业化的标志之一。现实、完善的社会工作伦理标准体系可以对社会工作从业者进行有效约束，并指引社会工作实践活动。

一、社会工作专业伦理的含义与作用

(一)含义

伦理是人们在人际关系方面所持有的价值信念和行为原则，它包括个人的自我行为控制和调节以及对他人的行为期望标准。尽管价值观和伦理两个词经常混用，但它们还是有所区别的。伦理是从价值观中推导出来的，必须与价值观协调一致。两者不同之处在于价值观关注的是好的和理想的东西，而伦理关注的是实现理想过程中行为的正确与否或善恶问题。伦理主要通过个人自觉自律和社会舆论来进行监督和约束，其表现形式主要是强化人们的荣誉感或羞耻感。价值观是高度概括和抽象的理念，而伦理对人们行为的期望和要求则更加具体。比如强调社会秩序、维护家庭的和睦与完整是我国的传统价值观，而周到地侍奉尊长就是伦理规范。伦理一方面是在长期的社会文化发展过程中约定俗成的，另一方面，政治、经济和社会制度也会直接影响伦理的发展。除了法律法规和行政命令等强制性规范之外，伦理是维持社会秩序、行业信誉、家庭关系和其他人际关系的重要因素，它有着强制性规范不可替代的作用。

一般来说，我们可以把伦理分为个人伦理、专业伦理和社会伦理三个层面。个人伦理是人们对个人行为的特别控制和调适，其标准可能低于或高于社会伦理标准。比如，严于律己、宽以待人、注重对社会的贡献、轻视回报和索取往往成为道德楷模；而放纵自己、苛求他人、故意损害公共和他人权益以满足私欲则会受到舆论的谴责。社会伦理是人们在社会交往中所持有的共同的、最基本的行为期望。通常专业伦理应该以社会伦理为基础，结合行业本身特点，形成特定的群体行为规范。

社会工作专业伦理是指在社会工作领域，通过社会工作者的长期努力形成的，包括有关专业人员对人、对社会和对专业行为的系统看法在实践中的具体指南，即一整套指导从事社会工作的专业人员正确履行责任和义务并预防道德风险的行为规范。

（二）作用

社会工作伦理属于专业伦理，是社会工作专业本身对社会工作从业者所提出的行为标准和道德理想。它集中反映了社会工作专业的价值，是社会工作制度化的必要内容和显著标志之一。它的作用主要在于以下几个方面：

1. 专业伦理是社会工作者自我约束和自我鼓励的道德规范

社会工作价值观能够给予社会工作者有效的实践指引，而社会工作专业伦理则能够使社会工作价值观在工作者开展社会工作服务过程中体现得更加具体、明确，因而可以使社会工作者在实践中更易于理解和践行，从而有助于工作者实现自我约束和自我鼓励。

2. 专业伦理是社会工作者对服务对象的准则，也是服务对象要求社会工作者协助的依据

专业伦理标准一旦颁布实施，就意味着服务主体开始全方位接纳有需求的人，意味着专业人员的社会责任开始固定化。而社会工作者的存在价值就在于能够满足服务对象的服务需求。在满足服务对象的需求过程中，专业伦理是社会工作者必须遵循的服务准则，同时，服务对象据此可以申请社会工作者的协助。

3. 专业伦理是社会工作者与服务对象之间共信的保护和保障的标准，也是与其他专业者共信互信的媒介

古人说"人无信不立"，诚信是道德的基础。社会工作专业向服务对象和其他专业公布自己的行为标准，就已经亮明了追求公正、正义和欢迎监督的态度，因而专业伦理可以建立起社会工作者与服务对象、其他专业者之间的共信互信。

4. 专业伦理是社会公众评价的标准

在我国，社会工作职业化刚刚起步不久，大多数人还不了解社会工作专业和社会工作者。通过专业伦理标准向社会公众表明社会工作的价值和使命，无疑将对我国社会工作的职业化进程产生积极的影响，有利于社会公众对社会工作产生良好的正面评价。

5. 专业伦理是社会工作专业文化的重要组成内容，是从业人员团结合作的基础

社会工作者对同事和机构的行为同样受到社会工作专业伦理的约束。社会工作专业内部的学术、教育、管理和督导行为的价值基础与服务实践的价值伦理应当保持一致，这不仅有利于社会工作专业文化的构建，而且有利于从业人员之间的团结合作。

二、社会工作专业伦理的特点及主要内容

（一）特点

社会工作伦理具有以下特点：

1. 服务对象利益优先

社会工作强调人人平等，人人应当受到尊重，但服务对象的利益应当优先考虑，这一点主要在于强调社会工作者的义务。社会工作者要尽量保护和发展服务对象的权益，这是社会工作专业伦理区别于其他专业伦理的最重要的特点。

2. 专业价值高于个人价值

一般而言，能够认同社会工作价值观并投身于专业实践的人，其个人品德修养也较高。但是，在社会工作实践中处理具体案例时，可能会产生个人价值和专业价值之间的冲突。换句话说，专业的要求可能有悖于社会工作者的个人价值。比如，某个社会工作者在处理有关儿童成长案例时，发现自己的价值观与崇尚家长制的父亲不一致，父亲希望通过严格管教迫使孩子乖巧听话，但孩子渴望独立和获得父亲的尊重，这时候社会工作者就可能陷入困境。在这种情况下，通常儿童利益优先原则和社会工作专业服务标准应当取代社会工作者的个人家庭观念，同时要充分考虑服务对象的家庭文化和社会发展对孩子未来的影响。

3. 约束和鼓励并重

社会工作者肩负着变革社会和提升人类福利的特殊使命，工作常常涉及敏感、复杂的人际、心理、行为、政治和文化内容，工作态度和道德行为对工作成效和专业形象至关重要，所以社会工作专业对该专业成员的伦理行为一定要从严要求，着重体现约束性，既严格限制与专业价值相悖的言行，又积极鼓励与专业价值相符的表现和知识创新。

4. 权威性

社会工作专业伦理所包含的价值观和具体行为规范都是经过系统和严格论证并获准行业组织通过的，见诸文字、条文清晰、规定明确、体系完整是社会工作伦理的要求。这里的权威性，强调的是专业权威。相对于社会和其他专业领域，社会工作专业伦理是一种自律规范；但相对于社会工作者和服务对象之间的专业关系而言，这种专业伦理就属于强制规范了。

(二)主要内容

社会工作专业伦理是社会工作专业价值观的具体化，其内容也体现了这个特点。目前，内容最丰富的社会工作专业伦理体系是美国社会工作者协会1999年颁布的《社会工作伦理守则》。该伦理守则包括6个大项，51个小项，细则达155条。综合欧美国家和部分亚洲国家以及我国香港、台湾地区的社会工作伦理守则，可以发现，社会工作界对社会工作伦理守则应包含的基本内容是具有共识的。不过，在细则方面，各个国家和地区社会工作伦理守则之间存在一些差异。这不仅因为各国各地的社会工作专业化水平不同，还因为法律体系和社会制度不同，而且还有文化差异。

归纳一下，社会工作专业伦理可以主要概括为如下一些方面：

第一，社会工作者对服务对象的伦理责任。主要包括：对服务对象的义务，自我决定，知情同意，实践能力，文化能力，利益冲突，隐私和保密等。

第二，社会工作者对同事的伦理责任。主要包括：尊重，保密，合作，咨询，服务的转介等。

第三，社会工作者对工作机构的伦理责任。主要包括：督导和辅导，教育和培训，服务对象档案管理，服务对象的转介，行政管理等方面的要求。

第四，社会工作者作为专业人员的伦理责任。主要包括：实践能力，个人道德要求等。

第五，社会工作者对社会工作专业的伦理责任。主要包括：专业的完整性，评估和研究等方面的要求。

第六，社会工作者对全社会的伦理责任。主要包括：推动社会福利，促进公众参与，介入公共紧急事件，参与社会行动等方面的要求。

三、社会工作实践中的伦理决定

（一）社会工作实践和伦理决定的关系

社会工作过程本身是一种道德实践，它不可避免地涉及诸多的伦理决定，牵涉到专业社会工作者和受助者的价值观和伦理选择。

所谓伦理决定，就是人们必须在行动或实践过程中决定哪一种行为是好的或正确的，必须判断行动或实践本身对受助者的影响，以符合专业行为的道德要求。而伦理困境，则是指社会工作者在实践中陷入一种在道德上难以取舍的模糊和难以找到满意方案的境地。在当代社会，任何专业都存在伦理困境。

对社会工作而言，解决实践中的伦理冲突，并不存在一套固定的程式和方案。但这不等于说，社会工作者不能解决这些伦理困境。恰恰相反，社会工作者要遵循一定的道德和伦理规定，并在特定的环境下对伦理问题进行充分的分析，在尽力减少伤害和风险的基础上，找到一个可能的最佳方案。因此，社会工作者在实践中，首先要清楚如何做一个正确的伦理决定，然后再仔细分析如何解决相应的伦理困境问题。

（二）社会工作实践中的伦理困难及处理原则和步骤

1. 伦理难题

尽管社会工作专业价值观和专业伦理标准可以在书面上表述得准确无误，但在实践中，如何应用这些价值标准来指导专业行为并非易事。原因在于：一方面，以服务对象利益优先为目标的社会工作专业伦理与社会伦理以及个人伦理并不完全一致；另一方面，人的行为并不能总是与其价值观保持一致，很多时候社会工作者的知识和能力的不足也会影响专业伦理的遵守。同时，人的非理性行为也会与社会工作专业价值和伦理产生冲突。

常见的社会工作伦理难题包括以下几个方面：

（1）保密问题

有效保护服务对象的隐私使其不受伤害是社会工作伦理基本原则，但有时并不容易把握，这种情况的出现可能有多种原因。比如，在学校或福利院中，服务对象偷偷告诉社会工作者，他亲眼目睹了另外一个男孩打骂欺负一个女孩，而打骂者也清楚只有该服务对象知道此事，并威胁他不准告发。服务对象特别嘱咐社会工作者不能向外人透露此事。如果你是这个社会工作者，你会怎样做？专业价值观要求你维护社会正义，为了防止受害者再次受到可能的伤害，你应当向有关人员和部门报告。但这样的结果可能对你的这个服务对象造成不良后果：他不再信任你或社会工作者，他真的可能遭到报复，他因"告密"行为不再受交往圈中其他人的欢迎。按照服务对象利益优先原则，你不能透露对服务对象不利的信息。所以，这个时候，你很可能就会陷入困境。除此之外，在行政干预、司法干预、研究需要等方面，都可能存在着让社会工作者难以决断是否应当透露服务对象隐私资料的情境。

（2）情理法问题

在我国的传统文化中，十分重视人情世故，人的成熟与否不见得指拥有了多少知识、为社会做出了多少贡献、是否结婚生育等，而往往将是否熟谙人情世故作为衡量标准。所谓"情"，包括亲情、友情、爱情、师生情、同事情等基于血缘和社会交往而产生的情感。儒家哲学甚至将这些"情"上升至绝对化的"理学"层次，告诫人们不能轻易违背。所谓"理"，在这里，我们指的是社会工作专业伦理。"法"即法律和法规。在实践中，情、理、法三者之间经常会发生冲突。比如，一对夫妇情感不和，长期分居，但由于孩子年幼，双方勉强维持着婚姻。最近，丈夫发现妻子有了外遇，就立刻提出离婚，因为根据法律这样可以在离婚时分得更多财产。妻子反对离婚，理由是对孩子成长不利。他们请求社会工作者帮助。如果你是社会工作者，你会支持妻子正常的情感需求，还是支持丈夫基于法律的正当离婚要求？你会如何关注儿童利益呢？

（3）价值中立还是价值介入

所谓价值中立，是指社会工作者在提供服务过程中不强迫服务对象接受专业价值观和个人价值观，也不赞同服务对象的个人价值观。而价值介入则是指社会工作者应当在维护服务对象权益的前提下劝说或主动影响服务对象接受专业或个人价值观，以便提高服务效率或改善服务效果。虽然社会工作本质上是一种道德实践，要求社会工作者把维护社会公平和正义放在首位，但在具体工作过程中常常不容易做出伦理选择。坚持价值中立的认为，服务对象自决原则和不评判原则就表明了服务对象受到了充分尊重。但是，坚持价值介入的一方认为，社会工作者不应当把自己当作机器，尤其是服务对象迫切需要社会工作者给予价值支持的时候，更应当尽其所能来履行专业服务职责。比如，儿女因为工作繁忙没有时间照顾患了慢性病的老父亲，就将他送入了老年公寓。在老年公寓，这位老人向社会工作者哭诉了自己想回家的想法。社会工作者正好家中也遇到类似困难，正打算把自己的父亲送进老年公寓。社会工作者如何面对这位住院老人的诉求？

（4）个人利益与社会责任

人们的个人利益总会与其社会责任之间存在差距，不过在多数情况下不至于产生严重冲突，但是有时你也很难决断。比如，一名社会工作者早晨起来发现三岁的女儿发高烧，病情严重。但她丈夫出差在外，眼前也没有合适的人可以照看女儿，而她自己已经提前约了服务对象当天上午要进行一次非常重要的面谈。她应该怎么办？是履行母亲职责，照顾女儿，还是履行工作责任，去见服务对象？

（5）自决原则和知情同意

自决原则和知情同意只适合那些与服务对象利益攸关的选择和决策。社会工作者任何利用这个原则牟取私利的行为都应当禁止，不管服务对象是否出于自愿。比如，在任何情况下都不能接受服务对象的性暗示和性要求，不得与服务对象发生性关系。但是，有些事情并不这么简单，比如近年关于安乐死的争论，社会工作者是遵守法律禁止对病人实施安乐死，还是支持濒临死亡的服务对象接受安乐死的意愿？还有，服务对象反复恳求社会工作者代替他们作决定，而社会工作者根据自己的知识和能力也确实可以判断出自己的决定优于服务对象的决定，而决定的后果也不涉及重大利益，是否就可以打破服务对象自决原则？

2. 处理原则

之所以将以上问题看作伦理难题，是因为我们并不容易根据既定的专业伦理标准来处理类似案例。在此，我们参考美国学者拉尔夫·多戈多等人给出的处理伦理难题的几个原则建议。大多数情况下，这些原则都会比较有效。但是，如果问题过于复杂，社会工作者最好咨询有关专家和部门。需要提醒的是，即便这些原则很重要，社会工作者在实践中也应该看它们是否适应当时当地的政治、法律制度和社会文化背景。在遇到伦理难题时可以坚持如下原则：

(1) 保护生命原则

这一原则适合所有人，既适合保护服务对象生命，也适合保护其他人的生命。在前述"个人利益和社会责任"的案例中，如果社会工作者并不会因为失约而危及服务对象或他人生命安全，而她又找不到适当人选帮她照顾孩子，那么她可以选择带孩子看病，并通知服务对象和机构。

(2) 完全平等与差别平等原则

如果各服务对象的实际需要都相同，而社会工作者所能提供的资源和服务又非常充分，可以给予各服务对象平等的服务。如果资源不足，则可以区别对待。比如，在社会救助中应当优先考虑为那些家庭更加贫困、健康状况较差的服务对象提供援助。

(3) 自主和自由原则

尽管专业伦理强调要尊重服务对象的自我选择和自我决定权利，但如果服务对象的自我决定涉及对自身和他人的伤害时，社会工作者要进行干预，并设法将干预风险降到最低。这种情况下，服务对象拒绝服从社会工作者的干预，应当被视为其缺乏行为能力。但是，如果干预的风险很大（可能危害到服务对象的生命安全）而收益很小，服务对象拒绝接受干预就情有可原。保护生命原则永远是第一位的。

(4) 最小伤害原则

这一原则认为，当面临的困境有可能对人造成伤害时，社会工作者应尽可能避免或防止这样的伤害。当不可避免会伤害到与问题有牵连的一方或另一方时，社会工作者应该永远选择造成的伤害最小、带来的永久性伤害最少和伤害最容易得到弥补的方案。如果已经造成了伤害，社会工作者应尽可能弥补。在前述"保密问题"案例中，社会工作者应当首先评估不同做法可能带来的不同后果，然后选择对服务对象和受欺负女孩伤害最小的方法进行干预。同时，如果了解到打骂女孩的那个男孩经常欺负别的孩子，可能社会工作者需要对他进行强行辅导。

(5) 改善生活质量原则

社会工作者选择的方案应促进尽可能多的人改善生活质量。如果你的方案保护了少数人的利益，但会损害多数人的利益，那么就需要改变方案。在前述"情、理、法"的案例中，应该首先考虑家庭多数成员的利益，而在"多数"一方，又要优先考虑儿童利益。

(6) 隐私和保密原则

社会工作者有责任在尽可能与法律要求和服务对象意愿保持一致的情况下，保护服务对象的隐私。但是，如果披露资料能够防止对他人造成严重伤害的话，保密原则在特定情况下也可以打破。

（7）真诚原则

社会工作者应当保持诚信，应当向服务对象和公众披露所有可以披露的信息，尤其是那些与服务对象利益密切相关的信息。但如果因为披露信息可能会给他人、社会公众或国家造成伤害和重大损失，应遵守有关保密的法律和规章，并接受专家辅导。

事实上，面对价值或伦理上的两难困境，尽管在实践中并不存在标准的公式可以套用来解决问题。但是，作为一名理性和负责任的社会工作者，他（她）应该系统和谨慎地思考并做出价值上的抉择，在行动上遵循一些基本的步骤以确保自身了解伦理上的问题，同时最大程度地保护受助者的利益。

3. 处理步骤

必须指出的是，社会工作实践中的伦理决定绝不是一蹴而就的，很多时候是循序渐进的过程，社会工作的伦理过程涉及不同的人，甚至是不同的制度环境和机构，因此，对决策的专业人员来说，应该尽力收集更多的信息，同时列出可能的选择方案，最后统一做出抉择。

美国社会工作学者和伦理专家瑞默（F. G. Reamer）教授在1995年的时候提出了一个处理伦理困境的一般步骤：第一，认识案件的伦理问题，包括分析社会工作者自身的价值观、责任和义务；第二，清楚识别任何个人、团体或组织影响伦理决定的境况；第三，正确认识伦理行动的各个过程以及参与其中的人，分析可能存在的利益和风险；第四，深入了解支持或反对做出有关伦理决定的理由；第五，向同事和适当的专家进行咨询；第六，做出伦理决定并记录决定过程；第七，监督和评估伦理决定。

就社会工作实践中的伦理决定来说，也有学者提出了一个简单的决策模式供专业人员参考，这一模式主要包括以下几方面：第一，要认识清楚问题、涉及的人和机构以及形成这一问题的因素；第二，澄清在特定情景下发生影响的社会价值、受助者的价值观和个人的价值观；第三，确定解决这一伦理问题的目标；第四，寻求替代的干预目标和策略；第五，评估和权衡实现目标的每一行动选择之后的可能结果；第六，对每一行动选择清楚地认识并排列出伦理原则；第七，充分利用相关的决策指引，进行最适当的行动选择；第八，执行选择的行动方案并对其进行监测，一旦出现偏差立刻进行纠正；第九，评估决策和后续干预活动的后果。

📝 **基本概念**

专业价值　社会工作价值观　伦理决定　伦理困境　社会工作专业伦理

💬 **课后思考题**

1. 社会工作专业价值观具有哪些理论和实践作用？

2. 谈谈西方学者对社会工作价值体系的不同认识。

3. 当前国际社工界认同的专业价值观及操作原则有哪些？

4. 社会工作专业伦理具有哪些特点与作用？

5. 结合实践，谈谈社会工作者可能会面临哪些伦理难题？

6. 作为社会工作者，在实践中应遵循哪些处理伦理困境的原则？

参考书目

[1]王思斌. 社会工作概论[M]. 北京：高等教育出版社，2014.

[2]李迎生. 社会工作概论[M]. 北京：中国人民大学出版社，2018.

[3]陈良瑾. 中国社会工作百科全书[M]. 北京：中国社会出版社，1994.

[4]王思斌. 社会工作导论[M]. 北京：北京大学出版社，2011.

[5]全国社会工作者职业水平考试教辅编写组. 社会工作综合能力（中级）[M]. 北京：中国社会出版社，2019.

第四章 社会工作理论

作为一个专业，社会工作的基本特征是以助人实践为核心；而作为一门学科，社会工作的知识体系吸收并融合了社会科学中不同的理论，同时也在实践中发展出其独特的概念和理论模式。自 1915 年弗莱克斯纳(A. Flexner)提出"社会工作是一个专业吗?"这一问题以来，是否具有系统的理论和知识基础就成为判定社会工作专业发展与成熟的重要标志；1957 年格林伍德在《专业的属性》一文中，则更加明确提出一套系统的、支持其活动的理论体系是一个专业所应该具有的基本特征之一。社会工作经过了一个多世纪的发展，它的理论基础与知识体系也在不断完善和更新。一方面，其特有的实务理论通过社会工作专业人员的实践经验推陈出新；另一方面，社会工作专业的知识体系也强烈地受到了"开放的社会科学"发展趋势的影响，社会科学中不同学科的概念和理论都影响了社会工作理论与知识体系的发展。

作为一种高度专业化的助人活动，现代社会工作不仅有着明确的价值体系，而且建立在系统的理论(知识)基础之上。它的基本特征之一就是其大部分的实践过程和工作技巧都是建立在一定的、系统的理论知识基础之上，而非仅仅依赖于社会工作者个人的经验与悟性。事实上，现代社会工作制度的建立和运作、社会工作的方法与技术体系的形成和发展、社会工作实务的推进模式与技巧等，都是和一定的理论、知识相联系的。学习和了解社会工作理论，已经成为现代社会工作者必须接受的专业训练项目之一。因此，我们在学习了社会工作的价值体系以后，还必须进一步了解、掌握社会工作的理论(知识)基础。

第一节 理论的重要性及其在社会工作中的运用

任何一个专业和学科的存在与发展，理论依据是必不可少的。对社会工作专业而言，理论对专业人员的工作理念和实践方法具有重要影响，理论的建立与发展也将促进专业实践的发展。而离开科学理论的指导，社会工作的实践不仅会失去方向，也会因缺乏内在的养分而失去生命力，从这个意义上说，理论在社会工作专业中的地位十分重要。

一、理论的重要性

(一)什么是理论

一般来说，理论涉及几个相关名词：概念、观点、模式和理论。概念是对某类事物共同特点的抽象化概括，它反映了该类事物的某一方面的本质。观点是人们观察分析事物的一个角度，是人们关于某一事物的看法。人们以不同的视角观察事物，则会得出不同的观点。理论是由一系列逻辑上相互联系的概念和判断组成的知识体系，它从一般水平和较高知识层次上来描述和解释某类现象的存在及变化，是对经验知识的抽象概括。理论一旦形成，并为人们所认同，就可以帮助人们将纷繁复杂的生活世界简化为易于理解和认识的形式。所谓社会工作理论则是对社会工作者在社会工作过程中所运用的各种理论知识的总称。社会工作中还有一些实践模式，指的是人们在社会工作实践中形成的、有效处理某类问题的一套经典做法，它们用一套概念体系表述出来，也具有理论的形式，可以成为实践理论。本章所讲的就包括比较抽象化的理论和作为模式的实践理论。

（二）为什么要学习理论

社会工作究竟需不需要由系统的理论知识来加以指导？对于这个问题，并不是所有的人都会做出肯定的回答。有人认为，社会工作是一个只需要爱心和热情的助人活动，凭借长期的经验和个人的反思就可以摸索出一些可用的操作模式；也有人认为，社会工作者是做实务的，它主要是一种具体的实务活动，它所处理的对象与问题千变万化，各有特性，缺乏共性和可概括性，因此它更多的是依赖于社会工作者个人的经验与悟性，而不是依赖于系统的理论知识，即使社会工作有理论，也是基于操作实践经验的基础上建立起来的，同其他社会科学理论相比具有一定的特殊性，因此也就用不着学习理论。而事实证明，上述两种观点都有失偏颇。

1. 理论是人类行动的一部分，理论与实务工作密不可分

在社会工作的历史上，也曾经出现过理论与实务之争，在临床实践中忽视理论的作用。社会工作专业也曾遭到其他学科的贬斥，认为社会工作是一个没有理论的专业。其实，这些争论或批评都是建立在理论和实践的二元对立观念基础上的，但从根本上说，理论本来就是人类行动的一部分。没有理论，人们就无法行动。之所以造成理论与实践的分离甚至对立，一方面是人们人为地将理论神秘化，使之与实践分离并对立起来；另一方面还在于人与人之间的理论视角不同，理论视角差别越大彼此相互理解的难度也就越大。然而，理论作为行动的一部分，不论其在什么抽象水平上，从什么视角来看都能够对行动产生指导作用。正如特纳所说的，关于临床工作是科学还是艺术的争辩已经过去，大多数人都承认理论与实务工作是密不可分的。作为一种具体的、所处理的对象与问题千变万化、各自特殊的实践活动，我们不可否认，社会工作的成效与其承担者的个人经验之间的确存在着密切的相关性。然而，这并不能成为否定、轻视理论学习与研究的借口和理由。

2. 理论是专业的特质，要想专业化，必须有理论知识基础

社会工作成为一门专业是相当晚的事，弗莱克斯纳在1915年发表的"社会工作是一门专业吗？"一文中曾提出，20世纪初的社会工作仍未能算是一门专业，而要想使之专业化，则必须让社会工作拥有科学化的知识基础以及在教育中有效地表达的技巧。而格林伍德在他的文章中也曾指出成为专业的其中一个条件就是在其工作技巧的背后，必须具有理论的基础，换句话说就是，看重工作技巧背后的理论便是专业的特质。

3. 缺乏理论指导，很难灵活运用各方面知识解决相关问题

我们还应当注意到，社会工作的目标很广，包括了改善个人、家庭、群体、社区及社会的状况等各个方面。与此相适应的，社会工作者就必须了解并运用许多知识，例如心理学、社会学、经济学、政治学、管理学、统计学等，如果缺乏社会工作的理论作指南，那么一名社会工作者很难灵活运用各方面的知识去解决相关问题。

4. 理论知识可以弥补个人经验的不足，学理论是必备训练项目

现代社会工作已经发展成为一项高度专业化的活动，其基本特征之一就是大部分的实践过程和工作技巧都是建立在一定的、系统的理论知识基础之上，而非仅仅依赖于社会工作者个人的经验与悟性。

个人经验与理论知识各有优缺点，且个人经验的具体、生动、丰富等优点正好可以弥补理论知识在这方面的缺陷，而理论知识是对许许多多个人经验的理性总结，其对共性、普遍性、恒常性内容的提炼，正好可以弥补个人经验的不足。对社会工作者而言，个人经验与理论知识都是有用的知识。因此，学习和了解社会工作理论，积累和丰富个人经验，都十分重要。学习理论也就成为了现代社会工作者必须接受的专业训练项目之一。

(三)理论对社会工作的重要性

社会工作是解决社会问题的，社会工作者常常面临着不同的问题要处理。就解决问题的方法和程序而言，我们可以简单地分为四个层次：第一层次是辅助人员，懂得如何解决某一类问题的方法及程序；第二层次是社会工作者助理，懂得如何解决不同(多种)类别问题的方法及程序；第三层次是社会工作者，懂得如何选择适当的方法及程序来解决面对的不同问题；第四层次是社会工作督导，面对问题懂得设计切合的解决方法及程序。

只具有第一层次解决问题能力的不能担任社会工作者，充其量可作为辅助人员；具有第二层次解决问题能力的可以担当社会工作者助理的工作，但其工作任务需督导人员指派；拥有第三层次解决问题能力的人，能够担任社会工作者，但就像前面所说的，问题是多元化的，以有限的方法来解决无限的问题，他在实际开展工作时，经常还会感到力不从心；至于第四层次解决问题的能力，可算是一个理想的境界，是我们希望发展的方向，也是社会工作训练要努力达到的目标。

而在这个层次不断提高的过程中，能由第二层次升至第三层次的主要因素，便是对理论的把握，特别是那些可以协助我们了解问题的成因，知道解决问题的条件，以及明白解决方法与问题之间关系的理论。而要由第三层次升至第四层次，我们需要懂得建立和改良理论，使其能够协助我们解决千变万化的问题。由此可见理论对于社会工作的重要性。

二、理论在社会工作中的运用

社会工作着重实务，注重在实际经验中归纳工作的指引和提示，这些指引和提示可以说是理论的雏形。通过进一步实际工作的验证，可以归纳出新的理论，再由理论重新演绎

工作的指引和提示。如此循环不息，社会工作便建立起结合实际经验的理论。在制定社会政策及推行社会服务中，工作者会经常运用到社会科学及社会工作的理论。理论在社会工作中的运用主要表现在以下四个方面：

（一）社会问题的定义

不少社会科学的理论协助我们了解社会问题，社会问题的成因以及与社会、经济及政治间的互动关系等。例如，在社会学的理论中有涂尔干对于自杀研究所得出的理论，它可以协助我们了解社会的整合（integration）及调节（regulation）对自杀率的影响，这样我们便可以就自杀的社会问题作出清楚的定义，进而深入分析其产生的社会原因，以便协助我们制定社会政策的目标。

（二）社会政策的制定

制定社会政策需要相应的社会科学理论的指导。比如说，我们可以利用涂尔干的自杀理论分析当今青少年自杀及农村老人自杀的现象。假如，我们的结论认为这些自杀的主要社会因素或者说社会原因是，当今社会缺乏整合（lack of social integration），如家庭、学校、工作单位及社区的整合，那么，我们订立社会政策的目标便应是加强青少年和老人与其有关系统的联系，如此等等。

（三）社会服务的计划

在制订社会服务计划时，我们要做出多方面的决定，这也需要理论的指导。比如说，我们要用到很多与社会福利、社会服务相关的理论，我们要决定具体的社会服务是由政府部门来提供，还是由非政府组织来提供；若是由非政府组织提供，我们应该是资助地区性组织还是跨地区性组织；我们还可能要决定服务是给予所有公民，还是要针对指定类别的人士，比如儿童，老人还是残疾人士？除此之外，我们也可以利用各种有关理论来了解和分析不同的社会、经济及政治力量是如何影响社会服务提供的等等。

（四）社会服务与社会工作的推行

社会工作可以利用的理论很多，为了说明在社会工作中我们如何利用理论来协助我们的工作，我们可以用理性情绪治疗法为例来进行解释。简单说来，理性情绪治疗法的理论基础指出：我们对事件的情绪反应，是受了我们的信念所影响，而我们的情绪反应又会影响我们对事件回应的行为。信念→对事件的情绪反应→对事件回应的行为。所以，当我们发现在这个循环中，所作的行为并不能有效地回应正在发生的事件时，我们便可以从信念入手。当我们改变服务对象的不适当信念后，服务对象便能做出适当的情绪反应，从而建立适当的行为模式。这个例子说明了我们如何从理论中演绎出一些工作手法的指引，并协助我们决定了工作的介入点。不过，由于现有知识中的理论还有不少地方有待进一步验证与完善，除了通过研究外，社会工作者如果能够持客观的态度，以及对自己的工作做出系统的评估，也能对社会工作理论做出贡献，更能增加日后社会工作的效用。

📖 拓展资料

涂尔干划分的四种自杀类型

根据社会潮流的不同，涂尔干划分了四种自杀类型：利己主义自杀、利他主义自杀、失范型自杀以及宿命型自杀，并从统计数据的比较中寻找影响自杀的社会因素。研究得出结论：社会整合程度影响社会的自杀率。

(1) 利己型的自杀

群体整合程度不足是导致利己型自杀率上升的原因。不同宗教教派在自杀率上存在明显差异。家庭生活领域和政治生活领域的实证材料也支持上述假设。整合性强的社会群体通过共同的规范和强有力的权威控制成员的思想行为，使成员完全归属于群体。在个人遇到挫折时，可以得到群体的保护和支持。因此群体的整合是遏制成员自杀倾向的社会因素。相反，个人主义的兴起增强了个人的独立性，削弱了群体对个人的约束和控制，降低了成员对群体的归属感，松弛了成员之间的相互联系。在这种情况下，那些遭遇不幸的人很容易陷入沮丧、绝望而难以自拔，进而采取自杀以求解脱。

(2) 利他型的自杀

发生于社会整合过于强烈之时。高度的社会整合使得个性受到相当程度的压抑，个人的权利被认为是微不足道的，他们被期待完全服从群体的需要和利益。利他型自杀的两种表现形式：义务性自杀，群体强加给个人的义务。第二种表现是负疚性自杀。执行者对群体和任务的认同十分强烈，完全献身于群体，服从群体，为了群体利益即使付出生命也在所不惜。如果说利己型自杀的原因是社会整合程度不足，那么利他型自杀的原因是社会过度整合。

(3) 失范型的自杀

涂尔干认为失范状态引起自杀率上升之时，也就是社会控制瓦解之时。社会规范对人的调节作用是涂尔干长期思索的一个中心问题。社会道德规范最重要的功能在于给社会成员指明生活方向，因此，一旦规范松弛就意味着削弱了对个人欲望的限制，就会导致欲望的膨胀。不切实际的欲望得不到满足，经常遭受失望和挫折的打击，生活也丧失了目的和意义，人们心中充满了悲观和否定情绪，无法面对各种失望和挫折的打击，会倾向于自杀。

(4) 宿命型的自杀

但如果规范的约束成为一种负担和压抑，言行举止都要受到限制，整个人生就会涂上一层宿命色彩。如离婚率对女性自杀率的影响。正如利己型和利他型自杀率可以由社会整合不足或过度来解释一样，失范型和宿命型自杀率可以由规范过宽或过严来解释。

第二节　社会工作理论的功能与分类

在了解理论的重要性及理论在社会工作中的运用后，我们来分析一下社会工作理论有哪些方面的功能，以及相关学者是如何对社会工作理论进行分类的。

一、理论在社会工作中的功能

在社会工作过程中，理论至少具有以下几种功能或作用：

（一）解释人的行为与社会过程，确定工作者将要协助解决的问题性质与原因

社会工作的基本职能就是帮助人们（个人、家庭、社区和群体）解决他们在生存与发展过程中所遇到的各种问题。确定社会工作者将要帮助人们去解决的问题到底属于何种性质，它产生的原因是什么，等等，这是社会工作过程的首要环节。社会工作中的许多理论（如心理分析理论、标签理论、系统理论）都可以帮助我们了解人的行为与社会过程，了解各种行为问题和社会问题的性质与原因，从而使社会工作者对将要面临的问题有一个清楚的认识。

（二）根据其对行为与社会问题的性质与成因所做的解释，设定社会工作过程的工作目标

大多数社会工作理论都会以其对人的行为、社会过程以及行为和社会问题的看法为基础，明确或含蓄地告诉我们，社会工作过程的目标应该是什么。例如，精神分析的理论告诉我们人的行为问题是由于人格结构（"自我""本我"与"超我"）失衡所导致的，那么社会工作的目标就应该是去帮助服务对象重新恢复人格结构上的平衡。而行为主义的理论告诉我们，有问题的行为源于个体对当前环境做出了不恰当的反应，那么社会工作的基本目标就是要帮助服务对象学习和掌握恰当的反应模式，等等。不同的理论会对行为或社会问题的性质与成因做出不同的解释，因而也会设定不同的社会工作目标。

（三）提出一套达到上述目标的实务工作方法、技巧及模式

一个"好用"的社会工作理论，会对如何解决社会工作者与服务对象所面临的各类问题提供一套行之有效的程序、方法与技巧模式。比如，精神分析学派的"疏导法"，行为主义学派的"系统减敏法"等。有一些社会工作理论，其内容主要就是为社会工作者提供一套实务工作程序、方法和技巧模式，比如危机干预模式和任务中心模式等。这些程序、方法、技巧和模式虽然不能为社会工作者提供一种处处灵验的"万能处方"，但也可以给工作者提供许多宝贵指引和启示。

需要说明的是，在社会工作领域，有许多取向、观点不同的理论，比如精神分析学、行为主义、系统理论等。它们对大体相同的对象与问题作出了不同甚至截然相反的解释和说明，也提出来不同乃至相反的工作目标和工作模式。选择不同的理论，就可能意味着对同一类对象和问题作出不同的界定，设立不同的工作目标，采用不同的工作方式，因而也意味着可能会产生不同的工作效果。因此，社会工作者要对各种社会工作理论进行研究、

验证和选择。一个优秀的社会工作者，应该能将理论与实务有机结合在一起，运用恰当的理论来指导实务，通过实务来检验、修正和选择理论，在理论和实务的相互结合、相互推动中，来提高自己的工作能力。

拓展资料

行为治疗法——系统减敏感法

由古典制约原理发展出来的系统减敏感法，是应用最广和实证研究最多的行为治疗法。这项技术的基本假设是，焦虑反应是学习来的，是制约后的产物，可以借着相反的替代活动来消除。本法主要是用来处理焦虑及退缩行为。首先，它会分析引起焦虑行为的刺激，建立焦虑情境的阶层，然后教导当事人配合想象的影像去练习松弛的方法。引起焦虑的情境在想象时会从威胁最小的渐增到威胁最大的，并且焦虑的刺激配合松弛训练会重复出现，直到刺激与焦虑反应之间的联结关系消除为止。

在实施这一技术之前，治疗者首先会跟当事人晤谈，以了解焦虑的情形，并收集对方的背景资料。晤谈或许会花好几次的治疗时间，使治疗者能深入了解对方。晤谈时，治疗者会问一些引起制约恐惧的特定情境之问题。例如，哪些情况会感到焦虑？如果是社交情境引起的焦虑，那么焦虑的强度是否随着人数的多寡而变？和同性相处较易感到焦虑，还是和异性呢？此外，也会要求对方在一星期当中开始监视自己，观察与记录感到焦虑的情境内容；有些治疗者会以问卷方式调查引起焦虑的情境之其他资料。

决定使用系统减敏感法时，治疗者首先须告知当事人一些基本的理论原理，并简要说明治疗的内容与过程。墨里斯(Morris)曾指出系统减敏感法的三个基本步骤：

第一，松弛训练。在最初的几个治疗阶段里，对当事人施予松弛训练。训练步骤是根据杰克伯森发展的修正技术及由渥尔皮作细节描述的方法。治疗者以非常轻、柔、愉快的声调来教导渐进的肌肉松弛，并引导当事人想象自己处于令人轻松的情境，例如，静坐在湖畔或在美丽的田野散步。此时能否进入安静平和的状态是很重要的，因此会教导对方如何松弛身体各部分，特别是脸部肌肉。首先松弛手臂肌肉，然后是头部，接着是肩膀、背部、腹部及胸部，最后是下肢。在治疗之外当事人每天必须练习松弛三十分钟。

第二，订出焦虑阶层表。在结束晤谈与进行松弛训练的同时，治疗者和当事人要开始订出焦虑阶层表(anxiety hierarchy)，即对于各种会引起焦虑的刺激，诸如：遭到拒绝、嫉妒、批评、耻笑，以及其他恐惧症等进行分析，然后依照引起焦虑的程度或逃避倾向的强度大小来排顺序，从最焦虑的情境排到最轻微焦虑的情境。例如，如果已晓得当事人担心被人拒绝，则很可能最令他感到焦虑的情境是被配偶拒绝，其次是被亲密的朋友拒绝，然后是被同事拒绝；而焦虑最低的情境可能是舞会中陌生人的冷漠态度。

第三，进行系统减敏感程序。真正的减敏感程序要在结束晤谈的数周后才开始进行，使对方有足够时间学习松弛方法并在家里练习，及订出焦虑阶层表。在开始进行时，当事人要闭上双眼、完全放松自己，然后治疗者提供一个中性的情境让对方去想象，如果仍能维持放松的话，接着要求对方去想象阶层表上焦虑最轻微的情境，然后逐步升高阶层，直到对方表示感到焦虑时即中止，并立即引导对方放松；放松后再继续逐步提高焦虑层次，一直到能放松地想象以前最感困扰和焦虑的情境为止，至此便可结束治疗。

欲提高系统减敏感法的效果，家庭作业和进一步的练习是两个重要的要素。当事人可以每日自行练习一些筛选过的松弛方法，同时回想前次治疗时的情境；到后来还可逐步让自己处在真实的情境里，让自己更进一步去处理个中的焦虑。

系统减敏感法极适合用来治疗恐惧症，但除焦虑外，也能有效处理噩梦、神经性厌食症、强迫性行为、口吃、沮丧等问题。柯米尔二氏指出，长久用来治疗恐惧症的行为技术很可能就是减敏感法，而且治疗结果也常有文件记录可寻。

二、社会工作理论的分类

(一)大卫·豪对社会工作理论的分类

1987年，英国社会工作学者大卫·豪从理论关注内容的角度将社会工作理论划分为"支持社会工作的理论"(theories for social work)和"社会工作理论"(theories of social work)，这是最常见的一种分类。

所谓支持社会工作的理论是指那些对社会工作所涉及的要素进行解释的理论，包括关于人及社会本质的理论，人与社会关系的理论，人类心理与行为的理论，社会结构、社会规则、社会制度的理论等。这些理论为社会工作服务提供了理论基础，帮助社会工作者更好地理解他的服务对象及其所生活的社会，因为只有很好地理解与服务对象需要相关的各种社会现象，才能有效地帮助他们，满足他们的需要。

所谓社会工作理论是关于社会工作专业的性质、目的、过程与方法的理论。由于社会工作的理论基础受到了其他社会科学发展的强烈影响，这表现在它频繁地借用和吸收了社会科学诸多理论的丰富养料，因此，社会工作理论也可以被分为"外借理论"(borrowed theory)和"实务理论"，其中实务理论包括评估理论和干预理论。当然也有学者(如马尔科姆·佩恩)把社会工作理论又分为"为实践服务的理论"和"实践理论"，其中，"实践理论"是关于社会工作实践模式的理论概括，原因就在于社会工作集中地表现为一系列的实践。

总的来说，"支持社会工作的理论"与"社会工作理论"是相互依存的，又是彼此贯通的。当社会工作者依据"社会工作理论"为受助人提供帮助时，是依据"支持社会工作的理论"对人与社会环境的理解来确定具体的帮助计划。而"社会工作理论"的实践过程又能为

"支持社会工作的理论"提供进一步理解人与社会实践的素材。

(二)马尔科姆·佩恩的分类

马尔科姆·佩恩(Malcolm Payne)则从本体论和方法论的角度把社会工作理论划分为实证主义(现代主义)理论和后现代理论。

所谓实证主义理论就是一套判断知识有效性的规则。实证主义者相信只有从我们自己的经验或观察中找到的东西才能称之为知识。对实证主义者来说,价值与知识无关,科学是价值中立的。而在方法论方面,实证主义主张探索世界形成知识的方法是唯一的,只有经过人们的感官获得,并经过试验验证的知识才是可信的。在方法上,实证主义强调实验法的普适性,认为客观世界是可以测量的,而且只有通过定量测得的知识才是可信的。因此,实证主义要求所使用的研究方法必须是中立的,也就是说无论谁使用同一个研究方法,所得出的结果都应该是一样的或类似的。实证主义理论的一个缺陷在于它关注了人与社会的共同本质,却忽视了其差异性和独特性。特别是在对人的看法上,只强调了人的客观性一面,而忽视了人的主观性。

后现代理论提供了一种对世界更为复杂的理解。后现代主义者认为所谓知识,其实只是人类用象征性的观念、词语对现实进行的表述。在后现代主义者看来,符号、语言从来没有脱离它的主体而独立存在。每个人所使用的符号、语言所表达的意义都与其个人特征、利益、社会地位等个人因素直接相关。在后现代主义那里,知识是权力的反映。后现代主义对社会工作产生了直接的影响,直接引起社会工作者对社会工作一些基本问题的思考。佩恩提出了后现代主义社会工作者的疑问:知识所陈述的事实是什么(或者说什么是知识)?谁说事实是这样的?是什么样的社会关系让他们用这样的方式陈述事实?后现代主义对这些问题的回答颠覆了现代主义理论,成为一个全新的视角。

第三节 社会工作的主要理论

由于社会工作是一个助人的专业,这就决定了其学科特点和理论导向同其他社会科学之间有着明显的区别,因而社会工作的理论并不是一种"纯理论",而是要将理论用于实践中,或利用理论来解释、分析乃至指导助人过程中的问题、需要和情境,从而改善个人及社群的社会功能,促进人与社会环境之间关系和谐。

可以说,在20世纪20年代以前,社会工作专业的理论影响几乎完全来自于社会学或政治经济学,20~30年代则主要受到精神分析理论的强烈影响,30年代以后,人类学、社会学、心理学理论再度介入社会工作领域,使它的基础多元化。40~50年代功能主义学派影响了社会工作实践的发展,而60年代以后,政治学、经济学、公共行政理论广泛应用于社会工作领域。进入70年代,系统论、生态学理论等促进了社会工作专业知识体系的繁荣。80~90年代以后,西方马克思主义学说、女性主义思潮、后现代主义学说、社会建构理论等成为社会工作专业重要的理论分析工具。可见,社会工作的理论基础长期以来受到了来自不同学科、不同知识领域的知识冲击,它广泛地借用和吸收社会科学不同专业的理论,同时也发展出与实践密切相关的实务理论。下面,我们分别介绍在社会工作专业发展过程中影响较大的一些理论。

一、精神分析取向社会工作理论

奥地利心理学家希格蒙德·弗洛伊德创造了精神分析理论，这一理论对社会工作产生了深远影响。

(一)精神分析理论的历史

1887 年，弗洛伊德作为神经病理学家，开始采用催眠术对歇斯底里症进行治疗和研究，随后他创立了精神分析理论。弗洛伊德的精神分析理论对社会工作者有着巨大的吸引力，它对社会工作的影响始于 20 世纪 20 年代的美国，到了 60 年代成为临床社会工作的主导。20 世纪 20 年代，在美国有两个契机促进了精神分析理论在社会工作领域的应用。一个是 1922 年至 1945 年"儿童引导运动"(child guidance movement)的推动，这与精神分析注重早期儿童经验的观点相一致；另一个是第一次世界大战之后，社会工作专业人员被要求进入医院为受战争创伤的人员服务，从而使社会工作开始运用精神分析，也开启了"精神分析洪流"时代。伽瑞特(Garrett)1940 年首先撰文分析了弗洛伊德精神分析理论对社会工作专业的影响，她看到肇始于玛丽·里士满的"社会诊断"(social diagnosis)与"社会治疗"(social treatment)逐渐转变为心理社会诊断和心理社会治疗，从而也使社会工作将焦点聚集在个人层面。

(二)精神分析理论的主要观点

1. 心灵的构成

弗洛伊德提出，人的心灵是由意识、前意识与潜意识构成的。意识是人在任何时候都可以觉察的想法与感受。前意识是很容易变为意识的潜意识，亦即通过思考可以觉察的部分。潜意识则是精神分析理论的核心。在弗洛伊德看来，无论什么心理过程，只要假设其影响的存在，但是又无法觉察时，就是潜意识在发挥作用。潜意识不仅包括驱力、防卫、超我的命令，也包括被压抑的事件与态度的记忆。潜意识是一种低级的心理过程，与意识不同。意识过程是符合理性的，而潜意识则是非理性的，或者说根本没有进入理性层面。精神分析理论的一个核心观点认为潜意识对人的行为的影响是无所不在的，甚至认为所有的行为都有潜意识的影响。

2. 人格结构

精神分析理论将人格分为本我(id)、自我(ego)、超我(superego)三部分，本我遵循快乐原则，自我遵循现实原则，而超我遵循理想原则。本我、自我、超我三者之间如果能够保持和谐平衡状态，人格就是完善的。这样，个人就能与他人建立良好的关系，愉快地工作。但当人格失调时，即"本我"受到过度压抑或"自我""超我"发育不全的话，个体就会出现各种行为问题。精神分析理论主要将治疗的焦点放在对自我的强化上，其目的在于强化自我，使它更独立于超我，扩展它的知觉领域，提高组织能力，以使它能占有新的本我部分。

3. 焦虑、防卫与转移

焦虑是精神分析理论的一个重要概念。弗洛伊德认为，当个人的本我欲望违反超我的原则时，自我就发出警告，内部会出现无法接受的冲突。焦虑是一种痛苦的情绪体验，包括害怕失去所爱，失去所爱之人对自己的爱，害怕惩罚。防卫机制是自我为了消除不愉快的情绪体验所采取的方法，包括阻挠、掩饰或转移不被允许的或不被赞同的欲望以减少内心冲突。防卫机制是一种自我调适的方法，其中既包括正向的，也包括负向的。

4. 性心理的发展

精神分析理论将人的性心理发展作为人的心理发展的基础。弗洛伊德将性心理发展分为五个阶段：口唇期、肛门期、性蕾期、潜伏期、生殖期。一是口唇期(从出生到1岁)：个体的主要满足来自与口唇相关的性欲活动，如吮吸和进食；二是肛门期(1至3岁)：个体从排泄过程中获得满足；三是性蕾期(3至6岁)：儿童在压抑对异性父母的爱慕之后，与同性父母建立认同，主要满足途径在生殖器地带；四是潜伏期(6岁到青春期)：从相对平静到青春期躁动；五是生殖期(青春期到成年)：发展出成熟的性特征，与异性建立亲密关系。弗洛伊德认为，个体在不同的发展阶段以不同的方式获得性的满足，释放能量。如果人的欲望不能得到适当的满足，就会出现焦虑，并以各种不同的形式表现出来。这就会造成人的问题行为的出现，从而需要帮助和治疗。

📖 补充资料

恋父情结和恋母情结

恋父情结(Electra complex)，中译名为"厄勒克特拉情结""爱烈屈拉情结""依莱特接情结"，指女孩亲父反母的复合情绪。通俗地讲是指人的一种心理倾向，喜欢和父亲在一起的感觉。在寻找恋人的时候，会有意无意地选择和自己父亲有相似特征性格的人。恋父情结并非爱情，而大多产生于对父亲的一种欣赏、敬佩或者依靠。这是一种普遍的社会现象，女孩男孩都可能有恋父情结。大部分人多多少少都会在某一年龄段有恋父情结。

恋母情结(Oedipus complex)，中文翻译为"伊谛普斯情结""俄狄浦斯情结""伊底庇斯情结"。通俗地讲是指人的一种心理倾向，喜欢和母亲在一起的感觉。恋母情结并非爱情，而大多产生于对母亲的一种欣赏敬仰，是一种普遍的社会现象，男孩女孩都可能有恋母情结。大部分人多多少少都会在某一年龄段有恋母情结，而在儿童时期几乎所有人都有恋母情结。

(三)精神分析理论的实务原则

精神分析理论认为，个人的问题都源于内在的精神冲突，这些冲突与早期经验有关，并且潜藏于潜意识中，理性无法察觉潜意识的经验。因此，精神分析治疗的目标在于揭示内在冲突的根源，使个人获得自我了解(self-knowledge)并能洞察和顿悟(in-sight)。

第一，在治疗过程中，精神分析理论推崇的一个原则是个别化原则。强调每个人的早期经验都是不同的。这也是对社会工作专业早期发展产生重要影响的一点。第二，精神分析理论强调要与受助人签订治疗协议。因为精神分析治疗过程是一个重温过往痛苦经验的过程，必定会引发不愉快的情绪，受助人必须有充分的心理准备。第三，治疗者要为受助人提供一个安全与支持的环境，以保证受助人能够顺利了解他隐藏在潜意识中的经验，并要保证治疗过程中产生的负面情绪不会给受助人造成新的伤害。第四，精神分析治疗采用的基本方法是自由联想。受助人在治疗过程中可以自由地讲出看起来毫无关联的事物，治疗者要从中看到内在联系，发现内在冲突，即所谓的核心冲突（core conflicts）。第五，在治疗过程中治疗者要倾听和感受受助人的想法与感受，要给予支持、接纳与理解。

（四）精神分析理论在社会工作中的应用

精神分析理论关注的焦点在于个人儿童时期的经验对现在生活的影响。例如，一个公司女职员，最近感到工作压力太大，在公司里她也感到同事们都不理她，男朋友也离她而去。她最近经常做梦，梦中一个大雪的夜晚，她站在路旁等不到出租车。所有这些都让她感到非常沮丧，对工作和生活感到非常失望。治疗者运用精神分析法，即自由联想的方法对她进行治疗。在经过一段时间的治疗后，治疗者（社会工作者或心理治疗师）发现她现在的状况与她幼年时期被父母疏忽的经历有关。因为，她幼年时期，父母工作忙，经常把她独自留在家里。特别是父亲对她几乎没有什么关注。而在她的内心里一直期望得到父亲的关怀。治疗者发现幼年时期被父母忽略的这段经历一直压抑在她心里。治疗者由此入手，通过自由联想的方法逐渐帮助她梳理幼年经历对她的影响。

一般来说，精神分析治疗过程可以分为三个部分，即治疗情境的建立、治疗关系的建立和治疗性对话。

在治疗开始时，治疗者与服务对象要签订治疗协议。在协议中要明确治疗者与服务对象的角色分工、治疗计划和时间表。治疗情境还包括治疗者对服务对象的态度。治疗者要保持专业、同感和一致的态度，同时还要以中立的态度进行分析。对于上述这类案例来说，通常需要一个较长的治疗过程，与服务对象签订协议是保证持续治疗的一个重要的手段。

在治疗过程中，治疗者要与服务对象建立良好的关系，让他（或她）感受到支持与安全。这样，服务对象才可能将痛苦的经验讲述出来。因为这些经历对于服务对象来说常常是最隐秘的个人痛苦经历，如果没有一个安全的环境，通常不会讲出来。如果在一个不安全的环境中讲述出来，可能会给他们带来新的伤害。

治疗性对话是治疗的实质阶段，包括三个内容，即自由联想、治疗性倾听、诠释过程。自由联想的关键在于让服务对象能够将最原始的想法与感受讲出来，以便社会工作者捕捉其深层的心灵活动。倾听是一种广泛的倾听，而不是有针对性、有选择的倾听。诠释是社会工作者向服务对象表达对其内心了解的行动。

20世纪60年代之前，精神分析理论几乎主导了社会工作治疗的方向，甚至在某种意义上来说，特别是在美国，社会工作几乎等同于个案工作，个案工作又几乎等同于精神分析治疗，由此可见其对社会工作的影响。在个人层面提供服务，对于社会工作来说，其结果必然导致工作过程长、服务人数少，且花费高昂。第二次世界大战之后，社会需求发生了巨大的变化，社会要求社会工作服务于广大人群。这就使社会工作服务不可能再有充分的资源与时间来提供精神分析理论所要求的深入的、耗费时间的治疗。与此同时，各种不同的理论开始出现，使得精神分析理论的影响逐渐减弱。至今，精神分析治疗方法已经不再是主流的治疗方法。但是，这并不能降低精神分析理论对社会工作的根本性影响。例如，精神分析理论所强调的个别化原则，直接影响了社会工作服务过程中对个人价值的尊重。

二、认知行为理论

认知行为理论来自不同的心理学理论流派。在临床治疗中，人们发现精神分析理论太艰涩，行为主义又过于呆板，所以人们折中地采用认知行为模式。

(一)认知行为理论的由来

行为主义的理论基础来自巴甫洛夫的经典条件反射学说。在巴甫洛夫用狗做的经典试验中，狗的行为是对外界刺激的直接反应。巴甫洛夫的经典条件反射学说为行为主义提供了理论基础。20世纪三四十年代，行为主义心理学崛起，到第二次世界大战期间成为人格和智力的主要测量工具。行为主义理论的一个基本取向就是将心理与行为分离开来。行为主义者认为，我们只能观察和影响人的外显行为。除了一些天生的反射行为，我们大多数行为都是通过学习获得的。这同时也说明人类的行为受到了自身之外的影响，因此人类可以学习新的行为、改变旧的行为。这成为了行为治疗的理论基础。行为主义所致力的临床行为改变，在某种意义上所关注的是结果，而不是引起行为的原因。

认知学派源自阿尔弗雷德·阿德勒(Alfred Adler)与弗洛伊德精神分析学派的分道扬镳。在阿德勒看来，人类行为来自性方面的动力远不如来自社会方面的动力。而人的行为是由个人整体生活形态所塑造的。这包括个人对自我的认识、对世界的看法、个人的信念、期待等。而在这个过程中，认知起着至关重要的作用，它不仅影响人的行为，更会影响个人整个生活形态的形成。

认知学派认为人的行为受学习过程中对环境的观察和解释的影响。不适宜的行为产生于错误的知觉和解释。所以，在认知理论看来，要改变人的行为，就要首先改变人的认知。而后来出现的操作条件反射学说、社会学习理论，也为认知行为学派的发展提供了直接的支持。

(二)认知行为学派的主要理论观点

认知学派认为在认知、情绪和行为三者当中，认知扮演着中介与协调的作用。认知对个人的行为进行解读，这种解读直接影响着个体是否采取行动。

认知的形成受到"自动思考"(automatic thinking)机制的影响。所谓自动思考是经过长时间的积累形成了某种相对固定的思考和行为模式，行动发出已经不需要经过大脑思考，而是按照既有的模式发出行动。或者说，在某种意义上思考与行为自动地结合在一起，而不假思索地行动。正因为行为是不假思索的，个人的、非理性的思考、错误的信念、零散或错置的认知等，可能存在于个人的意识或察觉之外，因此，要想改变这种状况，就必须将这些已经可以不假思索发出的行动重新带回个人的思考范围之中，帮助个人在理性层面改变那些不想要的行为。

埃里斯(Ellis)提出了认知的"ABC 情绪理论框架"，即：真实发生的事件，人们如何思考、相信、自我告知和评估其所遭遇的事件，人们思考、相信、自我告知和评估这一事件的情绪结果。埃里斯用这个框架来说明人们的思考、信念、自我告知和评估是理性的，则情绪是正常的；否则就是非理性的、扭曲的，而这样人们便会逐渐形成不正常的情绪、情感和行为。简单来说，就是如果人们有正确的认知，他们的情绪和行为就是正常的，如果他的认知是错误的，则他的情绪和行为都可能是错误的。

认知行为理论借用社会学习理论的三个要素来认识和改变人的行为。这三个要素是前置事件、目标行为和结果。所谓前置事件是指环境中出现在目标行为之前的事件或其他相关行为。目标行为是指不想要的或有问题的行为，或即将予以改变的行为。结果则是指在发出行为之后所导致的相关行为和事件。

认知行为理论将认知用于行为修正上，强调认知在解决问题过程中的重要性，强调内在认知与外在环境之间的互动，认为外在的行为改变与内在的认知改变都会最终影响个人的行为改变。

(三)认知行为理论在社会工作实务中的运用

1. 认知行为理论的实务原则
(1)界定对服务对象(受助者)问题看法的原则
①服务对象的问题与他(或她)的其他行为一样是学习得来的，所以也是可以经过学习改变的。
②服务对象问题的外在性与内在性。这些问题不仅仅是外在行为层面上的，更是认知的结果。在社会工作实务中，不仅要通过行为训练修正行为，而且还要通过调整个人的认知来促进行为的改变。
③服务对象及其处境的差异性。强调每个人都是独特的，而且注意受助人问题及其处境的独特性是正确界定和评估受助人问题的前提。
(2)在社会工作实务中运用认知理论的原则
①尊重个人的自主决定和信念。认知行为学派主张，个人的知识经验的形成是积极主动的，个人的认知和生活形态是通过正确解读外在环境事件的意义，有效地自我调适来建构和调节的。
②帮助服务对象改变错误的认知、建立正确的认知。认知行为学派认为帮助他人的关键是协助其自助、自立，使其能够在正确认知的基础上，成为自己的咨询者和帮助者，以达到调节和控制自己情绪和行为的效果。
③在正确认知的基础上建立良好的专业关系，并鼓励服务对象形成积极的态度，以实现助人和自助的目标。
(3)关于助人目标的原则
①改变错误的认知或不切实际的期待以及其他偏颇和不理性的想法。

②修正不理性的自我对话。

③加强解决问题和决策的能力。

④加强自我控制和自我管理的能力。

2. 认知行为学派的助人过程

认知行为学派在助人的过程中为了达到服务对象的改变，一方面要协助其做到自我了解、自我控制，另一方面也要提供外在监督，实现自我控制与外在控制的结合。从专业的助人过程来讲，有三个方面：

(1)确定评估重点。根据认知行为理论，评估的重点应该在于服务对象的思想、情绪和行为。

(2)专业关系的建立。专业关系是社会工作者与服务对象之间在协商的基础上通过签订协议而建立起来的结构性的、有期限的角色联系。所谓结构性和有期限的专业关系是指双方见面的次数、每一次见面的主题及目标都是确定的。在接纳与信任的基础上，社会工作者可以帮助服务对象学习改变错误的认知，形成应对错误认知的行为。在专业关系持续期间，社会工作者也要不断反省，因为对方可能会将他对生活中的重要他人的期待投射到社会工作者身上。这是处理专业关系中非常重要的一环，社会工作者必须在这个问题上帮助服务对象建立正确的认知。

(3)社会工作者的角色。社会工作者在专业关系中有两个重要的角色，一个是教育者，一个是伙伴。作为教育者，社会工作者要教会服务对象运用认知行为理论与技巧来检验自己的认知与行为的改变。作为伙伴，则要陪伴对方一起探讨其思维方式，讨论应对其认知错误进行修正的目标与策略，并协助他/她学习正确的行为，规划自己的生活方式。

3. 服务的步骤

认知行为学派的服务过程一般包括以下几个步骤：

(1)确定不正确的、扭曲的思维方式或想法，确认它们是如何导致负面情绪和不良行为的。

(2)要求服务对象自我监控自己的错误思维方式或者进行自我对话。

(3)探索其错误思维方式与潜在感觉或信念之间的关系。

(4)尝试运用不同的具有正面功能的、正常的思维方式。

(5)检验服务对象新建立的对自我、世界和未来的基本假定在调整行为和适应环境上的有效性。

4. 结案和跟进

当受助人的生活方式和行为模式回到正常轨道上来时，就应该进入结案阶段了。在结案的过程中，社会工作者应该和服务对象一起商讨确定在结案以后的若干具体的行为改善目标，一方面作为服务对象自我监督和努力的方向，另一方面也可以作为他在结案以后进行跟踪访问的依据。

例如，有一个三年级小学生，家里有一个姐姐。父母对姐姐非常宠爱，而对他则有所忽视。他在学校经常与同学打架，扰乱课堂秩序，经常不交作业。老师认为他是一个问题儿童。社会工作者运用认知行为理论，从改变其行为和认知入手。首先，改变他的行为习惯，监督他按时完成学校的作业，改变生活中的不良行为习惯；对他的每一点进步都给以及时的表扬和鼓励。其次，帮助他与同学建立良好关系，让他感受到来自别人的认同；在他与姐姐之间逐渐建立平等的关系，在认知上改变担心姐姐争夺父母宠爱的想法，同时改变母亲对子女的看法，对两个孩子给予平等的关爱。这样就在行为和认知两个方面使他做出了改变。

运用认知行为理论提供帮助应该注意以下几点：

(1) 相信服务对象行为的改变和认知的改变是联系在一起的，而他的自主意志和信念是非常重要的。

(2) 社会工作者要相信服务对象有能力改变认知上的错误。

(3) 在助人过程中，社会工作者首先要明确地界定服务对象的认知和行为问题，并帮助其逐渐改变认知、行为和感受。

(4) 社会工作者要鼓励服务对象积极地与社会工作者合作，并逐渐使其成为自我帮助者。

三、生态系统理论

人类的社会环境是错综复杂的，每一种环境因素都在人的生活中发挥或大或小的作用。生态系统理论为我们提供了认识和面对环境与人的关系的视角。

(一) 系统理论的历史

社会工作的系统理论是一般系统理论在社会工作领域的应用。1971 年，贝塔朗菲 (Von Bertalanfy) 提出一般系统理论，认为生命有机体都是一个完整的系统，各个系统都是一个更大系统的子系统。这个源自生物学的理论被用来分析社会生活，把社会生活也看作是一个系统。系统理论的核心观点在于它以整体的视角来看待人和社会。在系统理论看来，系统在动态的变化过程中维持稳定和平衡，系统内部的子系统之间不是简单的线性联系，而是存在着多元互动或互为因果的循环关系。系统及子系统与外界的关系是一种积极的互动关系，系统具有主动调试和适应的能力，而不是消极地接受和顺应。

社会工作专业对系统理论的应用始于赫恩 (Hearn) 提出"全人"或"全貌"的概念。后来，平克斯 (Pincus) 和米纳罕 (Minahan) 以系统的观点介绍整合的社会工作实务模式和方法，被看作是系统理论在社会工作领域被证实而广泛的应用。

(二) 系统理论的主要观点

系统理论与社会工作一直坚持的"人在情境中"的观点是一致的。

第一，平克斯和米纳罕将人们生活于其间的社会环境分成三类，即：非正式的或原生的系统，例如家庭；正式系统，例如社区组织；社会系统，例如学校等。

第二，从系统理论的观点来看，每个人都生活在系统之中，但是，个人能否与其所生活的系统之间形成积极的互动关系，则直接决定了一个人的生活状态。一个人如果与其所生活的环境之间没能建立起良好的联系，可能是因为不能有效地利用生活环境中存在的资源，或者生活环境中不存在其所需要的资源，也可能在环境中存在不利于个人生活的因素。

第三，社会工作者的任务在于发现环境中的不利因素，调整人与环境的关系。更重要的是，系统理论取向的社会工作将人与环境纳入一个系统，这样，社会工作的干预就是对整体系统的干预，如从家庭层面入手来解决个人所面对的问题。

第四，在系统理论看来，服务对象的问题是来自于系统，而不是单纯的个人问题。个人所面对的问题来自环境支持的薄弱、社会分配不均，乃至社会环境与社会制度的限制等，而且问题本身以及各层次的系统之间都是动态的、不断发展变化的，社会工作者需要将问题和服务放在动态系统之中进行考察。

(三)生态系统理论的背景和主要观点

1. 生态系统理论的背景

生态系统理论是一个开放的理论系统，在不同的时代融入了不同的理论概念。也正是因为如此，生态系统理论是一个具有折中性和综融性的理论。

生态系统理论深受达尔文的进化论，特别是"适者生存"观念的影响。20 世纪初，玛丽·芮奇蒙德和珍·亚当斯分别在慈善组织会社和睦邻组织运动所选取的理论倾向，成为生态系统理论的先导。她们两人分别以不同方法推行"人在情境中"的理论范式。许多学者对生态系统理论做出过贡献。到 80 年代，杰曼(Germain)和吉特曼(Gitterman)等人综合生态系统理论的观点，提出了"生态模型"，强调社会工作实务的干预焦点应将个人置于其生活的场域中，强调运用生态系统理论开展社会工作实务，应重视人的生活经验、发展时期、生活空间与生态资源分布等有关个人与环境的交流活动，并从生活变迁、环境特性与调和度三个层面的互动关系来引导社会工作的实施。

2. 生态系统理论的主要观点

第一，生态系统理论认为人生来就有与环境和其他人互动的能力，人与环境的关系是互惠的，并且个人能够与环境之间形成良好的相互调和度。

第二，个人的行动是有目的的，人类遵循着适者生存的法则，个人意义是环境赋予的，因此要理解个人，就必须将其置于所处的环境之中。

第三，个人的问题是生活过程中的问题，对个人问题的理解和判定也必须在其生存的环境中来进行。

在社会工作实务中，系统理论强调要理解个人在家庭、团体、组织及社区中的社会生活功能，社会工作者应该从生活环境的不同层次系统之间的关联之处入手。不论服务对象的需要表现在哪个层面上，其背后都与各个系统之间有着不可分割的联系。因此，要求社会工作者必须对所有有关的系统予以关注。

(四)生态系统理论在社会工作中的应用

生态系统理论的关键在于将服务对象放在一个系统之中，将服务对象与其所生活的环境作为一个完整的整体来看待，通过改变系统来实现个人需求的满足。

例如，一位下岗工人，失去工作后，家庭关系也开始出现问题，孩子在学校也遇到了状况，学习成绩下降，同学关系变得疏离，家庭生活出现危机。他本人则把自己封闭在家里，对生活一筹莫展。社会工作者在帮助这个下岗工人的过程中，首先帮助他了解国家有关下岗职工的政策，然后了解街道和社区对下岗工人的具体照顾措施。社会工作者鼓励服务对象走出家庭，进入大的社会系统。走出家庭以后，他了解到国家对下岗工人有相应的优惠政策，同时街道和社区也为下岗工人提供了一些免费的再就业培训。在多方努力下，他重新开始了工作。

这个案例告诉我们，个人必须将自己放在整个社会系统中去解决自己的问题。如果只是将自己封闭在家里，不去与社会系统互动，就无法利用系统中的资源。当他走出家庭之后，就会发现国家、社区中有很多资源是可以利用的，能够帮助他解决所遇到的问题。

运用生态系统理论应该注意以下几个问题：

第一，人们遇到的许多问题不完全是由个人原因引起的，社会环境中的障碍也是导致问题的重要因素。

第二，社会工作者为服务对象提供帮助的着眼点不能仅放在个人身上，要从与之相关的不同系统的角度分析问题和着手。

第三，服务对象与各个系统之间的关系是动态的。社会工作者必须不断地对服务对象与环境的关系做出新的判断。

第四，对服务对象的帮助要从整个生态系统出发，把他们的问题放到不同层面的系统中去看待和解决。

四、人本主义和存在主义理论

（一）人本主义和存在主义理论的背景

人本主义是一个广泛的哲学范畴，它可以包括承认人的价值和尊严，把人看作万物的尺度，或以人性、人的有限性和人的利益为主题的任何哲学。

人本主义是14世纪下半期发源于意大利并传播到欧洲其他国家的哲学和文学运动，文艺复兴运动的最大成果之一就是实现了"人的发现"，人的价值包括尊严、才能和自由得到了承认。经过启蒙思想家的努力，在西方社会一度占主导地位的神本主义转变为人本主义。20世纪60年代初期，西方人本主义思潮的重要代表是存在主义，其中从萨特的存在主义哲学中找到了真正的、完全的人本主义。存在主义（Existentialism）是一个哲学的非理性主义思潮，它主要强调个人、独立自主和主观经验。萨特认为，除了人的生存之外没有天经地义的道德或体外的灵魂，人没有义务遵守某个道德标准或宗教信仰，人有选择的自由。

人本主义心理学是第二次世界大战之后兴起的一场心理学革新运动。人本主义心理学家认为，心理学应着重研究人的价值和人格发展，他们既反对弗洛伊德的精神分析把意识经验还原为基本驱力或防御机制，又反对行为主义把意识看作是行为的副现象。人本主义心理学家大都同意柏拉图和卢梭的理想主义观点，认为人的本性是善良的，恶是环境影响下的派生现象，因而人是可以通过教育提高的，理想社会是可能的。人本主义心理学作为一种运动是由许多具有类似观点的心理学者共同发起的，其中马斯洛、罗杰斯是这一运动公认的领袖人物。

（二）人本主义社会工作的主要观点及应用

1. 人本主义社会工作的主要观点

人本主义取向的社会工作源于人本主义哲学，它相信人的理性，相信具有理性的人可以自主地选择行动。对社会工作专业产生最直接影响的人本主义学者是卡尔·罗杰斯（C. R. Rogers）。临床社会工作者吸收罗杰斯的观点，提出了人本主义应用于社会工作专业治疗中的几个基本原则，即：诚实和真诚；温暖、尊重和接纳；同理（或同感）。后来，罗杰斯的观点被应用于社区工作、组织和政治发展，提出社会工作专业应该促使人们掌握我们都拥有的"个人权利"以实现其目标。

2. 人本主义理论在社会工作中的应用

人本主义在小组工作中得到了深入的应用。格拉斯曼（Glassman）和凯茨（Kates）以人本主义思想为基础，说明小组过程是一个小组成员之间的民主过程。人本主义理论在小组工作中得到应用表现为：

（1）强调每一个人都要受到尊重。每一个小组成员都要协同社会工作者一起对其他成员表现出关注。

（2）在社会生活中人们彼此负有责任。在小组过程中强化每一个人对他人的责任感。

（3）个人具有归属与被包容的权利。在小组工作实践中强调每一个成员都要得到关注，小组成员的归属权利要得到尊重，小组要能够包容每个人的个性。

（4）人们具有参与和被聆听的权利。强调小组是全体成员的小组，每一个人都具有参与决定小组事务的权利。

（5）人们具有自由表达的权利。小组中要创造鼓励表达的气氛，让每一个成员能够充分表达自己的情感和意见。

（6）群体成员之间是有差别的，每个人的差别都要得到尊重。

（7）人们具有质疑和挑战专业人员的权利。

人本主义观点的小组工作允许小组成员利用小组寻求他的个人发展，小组工作的目标是形成一个民主互助体系，在小组工作中创造条件帮助小组成员充分表达自己的目标，并努力实现自己的目标。

（三）存在主义社会工作的主要观点及其应用

1. 存在主义社会工作的主要观点

存在主义的核心是个人的存在，个人具有选择的自由。人的自由表现在选择和行动两个方面。只有通过自己所选择的行动，人才能认识到自由，因为人的本质是由自己所选择的行动来决定的。尽管不同的存在主义者之间对于如何看待他人的问题存在分歧，但是有一点是共同的，即他们都认为人与人之间是可以做到彼此理解的。

存在主义社会工作在实践中强调个人的自由和责任。社会工作者必须明确，受助者的行为是可以改变的，社会工作者的作用就在于帮助受助者选择他们的目标，克服实现目标的限制。社会工作者要致力于将负面的因素转化为积极的正面因素。在实践中，社会工作者关注受助者的主观经验。

存在主义取向的社会工作者依据这一思想提出了社会工作治疗过程的五个基本概念：

(1)觉醒，即个人意识的觉醒。这个概念指的是人的自我意识要经历一个对自我不真实生活的幻灭，进而到对真实生活的正视过程。个人的成长必然要经过这种负责任的行动，才能实现个人的独特性。

(2)痛苦是生命的一部分。痛苦是必然的，痛苦对人的生命具有指导性。存在主义强调对过去经验的解释对于我们未来的行动具有十分重要的意义。

(3)选择的自由。存在主义强调个人的主观性和选择的自由，强调个人在主观上具有选择与改变的能力。

(4)对话的必要性。存在主义认为人是无法独立生活的，个人必须通过他人的反应创造自己的意义，并根据这个意义来选择行动，个人的成长就是在与他人的互动过程中实现的。

(5)实行。实行是指在社会工作治疗过程中，社会工作者如果希望服务对象能够肯定他自己的独特性，就必须通过社会工作者对他的肯定来实现。

存在主义取向的社会工作临床治疗者强调，没有预先设定人们应该如何生活，应该肯定人们有独特的生活方式，有选择的能力与自由。而社会工作者只是起到协助的作用，协助服务对象肯定自己的本质。

2. 存在主义理论在社会工作实务中的应用

存在主义社会工作强调个人生命的意义，强调个人的内在价值，包括个人痛苦的经验都是有意义的。

例如，在一个单亲母亲的案例中，妈妈由于婚姻失败，加上下岗，以及教育孩子遇到困难，因此对生活失去信心。社会工作者在对这类人士提供帮助时，重点在于帮助服务对象重新理解过去经历的意义，引导他们赋予过去经验以意义。社会工作者可以帮助他们梳理过去的生活和经验，社会工作者在与服务对象一起工作的过程中，引导他们发现过去生活中的闪光点加以肯定，并且让这些闪光点在现在的生活中重新发挥作用。在上述案例中，让这个单身母亲认识到离婚、下岗对她来说是一个痛苦的经历，但当她克服了这样的痛苦经历之后，她个人应对生活的能力就增加了。在未来的生活中，她就能够应对更多、更痛苦的问题。

人本主义和存在主义对社会工作专业的贡献主要还不在于相关专业服务模式的发展，最重要的贡献在于它们为社会工作提供了最为基本的价值基础和思想基础。

五、增能理论

社会工作专业所面对的群体常常是社会中能力相对较弱的人群，他们所拥有的资源与调动资源的能力也是相对较低的。但是，他们的这种状态并非他们自身的缺陷，他们能力的缺乏是由于社会中的强势群体的疏离与压迫使得他们形成了无力感、无助感、疏离感和失去自控感。这样，社会工作者设法增强他们的能力就十分重要。增能理论在这方面具有重要指导作用。

（一）增能理论的历史

增能（empowerment）的思想在 19 世纪就已经存在。但是，一般认为，巴巴拉·索罗门（Barbara Soloman）在 1976 年出版的《黑人的增能：被压迫社区里的社会工作》一书中首先提出了增能的概念，并使其观点被社会工作界广为接受。但是，社会工作真正进入"增能时代"是在 1980 年左右。在这个时期，增强权能的观点无论在理论上还是在社会工作实务中影响迅速扩大。这个时期社会工作强调尊重服务对象，帮助他们增强能力，让他们自己对问题和需要做出判断，鼓励有相同处境的人建立互助团体，在团体中促进个体意识的觉醒，摆脱无力感状态，建立自尊心，共同推动社会公平与正义。

对于增能（也称增强权能），学者们有不同的分析视角。可以认为：增能是个人在与他人及环境的积极互动过程中，获得更大的对生活空间的掌控能力和自信心，以及促进环境资源和机会的运用，以进一步帮助个人获得更多能力的过程。

（二）增能社会工作的基本假设

增能社会工作认为，个人需要不足和问题的出现是由于环境对个人的排挤和压迫造成的，社会工作为服务对象所提供的帮助应该着重于增进他们的能力，以对抗外在环境的压力。增能理论的基本假设有以下几点：

第一，个人的无力感是由于环境的排挤和压迫而产生的。社会中的弱势群体之所以会处于弱势地位，并非他们自身有缺陷，而是由于他们长期缺乏参与机会所导致。索罗门认为造成无力感的根源有三个：一是受压迫群体的自我负向评价；二是受压迫群体与外在环境互动过程中形成的负面经验；三是宏观环境的障碍使他们难以有效地在社会中行动。

第二，社会环境中存在着直接和间接的障碍，使人无法发挥自己的能力，但是这种障碍是可以改变的。

第三，每个人都不缺少能力，个人的能力是可以通过社会互动不断增加的。

第四，服务对象是有能力、有价值的，服务对象的能力不是助人者给予的。社会工作者的作用在于通过共同的活动帮助服务对象去除环境的压制和他们的无力感，使他们获得能力，并能正常发挥他们的社会功能。

第五，社会工作者与服务对象的关系是一种合作性的伙伴关系。社会工作者关注的焦点在于服务对象与环境之间是否能够实现有效互动，从而实现自己。

（三）增能社会工作的取向

经过多年的发展，增能的观点已经被社会工作者广为接受，形成了较为完整的理论体系。宋丽玉等从伦理价值、干预认可、概念框架和助人过程四个方面来阐述增强权能社会工作。

1. 伦理价值

增强权能社会工作从伦理价值的角度，强调推动社会正义、尊重服务对象自己决定与自我实现，并让他们充分参与服务计划的制订。

2. 干预认可

所谓干预认可，是指来自各个方面的对干预计划可能出现的允许范围。社会工作者要尽可能在各方允许的范围内为服务对象争取更多的帮助资源。

3. 概念框架

在概念框架方面，增能理论认为能力不是稀缺资源，经过人们的有效互动，能力是可以不断增强的。这里的能力一般发生在三个层次：个人层次，包括个人感觉有能力去影响或解决问题；人际关系层次，指的是个人和他人合作促成问题解决的经验；环境层次，是指能够改变那些不利于实现自助的制度安排。

4. 助人过程

增能取向的社会工作其助人过程注重以下方面：一是工作人员与服务对象建构协同的伙伴关系；二是重视服务对象的能力而非缺陷；三是维持人与环境这两个工作焦点；四是确认服务对象是积极的主体，告知其应有的权利、责任、需求及申诉渠道；五是以专业伦理为依据，有意识地选择长期处于"缺乏能力"的人或社区为服务对象。

（四）增能理论在社会工作实务中的运用

巴巴拉·索罗门提出，应从以下四个方面帮助服务对象提高自己的能力：一是协助他们确认自己是改变自己的媒介；二是协助他们了解社会工作人员的知识和技巧是可以分享和运用的；三是协助他们认识社会工作者只是帮助受助人解决问题的伙伴，受助人自己则是解决问题的主体；四是协助他们明确无力感是可以改变的。

增能理论已经广泛进入社会工作实践。

例如，一位受到家庭暴力折磨的妇女，由于长期受到丈夫的虐待，形成了强烈的无力感，对丈夫的暴力已经失去了反抗的力量。在社会工作者看来，这位妇女并非没有能力，而是生活环境的限制，使她的个人能力被压制了，甚至她自己也认为自己无力反抗丈夫的暴力。社会工作者以增能的观点来帮助她建立自信和自我控制能力，认识到自己的能力。社会工作者一方面采取措施控制她丈夫的暴力行为，另一方面帮助服务对象发现自己在过去生活中表现出来的长处，让她认识到自己是有能力的，去掉她的无力感，逐渐帮助她走出家庭暴力的阴影。

在增强权能社会工作中，社会工作者应避免以权威的姿态出现，而要与受助人建立平等的伙伴关系。他们视助人过程为分享能力的过程，因为通过分享，可以使参与者获得更多的能力。

在积极的互动过程中人们的能力不断增强。在社会工作者与服务对象的关系中，如果强调权威，只能会降低服务对象的能力。在助人过程中，社会工作者应该真正做到与服务对象对话，鼓励他们讲出自己真实的经验。在针对群体运用增能社会工作时，社会工作者应该鼓励群体成员建立协同关系，促进成员之间的互相帮助。在与服务对象的关系中，社会工作者的角色是多元的，但最基本的角色是他们的伙伴。

基本概念

社会工作理论 精神分析 认知行为理论 人在情境中 生态系统理论 人本主义 存在主义 增能理论

课后思考题

1. 谈谈在社会工作实务中应如何恰当运用社会工作理论。
2. 简述理论对社会工作具有哪些功能。
3. 简述大卫·豪对社会工作理论的分类。
4. 试述精神分析取向社会工作理论的主要观点。
5. 试述认知行为学派的主要理论观点。
6. 结合实际，谈谈如何将生态系统理论应用于社会工作实务中。
7. 简述存在主义社会工作的主要观点。
8. 简述增能社会工作的基本假设。

参考书目

[1] 王思斌. 社会工作概论[M]. 北京：高等教育出版社，2014.

[2] 李晓凤. 社会工作——原理·方法·实务[M]. 武汉：武汉大学出版社，2008.

[3] 李增禄. 社会工作概论[M]. 台北：巨流图书公司，2002.

[4] 周永新. 社会工作学新论[M]. 香港：商务印书馆(香港)有限公司，1994.

[5] 周玟琪，叶琇珊，林万亿. 当代社会工作理论：批判的导论[M]. 台北：五南图书出版公司，1995.

[6] 徐震，林万亿. 当代社会工作[M]. 台北：五南图书出版公司，1986.

[7] 何雪松. 社会工作理论[M]. 上海：上海人民出版社，2007.

[8] 陈红霞. 社会福利思想[M]. 北京：社会科学文献出版社，2002.

[9] Malcolm Payne. *Modern Social Work Theory*[M]. New York：Palgrave Macmillan，2005.

[10] 全国社会工作者职业水平考试教辅编写组. 社会工作综合能力(中级)[M]. 北京：中国社会出版社，2019.

第五章　社会工作过程

社会工作的目标在于帮助服务对象提升社会功能，解决或预防问题的产生，满足需要，最终促进社会公正。而这个目标的实现，需要经过一个结构化的操作实施，需要通过一系列有计划、有步骤的阶段。因此，社会工作的助人活动必然是一个过程。不论从社会工作方法的具体实施来讲，还是从社会工作实务的各个服务领域来看，社会工作都需要通过一个完整的过程来达到目标，实现其功能。

第一节　社会工作的基本要素与系统

在社会工作过程中，有一些基本的构成要素，主要包括：社会工作者、受助者、社会资源系统以及环境。也有学者从系统论的角度来分析社会工作过程，认为社会工作过程中包含了改变媒介系统、服务对象系统、目标系统和行动系统等四个基本系统。这里，我们分别来介绍这两种观点。

一、社会工作的基本要素

人是在社会环境中生活的，人的生存和发展离不开社会资源。当由于各种原因，社会环境或社会资源无法满足人们的需要，或人与环境不能良好互动时，便会使人产生困难或问题，影响人们社会功能的正常发挥，甚至影响人的正常生活。在人无法用自身的力量解决困难和问题时，就需要求助于社会上其他的人或者组织机构，帮助人们来解决问题、克服困难，恢复和提升社会功能，恢复正常的状态。社会工作者就是在现代社会中帮助人们解决问题、克服困难的专业助人者。

（一）社会工作者

1. 谁是社会工作者

社会工作者是从英文 social worker 翻译而来的。"社会工作者"一词最初由西蒙伯顿（S. N. Patton）于 1900 年提出的。在他的原意中，"社会工作者"一词包括当时正在英美等国家中开展的慈善组织会社中的"友善访问员"（friendly visitors）和睦邻组织运动中的"社区睦邻工作员"，他们是一批对社会弱势人群有爱心、有热情的志愿工作人员，前者的工作是走访申请救济的家庭，了解情况，以保证社会救济物品分发到真正需要的家庭；后者与落后社区的居民生活在一起，帮助他们重建了解与合作，解决生活难题。很显然，这时的社会工作者并不能被称为专业的工作人员。

随着社会的变迁，社会工作教育的出现和社会工作专业化的发展，社会工作者逐渐成为社会中不可或缺的专业工作人员，而这些人员需要具备一定的条件才能胜任。因此，许多国家对社会工作者这种专业人员的任职资格有了一定的规定，比如美国社会工作者协会就明确规定：社会工作者是毕业于社会工作学院（包括获得学士和硕士学位），运用他们的知识和技巧为服务对象（一般包括个人、家庭、团体、社区、组织和社会）提供社会服务的人员。社会工作者帮助人们提高解决问题的能力，帮助他们获得所需要的资源，促进个体与人们及其环境的互动，促使组织负起对人们的责任，影响社会政策。英国国家社会工作协会（National Institute for Social work）出版的《社会工作者：他们的角色与任务》（Social Worker：Their Role and Tasks）一书指出，社会工作者是"由地方社会服务当局或有关的志愿组织雇用的，在他们的雇佣契约中明确规定他们作为社会工作者、或者在社会工作居支配地位的实务领域范围内执行他们的任务，不论是在日间或居民服务领域，还是在医院或其他相关机构中"的工作人员。可以看出，各国对社会工作者的界定是不一样的。

一般而言，国际社会工作界认可的社会工作者应符合这样一些条件：第一，具有社会工作执业证照；第二，具有社会工作的专业教育背景；第三，受社会工作伦理的制约；第四，是社会工作专业组织的成员；第五，将社会工作作为一种职业生涯。

在许多西方国家，除了社会工作者（Social Worker）外，还有社会服务人员（Social Service Worker）、社会福利人员（Social Welfare Worker）。严格地说，社会服务人员、社会福利人员与社会工作者是有区别的，社会服务人员、社会福利人员一般是指受雇于社会工作机构或社会福利机构的工作人员，包括专业和非专业人员；而社会工作者只是社会服务人员中的专业人员。

在我国，"社会工作者"的概念被越来越多地使用，但至今没有一个统一的界定。有学者认为，社会工作者是特指那些受雇于公立或私立社会福利服务机构或设施中、从事专业活动的助人者，即以助人为职业生涯的人。他们有别于一般利用工余和业余时间从事社会公益事业或社会服务意义上的志愿工作人员。而另外有学者，比如孙立亚认为社会工作者是"以社会工作专业理论为指导、运用专业方法和技巧为人们提供专业服务的专业工作者"。而根据王思斌主编的《社会工作导论》的观点，我们可以概括地认为，社会工作者是经过社会工作专业教育或训练的，从事社会工作专业研究、教学和实际工作的人员。

在国内，社会工作者还没有像发达国家那样，完全成为一个独立的职业，但随着近年来有些地区试行社会工作者制度，全国范围内推行社会工作者职业水平考试等一系列措施的实行，国内社会工作者的职业化道路越来越清晰、明朗，活跃在各个实务领域以及从事教学和研究的社会工作者越来越多，逐渐成为了一支宏大的专业化人才队伍。尽管目前人们对社会工作者的理解仍然有所不同，但人们对社会工作者的特点的认识同国际社会是一致的。

2. 社会工作者是助人者

社会工作者作为一个职业群体，区别于其他职业群体的主要特征在于：社会工作者是助人者。这是社会工作专业的本质特征在社会工作者身上的体现。社会工作是一个助人的专业，专业的宗旨是为有需要的人提供帮助，即通过社会工作者的帮助，使受助者恢复和提升社会功能，解决问题，克服困难，满足需要，获得自我实现。

卢卡斯(Alan Keith-Lucas)将助人定义为"由一个人或一个团体向另外的人提供的实质性的或非实质性的东西，所采取的方式是让受助人或群体能用来获得不同程度的自我实现"。他认为，助人者必须具备三个因素，才能实现社会工作者助人的职业特征。这三个因素分别是：第一，关心。所谓关心指的是不管喜欢或不喜欢服务对象都能够照顾他们，"关心"是比"喜欢"或"不喜欢"更加持久、更加稳定的一种情感。第二，勇气。所谓勇气，是说助人者必须分担个人可能不熟悉的他人的世界和问题，助人者应该有勇气，在助人过程中要承担风险，要承受成功或失败。第三，谦恭。所谓的谦恭，是说有效的助人者应该不自傲，承认自己只是助人者中的一员，是助人过程的媒介，而不是助人过程的创造者。

还有一些学者讨论了作为助人者怎样才能更好地为工作对象提供服务，完成助人职责。比如，姆勒(Edward Mullen)就坚持认为助人者更多的是发挥个人的影响力而不是运用技术，他指出，助人者在助人的过程中要运用自己的能力、发挥自身的影响力，助人者自身是决定助人成功与否的关键因素。对助人者而言，技巧和方法只是社会工作者的工具，社会工作者如何运用它们才是更为重要的。这些工具是否能与工作者个人的影响力结合到一起运用，是决定助人有效性的最关键因素。

(二)受助者

1. 受助者的定义

受助者(client)也称当事人、服务对象等。在许多社会工作文献中将受助者称为案主。这主要是由于西方社会工作专业首先是由个案工作发展而来的，在个案工作中往往将受助者称为案主而造成的。近年来，不少境外学者建议用更具有主动性的"服务对象""受助者"等来代替看似较为被动的"案主"的称呼。又由于社会工作与社会福利有密切的关联，被认为是社会福利服务的发送器，因此，社会工作的服务对象也被称为福利受益者或福利使用者。基于此，可以认为受助者就是指社会工作专业实践活动直接的工作对象，社会工作的服务对象，社会工作的直接受益者。受助者通常有不同种类的问题和不同层次的需求，需要社会工作加以帮助，因此，受助者也有不同的种类。

2. 受助者的分类

按是否接受了服务，可将受助者分为"现有案主"和"潜在案主"。由于受助者的来源不同，也可将受助者分为"自动求助或自荐的案主""转介的案主"和"外展的案主"。按受助者的类型，还可将受助者分为"自愿的案主""非自愿的案主"和"强制接受服务的案主"。强制接受服务的受助者，也称"强迫的案主""不自愿的案主"，指往往基于法律要求不得不接受心理治疗或社会工作服务的人员，例如被法院判服社会服务令的人员。

3. 几种主要的受助者

个人、家庭、小组、群体、组织机构和社区等是社会工作中主要的几种受助者。早期，西方社会工作所指的受助者主要指个人及家庭。随着社会工作专业的发展，新的社会工作方法的出现，社会工作领域的扩大，小组和社区被包括在案主或受助者的概念中。到了20世纪70年代，随着综合社会工作(generalist social work)的兴起，宏观的社会系统也成为社会工作的对象。

以个人或家庭为服务对象的社会工作方法，被称为个案工作；也有将以家庭为服务对象的社会工作称为家庭社会工作；以小组、群体为工作对象的社会工作，被称为小组工作；而社区工作的工作对象是社区或社区居民；社会福利行政、社会政策等则是以宏观的社会系统为工作对象。

(三)资源系统

1. 基本的资源系统

人在社会环境中生活，总要与他人结成一定的社会关系，生活在一定的社会网络之中，需要在社会中获得物质、精神等社会资源。社会资源系统自然成为社会工作实践过程的一个基本要素。平克斯和米纳汉(Pincus & Minahan)将有助于人们的社会资源系统划分为三类：

第一，非正式的或自然的资源系统，主要包括家庭、朋友、邻居、同事、亲戚等。它能够提供物质与精神的帮助，同时还能提供具体的服务和资源。非正式资源系统还常常通过帮助填写表格及与有关部门、机构联系来获取和使用正式的社会资源。比如，由邻居在暑假期间帮助照看双职工家庭中的孩子；亲戚朋友帮助填写申请使得无儿无女、无依无靠的孤寡老人得到最低生活保障等。

第二，正式资源系统，包括党派、专业团体、群众组织及各种协会等。这些组织致力于提升成员的福利和利益，直接提供资源给成员，并帮助他们与各种社会系统打交道。例如"打工妹之家"等。

第三，社会性资源系统，是为适应社会公共生活与活动建立起来的满足人们短期或特别需要的机构，也是人们社会生活的重要支持系统，包括学校、医院、各种社会服务机构、派出所等。在现代社会中，人们越来越多地与社会资源系统联系了起来，从而可以获得暂时或长期的帮助。

除平克斯和米纳汉对社会资源系统的划分之外，人们常常将社会资源系统简单地区别为正式的和非正式的两种。所谓非正式的社会资源系统，即平克斯和米纳汉所说的非正式的或自然的资源系统，它是人们生活、成长过程中首要的和重要的社会资源，也往往是当人们遇到困难时首先求助的资源系统。所谓正式的社会资源系统，即平克斯和米纳汉观点中的正式资源系统和社会性资源系统，它包括非正式资源系统之外的所有社会资源系统，在现代社会中，它已经成为个人生存及社会发展不可或缺的重要的资源系统。社会工作专业作为正式的社会资源系统的重要组成部分，对社会及其成员尤其是社会弱势群体起着越来越重要的作用。

2. 受助者与资源

在社会工作过程中，受助者的问题或困难常常与其所处的环境、环境中的资源有着密切的关系，往往是由于缺乏相应的资源造成的。受助者的问题或困难基本上是由三种情况造成的：其一，在受助者所处的社会环境中没有其所需要的资源；其二，在受助者所处的社会环境中虽然有其所需要的资源，但受助者并不知道而没有使用；其三，在受助者所处的社会环境中有其所需要的资源、受助者也了解，但由于某些原因受助者无法获得这种资源。在这三种情况中，无论哪种情况，都会给受助者带来困难和问题，影响受助者及其家人的正常生活和发展。

（四）环境

1. 社会环境

环境指的是与人的活动、与人的生存和发展有关的外在事物的总和。虽然人的生存环境包括自然环境和社会环境，但在社会工作者的视野中，环境一般指个人生活于其中的社会环境，或者说在自然环境和社会环境之间，社会工作更关注的是社会环境。社会环境是与人的生存和发展有关的所有的外部社会因素的总和。有学者将一个个体或群体的社会环境划分为四种：

第一，社会小生境。社会小生境是某一个体、群体生活于其中的直接的生存小环境，是指那些与人们的生活直接相关、关系密切的环境，如家庭、邻里、工作单位、学校、同辈群体等。

第二，人际关系环境。人际关系环境是指与人们的生活、工作有较密切关系的人际关系的总和，如邻居关系、同事关系、朋友关系等。人际关系虽然不具有法律意义上的责任、义务关系，但对人的生活、工作具有直接的重要影响。人际关系网络实际上已经成为了一个人的社会支持网络的一部分，是一种重要的社会资源、社会资本，其优劣及其强弱程度对人的成长、特别是对处于困境中的人走出困境具有重要作用。

第三，社会生态环境。社会生态环境是指社会中的人们在环境中的生活、生存状态，比如社会结构就是社会生态环境状况的一种具体表现。社会、社区成员或群体的共生关系和竞争关系是人们的生存环境，这种关系会直接影响人们生存与发展。

第四，社会文化环境。人们总是生活在某种文化之中，这种文化也就成为人们的生活环境。文化是由知识、价值观念、行为规范、法律、风俗等形成的体系。社会的风俗习惯、价值观念、法律法规制度等就成为了人们生活的基础和背景，成为人们生存发展的一种特殊的环境。

2. 社会环境的功能

社会环境是人类生存的必要的外部条件，它对人的成长和发展具有以下几方面的重要功能：

第一，提供资源和直接支持。个体和群体都是社会系统的组成部分，这决定了个体、群体都不能完全独立地生存，而必须依赖系统中的资源，即与环境进行交换。这种交换关系首先是社会环境对个体和群体的输入关系，即社会环境向个体和群体提供生存和发展的资源。对于个体或群体来说，这种资源表现为物质的和精神的支持。这种支持可以帮助个体或群体度过人生困难期，使人得以成长。实际上，社会环境也是一种分配关系，即它内部的生态关系影响着资源的分配。社会环境不同，社会环境所拥有和提供的资源不同，对人成长的促进作用也不同。优越的社会环境能够向人们提供更多的、有利于其成长的资源。

第二，资源获取中介。有时，个体、群体的直接生存环境中并不拥有其所需要的资源。但是，个体、群体与环境的密切关系可以促使后者去寻求这种资源，再向个体、群体传递。在这种情况下，直接生存环境就是个体、群体获取资源的中介。比如通过社区、群体的力量去争取资源，然后向群体、个体分配。家庭、工作单位、人们的社会关系网络常常扮演这种角色。

第三，提供竞争关系。构成个体、群体环境的并不都是积极的或对其直接生存起促进作用的。环境中还包含有生存与发展资源的竞争者。在资源短缺的情况下，这种竞争关系尤为明显。剧烈的竞争更多地发生于不同利益群体之间。这种竞争常使社会生态结构中的弱势群体遭遇困难，并影响他们的生存和发展。对于生存及发展能力弱小的个体或群体来说，竞争的失败会给他们的生存和发展带来更大的困难。当然，一定程度的竞争也可能对个人、群体的发展起激励作用。

社会环境在资源分配方面对个体、群体的生存和成长既有积极作用，也可能有反功能。这种功能的性质取决于社会环境的性质，取决于它与个体群体的关系类型。如果社会结构不合理、社会制度不公正，人们也不会得到公正的资源分配。在个体、群体与社会环境关系恶劣的情况下，前者不但不能受惠于环境，反而会受到环境的负面影响。

二、社会工作过程的基本系统

按照系统理论的观点，关于社会工作过程基本系统的另一种分类是由平克斯和米纳汉概括的。他们认为社会工作过程是社会工作者运用各种知识和资源，与各要素共同努力、通过一系列具体的工作，达到工作目标的改变过程。在这个过程中包含了改变媒介系统、服务对象系统、目标系统和行动系统四个基本的系统，这四个基本系统不断地互动，从而实现社会工作助人的目的。

(一)改变媒介系统

所谓改变媒介系统，就是指社会工作者，不论他受雇于公立、志愿、非营利机构、组织或者社区，他们都是促使服务对象发生改变的媒介，同时又是实施改变的主要行动者，是专业的助人者。他们是有计划变迁的具体操作者，在改变过程中使服务对象发生改变的媒介。他们促进个人完成生命任务以及系统应对问题能力的提高，促进服务对象与资源系统之间的良性互动，达到改变的目的。

在具体帮助服务对象的社会工作过程中，改变媒介往往不是单一的，而是由具有不同专长的助人者组成，形成共同工作的团队。比如由教官、老师、民警、街道干部、居委会、家庭共同组成的为越轨青少年服务的改变媒介系统。在这个团队中，社会工作者往往是协调者，协调各种不同的助人系统之间进行合作，从而更好地帮助服务对象。

(二)服务对象系统

也被称为案主系统，即社会工作服务的对象，是社会工作服务的直接受益者。服务对象系统可以是个人、家庭、小组、群体，也可以是社区或组织，甚至是整个社会系统。

服务对象求助社会工作者之前，通常有自己或使用非正式社会资源系统解决问题的经历。服务对象系统有不同的问题、不同的需要，也有不同的类型，需要社会工作者分别予以对待。

（三）目标系统

所谓目标系统是指为了达到改变服务对象系统的目的所需要改变和影响的系统。由于服务对象的问题及其解决是与其生活的环境及资源密切相关的，在工作中，为了逐步达到社会工作服务和改变服务对象的目的，社会工作者要与有关的人与系统进行工作，将其作为工作的目标系统去加以改变和影响，从而为解决服务对象的问题与满足服务对象的需要创造条件。

在一般情况下，服务对象系统是社会工作的目标系统，服务对象系统发生相应的改变，就可以帮助其实现社会工作的目标。但是，服务对象系统也可以不是社会工作的目标系统。在有些情况下，服务对象系统并不总是为达到社会工作目标而要改变的系统，而需要将服务对象生活环境中的相关人与系统作为目标系统去加以影响和改变。比如在学校社会工作中，为了更好地帮助学生，有时会将学生的家长作为目标系统，随着家长与学生沟通状况或教育方式的改善，会促进学生的健康成长。可以看出，服务对象系统并不一定就等于目标系统。一般情况下，目标系统大于服务对象系统，并具有时效性。有时服务对象系统与目标系统一致，有时不一致，有时也可以是交叉的。

（四）行动系统

所谓行动系统指的是那些与社会工作者一起工作、实现改变目标的人，也就是社会工作的同盟军，是与社会工作者一起进行改变和努力的系统。

为了实现社会工作目标，并帮助服务对象达到改变的目的，社会工作者要进行各种努力，调动各种资源，同与服务对象有关的人和系统一起工作，形成行动系统。社会工作者可以根据需要，同一个行动系统一起工作，也可以同时与多个行动系统一起工作来完成不同的任务。比如，为了帮助遭到家庭暴力的受害妇女，社会工作者往往要联合公安司法部门、社区居委会或当事人亲属及工作单位等一起进行工作，共同为制止家庭暴力而行动。这时，公安司法部门、社区居委会、当事人亲属或工作单位就是社会工作过程的行动系统。

第二节　社会工作过程中的专业关系

一、工作者与受助者的关系

社会工作者和受助者都是社会工作的主体，两者之间的关系是一种人与人之间的关系。人与人之间的社会关系是多种多样的，社会工作者与受助者之间应是怎样的关系才有助于社会工作过程，才有助于社会工作目标的实现呢？这是社会工作界讨论的一个核心问题。

（一）什么是专业关系

社会工作者与受助者之间的关系，在社会工作实践中历来受到重视。根据社会工作专业活动的目的，为了完成社会工作目标，要求工作者与受助者之间应当建立的是一种专业关系。

关于专业关系，有许多不同的定义，例如，台湾学者廖荣利认为"专业关系是指专业人员与案主的内心感受和态度表现的动态、交互反应关系，工作人员通过交互作用以协调案主社会生活适应能力的改善和增强"；而黄维宪则将专业关系定义为，专业关系是社会工作者与服务对象之间的一种态度与情绪交互反应的动态过程，以有效协助服务对象解决问题，使其对环境有良好的适应。国外有学者（如卢卡斯）认为专业关系是社会工作者提供的一种媒介物，服务对象可以通过这种媒介做出某种选择，决定是否及如何接受帮助。而根据王思斌主编的《社会工作导论》一书的观点，可以简单地说，所谓专业关系就是指社会工作者以一个专业人员的身份与各种他（她）努力使之发生变化的系统之间所建立的关系，是社会工作者与受助者之间的一种专业协助关系。

（二）专业关系的重要性

社会工作者和受助者之间的专业关系被认为在社会工作中占有重要的地位，是其他一切工作的基础，甚至被认为是社会工作的灵魂或基石。廖荣利将社会工作专业关系比作人身体中的血液、人的精神和灵魂力量，而将社会工作技术本身比作人的肉体部分，他认为没有血液、精神和灵魂，就无法成为一个活生生的人。缺乏专业关系的服务，也就难以成为专业服务，并且很难达到专业服务的目标。

良好的专业关系对于社会工作而言是极为重要的。它可以深化、增强工作的效果，增强社会工作者的影响力，使工作者提出的意见建议更容易为受助者所采纳，使工作者的工作技巧更易于见效。良好的专业关系可以为受助者提供安全、有利的环境，使受助者能够有机会更好地审视自己，分析问题的原因，学习和寻找解决问题的方法。在一定意义上，良好的专业关系本身对受助者的情绪和心理具有治疗作用。可以说，社会工作者与受助者之间的关系，在一定程度上影响到了整个社会工作服务的成败，社会工作者必须慎重对待。

二、专业关系的特点

专业关系与一般的人与人之间的关系的最大区别，就在于专业关系具有一些一般的人与人之间的关系所没有的特点。波尔曼（Perlman）指出，专业协助关系需要达成双方同意，它具有特定的时间范畴。在这种关系中，工作者应当尽力为当事人的利益着想。它带有专门知识的权威、行业本身的专业守则，还有专门技巧。此外，专业关系是受控制的，因为工作者在工作过程中，尝试对眼前的工作保持客观，并能觉察和控制自己的感受、反应和冲动。而平克斯和米纳汉提出了专业关系的三个基本特征：第一，社会工作的专业关系是社会工作者为了实现专业目的而建立起来的，依据专业目的和工作计划而建立和终止；第二，在专业关系中，服务对象的利益高于社会工作者的利益，社会工作者要为实现服务对象的利益、满足服务对象的需要而工作；第三，建立专业关系的基础是客观的，社会工作者必须有明确的摆脱个人烦恼和情感需求的自我意识，对他人的需求有敏锐的感知能力。综合学者们的不同观点，可以将专业关系的基本特点概括为：

（一）目的性

目的性是在社会工作过程中专业关系最显著的特点之一。专业关系是为专业的目的而建立的，它的建立是为了协助受助者，也就是通过工作者与受助者的工作要能够解决或防止个人、家庭或社区的问题，或者发展受助者的能力。而当社会工作的目标实现之后，专业关系就应该终止。所以，专业关系具有一定的时间限制，是一种暂时性的工作关系。当受助者的问题得到解决后，双方关系建立的前提消失了，在这个时候关系必须结束。而在大多数情况下，一般的人际关系的建立是没有一定目的的，在关系的维持上也没有明确的时间界限。

（二）以受助者为本

从本质上说，建立专业关系不是为了工作者的需求，不以社会工作者自身的利益为前提，而是为了满足受助者的需求。在专业服务的范围内，受助者的利益高于工作者的利益。因此，工作者在专业助人关系中的取向应以受助者为本，把受助者的需求和利益放在首位，绝不允许工作者因为自身的利益需要而损害受助者的利益。而一般人际关系的建立与维持，往往照顾到关系双方的利益，关系双方互惠互利。当然，一般人际关系的建立有时也可以以一己私利作为出发点，但是这种以一己私利为出发点的人际关系是很难长期维持的。

（三）非平等性

虽然社会工作强调平等、民主，但是由于社会工作者是受过专业训练的，是具有一定的专业技能、专业地位和专业职责的权威，他是在代表社会工作机构向受助者提供协助。这样，在专业关系中，工作者与受助者的地位并非完全平等。双方的互动，以受助者为重点，受助者一般要提供必要的个人资料让工作者能够多方面地了解受助者的情况，从而使得社会工作者的协助是有效的，并且能够更好地发挥作用，而工作者则不必这样做。但是，只有工作者以平等的态度来对待受助者，才能帮助受助者克服由于专业关系的非平等性所可能带来的不利影响，从而建立起对工作者的信任。而一般的朋友关系是基于平等和相互依存的，关系双方越是平等就越能持久地发展关系，关系双方的获益也才会越大。

（四）受制约性

专业关系不仅要以所要达到的社会工作目标为指导，也受社会工作专业明确而详尽的伦理道德守则制约。在社会工作专业服务中，工作者应遵守社会工作专业的基本价值原则，去除个人的偏好，控制自己的情绪，做到既与受助者在一道又不失客观公正，以保证受助者的利益，保证工作者与受助者的关系能正常地建立。然而，一般的人际关系则涉及较多的主观情绪与偏好。

（五）代表性

在社会工作者和受助者的专业关系中，社会工作者并不是代表自己，而是既代表着自己所工作的社会工作机构，也代表着所从事的社会工作专业。因此，社会工作者在与受助者建立关系时必须要有专业的处理，认真地对待工作，任何失误都不仅会有损社会工作者自身的形象，也有损社会工作机构和整个社会工作专业的形象。而人们在一般的人际关系中，往往只代表自己。

（六）兼容性

专业关系是兼有工具性和情感性的关系。良好的专业关系是双方信任的基础，专业关系是带有目的的，即通过良好关系的建立来实现工作目标，这是其工具性所在；同时，良好的关系本身离不开双方情感的交流和表达，这样专业关系也就具有了情感性的色彩。因此，它是一种兼容性的专业关系，兼有工具性和情感性两个方面的特征。

第三节　社会工作过程模式

社会工作助人是一个过程，为了给社会工作者在助人过程中提供思考和行动指引，使得社会工作更有效、更科学，人们很早以前就开始探讨社会工作过程，不同的学者提出了不同的助人模式。平克斯和米纳汉将助人过程划分为接触、订立契约和结案三个阶段；西伯龄（Max Siporlin）提出的一般助人过程包括了约定、评估、介入、修正和结案；舒尔曼（Lawrence Shullman）提出的助人过程模式，包括初步接触、开始、工作、结案四个阶段。在这里我们将介绍一种社会工作通用过程模式。在社会工作发展的不同阶段，它所受的主要的理论影响不同。20世纪六七十年代，社会工作深受系统理论的影响，社会工作通用过程模式（general process model）就是由系统理论发展而来。该理论由于吸取了各种助人模式的共性和优点，从而成为了一种通用的模式。这一理论同样认为社会工作助人是一个过程，由一系列朝向既定目标的系统化行动组成，大体可以将这个过程划分为五个阶段，而这几个基本阶段之间是相互联系、不断循环的。

一、约定或接案阶段

这是社会工作过程的开始阶段，如果能与服务对象订立良好的关系，可以为以后的阶段、为实现社会工作目标奠定基础。

当一个人想接受社会工作服务但是还没有与社会工作者之间订立关系的时候，他（她）还不是社会工作的服务对象。在这个阶段，工作者首先要与其建立起良好的工作关系，使双方对各自的角色期望达成共识。所以说，约定实际上是工作者帮助求助者逐渐成为服务对象并接受服务对象角色的过程。

这一阶段要做的工作有许多，主要有：第一，了解服务对象的来源；第二，进行初步评估；第三，建立专业关系；第四，促使服务对象进入角色；第五，与服务对象以外的其他系统建立关系。

二、预评估问题阶段

在接受受助者并与之建立专业关系之后，社会工作进入预评估问题阶段。评估问题阶段是清楚而又具体地了解服务对象问题和需要的时期，预评估的成果将成为之后工作、行动的依据。

(一)什么是评估

评估是依据既定情境中的事实与特点推论出有关问题含义的暂时性结论的逻辑过程。简单地说，评估是认识、了解服务对象问题的过程，包括收集与问题有关的详细资料、初步制定社会工作介入的目标和策略。正如西伯龄所说，评估既是了解的过程，又是了解的产物，同时也是介入行动的基础。

(二)评估的目的

进行社会工作评估的目的主要有五个：第一，识别、发现受助者问题的客观因素，包括受助者的背景资料、资源系统、问题存在的时间及曾经使用过的解决方法等；第二，识别、发现受助者问题的主观因素，即受助者对问题的主观实际感受；第三，识别、发现造成和延续受助者问题的因素；第四，识别、发现受助者及其生存环境中的积极因素，包括受助者自身及其所处环境的积极的方面和长处、受助者自身及其环境中的资源、受助者的动机与能力等；第五，决定适合受助者的服务类型，通过评估可以提出解决问题的建议。如果用一句话加以概括，可以说评估的目的是了解服务对象、服务对象的问题及其环境，从而建构一个计划帮助服务对象去解决或消除问题。

(三)评估的特点

第一，评估的方向是由社会工作者所采用的理论架构决定的，同时也受社会工作者的价值观影响。理论架构不同，评估的切入点也会不同。比如，采用"问题—解决"模式的理论框架，在评估一个人时，会从生命历程与人的需要入手，去分析评估，把问题的产生看作是人生的常态，产生问题与解决问题是生活本身的一部分。采用生态系统论的理论架构，则会从人与环境的互动去做评估，切入点是个人、环境及二者的互动。社会工作者要明白各种理论框架都有长短，要注意综合运用。

第二，评估是一个动态、持续和有焦点的过程。所谓动态是说评估要根据改变过程的进度不断进行。评估贯穿于整个助人过程之中，因此这是一个持续的过程。要根据变化了的情况随时调整工作的步调与目标。评估也是有针对性的，要有具体的焦点，一次针对一个问题，这样比较有成效。

第三，评估是一个社会工作者与服务对象一同参与的过程。工作者要与服务对象一起发掘问题、了解问题的成因共同寻找解决问题的方法与途径。因为只有服务对象最了解自己及自己所处的环境。在共同参与中，工作者启发服务对象的潜能，会起到促进其成长的作用。

第四，评估是一个分析与行动并重的过程。评估的过程需要运用知识去分析服务对象的处境，进行抽象的思考，同时要与实际环境接触，不断修正自己的判断，达到正确评估的目的。换句话说，评估必须既动手又动脑。

（四）如何收集评估所需要的资料

收集预评估所需资料的方法很多，工作者要根据实际情况灵活运用多种方法，全面了解服务对象及其所处社会环境。收集资料的方法有多种，包括：

第一，询问。对服务对象进行评估，最好的资料直接来自于服务对象本身，直接向服务对象询问，经过面对面的会谈去收集资料，可以为决定介入与干预的方法提供依据。所以，会谈与询问是社会工作者获取资料的最基本工具。除了向服务对象本人询问外，还可向与服务对象有关的系统咨询。如从家庭成员、服务对象的工作单位与服务对象关系密切的同事及朋友那里获得有关服务对象的资料。当以直接询问方法不能得到相关资料时，还可以使用间接询问的方法，即通过让服务对象进行角色扮演和完成句子的方式来帮助服务对象表达自己状况，以获得资料。这种方法能够揭示服务对象的感受、想法或者动机，是收集服务对象主观性资料的有效方法。进行间接探询时，可以使用口头询问的方法，也可以书面进行。

第二，咨询。为做出准确的评估，社会工作者也常常向其他专业人士咨询，以求获得对服务对象问题的全面、正确、科学的认识。如社会工作者为自闭症儿童提供服务时，常常向有关医学专家咨询自闭症的病理与临床治疗知识，以获得对服务对象问题的科学认识和服务对象问题的有关资料。社会工作者也通过转介让服务对象接受其他专业系统的评估来获取有关服务对象问题的资料。如对工作适应有困难的服务对象，社会工作者可转介他们去做职业评估，从而获得对服务对象个人资料的全面了解。

第三，观察。通过实地观察，可以增加社会工作者对服务对象及其所处社会环境的了解，增加对问题的实感，使所收集的资料更准确。观察可以通过家访或深入社区生活来进行。

第四，利用已有资料。这主要是利用机构已有的个案资料、工作报告、调查报告及政府机构所提供的有关问题与政策的资料。服务对象若有其他方面的档案资料也都可作为收集资料时的重要来源，例如学生的成绩单、品德鉴定表、低收入家庭申请救助的资料等。这些资料对了解服务对象的问题具有重要参考价值。

在收集了尽量多的资料，并在此基础上对服务对象的问题与需要做出评估后，即可进入下一个工作过程，即制定计划与订立合约阶段。

三、计划及合约阶段

这一时期的主要任务是在分析、评估的基础上制定社会工作目标和计划，并以合约的形式与服务对象取得共识，明确工作者和服务对象同意的目标和责任。这是前两个阶段和后面阶段的桥梁，包括计划(指导介入行动的整体计划)和订立合约(工作者与服务对象达成协议，以便计划的发展互有承诺)两个部分。

计划是一个理性思考以及做出决定的过程，包括制定目标以及选择为达到目标采取的行动。计划的制定应当是工作者和服务对象一起工作的过程。如果没有服务对象参与，他(她)与工作者就无法就计划达成共识，再好的计划也难以落实。因此，服务对象与工作者共同制定计划的过程，也是他(她)与工作者认同一致的合约过程。

（一）计划的内容

计划的内容主要包括以下几个方面：

1. 目的和目标

所谓目的，是期望在介入的最终阶段总体上要达到的较为笼统的、长远的方向和结果；而目标是较为具体的、近期的结果和指标。一个个的目标实现了，也就会逐渐地达到目的。在这里对制定的目的和目标还有一些要求。

制定的目的和目标应该是：第一，对服务对象而言是清楚、明白、易懂的；第二，现实可行的；第三，详细、具体而不空泛，因为太空泛的目标是无法实现的；第四，有完成任务的时间限制；第五，与服务对象的能力、机构的功能相一致。

2. 关注对象

所谓关注对象，即介入行动中要加以改变的系统。由于具体情况不同，工作的目标不同，关注对象也是不同的。主要有这样几种情况：

第一，当服务对象的问题成因归结为个人，或服务对象选择做出改变时，可以以个人为关注对象。比如存在社交障碍的青年希望改变现状时，应以该青年为关注对象。

第二，当服务对象的问题主要与家庭有关时，可以选择家庭为关注对象。例如某小学生经常逃学的原因是与其父母关系紧张，担心自己上学期间父母离婚，这时可以将其家庭作为关注对象。

第三，当事实表明群体对个人有极大影响或群体面对类似的问题时，可以选择群体为关注对象或工作焦点。比如下岗职工面临共同的心理和再就业问题，就可以将下岗职工群体作为关注的对象。

第四，虽然组织、机构的存在是为了满足人们的需要，但组织的政策、结构或工作也有不能满足服务对象需要的时候，在这时组织便成为关注的对象。例如某物业公司管理的小区存在众多问题时，物业公司就成为关注的对象。

第五，当社区的资源、服务出现问题，不能满足居民需要时，社区也会成为关注对象。例如某城乡结合社区，社区环境恶劣无法满足居民的基本需求，这时社区及其环境的改善就成为社会工作关注的重要对象。

3. 介入的策略

所谓介入的策略，包括：第一，解决问题使用的方法、技巧；第二，为实现计划的目的和目标，工作者所要承担的角色和需要完成的任务；第三，服务对象要承担的任务，这是与服务对象的动机和能力（包括生理、心理和情感能力）相适合的任务。

（二）制定计划的原则

制定计划时，应遵循以下基本原则：第一，详细、具体；第二，具有可行性；第三，与工作目的、目标相符；第四，能够总结和度量。

（三）合约

1. 什么是合约

合约是工作者与服务对象为解决问题而共同工作投入努力的承诺，它体现的是工作者与服务对象之间的互动合作关系，它具体标明了工作者和服务对象对问题的认识和界定，工作的目标及双方相互的责任。在本质上，合约是工作者与服务对象之间订立的明确协议，是一种约束机制，将参与各方约束到一起，直至目标的实现。

2. 合约的内容

合约的内容一般包括：第一，计划的目的与目标；第二，工作者和服务对象各自的角色和任务；第三，为达到目的和目标所要采取的步骤、方法、技巧；第四，期望达到的结果及总结、测量的方法等。

四、工作介入阶段

工作介入阶段，也称行动阶段、执行阶段或改变阶段。这是社会工作者运用专业知识、方法和技巧，协助服务对象按照前一阶段达成的社会服务计划、合约开展工作和采取行动的阶段，也是助人过程的重要阶段。社会工作介入是社会工作者旨在恢复和加强服务对象整体社会功能的有计划、有目的的行动。介入的目的是为了界定和解决问题、促进服务对象的成长、提高人们的生活质量。

（一）社会工作介入的特点

社会工作介入具有三方面特点：第一，社会工作介入是有目的、有计划的行动，最终的目的是实现各方共同制定的计划。第二，社会工作介入可以是采取行动的，也可以是不采取行动的。大多数介入需要采取行动，有时社会工作者可以不采取行动，但可能也是一种介入。第三，社会工作介入可以是实质性的，也可以是非实质性的。介入可以是提供具体的服务，如为孤独老人联系敬老院；也可以是非实质性的服务，比如为服务对象建立支持网络。

（二）社会工作介入的策略

社会工作介入的策略主要有两种：

1. 与服务对象一起行动

这种策略包括：第一，帮助服务对象认识和运用现有资源。有许多情况服务对象的问题是与其缺乏所需资源相关的，在这种情况下，使得服务对象能够运用现有资源就成为了恰当的介入策略。第二，对服务对象进行危机干预和危机调适。当服务对象处于危机状态中，帮助其尽量将危机的时间缩短或减轻危机严重影响的危机干预是最有效的介入策略。第三，运用活动帮助服务对象。通过活动可以更好地帮助不善于语言表达的服务对象，可以帮助其增强自信、发展能力。

2. 代表服务对象采取行动

代表服务对象采取行动的策略包括：第一，争取有影响力的人士参与到工作中来，共同为实现社会工作目标而努力。第二，协调各种服务资源与系统，将它们连接起来，以达到服务的目标。第三，发展、创新资源来满足服务对象的需要。第四，改变服务对象所处的环境，从而达到服务的目标。第五，改变组织与机构，以更好地为服务对象服务。第六，集体倡导。通过倡导为服务对象争取所需的资源，改变社会不公正的现象，促进社会公平公正。

五、评估总结及结束阶段

评估总结及结束被看作是社会工作实践过程的最后阶段。结束是指工作者与服务对象结束接触、结束专业关系。这时，服务对象不再需要社会工作者的专业服务了，介入的目标已经达到，服务对象的问题已经解决，需要已经得到满足。

如果在服务对象与社会工作者之间形成了比较密切的关系，结束常常是痛苦的过程，尤其对服务对象而言，社会工作者也常常难以避免。在整个社会工作过程中，服务对象与社会工作者常常共同讨论敏感性的问题，共同付出巨大的努力，以做出积极的改变，服务对象也许形成了对社会工作者的依赖。所以，在结束的时候，服务对象往往会若有所失，有些服务对象甚至会出现愤怒和拒绝结束的情绪。因此，社会工作者要非常重视这一阶段的工作，巩固社会工作的效果。

(一)评估总结的目的与内容

1. 评估总结的目的

在社会工作过程的最后阶段，进行总结评估的目的主要在于：一方面，帮助工作者反思工作过程，总结得失，提高工作质量；另一方面，帮助服务对象回顾改变的过程，检查双方同意的目的、目标是否实现。此外，总结评估的目的还在于向机构交代。

2. 评估总结的内容

总结评估的内容主要有：第一，制定的目的和目标是否恰当，是否有效地达到。第二，工作方法和技巧是否运用得当。第三，工作者的角色和任务完成情况。

(二)巩固服务对象已有的改变

社会工作的实质是助人自助。因此，服务对象在社会工作助人过程中获得的经验能够保留，并运用于日常生活是极为重要的。在总结评估阶段，社会工作者有责任努力巩固服务对象已有的改变。

工作者可以通过以下事务帮助服务对象巩固已有的成果：第一，帮助服务对象回顾工作过程，这样可以进一步帮助服务对象学会如何解决问题。第二，强调服务对象已经取得的成绩，这样可以进一步增强服务对象的自信。第三，有必要的话，可以假设一些问题，同服务对象一起讨论解决的方法，并给予必要的指导。

(三)终止、解除工作关系

终止、解除工作关系的基本方法包括：第一，转介，即将服务对象转往其他机构接受服务；第二，转移，即转由本机构内的其他工作者为服务对象提供帮助；第三，终止，即不再为服务对象提供服务。

📝 基本概念

社会工作者　受助者　资源系统　社会环境　专业关系　社会工作过程模式

💬 课后思考题

1. 试述社会工作的基本要素及其功能。
2. 简述社会工作者的主要特征及其对社会工作过程的作用。
3. 结合实际，谈谈社会工作的基本系统如何协调完成助人目的。
4. 什么是专业关系？简述它具有哪些基本特点。
5. 什么是评估？简述评估的目的有哪些。
6. 结合实践，试述社会工作的基本过程模式。

📝 参考书目

[1] 王思斌. 社会工作概论[M]. 北京：高等教育出版社，2014.

[2] 李迎生. 社会工作概论[M]. 北京：中国人民大学出版社，2018.

[3] 王思斌. 社会工作导论[M]. 北京：北京大学出版社，2011.

[4] 林胜义. 社会工作概论[M]. 台北：五南图书出版公司，2013.

[5] Bisman C. *Social work practice*[M]. New York：Cengage Learning，1994.

[6] 全国社会工作者职业水平考试教辅编写组. 社会工作实务(中级)[M]. 北京：中国社会出版社，2019.

第六章 人类行为与社会环境

社会工作非常重要的视角之一就是"人在情境中"。社会工作者在介入时需要把握的原则就是将问题放到具体的环境中去考察，将服务对象放在社会环境中去分析。为了更加科学地评估服务对象的处境和所面临的问题，制定相应的介入方案，社会工作者必须了解人类行为与社会环境的相关知识。本章秉持"人在情境中"的社会工作理念，对人类行为的生理、心理、社会动因及其与社会环境的相互关系进行分析，并对人类行为的生命周期变化及其机制加以阐述。

第一节 概念界定与相互关系

广义上讲，环境中的人和人生活的环境都是社会工作的对象。"人在情境中"的视角不仅是社会工作实务的理论依据，也是社会工作教学和研究的一条主线。为了更好地把握这一视角，我们需要了解人类行为和社会环境的基本概念，并理解二者之间的互动关系。

一、人类行为

（一）人类行为的概念

人类行为（human behavior）最简单的定义是人类作为主体的活动。它既是人类对社会环境的反应，也是人类对自然环境的反应。在很多时候，人类所处的社会环境和自然环境是交织在一起的。在社会工作实务中，我们更多的是研究和分析人类行为在环境因素影响下的改变。人类行为是对人的一切行动的泛指，意为有机体的作为及其行动，包括内在隐秘的和外在可观察的行为。所有的人类行为都是有机体在外界环境刺激下引起的反应。

有关人类行为的本质，众说纷纭。行为主义学派认为，行为是由刺激直接引起的、可观察和可测量的反应。精神分析学派认为，行为是内心冲动与驱力作用的外显结果。认知论则强调行为是人在认知前提下对环境产生的反应行动。社会学家强调广义的行为概念，主张外在行为是人内在价值观和态度的体现。而社会工作更倾向于用上述综合的观点看待人类行为。

关于人类行为的定义，国内许多学者给出了解释：彭华民指出：人类行为是人类为满足其自身需要，采取某种方式去适应环境所表现出来的活动或方式。王思斌认为，人类可

101

以被界定为个体为适应环境与满足需要所表现出的活动或反应，它是遗传、生理、心理、社会过程等内外因素综合性相互作用的结果。

综合上述观点，我们可以将人类行为定义为：人类在生理、心理、社会过程等内外因素综合性相互作用下，为满足自身生存生活需要，在适应环境过程中所表现出的活动或反应。

（二）人类行为的类型

人类行为的类型有多种划分方法。按照先天或后天，可以分为本能行为和社会行为；按照是否符合常规或社会规范，可以分为正常行为和异常行为；按照行为的作用，可以分为亲社会行为和反社会行为。下面根据不同分类，具体介绍人类行为的类型。

1. 本能行为和社会行为

人类行为因由生物性或社会性所决定可划分为本能行为和社会行为两大类。人类的本能行为由人的生物性所决定，是人类的最基本行为，如摄食行为、躲避行为等。本能行为出自遗传，所以又称遗传行为，这是一类不需要学习即可出现的定型行为模式。

人类的社会行为由人的社会性所决定，其机制来自社会环境。人们通过不断的学习、模仿、受教育和与人交往，逐步懂得如何使自己的行为得到社会的承认、符合道德规范、具有社会价值，从而与周围环境相适应。因此，人类的社会行为是通过社会化过程确立的，是人类在后天与环境的互动中逐渐学习而形成的，又称为习得行为。人类行为虽然具有生物基础，但大多受到后天因素的强烈影响。

2. 正常行为和异常行为

人类行为还有正常和异常之分，尤其在精神健康领域做这样的区分十分重要。然而，要在正常行为与异常行为之间划上绝对界限并非轻而易举。

一般来说，划分正常行为与异常行为的常用标准有以下几个：

（1）统计规律。多数人相似或一致的行为在统计上就可以视为正常行为，反之则是异常行为。

（2）社会规范与价值。如果个人行为符合当地的社会规则与价值观念，该行为就是正常行为，反之则是异常行为。

（3）行为适应性标准。如果无法适应社会，就会出现社会化不足的问题，表现为行为异常。

（4）个体主观体验。以一个人的主观体验为依据，也是判断各种行为是否异常的重要标准。如果超越了界限，就会被划分为异常行为。

需要强调的是，上述定义异常行为的标准其实并不是绝对的，包括医学的临床诊断在内，都会随着社会变迁、认识的深入而发生变化。

3. 亲社会行为和反社会行为

根据行为对社会的作用是积极还是消极，可以将人类行为分为亲社会行为和反社会行为。亲社会行为一般是指一切对社会有积极作用的行为，包括助人、遵守社会规范、友善、公共参与等，其中那些不求任何精神和物质回报的助人行为也被称为利他行为。反社会行为是一种攻击他人或社会的、有消极作用的行为，例如暴力、侵犯或攻击、伤害他人或破坏社会秩序的行为等。

（三）人类行为的特点

人类行为具有以下 6 个主要特点：

1. 适应性。人类行为的根本目的是为了适应环境，维持个体及种族繁衍。

2. 多样性。人类行为复杂多元，既有外显也有内隐的，既有遗传的也有后天习得的；既有生理范畴的，也有社会属性的。

3. 动态性。人类行为的变化很大，这种变化既有来自生理变化的影响，如身高、体重变化所带来的不同需要，也有因为社会生活条件造成的行为变化。

4. 指向性。人类行为是有目的的，且指向特定的目标。

5. 可控性。人类能够有意识地控制和调节自身行为，使其向着目标前进。这是与受本能驱使的动物行为最大的区别。不仅如此，人类行为还可以经过学习或训练而改变，具有可塑性。

6. 发展性。人类行为是连续不断的发展过程，过去的行为会影响现在的行为，而现在的行为也会成为未来行为的基础。

二、社会环境

（一）社会环境的概念

环境就其词义而言，是指人类周围的事物。人类环境即以人类为中心的周围事物，其他生物和非生物物质被视为环境要素，构成人类的生存环境。人类的环境有别于其他生物的环境，包括自然环境和社会环境两部分。自然环境是指人类赖以生存和发展的各种自然因素的总和，即通常所称的自然界。自然环境会影响个体、群体乃至人类的生存状态，在宏观社会工作如贫困地区的社区发展中，当地居民与自然环境的关系常常被高度关注。社会工作一贯关注人的成长，在社会工作者的视野中，环境一般指个人或群体生活于其中的社会环境。社会环境是与个体或群体的生存和发展相关的物质和非物质要素的总和，它包括人造环境、社会关系系统、社会氛围和文化等。人造环境是指各种服务设施、社区生活设施布局等。由于社会是由许多社会成员、社会群体和社会集团组成的，它们之间互相制约、相互影响，于是某些社会成员、社会群体、社会集团及其他们结合而成的社会关系系统就会成为相关人员活动的社会环境。如图 6-1 所示，社会工作关注多重系统相互作用下社会环境中的人。

（二）社会环境的构成

按照社会环境所包含的要素和性质，可以将社会环境划分为：

1. 物理社会环境。包括食物、衣物、交通工具、通讯工具、建筑物、道路、企业厂房等。

2. 生物社会环境。包括人类驯化和驯养的动物、人类栽培的植物、人类加工过的水等。

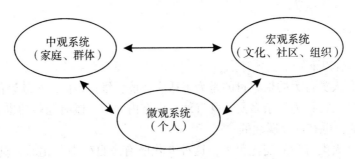

图 6-1　社会环境中多重相互作用的系统

3. 心理社会环境。包括人的性格、脾气等。在对人类智商研究的基础上，研究者发现人还具有情商、逆商等。

4. 文化社会环境。文化是社会发展过程中人类创造物的总称，包括物质技术、社会规范和精神体系，是所有物质产品与非物质产品的总和。

5. 制度社会环境。包括人类建立的繁衍和提供照顾的家庭制度、生产和分配资源的经济制度、保障社会成员生活质量的社会福利制度、进行个人社会化和知识文化传播的教育制度、维护国家安全的军事制度等。

6. 群体与组织社会环境。包括家庭、同龄群体、学校、工作单位、非政府组织、政府。

(三) 社会环境的特点

社会环境的特点主要体现在以下五个方面：

1. 多样性。社会环境包括影响人类行为的诸多因素，小到家庭、学校、同辈群体和组织，大到社区、地区和国家。社会环境可以是实体性的社会群体或组织，也可以是客观存在的舆论、文化、社会制度和社会政策，涵盖了影响人类行为的不同层次和各个方面的因素。

2. 复杂性。一方面，社会环境要素中的每一个子系统都是复杂的。另一方面，社会环境中各子系统对人类行为的影响是交织在一起的。各子系统既相对独立又相互影响，其相互作用机制非常复杂，这也决定了社会环境的复杂性。

3. 层次性。从对人类生存影响的程度来看，社会环境具有层次性。有些因素直接影响着人的行为，有些则比较间接；有的因素对人的生存状态影响巨大，有的则影响甚微。因此，对个体的生存或具体行为而言，社会环境就具有了层次性。

4. 稳定性。社会环境具有相对稳定性。从微观来看，一个人所生活的具体家庭环境、所在社区的文化价值观念、风俗习惯等在一定时期内是相对稳定的；从宏观来看，一个时代的制度、社会结构也具有相对稳定性。正是这种环境的稳定性特征使得人类正常有序的生活成为可能。

5. 变动性。社会环境并不是一成不变的，而是始终处在动态变化之中，它是稳定性和变动性的相对统一。尤其是在全球化和市场经济的影响下，社会环境的变化日益加剧，如果人们的行为和观念与变化的社会环境不相适应，就会产生一系列的问题。

三、人类行为与社会环境的相互关系

评估和提升个体行为的社会功能是社会工作的核心任务之一。在社会工作发展之初，由于时代和知识的局限，社会工作者往往从个体内部特别是心理方面去寻找行为的动因。自 1917 年现代社会工作先驱里士满出版《社会诊断》一书以来，个体的行为与社会环境之间的关系越来越受到社会工作人士的重视。经过几十年的发展，"人在情境中"的理念已经深入人心。

个体、群体与社会环境的依赖和相互作用决定了人类的行为受到社会环境的直接影响，其中包括个体、群体为谋求生存和发展而采取的行为。按照社会学家韦伯的看法，人类有社会意义的行为是社会行动，它是经过行为主体有意识思考并采取的行为。符号互动论着重分析了行为主体所面对的交往对象、现实情境以及行为者的情境定义对他所采取行为的影响，即他对环境的认知怎样影响他的行为。勒温的场论则把社会看作一个力场，在这个设置中，人的行为实际是个体与环境相互作用的函数，即人类行为取决于人的个体和周围环境的相互作用。可见，社会环境对人类行为有重要影响。

从其基本性质上看，人的行为与社会环境之间不是单向的因果关系，而是双向的交互关系，即任何一方的改变都会同时对双方产生影响。

1. 社会环境影响人类行为

社会环境为人的行为提供参照标准。美国社会学家默顿提出参照群体理论，他指出参照群体是个人推崇并渴望加入的群体。后来其意义有所拓宽，成为人们用来同其进行比较的群体。参照群体不是社会成员生活于其中的群体，而是社会环境的一部分。在社会生活中，参照群体是人们进行比较和评价的标准，从而影响着人们的行为。实际上，能够起到参照作用的不只是社会群体，还包括阶级、阶层、社会集团以及其他个体。通过参照和比较，人们会对自己产生满意或不满意的评价，由此会产生成就感、满足感或自卑感。同时，参照和比较也会产生社会公平感或相对剥夺感。通过参照和比较而产生的这些认识和感觉会影响人们的行为。满意的评价将鼓励人们照常规去处理自己的行为，不满意的评价或者激励起人们的竞争、奋斗以至反抗，或者压抑个人的积极情绪，而形成心理忧郁，影响其心理健康。

社会工作十分注重社会环境对人的行为的影响，因为社会工作的许多任务是由于社会环境不良对人造成的影响而引起的。例如：一些人的心理问题可能由于社会的急剧变化而造成；待业、失业的出现可能由社会结果的变化所引起；贫困现象常与社会资源的分配制度的缺陷有关。这样，要解决上述问题，促进人的成长、发展与社会进步，不但要了解、认识社会环境，而且要通过改善社会环境去改变不利于个人发展和社会进步的行为，为人的正常生存和发展创造条件。

2. 人的行为要适应社会环境

社会环境为人的生存和发展提供了具体的空间。在这个空间中，人们出于满足自己需要的动机，在现实社会条件及社会规范的约束下行动，获取自己生存和发展的资源，发展自己的潜能，实现个人与社会的期望。这样，社会环境对人的行为来说既是资源获取空

间，也是行为约束空间。人从社会环境中获取资源和受到约束，这种关系决定了人在相当大的程度上要依赖环境，从而环境对人的行为发挥着重要的制约作用。社会环境中资源的富饶程度及分配规则引导和规范了人类行为。在这种意义上说，环境塑造了人，环境也决定了人的行为。因此，我们可以得出以下认识：要了解人的行为就必须认识其所处的环境及其性质；要改变人的行为，也要从改变其所处的环境入手。环境状态是破译人类行为原因的密码之一，这不否定行为者本身的生理、心理因素对其行为的重要影响，因为其行为是其自身选择的结果。然而，这种通过与社会环境相互作用以谋求生存与发展的行为总是会受到社会环境因素的制约。

3. 生物遗传与社会环境共同对人类行为产生影响

社会环境对人类行为的影响不能脱离生物遗传因素的影响，良好的遗传特性也需要依托适当的社会环境才能发挥作用。人的发展是遗传与环境相互作用的产物，其路径取决于遗传因素和外部环境影响之间的复杂作用。

4. 人能够能动地改造社会环境

作为能动的个体，人类行为可以改变社会环境。一方面，这种改变可以是正向的转变，例如：社会工作者以"规范社区居民文明养狗行为"为主题在社区中开展一系列社区工作，在这一过程中规范社区内养狗居民的卫生遛狗行为，通过改变人类行为推动了小区卫生环境的改善，促进社区文明建设。另一方面，这种改变也可以是负面的转变，例如人类发动战争破坏和平。

5. 人类行为与社会环境关系的非平衡性

人类行为与社会环境相互影响的力度并不对等，通常情况下，社会环境对人类行为的影响要大一些。随着科学的发展，社会分工越来越细致，同时人的社会功能发挥的复杂性也使得每一个助人的专业都必须把增强人的某一部分功能作为自己的专业活动领域。社会工作在两个方面关注个人与环境的关系：一方面，增强个人间、团体间社会互动的效能；另一方面，通过协调、改变或创新动员适当的社会资源①。

第二节　人类行为与社会环境的多维视角

在人类行为与社会环境的研究中，有许多经典的理论建构。这些理论从生物、心理和社会等多个视角出发，帮助我们认识和理解人类行为，掌握二者之间的互动关系。至今，这些理论仍在不断发展、完善，并广泛应用于教育、管理和临床治疗中。

一、生物学视角

人类个体作为一个生物有机体，其行为发展必然受到生物和生理因素的制约。这些主要表现在：第一，人的基本生物性状受到遗传信息的控制，这是不以人的意志为转移的。第二，体质状况构成个人社会发展的基础。一个人身体健康或者具有某种生理特长，往往是个人社会发展的有利条件，身体衰弱或有生理缺陷往往构成不利因素。第三，人作为一

---

① Werner W. Boehm. The Nature of Social Work[J]. *Social Work*, 1958(4).

个生物体，其内在"生物钟"规定着每个人基本的生活节奏和生命周期，人人都逃不出"生老病死"的大限，生理发育过程中的某些重大环节或阶段也常常构成生命历程的重要转折点或生命事件。

关于遗传因素对个体行为的影响，达尔文的自然选择学说已有初步阐述，现代遗传学说则更是把对于遗传的研究推进到了分子水平。现代遗传学说已经揭示，DNA 是人体最重要的遗传物质，遗传信息的实质是 DNA 分子中的四种碱基 A、T、C、G 的配对组合方式，基因是人类遗传信息的基本结构和功能单位。由于新的个体基因是来自父母双方基因的重新组合，因此，他/她的生物性状相对于其父母来说总会存在一定的相似之处。

尽管生理因素对人的行为及其发展具有重要影响，但生理因素往往是与心理和社会因素共同发生作用的，一些生理变化甚至是由心理和社会因素诱发的。有调查研究表明，人们的社会行为取向和方式在很大程度上能够影响其身体健康，身体的功能失调和器质性病变，往往是不良社会行为取向和方式不断刺激和反复作用的结果①。一些遗传性疾病也与社会因素有关。如先天愚型是一种染色体病，但它往往是由产妇生育过晚造成的，而高龄产妇的大量出现又与整个社会的制度安排和文化变迁有关。工业革命以来，人类对外界环境的改造能力大大提升，环境的改变在造福人类的同时，也造成了大量潜在的、难以预见的生物或生理危险因素。在社会工作中，往往会遇到大量由于生物或生理因素而陷入困境的服务对象，这要求社会工作者必须了解相关的生物、生理和医学知识，以便为服务对象提供更好的服务。

二、心理学视角

人的潜意识、感觉、知觉、认识、情绪、需要、态度、意志等心理过程，也是人类行为的重要动力。关于人的行为的心理层次，精神分析理论、行为主义理论、认知心理学和人本主义心理学从不同角度进行了深刻分析。

（一）精神分析理论

精神分析理论的创立者是奥地利精神病医生弗洛伊德（Sigmund Freud）。后来，荣格（C. G. Jung）、阿德勒（A. Adler）、埃里克森（E. H. Erikson）等人对弗洛伊德的理论进行修正和补充，被称为"新弗洛伊德主义"。

弗洛伊德的精神分析理论认为，人格发展分为五个时期：口唇期、肛门期、性器期、潜伏期和生殖期。每个时期都有与性有关的特殊矛盾冲突，人格的差异与个人早期发展中性冲突的解决方式有关。如果某一时期的矛盾没有顺利解决，性的需求没有得到满足或过度满足，儿童就会在以后保持这一时期的某些行为。"停滞"与"退行"是紧密联系的。"退行"是指当个人受到挫折或焦虑时，他就会返回到早期发展阶段，出现幼稚行为，如哭泣、抽烟、酗酒等。弗洛伊德的主要贡献是对意识的论述以及对童年期经验的重视。他将人的心理分为意识和潜意识。人格也是意识（表现为自我和超我）和潜意识（表现为本我）

---

① 王召平，李汉林. 行为取向、行为方式与疾病———项医学社会学的调查[J]. 社会学研究，2002（4）.

冲突和斗争的结果。本我、自我和超我如果和谐一致，人格就会正常发展，反之则会出现问题。

弗洛伊德之后的"新弗洛伊德主义"理论对社会工作也有重大影响。其中，以埃里克森的人类发展八阶段理论影响最为深远。埃里克森认为，除了性的因素之外，社会文化对人格的发展也有重要影响；人格的发展贯穿于个体的一生。人在成长的每个阶段，都会遇到某种心理问题，都会对周围环境所提出的特定社会要求做出反应。如果个体能成功地解决这些问题，心理和行为发展就会比较顺利，反之则容易出现心理问题。

(二)行为主义心理学

行为主义是20世纪初由美国心理学家华生(Jonh B. Watson)创立的一个心理学流派。他认为心理的本质是行为，否认遗传的作用，强调甚至夸大环境和教育的作用。美国心理学家斯金纳(Burrhus Frederick Skinner)认为，人类所学习到的社会行为绝大多数是由强化(操作性行为的结果)引起的。

行为主义认为，人的心智过程是难以观察的，也是难以验证的。传统心理学以心智过程为主要研究对象，使得心理学陷入哲学思辨和神秘主义的境地。要使心理学成为真正的科学，就必须摒弃对心智过程的研究，而以可观察的外在行为作为唯一的研究对象。行为主义认为，任何行为都是由环境中的刺激所引起的反应。个体行为的基本过程就是刺激-反应，简称"S-R模式"。刺激和行为之间存在着某种对应关系，心理学的根本任务就是通过实验和观察寻找刺激和反应之间的种种对应关系，寻找人的行为过程中的各种"S-R模式"。

行为主义认为，人的行为是完全可以训练的。因为，既然人的行为是对刺激的反应，并且遵循"S-R模式"，那么，我们就可以通过对刺激的不断变换来对人类的行为反应进行训练，使其养成所需要的固定行为反应模式，这就是行为主义所说的"学习"。行为主义理论发展到后期，吸收了认知心理学的一些观点和理论，对"S-R模式"进行了一定程度的改进。比如，班杜拉提出了"观察学习"的观点，即个体并不一定必须亲身经历某种刺激后才会做出某种反应行为，他可以通过观察他人的行为及其后果而习得某种行为反应模式。

可见，行为主义理论的基本取向是强调外部环境的刺激模式对人的行为的影响。根据这种理论，社会工作的主要任务就是通过一定的方法对服务对象的行为反应模式进行训练和矫正。

(三)认知心理学

认知心理学是以人的认知过程为主要研究对象的一个心理学流派。精神分析侧重于研究潜意识，行为主义主要研究可观察的行为，而认知心理学主要研究注意、知觉、记忆、思维和语言等高级内部心理过程。认知心理学发展于20世纪50年代中期，到20世纪70年代后成为美国和西方心理学的主要研究方向之一。在社会工作中，认知心理学是经常被援引的一门专业知识。认知心理学的知识十分庞杂，其中以皮亚杰的认知发展理论影响最甚。

皮亚杰(J. Piaget)认为，人天生就有一种认知结构，他称之为"基模"。基模具有整合和组织功能，能够将片段的、琐碎的经验组织和统一起来，形成逻辑化、有条理的认识。在人的一生中，随着身体的发育和经验的增长，"基模"会不断发生变化。认知发展的实质就是"基模"的变化。认知的发展主要是通过同化和顺应等过程实现的。同化是个体对新获得的刺激进行过滤和改变，使之融入原有"基模"的过程；顺应是个体对"基模"进行调整以适应新的刺激的过程。每当遇到新的刺激，个体总是试图用原有的"基模"去同化，如果成功便暂时取得平衡；若不成功，个体便会做出顺应，即对"基模"进行调整，直至到达认识上的新平衡。正是这样一个循环往复的同化、顺应和平衡过程，推动着"基模"不断从低级向高级演进，从而也推动着认知能力的发展。皮亚杰把认知发展分为四个阶段：感知动作阶段(0—2岁)、前运思阶段(2—7岁)、具体运思阶段(7—11岁)和形式运思阶段(12岁以上)。

皮亚杰还认为，影响认知发展的主要因素有四个：(1)成熟，指的是有机体的成长，特别是指神经系统和内分泌系统的成熟；(2)经验，即通过与外界物理环境的接触而获得的知识；(3)社会环境，主要包括语言和教育等影响因素；(4)平衡化，即个体不断自我调整，以实现上述三因素之间平衡的过程。这个过程会不断对"基模"进行新的建构。

在认知心理学看来，人的行为主要不是受制于潜意识中的本能，也不纯粹受制于外部环境的刺激，而是受制于理性思考。人的行为过程中的各种困境主要是理性认知方面的缺陷造成的。根据这一理论，社会工作的主要任务是帮助服务对象培养良好的认知能力，建立对自然和社会的正确认识。

(四)人本主义心理学

与前述三种心理学理论都不相同，人本主义心理学强调的是人的行为的意识性、目的性和创造性，强调人与动物的差异，重视人的行为的价值性和特殊性，因而被称为人本主义心理学。其代表性理论是美国心理学家马斯洛(A. Maslow)创立的需要层次理论。

马斯洛认为，需要是人的行为的内在动力。人的需要按紧迫性和重要性可以分为五个层次：(1)生理的需要；(2)安全的需要；(3)归属与爱的需要；(4)尊重的需要；(5)自我实现的需要。这五种需要呈梯次排列，只有低级的需要得到最低限度的满足后，才会追求高一级的需要，如此逐级上升，不断推动着行为的发展。在马斯洛看来，每个人都有发展的潜能，都有自我实现的需要，心理学的任务就是要充分发掘人的潜能，满足其自我实现的需要。

人本主义心理学在社会工作中也是一种具有广泛影响的理论，它使社会工作者意识到每个人都有自己独特的"意义世界"。社会工作者的主要任务就是去理解服务对象的"意义世界"及其内在矛盾，并帮助其恢复或重建自己的"意义世界"。

在社会工作史上，心理学曾经扮演过很重要的角色。在相当长的时间里，心理驱动被看作人的行为中主要的甚至是唯一的动力，心理学模式成为社会工作实务的主导模式。尽管实践已经表明这种观点并不完全正确，但心理学仍然是社会工作中不可或缺的一门专业知识。

三、社会学视角

除了受到生理和心理因素的影响，人的行为还受到社会因素的影响。如果说，生理和心理因素构成人的行为的内部环境，那么，社会因素则构成了人的行为的外部环境。从社会的角度看，人的行为实际上是一个扮演社会角色的过程。人总是生活在社会系统中的，任何社会系统都内含一定的时间和空间结构。这些时间和空间结构，有些是物理性的，有些是社会性和文化性的，还有些兼有物理性、社会性和文化性。社会系统的时空结构作为一种基本框架，从纵向和横向两个维度确定了个体在整个社会系统中的位置。这个位置就构成了个人角色扮演的大舞台，从而规定着人的行为的形态和发展。

更具体地说，社会系统对人的行为的意义主要体现在三个方面：第一，作为社会化机制，它影响着个体对社会角色规范的学习和领悟；第二，作为资源配置机制，它影响着个体角色扮演所需要的条件和手段；第三，社会系统的运行方式影响着人的行为的内部环境，即生理和心理过程。

有关人类行为与社会环境的社会学理论主要代表是符号互动论以及标签理论。乔治·赫伯特·米德是符号互动论的奠基人。他认为自我分为主我（I）和客我（me），是人们在与他人的互动过程中逐渐获得的。主我是本质的、自然的、未经社会化的我，具有自发性、冲动性和创造性，他在行动中改变社会结构；客我是经过社会化的我，是个人经社会情景后的反应。米德将自我的发展阶段分为三个阶段：模仿阶段、游戏阶段和概化他人阶段。在米德看来，不仅心灵和自我是在社会互动中逐步形成的，社会本身也并非客观实体，而是社会成员相互作用的网络。个体通过使用符号给自己和他人的行动以意义。一切的社会结构和社会组织都是在互动的过程中形成的。

威廉·托马斯则认为，一个人对情景的主观解释（或定义）会直接影响他的行为，他强调个人主观的情境定义在社会互动中的作用。标签是人们对自我形象的界定与产生，自我形象是通过与他人互动产生的，他人的标签是一个自我形象认识的重要因素。

标签理论是以社会学家莱默特（Edwin M. Lement）和贝克尔（Howard Becker）的理论为基础而形成的一种社会工作理论。该理论认为，越轨行为（如犯罪）是社会互动的产物，个人被社会上的重要他人（如警察、法官）贴上标签，描述为偏差行为或犯罪者，他会逐渐自我认定为偏差行为者或犯罪者。因此，社会工作的一个重要任务就是"去标签"，要通过一种重新定义或标定的过程来使那些原来被认为是"有问题"的人恢复为"正常人"。

综上所述，关注人的行为对社会工作具有十分重要的意义。它使我们认识到，人都是生活在一定社会环境中的，社会工作的一个重要任务就是恢复或重建个人所处的生活系统，不能仅仅从个体内部寻找问题的原因和解决方案。

第三节　生命历程中的人类行为

人的行为虽然会在外部环境和内部因素刺激下不断变化，但这种变化从生命周期上看会呈现出阶段性的特征。这种随着生命周期阶段发展而呈现的人的行为的阶段性特征，具有共性和代表性意义。在社会工作中，我们依据埃里克森的心理发展阶段理论，可以将其划分为八个阶段。

一、胎儿期

人的行为的发展在胎儿期就已经开始。从妇女怀孕到胎儿出生这段时期，称为胎儿期。在这期间，个体从微小的受精卵逐渐成长为长约50厘米，重约3000—3500克的新生儿。由于受精卵要经过280天才能发育成为成熟的婴儿，因此，胎儿的发育过程对其一生都有着重要的影响。在胎儿期，听觉、视觉、味觉、嗅觉和触觉等感觉器官已经发育完成。相应地，胎儿已经具有一定的意识能力。据研究，胎儿的意识能力大约是在6个月后产生的。6个月后，胎儿能够感知外部世界并能够把感觉转化为情绪。胎儿还具有一定的记忆能力和沟通能力。利用胎儿的认知能力，现在一些优生学家正在积极探索"胎教"的途径。不过，由于目前有大量科学疑团未解开，因此在实施"胎教"时，一定要慎之又慎。

胎儿的行为发展从一开始就受到环境的影响。影响最大、最直接的是孕妇的生理和心理状况。从生理上说，主要有孕妇的年龄、营养、体质、健康状况、是否有不良嗜好和用药等方面。从心理上说，孕妇在孕期保持良好的心理状态至关重要。抑郁、悲伤、惊恐等不良情绪会影响胎儿的发育，导致流产或死胎，或日后出现情绪和行为方面的问题。

需要注意的是，孕妇的生理和心理状态受到社会和文化因素的制约。比如，环境污染、生育观念落后、产前卫生保健和孕期社会保障体系不健全、家庭关系或其他社会关系不和睦、遭遇失业或其他生活变故等等，都会影响孕妇的生理和心理状态，进而影响胎儿的发育和行为发展。

胎儿的孕育和出生既是一种自然现象，也是一种社会现象，它从准父母角色扮演、家庭秩序的调整以及保护母婴的社会政策等方面影响社会的发展。关于胎儿孕育和出生的社会工作议题，主要有医疗技术发展与人类道德、出生性别比以及流产三个方面。

二、婴幼儿期

0—3岁为婴幼儿期，其中第一个月为新生儿期。新生儿期是一个非常脆弱的时期，某些关键性问题如果处理不当会影响婴儿的发育和发展，甚至危及婴儿生命。目前，医院通常使用阿普加量表对新生儿状况进行评估，目的是掌握新生儿在母体外环境中的生存能力和神经系统的发育状况，以便及时制定应对方案。早产儿是新生儿中的特殊群体。在医学上一般将怀孕不足37周分娩的婴儿称为早产儿。早产儿由于器官发育未成熟就出生，因此在新生儿期致病率和死亡率非常高。长大成人后，其行为问题的发生率也比较高，因此往往是社会弱势群体的一个重要组成部分，很可能会成为社会工作者的关注对象。

婴幼儿的生理发育十分迅速，期间新陈代谢十分旺盛，对各种营养和能量特别是蛋白质的需求很大。营养不良会导致婴幼儿发育严重迟缓，生理发育的迟缓会导致行为发展方面的迟滞。随着生理的迅速发育，婴幼儿的动作能力和语言能力开始发展。在认知方面，根据皮亚杰的理论，婴幼儿的发展处于感知动作阶段。婴幼儿的动作从随机的反射动作逐渐发展为有目的的导向行为，并发展出物体运动守恒观念。在态度和情绪方面，出生后的第一年，婴幼儿会发展出愤怒、悲伤、惊讶、恐惧等情绪，到第二年则会发展出窘迫、羞耻、内疚和自豪等情绪。根据埃里克森的理论，在此期间，婴幼儿心理发展的主要矛盾是：第一，信任与不信任(0—1岁)。婴幼儿得到父母或其他人的良好照料，各种需求得到充分满足，能使婴儿对周围环境建立起信任感；否则，会产生不信任感。第二，自主与羞怯、怀疑(2—3岁)。婴幼儿在这一阶段开始学习对自己的肢体活动加以自主控制，用自己的感觉去熟悉周围环境。父母应有意识地鼓励孩子的这种自主性活动，过多的指导以及责怪或限制会使婴幼儿产生羞耻感，并对自身的能力和周围的环境产生疑虑，不利于养成独立自主的个性。

在社会行为方面，婴幼儿逐渐学会与他人互动，并对他人有强烈的依恋需要。在道德方面，婴幼儿尚未形成明确的道德观念，对规范的服从完全是出于对惩罚的恐惧或是为了取得相应的奖赏。

总的来说，婴幼儿的行为发展固然具有很强的生物性，但仍然离不开适当的环境刺激。在此过程中，家庭对婴幼儿的良好照顾、家庭成员与婴幼儿之间的温馨交流等所起的作用最为关键。关于婴幼儿的社会工作议题，主要有婴儿照顾与家庭服务的提供、产后抑郁症与精神健康、弃婴与收养等多个方面。

三、学龄前期

3—6岁为学龄前期。与婴儿相比，学龄前期儿童的生理机能不断发展，身体各部分的比例逐渐接近成人，神经系统尤其是大脑皮层的结构和机能不断成熟和完善，动作和语言能力发展迅速，认知和社会性也不断由低级向高级发展。学龄前期幼儿的动作发展，主要体现在大肌肉逐渐发育成熟，小肌肉与手眼逐渐协调。语言能力发展从表达机能为中心向以思维为中心转换，语言能力培养对幼儿语言发展至关重要。

关于幼儿心理和行为的发展，主要包括三个方面：第一，认知发展。这属于皮亚杰的运算思维准备阶段，心理活动和行为受情绪影响较大，情绪会直接指导、调控学龄前期儿童的行为，其自我意识主要由自我评价、自我体验、自我控制三个方面因素构成。第二，幼儿游戏。幼儿游戏是幼儿参与社会活动的主要形式，关于幼儿游戏理论的主要研究有生物学视角、心理学视角、文化学视角和哲学视角。第三，儿童劳动。主要包括自我服务劳动和集体服务劳动，劳动的环境主要有家庭、社区和同辈群体等。

关于学龄前期儿童与社会的关系，主要包括：第一，幼儿与家庭的关系。父母不同的教育方式对学龄前期儿童的行为方式乃至人格发展有着深远的影响，家庭中性别与性教育对儿童的性别认同以及性别社会化关系密切。第二，学龄前期儿童与同伴的关系。学龄前期儿童与同伴的交往可分为有组织的交往和自发的交往两种形式，其侵犯与攻击行为是他们实现某种愿望的一种工具，无伤害他人的意图，但有时会具有一定的危险性和破坏性，父母的榜样作用、同伴关系的影响以及媒体的作用等多种因素会对学龄前期儿童亲社会或反社会行为产生影响。第三，学龄前期儿童与社区的关系。作为社区一员，这种关系会受到社区的"生产-分配-交换-消费"功能、社会化功能、社会控制功能、社会参与功能以及相互支持功能的影响。

与学龄前期儿童相关的社会工作热点议题主要包括独生子女教育、学龄前期儿童心理自闭以及照顾与社会服务发展等。

四、学龄期

7—12岁是学龄期。虽然个体在学龄期的发展速度相对减缓，但这一时期的成长仍然非常重要。学龄期儿童的身体发育趋于平缓，皮下脂肪进一步减少，肌肉更加强健，动作流畅，协调程度和力度都大为提高；仍然比较好动，但开始对一些需要安静的活动感兴趣，兴趣也趋于集中。

在认知方面，属于皮亚杰的"具体运思期"，即思维仍以具体的事物为对象，但已经能够进行逆向思维，并发展出质量守恒观念。语言表达更为精炼和准确，语法的使用更为复杂，能够理解词语背后比较复杂和抽象的语意，能够欣赏幽默和笑话，能够通过语言暗示控制自己的行为。

在情绪方面，根据埃里克森的理论，这一时期心理发展的主要任务是培养奋发向上的精神，克服自卑感。原因在于这一时期儿童动作能力和认知水平进一步提高，因此对周围事物的性质、用途和构造的好奇心增强，乐于使用工具去进行操作活动。此时，成年人应鼓励儿童积极动脑并努力完成自己喜爱的活动，从而培养起儿童完成任务的奋发精神。不理解或压制儿童的想象力和创造性活动，会造成儿童的自卑感。

在社会行为方面，儿童的自我意识逐渐趋于稳定和复杂，自我中心主义意识仍很强烈。社会关系大大扩展，社会互动的技巧、角色领悟扮演能力大为提高，能够主动结交朋友。在道德发展方面，处于科尔伯格所说的第四阶段，即儿童的眼界已经越出家庭和亲友的界限，认识到更多的社会团体和更高层次的社会规范的存在。

在整个学龄期，社会环境对儿童行为发展的影响主要有以下方面：

（1）社会经济状况对儿童身体发育影响甚大。贫困家庭和落后地区的儿童常常会发育迟缓或发育不良，而在大城市的儿童则出现较多的肥胖症。

（2）游戏是这一时期儿童最主要的学习方式之一，游戏对于理解社会角色规范、发展社会互动技巧都具有重要影响作用。

（3）家庭的教养方式对学龄期儿童影响很大。研究表明，过于严厉或过于宽松的教育方式都不利于儿童的成长，最佳的教养方式是权威型的。

（4）儿童需要和谐的家庭关系。父亲或母亲存在精神或行为方面的问题，或者家庭关系紧张，往往导致儿童出现生理发育和情绪方面的问题。

（5）在学校中表现的成功或是失败对学龄儿童成长影响特别大，因此学校应建立合理的教育方式和评价体系，注重挖掘儿童的特长，保护儿童的自尊。

（6）在现代社会中，儿童面对传媒的时间甚至长于面对父母的时间，传媒会直接影响儿童的价值、认知和情感取向。

就成长中的儿童而言，目前社会工作重要的议题包括学龄期儿童的学业压力、儿童对父母离婚的适应、儿童被虐待以及儿童的情绪问题。

五、青少年期

青少年期一般始于10—12岁，止于21—22岁。青少年期在生理上的一个重要变化是：性功能成熟，具有生育能力；男性和女性分别出现第二性征。生理学上把第二性征从出现到成熟的这一阶段称为青春期。

在认知发展方面，青少年期处于皮亚杰所说的"形式运思期"，即具备抽象思维能力，能够运用"假设-演绎"的思维方式。这一思维方式极大地开阔了青少年的视野，利用这一能力，他们能够对大量未知的事物进行自己的推演和判断。

在情绪方面，由于内分泌活跃、情绪高亢，青少年要求独立的自我意识非常强烈，但由于理想与现实的差距，往往陷入严重的内心矛盾。根据埃里克森的观点，青少年期最关键的任务是建立对自我的角色认同和定位，但由于面临抉择的问题极多，比如个体身心发育、家庭内外关系、同性/异性关系、学业问题、未来发展问题等，青少年容易陷入角色混乱困境，出现较为严重的行为问题。

在社会行为方面，青少年开始集中学习未来事业发展所需要的技能。由于具有追求独立的强烈愿望，对包括家长、老师在内的权威产生逆反心理。

在社会道德标准方面，青少年开始意识到各种道德信仰间的矛盾和冲突，因此对各种社会规范，不管是道德还是法律，都不再简单地遵从，而会根据实际情况做灵活变通。与此同时，他们开始努力发展自己独立的道德价值和规范，越来越多地摆脱习惯而按照自己的标准行事。青少年与同辈群体的关系较亲密，与家庭渐渐疏远。他们较易接受同辈群体的行为标准，并努力融入同辈群体，同辈群体所形成的亚文化或反文化往往比家庭和学校的教导具有更大的影响力。

青少年期是一个社会偏离行为的高发期，主要行为问题包括青少年犯罪以及由性冲动带来的一系列问题。社会工作关注的重要议题包括流行文化、网络成瘾、失学、未婚怀孕、离轨与犯罪等。

六、青年期

青年期一般指 22—35 岁，有人也称为成年早期。人的生理机能一般在 22—35 岁达到高峰，在这一时段的体力最好、精力最旺盛，此后开始逐渐走下坡路。但总的来说，在整个成年早期，人的生理机能都保持在高水平。这一时期也是最佳生育年龄，绝大多数人在这一时期组建家庭，生儿育女。

在心理方面，青年期是人的心智能力最强的时期，人们思维的敏捷性和精密性都比青少年期大大提高，具备了独立决策能力。根据埃里克森的理论，这一时期心理发展的主要任务是克服以往的自我中心主义意识，学会与他人建立亲密关系，包括被人爱和爱他人，否则求爱、建立家庭等人生大事将难以完成，个体也将会陷入难以自拔的孤独感之中。道德发展更趋于完善，逐渐形成稳定的人生观和价值观。

在社会行为方面，青年期是人生的重要转折点，不管从家庭而言，还是从事业来讲，都是奠定基础的阶段。这一时期开始承担大量社会角色，包括为人夫妻、为人父母、承担公民责任、履行职业角色等。

青年期的发展任务决定了这一阶段的重要议题都与亲密关系和家庭有关。其中，社会工作比较重要的议题包括亲密关系危机、家庭暴力、离婚与单亲家庭等。

七、成年期

成年期一般指 35—60 岁。与前几个阶段相比，成年期有一个很重要的特点，即这一时期的行为主要受个人社会经历，特别是个人对自己生命周期感觉的影响，受生理变化的影响很小。因此，不同个体的成年期的起止年限差异很大，35—60 岁只是一个大致的范围。

在生理方面，成年期个体的身体状况开始走"下坡路"，多数人随着岁数增长开始"发福"，包括体型肥胖、视听能力下降、外貌衰老以及精力不济。更年期是成年期非常重要的经历，一般女性在 50 岁左右，男性在 60 岁左右，体内激素特别是性激素分泌失调，会导致出现一系列的生理和心理不适。男性的更年期综合征不明显，对工作和生活影响不大；女性则比较明显，最显著的标志就是月经停止。更年期综合征会带来一系列社会问题，主要包括：由更年期引起的多疑、易怒、焦虑等心理往往会导致家庭和社会关系紧张，角色扮演失败；男女更年期表现的差异，容易导致夫妻矛盾、婚外情、离婚等现象的发生。这一时期也是疾病多发期，各种癌症和心血管疾病是较为常见的病症。

在心理方面，总的来说，成年期心态趋于平和、沉稳、现实，对人生、对社会、对生活、对事业去掉了许多不切实际的幻想。不过，由于个人生理状况特别是社会经历不同，中年人的心理体验的个体差异相当大。一些人刚 40 出头即感叹时不待我，老之将至；一些人到了 50 多岁仍觉得生机勃勃，前途一片光明。埃里克森认为，这一时期心理发展的主要矛盾是：创造与停滞。由于人到中年，普遍对自己的期望不高，转而寄希望于下一代。通过精心培养下一代从儿女取得的成就中获得满足；即使没有儿女，也可以从爱护和培养其他年轻人中寻求满足。在这一过程中，他们形成一种创造未来、创造希望的创造感。这对成年期的人来说是一种非常健康的心理。相反，那些不能发展出对年轻人关爱的人，则会百无聊赖，感觉人生已到穷途末路。

在社会生活方面，成年期是事业到达顶峰的阶段，是人生最辉煌的阶段。与此同时，也是社会分化最明显的时期。那些社会竞争成功者会感到生活很幸福；失败者则会出现一系列的经济问题、生活问题和心理问题。成年期家庭生活方面变故较多。首先，子女长大成人，离开家庭独立生活，家庭的"空巢化"对很多成年期个体的角色转变产生困难。其次，由于生理周期不同步，夫妻关系可能会面临危机。最后，成年期也是疾病多发期，由疾病可能带来一系列的经济压力、生理压力和心理压力。

成年期社会工作的重要议题包括：失业和寻找工作，人生疲倦和中年危机及贫困家庭和社会救助。这些现象本身与个人因素、组织因素和社会因素都有关，因此，社会工作也要从不同层次多方位入手，个别辅导、政策导向以及组织改变等方法都可以考虑。

八、老年期

60 岁直至死亡这段时期被称为老年期。在老年期，人的生理机能会明显衰退，行动能力大不如前，同时各种健康问题接踵而至。感觉器官机能的衰退会导致感知能力下降，注意力难以集中和记忆力衰退。

在心理方面，不同的老年人表现出相当大的差异。美国老年学家伯克利认为，老年人的心理受其人格类型的影响，主要包括：(1)成熟型人格。具有成熟型人格的老年人能够平稳的进入老年，对于退休和老化表示接受，既不悲观也不畏惧，既不过于进取也不过于防卫。(2)摇椅型人格。具有摇椅型人格的老年人不拘小节，亦无大志，视退休为解除责任，正好安享晚年；对于老化，没有任何心理负担。(3)防卫型人格。具有防卫型人格的老年人，固执刻板，防卫心理很强，守规矩负责任，不肯接受退休，仍想找事做，希望借此证明和保持活力，消除对衰老的恐惧。(4)愤怒型人格。具有愤怒型人格的老年人，过去有不得志的经历，到了老年仍旧非常伤心，将自己的失败都归咎于别人，常常满腹牢骚，愤世嫉俗。(5)自怨自艾型人格。具有自怨自艾型人格的老人，过去有不得志的经历，但与愤怒型人格老年人相反，把主要责任归咎于自己身上，因此沮丧消沉，认为人老了，就是没有价值的废物，只有死亡才能解脱。

埃里克森认为，老年期的主要心理发展任务是实现自我统合，避免绝望情绪。人到老年，会经常回忆和总结自己一生的活动，力图给自己的一生做出一个使自己满意的解释，给它画上一个完美的句号。如果个人不能找到这样一种满意的解释，就会陷入追悔和绝望的情绪中。

现代社会针对老年期做了大量的制度安排，其中最重要的就是退休制度。对于这一制度安排的利弊，存在着不同的看法。一些人认为，退休制度是一个社会正常的新陈代谢机制，既有利于社会发展，也有利于老人颐养天年；另一些人则认为，生理年龄并不等同于心理年龄和社会年龄，一些过了退休年龄的人仍有创造力，他们本人也仍想继续从事社会活动，强制退休制度既浪费了人力资源，也不利于个人的身心健康。因此，如何发挥社会制度安排(包括退休制度)对老年人及整个社会的正面影响，克服其负面影响，是一个值得深思的问题。

总而言之，社会工作者应该熟悉人在生命周期中的阶段转化与衔接。阶段转化与衔接良好与否，是社会工作者关注的焦点。从社会的角度看，全社会都应关注老年社会工作的重要议题，包括老年人自杀、虐老、歧视、长期照顾、老年人权益保护等。虽然有些议题可能只适合于一部分老年人，但这恰恰是社会工作者工作的重点——帮助社会上少数最需要的人来获得福祉。

📝 基本概念

人类行为　亲社会行为　反社会行为　社会环境　生命历程　学龄期

💬 课后思考题

1. 什么是人类行为？主要包括哪些特点？
2. 什么是社会环境？社会环境包括哪些构成要素？
3. 试述人类行为与社会环境的相互关系。
4. 人类行为与社会环境的多维视角中主要包括哪些视角？
5. 从社会学视角出发，谈谈你对人类行为与社会环境关系的看法。
6. 人类行为的生命历程包括哪些主要阶段？

7. 在人的生命历程各个阶段中，社会工作关注的主要焦点分别有哪些？

参考书目

［1］王思斌．社会工作导论［M］．北京：高等教育出版社，2011.

［2］李迎生．社会工作概论［M］．北京：中国人民大学出版社，2018.

［3］彭华民．人类行为与社会环境［M］．北京：高等教育出版社，2011.

［4］沙依仁．人类行为与社会环境［M］．北京：社会科学文献出版社，2003.

［5］林万亿．当代社会工作：理论与方法［M］．台北：五南图书出版公司，2013.

［6］全国社会工作者职业水平考试教材编写组．社会工作综合能力（中级）［M］．北京：中国社会出版社，2016.

第七章　个 案 工 作

个案工作(casework)，又称为社会个案工作(social casework)或个案社会工作。个案工作与小组工作、社区工作构成了社会工作传统的三大方法。相比较于其他两种方法，个案工作是起源最早、发展也最充分的社会工作方法，它的理论基础更加完备，方法与技术、技巧更加健全。个案工作在其发展过程中还出现了不同的理论流派，并在此基础上形成了不同的工作模式。

第一节　个案工作概述

一、个案工作的概念与本质特征

(一)个案工作的概念

什么是个案工作？不同的教科书有着不同的定义，各家各派、各个学者持有不同的观点，强调的侧重点也有所不同，很难找出一致的意见。造成这种状况的原因，一方面是由于每一位学者从不同的视角看待个案工作，因而形成了对个案工作的不同理解与定义；另一方面是由于把个案工作从助人的实务过程中清晰地、理论化地抽象出来并不是一件简单容易的事情。所以，关于个案工作的定义存在着多种看法。归纳起来，主要有这样一些观点：

1. 强调个案工作是一个过程

作为社会工作创始人之一的玛丽·里士满(Mary Richmond)，在她的《什么是社会个案工作》一书中，最早提出了个案工作的定义。她强调个案工作是一个过程，认为个案工作包含着一连串的"工作过程"，以个人为着手点，通过社会工作者对个人及其所处社会环境做有效的调适，来促进服务对象人格的成长。很显然，这就是说个案工作是在人与环境相互适应的过程中，通过社会工作者对服务对象有意识的影响来推动其人格发展的过程。

而海伦·波尔曼(Helen Harris Perlman)则从另一个角度阐释了"个案工作是一个过程"的观点。她认为，个案工作是一个"问题解决"的过程，是一个由福利机构中的社会工作者帮助人们更有效地应对他们社会功能上的问题的过程。高登·汉密尔顿(Gordon Hamilton)也认为个案工作是一个过程，但认为个案工作是一种有意识地调整个人与社会环境关系的过程。他指出，在这个过程中，服务对象是一个积极的参与者，他对自己负责并参与问题解决与寻求解决办法的全过程。

2. 强调个案工作是一种艺术与科学

鲍尔斯(Swithum Bowers)对个案工作的定义是极具代表性的，他认为："个案工作是一种艺术，这种艺术以人际关系的科学知识与改善人际关系的专业技术为依据，启发与运用个人的潜能和社区的资源，促使服务对象与其所处环境(全体或部分)之间有较佳的调适关系。"在这里，个案工作被定义为一种与人工作的艺术(Art of Helping)，也就是社会工作者与不同的人一起工作，目的在于达到个人对社会良好适应的状态。

3. 强调个案工作是一种方法

这种观点的代表人物是斯莫利(Ruth E. Smalley)，她从功能派个案社会工作的角度强调了这一观点，认为："个案工作是一种一对一的社会工作方法，它通过建立及运用专业关系，促使服务对象使用各种社会服务，以增进个人和社会的福利。"

而霍利斯(Hollis)也强调个案工作是一种方法，但他认为个案工作是一种心理和社会治疗方法。他指出："个人社会功能的不良或丧失，同时受到服务对象本身内在心理因素和外在社会环境因素的双重影响，因此，个案工作的目标在于促使个人内在需要之更充分的满足和个人社会关系之更充分的功能表现。"

4. 强调个案工作的目的在于恢复、加强或改造个人或家庭的社会功能

美国社会工作者协会1965年出版的《社会工作百科全书》对个案工作做出如下界定："个案工作所注重的不是社会问题本身，而是"个案"，尤其注重为社会问题所困扰或无法较好适应社会环境的个体或家庭，其目的是对于人与人或人与环境的适应遭遇困难的个人及家庭，恢复、加强或改造其社会功能。"

5. 强调个案工作的服务对象为个人或家庭

中国学者对个案工作的定义也有所不同。比如，张乐天给个案工作所做的定义认为："个案工作是这样一种工作方法，它采用直接的、面对面的沟通与交流，运用有关人际关系与个人发展的各种科学知识与专业技术，对服务对象(个人或家庭)进行工作；它通过提供物质帮助、精神支持等方面的服务，协助服务对象解决困扰他或他们的问题，并改善其人际协调能力，完善其人格与自我，增强其适应社会生活的能力，以维护和发展个人或家庭的健全功能，增进其福利。"

李迎生给个案工作下的定义是："个案工作是一种以个人或家庭为对象的社会工作专业方法，社会工作者通过与服务对象建立专业关系，运用专业知识与技术，协调可利用的各种社会资源，为服务对象提供直接的一对一的服务，以协助服务对象摆脱困境，解决问题，达到与社会、环境的良好适应。"

综合不同学者和机构对个案工作的看法和观点，王思斌给个案工作做出了如下界定："个案工作是专业社会工作者在利他主义的价值理念指导下，运用科学的专业知识和技巧，以个别化的方法为感受到困难的个人及家庭提供物质和心理方面的支持，以帮助个人和家庭减低压力、解决问题、挖掘潜能，不断提高个人、家庭和社会的生活质量与福利水平的一种社会工作方法。"

他还指出，在个案工作中，社会工作者在与服务对象彼此信任和合作的和谐关系中，充分调动服务对象自身的潜能与积极性，共同探讨和研究服务对象的问题，以及他的家庭

和社会环境，充分运用服务对象本身以及外部资源，增强其解决问题的能力，以达到帮助其成长的目的。

可以看出，这个定义比较严格地界定了个案工作的性质，也就是说个案工作是由受过专业训练的社会工作者秉持基本的专业价值理念，在社会服务机构内从事的工作，这是有别于一般社会公益活动及志愿工作的。另外，这个定义还指明了个案工作的对象是个人和家庭，它的终极目标在于增进个人与社会的福利，使用的手段和途径则是通过运用科学的专业知识和技巧来帮助个人和家庭。

(二)个案工作的本质特征

个案工作的本质特征是个案工作作为一种专业的方法，区别于其他社会工作方法的基本特质。我们将从关系性质、行为手段性质和目的性质三个方面探索个案工作的本质特征。

1. 个案工作关系是一种特殊的社会关系

社会关系是社会中人与人之间关系的总称。马克思指出：人的本质是一切社会关系的总和。社会关系源于人，有了人类，人与人之间便产生了各种复杂的关系，这些关系统称为社会关系。从关系的双方来看，社会关系包括个人之间的关系、个人与群体之间的关系、个人与国家之间的关系；一般还包括群体与群体之间的关系、群体与国家之间的关系。苏联社会心理学家安德烈耶娃认为社会关系根据所建立的基础可划分为两类：个体关系和群体关系。个体关系以情感为基础，群体关系以利益为基础。个案工作关系是个人之间的关系，但这种关系又不同于一般社会生活中的个人之间的关系，它具有以下这些特点：

(1)个案工作关系是角色与个性的互动

社会工作者扮演着工作者的角色，面对的案主则要充分展现其个性。社会工作者在角色扮演的过程中不仅需要具备基本的沟通和服务技巧，同时还必须遵循社会工作的价值理念，按社会工作的行业规范和伦理要求进行服务。而案主则需要在社会工作者面前表现最本真的自己，向社会工作者坦白自己遇到的问题和困难。

(2)个案工作关系具有利益单向性的特点

一般的社会关系是以利益双向性作为互动的基本原则。个案工作中社会工作者与案主的关系与一般的社会关系不同，它具有利益单向性的特点，即服务的目的在于帮助案主解决问题或克服困难，一切以案主的利益为出发点，围绕案主的问题和需求提供力所能及的服务。当然，随着专业的发展，很多学者在质疑这种利益的单向性可能只是一种理想。很多社会工作者在实践的过程中也在不断反思服务中的目的性问题。这也是一个值得大家思考的问题。

(3)个案工作关系是专业的动态过程

个案工作者与案主的互动形成了个案工作关系，更确切地说个案工作关系是一种发展的关系。个案工作者通过专业技巧和方法为案主提供服务，目的在于解决案主的问题或困难，实现案主的自我发展，在互动关系中，会随着时间的改变和介入程度的加深，产生不同的改变过程。改变不仅仅发生在案主的身上，还会在二者的关系上和社会工作者的身上得到不同的反应。

2. 个案工作是一种信息沟通活动

个案工作的整个工作过程都是通过个案工作者与案主或其他相关人员互相交流信息而得以完成。首先个案工作者要与案主进行沟通。案主基本信息的收集、问题的描述、接案、运用治疗模式进行个案介入一直到结案、跟踪信息等都是通过信息沟通活动来进行。其次个案工作者开展个案访视或运用整合方式为案主服务时，需要与案主以外的其他相关人员进行沟通协调。

3. 个案工作是一项助人自助的专业

(1) 帮助案主恢复自助能力

社会工作的价值理念是相信每个人都具有潜能，具有自我抉择的权利和能力，我们应该尊重个体的这种权利，并通过助人的过程让案主意识到自我的这种潜能，从而让他们依靠自己的能力来克服困难和排除困扰，达到自我实现的目的。

(2) 在助人的过程中社会工作者得到成长

助人自助是社会工作的本质。通过个案工作助人的过程，个案工作者可能会获得专业技术的提升、对专业价值的理解加深、个人的生命价值得以实现等个人成长。通过帮助案主建立自助的能力，来达到助人的目的，与此同时，工作者也会在助人的过程中实现自我发展和成长。

二、个案工作的起源和发展

个案工作的方法最早起源于宗教与慈善救济，经过 19 世纪末 20 世纪初慈善组织会社的发展，到 20 世纪初开始出现专业化与学科化的发展态势，经过 20 世纪三四十年代社会工作者的努力，个案工作日益朝着科学化方向发展，到 20 世纪五六十年代个案工作的理论与方法呈现出了多元化的发展局面，个案工作方法日趋完善，20 世纪六十年代以后社会工作专业方法和实务开始出现整合化的趋势。个案工作在其一百多年的发展历史中，大致可以划分为五个阶段。

(一) 个案工作的起源阶段

17 世纪至 19 世纪中期是个案工作的起源阶段。这一阶段个案工作的历史可以追溯到 17 世纪初期。1601 年英国伊丽莎白政府颁布的《济贫法》(Elizabeth Poor Law) 是英国历史上第一部成文的济贫法案。它规定了"亲属责任"原则并实施了对贫民进行分类管理的措施。在这一阶段，英国牧师查默斯 (Thomas Chalmers) 对个案工作做出了很大贡献，他创造了"程序指引"的救济理论，认为人类道德上的缺陷，如懒惰、酗酒、赌博等是致贫的真正原因，要解决贫困问题必须从激发受助者的道德感入手。过去的慈善救济只提供经济救助，这不仅不能解决贫困者的问题，而且摧毁了贫困者的自尊心、进取心及道德意识，最终使其依赖救济为生。他提出以了解、激励、自助为济贫的准则和原则，在实施贫民救济时，通过了解贫民的工作能力、亲朋的有无、居住时间等，来确定是否实施救济。同时，他还强调对每个个案分别予以处理，以提供适合求助者个别需要的适当救助。这种强调"个别化"的方法正是社会个案工作方法的开始。

此外，在这一阶段普遍建立的慈善组织会社（The Charity Organization Society，简称C.O.S），它对个案工作也做出了重要贡献，现代社会个案工作的很多方法就是从这个时候开始发展的。比如，派"友好访问员"（friendly visitors）对求助者的生活状况（包括求助者的职业、工资、教育、健康及居住环境等）进行调查、记录和跟踪，还对整个家庭的福利和再生产进行调查，以作为诊断问题进行治疗的基础。此外，C.O.S还发展出了一种学徒式的督导方法，对工作人员进行训练。这种方法就是，让新的社会工作者跟随一个有经验的社会工作者学习，观察他如何进行个案访视、谈话、个案记录等。新的社会工作者只有在经过了全部工作阶段以后，才可以独立工作。C.O.S的这些贡献为专业个案工作的发展奠定了基础。总体而言，个案工作起源阶段是一个强调个人道德因素的时期。

（二）个案工作的专业化与学科化发展阶段

从慈善组织会社后期至"一战"结束是个案工作的专业化与学科化发展阶段。这一阶段以玛丽·里士满女士的贡献最大，她于1917年出版了《社会诊断》（Social Diagnosis）一书，此后，这被视为专业化过程的开始。《社会诊断》一书采用医疗模式，这种医疗模式主要集中在对个人的诊断上，它认为贫穷是一种"疾病"，强调把改变的着眼点放在个人方面，注重对人的认识与理解。另外，书中还指出，个人所遭遇的问题，乃是由于其不能适应社会环境制度，或由于环境不良所导致的个人与社会关系的失调。因此，这一阶段个案工作的特色就是特别重视问题的社会因素与环境因素方面的改善。玛丽·里士满在书中所提出和建议的社会工作方法也成为了以后个案工作的典范。她于1922年又出版了《什么是社会个案工作》一书，她的著作使得社会个案工作变得更加理论化，从而成为了个案工作发展史上的重要里程碑。总的来说，在个案工作的专业化和科学化阶段，主要强调社会因素的影响。

（三）个案工作中精神医学的洪流阶段

从"一战"结束到20世纪30年代是个案工作中精神医学的洪流阶段。这一阶段弗洛伊德的精神分析理论对个案工作的理论与实务影响巨大，社会工作者对服务对象的治疗从原来的强调"外在环境"转变为对"内在经验"的分析，从重视社会学的因素转变为重视心理学的因素。精神分析理论为个案工作认识人、人的内部世界提供了理论分析的架构，这一理论被运用于个案工作中，便形成了所谓个案工作"精神医学的洪流"。这一时期的个案工作注重专业关系中的转移（或移情），注重评估服务对象的动机及语言技巧，而很少关注专业关系中影响沟通的文化与社会因素，这使得心理学的分析过程对社会建构的分析贡献很少。

除了精神分析个案工作获得极大发展之外，功能学派的个案工作也做出了一定的贡献。功能学派个案工作在这一时期形成，它强调机构对社会工作服务与实践的影响，把机构视为一个组织系统，认为机构的政策与功能会影响个案工作实务及助人过程，因此，机构更多地被视为改变的目标甚至是改变的工具。这样，功能学派个案工作对社会与制度的改变没有表现为一种社会改革而是表现为一种对作为社会制度代表的机构的变革，他们倡导机构为服务对象提供服务，以适应其需要。在诊断派个案工作的基础上，由汉密尔顿

（Gordon Hamilton）和托尔（Charlotte Towle）发展而形成的心理暨社会派个案工作也是在这一阶段建立的。总的来说，这一阶段主要是个案工作"精神医学的洪流"阶段，个案工作受到心理学因素的影响较大。

（四）个案工作的多元化发展阶段

20世纪40年代至60年代是个案工作的多元化发展阶段。20世纪40年代后，个案工作一方面重视服务对象问题的心理层面分析，另一方面也重视其社会层面探讨，同时还注重从个人与环境互动的角度来探求服务对象问题的根源及解决方法，因而呈现出多元化的发展局面。1940年，汉密尔顿出版了《社会个案工作的理论与实务》一书，这对五六十年代以后的个案工作产生了很大影响，做出了重要贡献，发展形成了个案工作的基本概念和原则。

1957年波尔曼出版了《个案工作：一种问题解决的过程》，以她为代表创立的"问题解决派个案工作"在这一时期形成；1964年霍丽斯出版了《个案工作——心理社会治疗》，1967年斯莫利出版了《社会工作实务理论》等，都对个案工作的发展做出了积极贡献。此外，"行为修正派个案工作"也在这一阶段形成。

20世纪60年代，个案工作者积极探索新的实务方法以克服心理学取向的个案工作的弊病，从而发展出了家庭治疗、简短治疗等实务操作方法。这一阶段，个案工作努力用科学的方法来更有效地助人，从而在理论与实务方法上呈现出了多元化的发展局面。总体来看，这是一个强调综合因素影响的时期。

（五）个案工作的整合化发展阶段

自20世纪60年代开始，个案工作进入了整合化发展阶段。进入20世纪60年代以来，社会生活日益复杂，社会问题越来越多，解决起来也越来越困难，单纯依靠一种方法已经不能满足实际需要。适应这种形势，在这一时期，社会工作专业方法与实务开始出现整合化的发展趋势。个案工作在受到这种趋势的影响下，也出现了一些新的变化。其中，以直接服务概念为核心的新型社会工作干预途径的提出对传统的个案工作产生了冲击。这种"直接服务的社会工作实施"将原来分属于个案工作、小组工作乃至社区工作的功能纳入一个体系，成为社会工作的直接干预过程，使得社会工作全部的方法与技术都可在同一问题的解决过程中发挥作用。这种变化并非意味着个案工作地位的削弱，反而表明了个案工作实施范围的扩大。它不再仅仅局限于个人或家庭的服务领域，而是扩展到所有直接的社会工作实施中都可使用个案工作的方法。

到了20世纪80年代，强调"个案管理"（case management）成为了个案工作发展的一种新潮流和新趋势。个案管理模式的出现，使得个案工作者传统的助人模式发生了重要的变化。从本质上看，个案管理是一种服务供给方式。专业社会工作者在其中既是需求评估者，又是直接的服务提供者，更是服务的管理者与协调者。一般情况下，社会工作者评估服务对象及其家庭的需求，并在适当的时候安排、协调、监督、评估及倡议多元化的服务体系，以此满足服务对象特定的复杂需求。一个专业的社会工作者是社会工作个案管理的主要供给者。与其他形式的个案管理不同的是，社会工作个案管理不仅呈现了服务对象的生理、心理及社会状态，更重要的是表达了个案管理运行背景的社会系统形态。总体来说，这是一个强调整合化发展的时期。

三、个案工作的目标及应用

(一)个案工作的目标

台湾学者叶楚生认为社会工作的目标包含了宏观和微观两个层次。微观的层次是帮助个人和家庭，恢复和改善其社会功能，宏观的层次则是改善社会制度，促进社会的和谐、进步与发展。作为社会工作的方法之一，个案工作最终要帮助个人或家庭减低压力，挖掘潜能，不断提高个人和社会的福利水平。个案工作的最终目标与社会工作的目标之间有内在的联系。

在个案工作实践中，个案工作的目标具体化为三个层级：初级目标、中级目标和终极目标。初级目标，即满足案主的基本需要，解决案主遇到的困难和问题，疏解案主的情绪困扰。中级目标，协助案主在自助的原则下适应生活和社会。终极目标是实现案主的自我发展，使案主在提升自主性和独立性的前提下，发掘出自己的潜能，主动积极地去追求人生理想和自我实现。这是个案工作的最高境界。

(二)个案工作的应用

个案工作作为社会工作的主要方法之一，在很多领域有着广泛的应用。如果按照服务对象的性质分类，个案工作的应用领域主要包括儿童服务、青少年服务、老人服务、婚姻和家庭服务、残疾人康复服务以及特殊问题服务等。

1. 儿童服务

这方面的服务涉及照顾和保护儿童的问题。处理的主要问题有遗弃、疏忽和虐待儿童等，丧亲，伤残儿童的早期康复，儿童犯罪受害人的辅导，儿童领养和照顾，儿童教养方法等。

儿童不同于其他大多数服务对象，在成人世界中，他们明显处于弱势。对于自身的问题他们常常没有话语权，也不清楚自身的权益。从事这方面的工作，社会工作者常常要做儿童的代言人和保护人，所以，首要的一点是熟悉有关儿童福利的政策法规，既要维护儿童的权益，又不能违反法律赋予给其他监护人的权利。评估儿童的问题，必须对儿童在其特定阶段的生理、心理和社会发展水平有所了解，尤其是与儿童的沟通要符合儿童的认知水平，处置方案也要让儿童能够领会。此外，了解养育儿童的知识，也有助于做好这方面的个案工作。

2. 青少年服务

这方面的服务涉及亲子关系、学校生活适应、越轨与犯罪、恋爱与婚姻、就业等。我国的青少年越轨和犯罪问题近年来有不断上升的趋势。以自杀为例，现在已成为青少年死亡的第一大原因。而犯罪的年龄有低龄化的趋势，女性犯罪在增加。社会离婚率的上升、多元文化的并存、色情文化的泛滥，都对世界观和人生观正处于形成期的青少年产生了不利的影响。

青少年服务主要是帮助青少年处理学业之外的社会适应问题，学会与人相处和安排自己的生活，鼓励他们成为社会中成熟、负责任的成员。这一工作需要社会工作者了解年轻人的流行文化，能敏锐地觉察他们的情感发展特点和需要。许多青少年之所以出现偏差行为是因为被迫中断或减弱与父母以及其他重要他人的情感上的纽带，失去了归属感。社会工作者充当赋能者，帮当事人探索他们所拥有的潜能，调整和重建青少年的生活。由于年轻人兴趣广泛、精力充沛，对许多未知的事物充满好奇心并有探索精神，社会工作者要掌握较多的活动方案技巧和生活技巧，成为青少年的良师益友。

3. 老人服务

老人问题包括患病、丧偶、残疾、入住养老机构、受虐待、情感障碍、代际冲突、死亡等。一些问题在其他年龄段也有，但不如老年人群体这么突出。

我们国家已经进入老龄社会。政府已经建立了遍布全国的工作网络，并制定了一系列重要的政策法规和工作规划。我国也有良好的尊老、养老传统。尽管如此，由于老年阶段面临许多人生的重要转折，个人要较好地调适仍面临许多问题。随着人口老龄化的加剧，老年人口的激增，这一领域对社会工作者的需求也会越来越多。这方面的个案工作要帮助老人适应伴随老年阶段而来的种种生活转变，给他们支持和安慰。社会工作者要懂得如何与不同身心状况的老人打交道。有时候还要充当协调者，整合不同学科的专业人员共同参与解决老人的问题。了解现有的可以向老人提供服务的机构和资源，也有助于社会工作者给有需要的老人提供实际的帮助。

4. 婚姻和家庭服务

婚姻和家庭问题多种多样，包括未婚先孕、婚外恋、离婚、贫困、家庭成员伤残、患病和去世、遗弃、虐待家庭成员、家庭主要劳动力失业或退休、成员犯罪或是成了犯罪受害人、成员酗酒吸毒或是染上了其他不良习惯、孩子离家出走等。每个问题对家庭来说都可能引起灾难性后果。

改革开放以来，我国的社会人口流动增加，生活节奏加快，竞争压力不断上升，同时各种外来文化也纷纷登录，改变着传统的家庭观念、家庭结构和家庭功能，给婚姻和家庭生活带来了极大的冲击，加剧了各种婚姻和家庭问题，特别是婚外恋、离婚、单亲家庭儿童的照顾和保护、家庭暴力、家庭贫困等问题尤为突出。

处理这类问题，常常要应付家庭冲突和其他形式的家庭纠纷，社会工作者多要以第三方的身份介入到家庭中，充当调解者。所以，比较成熟的人来从事这个领域的工作会更好些。如果你刚刚做社工，最好要有经验的人作督导，以避免在工作中出现重大失误。从事这方面工作要有亲和力，让人感到值得信任，能与遭遇不同问题的当事人有效沟通并建立良好关系。此外，一些问题需要提供实际的帮助，如申请现金救助、参加就业培训、联系能提供帮助的相关机构等。所以，了解国家的政策规定、对社会资源和社区资源了如指掌，就很重要。

5. 残疾人康复服务

残疾人个案工作主要是帮助残疾人解决由于伤残而带来的日常生活、就业、恋爱婚姻、心理调适等方面的问题。目标是让他们在伤残许可的范围内，最大限度的发展社会生活的能力，贡献社会发展的成果。

我国的残疾人是一个数量庞大的群体，伤残的类型、伤残的程度多种多样。这一领域也是目前我国唯一设有专业社会工作职业的领域。不同的残疾人，在沟通方式和最迫切要解决的问题上不尽相同，社会工作者需要具备相应的知识。在长期性照顾机构工作的人更需要有耐心和恒心。此外，残疾人的问题常常需要多学科、多部门的人共同合作才能够解决，具备良好的团队工作技巧十分重要。由于偏见和误解，残疾人常会受到各种歧视，社会工作者也要担当充权者的角色。

6. 特殊问题服务

俗话说"天有不测风云，人有旦夕祸福"，生活中常会发生意想不到的事。事故、疾病、挫折、都会打破原有的生活状态，给人带来生活危机。这些突发事件应对得好，可以促进个人的成长；应对得不好，则可能导致个人的崩溃，出现严重的情感障碍、攻击性行为，甚至自杀。

社会工作者常处理这类问题，掌握面对突发事件服务对象的应激反应，迅速判断事件可能会带来的后果，是帮助这类出现问题的服务对象必不可少的环节。特别是在接听紧急求助的特殊电话或者线上服务时更是如此。这类工作中，社会工作者要帮服务对象宣泄情绪、重新审视事件、挖掘自己的应变能力。有时也扮演教育者的角色，教给服务对象一些调适的技巧。

第二节　个案工作的治疗模式

个案工作的治疗模式是指导社会工作者开展个案服务的理论依据，个案工作的治疗模式受心理学理论的影响较深，按照服务对象的不同，可以将治疗模式分为个案介入模式和家庭介入模式。心理社会治疗模式、认知行为治疗模式、人本主义治疗模式、危机干预模式、家庭治疗模式是比较常见的几种治疗模式。

一、心理社会治疗模式

(一)历史发展

心理社会治疗模式是传统的治疗模式之一。最早由玛丽·里士满在《社会诊断》一书中提出，但当时并没有一个系统的理论架构。1928 年，玛丽·杰瑞特(Mary C. Jarret)在心理卫生杂志上发表了题为《精神病理社会工作》的文章，她对《社会诊断》一书中所涉及的个案进行了分析总结，发现其中至少有 50% 以上的个案显示服务对象具有精神症状方面的问题，因此，她预言个案工作将朝心理学方向发展。1930 年，美国史密斯学院的汉金斯(Frank Hankins)首次提出了"心理社会"的概念。1937 年，美国哥伦比亚大学的戈登·汉密尔顿(Gordon Hamilton)在《个案工作基本概念》一书中，首次系统地阐述了这个学派的观点。标志着心理社会治疗模式的正式成立。20 世纪 60 年代，霍丽斯(F. Hollis)的《个案工作——一种心理社会治疗法》(Casework：A Psychosocial Therapy)是该学派的代表作。

(二)理论来源

1. 精神分析理论

心理社会治疗模式受到弗洛伊德创立的精神分析理论的深远影响。其中心理结构和人格结构理论成为早期心理社会治疗模式的主要理论依据。

(1)人的心理结构

弗洛伊德认为人的心理结构包括意识、前意识和潜意识(无意识)三个系统构成。意识处于人的心理结构的表层,所有的知觉,包括日常所说的感受和感情,一开始都是意识。前意识,指潜意识中可召回的部分,人们能够回忆起来的经验,是意识和潜意识之间的中间环节。潜意识是人的心理结构中最深层次的一个领域,是人的本能欲望及与此相关的情感意向的储存器。潜意识系统中的本能冲动是人类精神中最原始的因素,遵循"快乐原则",包括被压抑的、无从觉知的原始本能冲动和性欲。潜意识是人类活动的内驱力,心理深层的基础,精神分析的核心。

潜意识很难进入意识,前意识则可能进入意识,所以从前意识到意识尽管有界限,但没有不可逾越的鸿沟。前意识处于意识与潜意识之间、担负着"稽查者"的任务,不准潜意识的本能与欲望侵入意识之中。但是,当前意识丧失警惕时,有时被压迫的本能或欲望也会通过伪装而迂回地渗入意识。

(2)人格理论

相对应于人的心理结构的潜意识(无意识)、前意识、意识三个层次,个体的人格可以划分为本我、自我和超我三个部分。

本我,相对于潜意识层面,是人原始的内驱力,也是人格的基础部分。唯一目的在于追求本能需要的满足,如性欲、食欲、求生欲等,它只是原始的非理性的冲动,遵循快乐原则,没有理智可言。

自我,相对于经验的、理性的意识系统,是现实的主体自我,也是能感受到的自己。自我的活动包括记忆、知觉、情绪、思考等,作用是为本我提供外界消息,帮助本我从外部世界获得本能需要的满足,同时避免由于盲从而遭致危险。自我遵从现实原则,代表着理性。但自我受本我的支配。弗洛伊德将自我和本我比喻为马与骑手的关系。

超我是理想的自我,是约束欲望与压抑冲动的自己,也是社会的道德规范、行为准则等在个体人格中的反应。超我包括良心、道德、理想、社会感情这些人性中的高级本性,遵循理想原则,是社会力量的代表。

精神分析理论认为,只有保持自我、本我和超我相互作用的平衡,才能使人格健康成长。其中,自我受本我的支配,同时也被严厉的超我所监视,受到外界的挫折,因此,人们会经常感叹生活的不易。自我如果不能抵抗上述压力,则会产生焦虑。焦虑是由本我、自我和超我的冲突所导致的。

2. "人在情境中"的理论

该理论认为个案工作是关于人的工作,人不是完全独立自存的个体,研究一个人,必须将其放到他所处的环境中进行,即他的家庭、学校、工作场所等。应该注重研究服务对象的环境和社会环境间各要素的关系,即人在情境中。人受到环境压力和人们彼此冲突的影响和困扰，因此要用系统的方法去分析情境中人们的行动。

此理论认为服务对象的困扰来源于三方面：

(1)儿童时期没能满足的欲望与需求一直带到了成年期，从而导致了在环境中的不合理要求。如在父母严厉管教下长大的小孩，长大后会寻求关爱。

(2)来自环境的压力。处于贫困生活状况中的父母由于生活压力打骂孩子。

(3)自我和超我受到损害。过度被母亲溺爱的孩子长大后不能正确处理与异性的关系。

除了以上两种理论，心理社会治疗模式还受到沟通理论和社会角色理论的影响。

(三)基本假设

1. 对人的成长发展的假设。个人的成长受生理的、心理的及社会的三方面因素的影响。三个因素彼此相互影响，服务对象所面对的困难，是服务对象本人同时受内在的生理因素、心理因素和外在社会因素影响的结果。

2. 对服务对象问题的假设。服务对象的问题与服务对象感受到的压力有关，个人早年没有得到满足的欲望或情绪需要，在个人遇到环境压力过大导致控制能力欠佳时，早年的问题会引起偏激的反应。

3. 对人际沟通的假设。个人与他人的互动中，沟通是不可缺少的信息交流活动，了解服务对象沟通的能力和技术有助于理解服务对象的问题以及做出正确的评估。

4. 对人的价值的假设。每个人都是有价值的、有待发展和有潜力的。

(四)基本技巧

心理社会治疗模式的技巧可以分为两大类：直接治疗和间接治疗。前者指的是服务对象和社会工作者之间的沟通，也就是社会工作者直接跟服务对象接触并进行研究、诊断和治疗。后者则可以细分为社会工作者和与服务对象有关的人或机构的沟通、服务对象之间的沟通(如以同一家庭作为服务对象的家庭成员间的沟通)、社会工作者会同第三方和服务对象有关的人的沟通、服务对象会同第三方同社会工作者的沟通等。这些沟通都可能在一个个案中遇到，沟通的成效会对工作成效有重大影响。霍利斯总结出了一些社会工作者可以运用的重要技巧。

1. 直接治疗

在直接治疗方面，社会工作者可以使用非反映性沟通动力技巧和反映性沟通动力技巧。非反映性沟通动力技巧有支持、直接影响、探索—描述—宣泄三种。

(1)支持

这是此治疗法尤其是开始接触时，一个十分重要的过程。社会工作者通过表示了解、接受、同情、信任、乐意帮助的态度去减低服务对象前来求助时的不安和焦虑，并进而与其建立信任的关系。专注的聆听、温情的语调，不时点头，友善的笑容等都是表达支持的有效技巧。

支持过程中的第二个步骤便是保证(reassurance)。不少服务对象对自己的问题怀着沉重的内疚和焦虑，急需社会工作者的了解和同情。但是给予保证是要切合实际的，社会工作者先要对服务对象的能力进行估计。也要对其自我观念有所了解。如果把事情简单化，

128

或者轻率的同意服务对象的某些行为，反而会使服务对象觉得社会工作者信口开河，失去信任。给予保证时适合同时进行反应讨论以找出焦虑和内疚的成因。

支持也可以使用一些实物的帮助。霍利斯把它们看成是"爱的礼物"（gifts of love），社会工作者为服务对象做一些实际的事情，能让他们知道社会工作者关怀和真正想帮助他们。例如在朝九晚五办公时间以外接待他们，或在服务对象财政特别紧张的情况下为他们申请到一笔应急的援助金。这些实际的行动对促进服务对象的信任是很有帮助的。

（2）直接影响

在这个过程中，社会工作者间接或直接地表示自己的态度和立场来帮助或打消服务对象的某些行为。但是为了避免获得服务对象的信任后因为过多影响服务对象而破坏与服务对象的关系，不能给服务对象太多自己的意见，在进行直接影响的时候，社会工作者要特别注意：

必须认清服务对象的真正情况并应先行与服务对象反复讨论他（或她）的问题，以求取得一些详细的资料；

让服务对象自行决定他（或她）是否需要指导而不滥用给人指导的能力；

协助服务对象，特别是依赖性很强的人运用自己的思考能力作出决定。这样，不但避免了社会工作者给予错误指导的危险，也能对缺乏自决能力的的服务对象提供一些训练，减低他们的依赖性。

直接影响对于一些身处危机或初来求助的人是合适的，或多或少社会工作者都要容许服务对象对自己一些短期性的依赖。以下介绍五种不同强度的直接影响方式。社会工作者可以就自己对问题的了解和服务对象情况选择运用较指导性或非指导性的影响技巧。

①强调：社会工作者用点头同意或表示重视的姿态去鼓励服务对象实践一些他（或她）本已有的念头。

②提议：社会工作者提出某些意见，由服务对象自己作出取舍和决定。

③忠告：社会工作者向服务对象提出指导或一些他认为服务对象必须采取的行动。

④驱策或坚持：对于比较严重的事态，如离家出走，伤害别人等会引起不良后果的情况，社会工作者在时间紧迫的情况下要当机立断，向服务对象提出事情的严重性和他（或她）应该采取的行动。

⑤实际干预：若遇到危急的情况，如要把受虐待的儿童带离家庭或把有暴力倾向的精神病患者强行带进医院进行治疗等，社会工作者首先要考虑两个情况：社会工作者不是因过敏反应行事，他必须有充分的法律或人权理由支持其行动；对社区资源知识和行动步骤有充分地把握，进行实际干预的时候社会工作者应具备坚定和慈善的态度，以免引起服务对象的恐慌。

（3）探索—描述—宣泄

探索就是引导服务对象叙述与其有关的情况。从理论上讲，只有通过服务对象描述的情绪反应，社会工作者才能了解服务对象各方面的真实情况。所以描述也就是收集资料的过程，同时又是社会工作者进行诊断的过程，但更重要的是描述有助于服务对象情绪的宣泄。情绪的宣泄有助于服务对象认清自己的问题，更积极地面对自我，这对服务对象具有良好的治疗作用。从某种意义上说"探索—描述—宣泄"是心理社会治疗模式的一部分，但实际上在整个治疗过程中，这种技巧都占有重要的位置，出现在心理社会治疗过程的各个阶段。在采用探索—描述—宣泄治疗方式的时候，社会工作者需要注意以下三点：

第一，引导服务对象表达不满情绪，提供机会让服务对象宣泄内心的负面感受，缓解服务对象的心理压力和困扰，从而进一步深入了解服务对象的问题。在现实生活中，服务对象的情感表达往往是受到限制的，情绪受到压抑，久而久之会影响服务对象正确评价自我和社会，造成心理困惑。

第二，鼓励服务对象表达各种压抑的感受，以便了解服务对象无意识层面上的矛盾和冲突。服务对象往往会控制自己的一些感受，比如内疚、敌意等，服务对象借助这些感受曲解自己的实际能力、生活状况，甚至是逃避目前面临的问题。社会工作者需要给予适当的鼓励，让服务对象正视自己的真实情况。

第三，对不同的人来说，宣泄可能具有建设性或破坏性的作用。反映性沟通动力技巧则包括现实情况反映、心理模式动力反映和人格发展反映。

2. 间接治疗

在间接治疗方面，霍利斯在 20 世纪 80 年代把它更名为环境工作。所谓环境，指的是服务对象周围重要的人物。比如，父母、亲戚、朋友等。此外，还可能包括服务对象的领导、房东、教师、邻居等。这些人对问题的理解，他们的态度、愿意为服务对象付出多少等，都会对整个治疗产生重大影响。在环境工作方面，除了可以运用一些直接治疗中的技巧外，社会工作者可能还要扮演多种角色，如提供者、寻找者、创造者、传译者、中介人、积极干预者等，以此帮助服务对象。

二、认知行为治疗模式

(一)历史发展

最早起源于 20 世纪 40 年代，南非的沃尔普从实验中发现了相互抑制原则，即当一个人松弛的时候，他是无法同时感到紧张、焦虑或者恐惧的。反之亦然。同时期的英国人艾森克提出：应采用客观和标准化的测试作为行为治疗的临床评估，使行为治疗又前进了一步。

1950 年至 1960 年初期，一些心理学家认为传统的心理社会治疗模式所花时间过长，效果不很明显，于是从实验心理学的视角出发去寻找更有效的方法。

20 世纪 60 年代，阿尔伯特·班杜拉将学习理论应用于社会行为的研究。1971 年出版《社会学习理论》一书标志着社会学习理论的正式形成。他认为个人不仅可以从奖罚中进行学习，还可以通过模仿的过程学习。他对暴力性电视节目与观众的社会性行为之间的关系作了广泛的研究，结果表明存在模仿性暴力行为。同时认为人不仅是社会环境的产物，同时也是控制社会环境的主人，认为人类行为是由行为、认知与环境三者不断相互作用而形成的。

20 世纪 90 年代，美国行为治疗方法促进会成立，会员大约为 4000 名。行为治疗方法的流派很多，共同的特征在于以治疗为导向，强调行为，重视学习作用，以及强调严格的诊断和评估。

（二）理论基础

认知行为治疗模式的理论来源于行为主义学派。主要代表人物包括巴甫洛夫、华生、斯金纳、班杜拉、桑代克等。其中华生是行为主义的创始人。

1. 经典条件反射理论

巴甫洛夫通过狗与铃声的实验（每次给狗食物的同时都摇铃，狗见到食物会反射性的分泌唾液，当这种情况重复多次以后，即使不给食物，狗听到铃声也会自动流口水），将这种现象称为条件反射。据此，巴甫洛夫创建了经典条件反射理论——以无条件反射为基础，与中性刺激建立条件的反射。该理论模式主要强调"刺激—反应"公式，即反应必须由刺激引发，反应的性质也由刺激的性质所决定。反应是后随于刺激出现的，为了使反应出现，刺激必须先出现。

2. 操作性行为理论

1938年，斯金纳将人的行为分为"应答性行为"和"操作性行为"，其中"应答性行为"是巴甫洛夫研究过的"条件反射"式行为。"操作性行为"的理论假设：行为的改变之所以产生，是因为行为后面伴随着某种特殊的结果。反应或行为被称为操作的行为，因为其操作了环境，而行为才有其结果。行为是由反应出的结果所控制的。如：孩子每次哭泣，父亲就会给糖吃，那么孩子哭泣的可能性就会增加。在这个例子中，孩子哭泣是行为，父亲给糖吃是结果，因为每次哭都能得到糖吃，那么孩子哭泣的行为就会增加。

3. 社会学习理论

由班杜拉创立，研究了人的行为是如何获得的问题。他认为人主要通过观察别人的行为和行为结果而进行学习、习得行为，强调了人在学习中的主动性。认为观察学习是一个认知过程，通过对榜样或模式的模仿和认同来完成。其中观察学习有四个过程：

第一，注意过程，一个人看到其他人在做某种行为，他对此很关注。

第二，保持过程，观察者在大脑中形成有关信息，这些信息是有关此行为如何被完成，也包括在实际或在头脑中演练此行为。

第三，运动再现过程，观察者总结出在何种情况下这个行为发生及其结果如何。

第四，动机或诱因过程，指个体具有再现榜样行为的能力后，究竟是否把行为公开表现出来，要看诱因。

班杜拉在阐述观察学习时运用了强化的概念，他将强化分为直接强化、替代强化和自我强化，并重点强调了替代强化和自我强化，个体看到他人的行为获得成功或赞扬，便会增强产生同类行为的倾向，这叫做替代强化。个体一旦社会化，就能自己设定标准并根据这种内在标准来评定和奖罚自己的行为，这叫自我强化。班杜拉的观点在于，人是通过观察学习来获得替代强化，从而控制自我强化，形成自我行为的。

（三）基本假设

认知行为治疗模式的基本假设是认知行为治疗模式的基本理论基础，对开展认知行为治疗模式工作有指导意义。主要包括：

1. 以行为(尤其是与问题有关的当前行为)作为研究和治疗的中心。

2. 以学习作为核心概念。

3. 强调外部环境在行为习得中的作用。

4. 注重可观察和可测量的行为。

5. 行为持续存在的必要条件是，有引发行为的前因与维持行为存在的效果反应，二者缺一不可。

(四)治疗技巧

认知行为治疗模式是一种短期治疗模式，注重方法与技术的运用，强调程序的科学性。该模式的主要技巧有放松训练、系统脱敏、满灌疗法、厌恶疗法、模仿。

1. 放松训练

放松训练是行为治疗技术中应用最广的治疗技术之一，要求服务对象通过身体的放松舒缓生理和心理的紧张。最常见的是一种渐进式紧张—松弛放松法，即首先要求服务对象保持某种肌肉的紧张，接着放松这部分的肌肉。这样，通过紧张和放松不同部位的肌肉，逐渐学会放松整个身体。这种技巧可以用来缓解压力、紧张、消除疲劳和焦虑，日常生活中也能用。这种放松技巧可以单独使用，也可以与其他技巧一起使用，例如系统脱敏等。

2. 系统脱敏

如果服务对象对某物或者某事感到害怕、恐惧、不敢接近，就可以运用系统脱敏的行为治疗技术。在运用系统脱敏治疗技术之前，首先需要根据服务对象担心焦虑的程度从低到高的顺序排列成不同的等级。从低等级开始，在服务对象感受到这一等级的担心和害怕之后，让服务对象做放松练习，减轻担心和害怕。接着，按照同样的方式进行下一阶段的放松和练习，直到消除所有的担心和害怕。

3. 满灌疗法

满灌疗法又称快速脱敏法。为了克服系统脱敏法治疗时间长的缺点，满灌疗法采取了与系统脱敏法相反的治疗策略。从服务对象最害怕的开始，让服务对象处于最严重的紧张中，迫使服务对象直接面对最担心的处境，经过不断重复，让服务对象对害怕的处境变得习以为常。

4. 厌恶疗法

为了帮助服务对象逐渐放弃不适应的行为，可以使用厌恶疗法，即让服务对象的不适应行为与某种厌恶性反应建立联系，迫使服务对象体会到不愉快的经验并逐渐放弃不适用的行为。

5. 模仿

模仿包括两个方面的内容：模仿的示范和模仿练习。即首先由社会工作者或者其他工作人员示范需要学习的行为让服务对象观察，然后让服务对象练习需要学习的行为。但在实际工作中，由于条件的限制，有些时候服务对象没有练习的机会，这种模仿称为被动模仿。如果服务对象同时具有示范观察和模仿练习的机会，这样的模仿就是主动模仿。

三、人本主义治疗理论

（一）历史发展

人本主义治疗模式又称当事人中心治疗模式，创始人为美国心理学家卡尔·罗杰斯（C. R. Rogers）。人本主义治疗模式发展经历了四个阶段：

1. 第一阶段（1940—1950）

罗杰斯在《咨询与心理治疗》一书中开始阐述人本主义治疗模式的基本概念。提出"非指导治疗"（non-directive therapy）的原则，区别于以往注重指导性分析取向的治疗模式。他强调社会工作者应避免表露个人的看法和意愿，要尽量减少自己对服务对象的影响，以免影响服务对象的自然成长。所以，当时罗杰斯提倡社会工作者接纳服务对象，与服务对象建立一个融洽、宽容和不带评判的气氛，相信服务对象能以他（或她）的内在资源来协助自己。所注重的技巧是澄清、同感、情感反映等，避免采用指引性的技巧，如批评、心理测验和诊断等方法。

2. 第二阶段（1950—1957）

罗杰斯于1951年在《当事人中心治疗法》一书中使人本治疗法更上一层楼。此时的他再不如早期般重视技巧，而是渐渐朝向强调社会工作者的品质。他指出服务对象的情绪状况应是社会工作者重视的主要环节，所以此时的治疗法被称为当事人中心治疗法。社会工作者要敏锐地反映服务对象的感受，了解服务对象主观的体验，使服务对象更洞悉自己的内心世界，使服务对象解决真我和理想我之间的矛盾，重新组成自我概念。

3. 第三阶段（1957—1970）

罗杰斯在1957年出版了《促进个性改变的必要条件》一书。这是人本治疗法的第三个里程碑。他提出治疗重点不再纯粹是反映服务对象的感受，而是要提供一些可以协助服务对象性格成长的必要条件，如表里一致、无条件的关怀和同感等。社会工作者要尽量投入整个辅导过程中，利用他的个人品质来引导服务对象探讨问题。

4. 第四阶段（1970年至今）

罗杰斯于1974年将当事人中心治疗法改称为人本治疗法。他强调社会工作者在会谈过程中要更积极地参与和投入。除了以上所提的技巧，社会工作者应运用影响性的技巧，如自我披露、回馈、面质等。这一阶段罗杰斯注重社会工作者的特质、信念和态度，赋予社会工作者更大的自由去建立与服务对象的关系，尽量使服务对象感到被接纳。

（二）理论假设

人本治疗模式以人本主义心理学为基础，其理论假设涉及对人性的基本看法以及自我概念、心理适应不良和心理适应失调等重要的基本概念。

1. 对人性的基本看法

人本主义治疗模式吸收了人本主义心理学的思想，罗杰斯认为人的本性基本上是善良、理智、仁慈、现实、进取、可信赖和有目标的。每个人的价值和尊严都值得被尊重，每个人都有权利表达自己的信念和掌握自身的命运。人是一个"统合的整体",不能单凭一两种行为来分析其整个性格,每一种行为都是彼此相关和相互影响的。人有追求满足更高层次需要的倾向,即自我实现的倾向。

2. 自我概念

(1)自我概念的界定

自我概念是人本治疗法一个非常重要的概念,罗杰斯认为人的行为是基于"自我概念"而定。它与"自我"不同,"自我"是指服务对象真正、本身的自己。而"自我概念"是服务对象如何看待自己,是在内心深处如何看待自己的形象,是人对自己的看法和评价。自我概念包括服务对象对自己的知觉和评价、对自己与他人关系的知觉和评价以及对环境的知觉和评价三个部分。罗杰斯认为,"自我概念"乃是"一套有组织,有连贯性对自己的观感"。具体而言,自我概念涉及以下九个方面:身体、社交、性、感情、喜好、理智、职业、价值观和对人生的哲学。我们每天的行为,与人的关系和对环境的适应,都是每时每刻地受着我们的自我概念的影响。

(2)自我概念的形成

自我概念并非天生就有,是由很多现实经验,即对自己的体验(特别是早年成长体验)而形成。透过周围的重要他人如父母等对我们的态度和反应,我们不断地积累着很多的现实经验。在这一过程中,个人的价值要得到他人的肯定都是有附加条件的。也就是说只有满足了他人的要求、期待、规定等,个人才会被接受、尊重、受到关心和肯定。这被罗杰斯认为是"被认为有价值的条件"。这些条件使服务对象忽略或牺牲自己内心的真正需求,自我概念可能会逐渐变得模糊、紊乱。内化的"被认为有价值的条件"会成为我们的第二个价值评判过程。

3. 心理适应不良和心理适应失调

当他人的价值和标准内化为服务对象的内心要求时,就可能会使服务对象的自我概念与真实的经验和感受相冲突。为了维护自我形象,服务对象通常借助曲解或者否定等方式保持自我概念与经验的表面一致,这时的内部心理状态称为心理适应不良。如果服务对象的自我概念与真实经验之间的冲突进一步加剧,无法维持表面上的一致,这个时候服务对象就会面临极大的困扰和不安,严重的将会导致心理适应失调。

(三)介入目标与介入技巧

1. 介入目标

人本治疗法的介入目标是让服务对象"变成自己",去掉"被认为有价值的条件"影响所形成的自我概念以及衍生出来的生活方式和思维、情感、行为方式,协助服务对象更加独立,回到真正的自我。社会工作者的目标是提供良好的环境,协助服务对象成为一个能真正发挥自己功能的人,可以有效地处理目前或将来会面对的问题。

2. 介入技巧

(1)社会工作者的作用和角色

社会工作者是服务对象能够得以改变的重要因素,社会工作者可以运用自己真诚关怀的态度,尊重、接纳和理解服务对象,为服务对象创造一种具有支持性的治疗氛围,协助服务对象在治疗中不断成长。

（2）服务对象的角色

服务对象因为遇到生活中的困难前来机构求助，大多数疗法会聚焦于服务对象的问题，而人本治疗法认为应该聚焦于服务对象本人而非他（或她）的问题。在治疗中，服务对象可以深入地探索自己的感觉，逐渐打破对自己的一些限制和扭曲的看法，整合一些冲突和混乱的感觉。随着治疗的深入，服务对象可以逐步了解并接纳真实的自我，发挥出自我引导的能量。

（3）工作关系

罗杰斯认为协助服务对象达成理想的自我转变，必须提供某种特定形式的关系才能促使这种改变的发生。而建立这种特定的关系需要具备以下六种要素：

①双方有心理上的接触。

社会工作者和服务对象能认识对方，建立信任关系，彼此聆听，投入地关注对方。

②服务对象陷入焦虑及感到不安。

服务对象有强烈需要去找社会工作者的时候，他的自我概念通常与他的经历有所抵触，直觉上他的经历很可能令他有不快之感，冲击他一向所持有的自我概念，以致失去信心，或担心自己不如想象中那么完美，因而在意识上服务对象会歪曲他的经历来保存自己一贯所持有的自我形象。这样却令他精神紧张，生活与现实的经历脱节，内心感到沮丧，处于易受伤害的状态。

③社会工作者能表里一致。

表里一致是罗杰斯认为社会工作者应具备的基本特质之一，他须表现出"此时此地"的内心情绪与行为和态度一致，并须很开放地披露自己内心的思想和感情。他要避免刻意做作，不扮演任何角色，而是在社会工作者过程中表露最真实的自我。这可能需要他表达对服务对象的正面与负面的感受，如关怀、烦闷、被吸引等，当然他也要对自己的情绪负责，不可任意发泄个人情绪，而是本着自我表露或真挚的目的，与服务对象维系一个有意义、诚恳和有人情味的关系，使双方能有效地沟通。并且，社会工作者真诚的表现也可作为服务对象的模范，使他有所参照，学习真挚，忠于自己的感受，成为一个表里一致的人。罗杰斯认为当社会工作者能真挚时，辅导已开始有进展了。

④无条件的关怀。

社会工作者对服务对象要有深切和真挚的关心。无条件的关怀是协助服务对象成长的要素。无论服务对象的问题或行为是怎样，社会工作者都要尊重服务对象，也深信自己拥有足够的资源去协助服务对象的成长。社会工作者充分接受服务对象的人性，包括他的弱点、优点和各种情绪。在此情况下，服务对象无需担心社会工作者对他的印象，而能坦诚地将他的行为、感受、意见毫无隐藏地表露出来。他明了自己是有自由地表达各类情绪、思想的权利，而无论他的表现是怎么样，他都会被接受。他作为一个人的基本价值和尊严始终被推崇，此种尊重和接受是无条件的，不带条件性。社会工作者不会因服务对象不能履行他的期望，或有不同看法，而减低对服务对象的尊重和关心。

社会工作者对服务对象无条件的关怀并不等于他须同意服务对象所有的行为。在服务对象表露他对别人或自己损害的行为时，社会工作者可以很坦白地表达他不赞许这行为，并为此而难过。但社会工作者仍是对服务对象及其情绪深切地接纳，继续给予他真挚的关怀，使服务对象能够释放内在资源，来协助自己成长。同时罗杰斯也指出这种无条件关怀不容易达成，社会工作者未必对每一位服务对象都能表露出同样程度的接纳和尊重。

⑤同感。

社会工作者对服务对象的内在参照系统给予共情式的理解，并努力把这种理解传达给服务对象。

⑥服务对象感到社会工作者的同感和无条件的关怀。

这一要素反映出罗杰斯很看重服务对象的感受。在工作过程中，社会工作者可能认为自己对服务对象很真挚，有高度的同感和无条件的关怀；但若服务对象未能体验到同感和关怀的存在，这种工作关系便不算理想，而辅导的功能也会降低。

四、危机介入模式

(一)历史发展

1943 年林德曼(E. Lindermann)对美国波士顿火灾难民及死亡者家属的适应研究发现，每个人在生命历程中都会遭遇一些危险的处境，出现情绪等方面的危机，需要一定时间接受和适应这种不幸的经历。1946 年，林德曼和卡普兰(G. Caplan)在有关社区精神健康的问题研究中首先提出了"危机调适"这个概念，他们认为压力、紧张、情绪的调节与危机有很大的关系。继此之后，精神病专家卡普兰的研究把林德曼的研究向前推进了一步。卡普兰将危机视为由危险事件导致的个人情感上和谐状态的暂时低落，他强调危机对个人来说是一个独特的契机，可以获得更好的情感上的平衡，也可能会导致更糟的情感上的平衡。他倡导以社区为本，提供预防性的危机干预服务。卡普兰也被称为"现代危机之父"。

社会工作者把危机干预用于社区精神健康服务项目、自杀预防中心、家庭服务机构、医疗护理系统的工作中，对早期推动危机干预的发展起到了重要作用。20 世纪 60 年代至70 年代，危机干预理论和实践迅速发展，特别是在社会工作领域有了飞速的发展。1974年，美国联邦灾害救济法将危机调适模式与辅导协助列为应该提供的社会服务与心理治疗项目，危机调适模式成为重要的辅导与解决问题的方法。

(二)危机介入模式的内容和特点

1. 危机介入模式的相关概念和基本原则

(1)危机的定义。危机是指一个人的正常生活受到意外危险事件的破坏而产生的身心混乱的状态。危机介入模式就是针对服务对象的危机状态而开展的调适和治疗的工作方法。危机通常可以分为三类：成长危机，即每个人在成长过程中需要面对不同的任务而产生的危机；情境危机，即因生活情境的突然改变而引发的危机；存在危机，即因人生中的重要问题或者重要决定所产生的剧烈的内心冲突和不安。

(2)危机的发展阶段。危机出现之后，服务对象的身心会出现一系列的变化来应对现实生活中的危机情境。危机的发展一般分为四个阶段：危机发生、危机应对、危机解决、恢复期。

①危机发生：在此阶段，服务对象在面对危机事件时无法控制自己的紧张与不安，无法对意外危险事件有效应对，从而导致危机的发生。

②危机应对：危机出现之后，服务对象就会寻找其他的途径和方法解决面临的问题和困难。

③解决危机：在寻求应对危机的方法和途径过程中，服务对象就会形成解决危机的方法，或者消极退缩停止努力，或者积极面对形成新的有效策略。

④恢复期：危机产生之后，服务对象的身心处于极度的紧张状态，经过调适和治疗就会形成新的身心平衡状态。

（3）危机介入的基本原则

第一，及时处理。尽可能减少危机对服务对象及其周围其他人的伤害，抓住有利的可改变的时机。

第二，限定目标。危机介入的首要目标是以危机的调适和治疗为中心，尽可能降低危机造成的危害，避免不良影响的扩大。

第三，输入希望。调动服务对象改变的愿望，让服务对象重新找回行动的动力。

第四，提供支持。社会工作者需要充分利用服务对象自身拥有的周围重要他人（如亲属、朋辈群体）的资源，为服务对象提供必要的支持。

第五，恢复自尊。危机的发生通常导致服务对象身心的混乱，使服务对象的自尊感下降。

第六，培养自主能力。整个危机介入过程就是社会工作者帮助服务对象增强自主能力面对和克服危机的过程。

2. 危机介入模式的特点

第一，迅速了解服务对象的主要问题。社会工作者需要将自己的注意力集中在服务对象最近的生活状况上，采用开放式的提问方式帮助服务对象整理自己的想法和感受。

第二，迅速作出危险性判断。社会工作者需要对服务对象采取破坏行为的可能性和危险程度进行评估，以便给予及时的介入和治疗。

第三，有效稳定服务对象的情绪，与服务对象建立信任的合作关系。

第四，积极协助服务对象解决当前问题。协助服务对象分析危机产生的原因，并制定以解决当前问题为主要目标的介入计划。

五、家庭治疗模式

家庭治疗的兴起是社会工作发展中的一个重要事件，它将服务对象的问题分析视野扩大到了家庭当中。迄今为止，家庭治疗仍处在不停的探索发展过程中。影响较大的家庭治疗模式主要有两种：结构家庭治疗模式和萨提亚家庭治疗模式（即联合家庭治疗模式）。

（一）结构家庭治疗模式

1. 历史发展

结构家庭治疗模式（Structural Family Therapy）是由美国的萨尔瓦多·米纽秦（Salwador

Minuchin）与他的同事在 20 世纪 60 年代所创立的。米纽秦当时在纽约的维特维克学院治疗、训练和研究来自贫困家庭的少年犯，他发现，当时极为流行的精神分析治疗模式在帮助这些青少年时效果并不理想，他和同事从家庭入手，进行了一系列具有开创性的家庭治疗工作，并取得一定成效。经过大量的家庭治疗工作，米纽秦总结了结构家庭治疗的理念和基本技巧，有关结构式家庭治疗模式的主要著作有《贫民窟家庭》（*Family of the Slums*）、《家庭与家庭治疗》（*Family and Family Therapy*）、《家庭治疗技巧》（*Skill of Family Therapy*）等。

结构家庭治疗模式并不直接解决个人行为问题，而是致力于改变服务对象家庭的交往方式。结构家庭治疗模式认为，个人的问题只是表象，家庭的问题才是导致服务对象个人问题的真正原因。因此，结构家庭治疗模式主张通过多元化、多层次的家庭介入，解决家庭的问题，最终解决服务对象个人的问题。结构家庭治疗模式在理论上受到了美国著名社会学家帕森斯的结构功能主义思想的深刻影响，这在结构家庭治疗模式的名称以及基本理论概述中都表现得非常明显。

2. 基本概念与理论假设

（1）家庭系统

家庭治疗模式认为，家庭是一个系统，家庭成员是构成家庭这个系统的基本元素。在家庭的构成中，家庭是一个整体。家庭尽管是由不同的家庭成员构成，但是，家庭的功能却并非单个家庭成员功能的简单相加。家庭作为整体重新生成了全新的结构和功能。

构成家庭的每个成员彼此之间相互影响、相互依赖，并共同隶属于家庭，家庭的变化直接影响到每个家庭成员，反过来，家庭成员的变化也会对家庭本身产生影响。

家庭系统要求我们用整体的眼光来看待家庭。结构家庭治疗模式认为，单独地了解每一个家庭成员，并不能达成对家庭的了解，只有通过观察家庭成员的具体交往过程，才能真正了解家庭成员的关系和相处方法，才能从整体上把握家庭的结构。

（2）家庭结构

家庭结构是家庭成员实际交往过程中形成的，是家庭成员互动的组织模式。家庭结构是固化的家庭关系。结构家庭治疗模式在表述家庭结构时主要用次系统、边界、角色、责任分工、权力架构等重要概念来说明。

次系统主要指的是在家庭中由于代际、性别和共同兴趣的不同，家庭成员之间可以划分出的较小的系统，如夫妇次系统、亲子次系统等。家庭系统由多个次系统组成。一个次系统一般包括两个或两个以上的家庭成员。次系统的出现表明了家庭系统的复杂性和多样性。

边界是结构功能主义的一个关键词，在结构家庭治疗模式中主要用来指家庭系统彼此之间的范畴界限，同时也用来表示家庭内部子系统之间的相互关系。边界本身的清晰与模糊与家庭关系的和谐与矛盾有着直接的关系。

角色与责任分工主要用来说明作为整体的家庭其实有着明确的内部分工。家庭其实就是一个小社会，它要求家庭成员之间有相应的角色担当和责任分工，这是家庭系统合理运行的必然要求。

权力架构主要用来表示家庭成员之间的权力分配，简单来说，就是家庭事务的决定大权归谁来支配。父权家庭、母权家庭以及平权家庭是常见的家庭权力架构。

（3）家庭病态结构

家庭问题的实质是家庭结构出了问题，常见的家庭病态结构主要有以下几种：

纠缠与疏离。纠缠与疏离主要指的是家庭系统中各个子系统之间边界模糊进一步导致家庭角色错位、家庭责任不明、家庭权力混乱，从而引发家庭成员问题。

联合对抗。联合对抗主要指的是家庭成员彼此之间结党营私，相互攻击对抗，这是造成家庭问题乃至导致家庭破裂的主要原因。

三角缠。三角缠是通过第三方来实现家庭成员双方互动的。三角缠一方面表明了家庭成员之间的割裂，另一方面表明了家庭成员的错置。三角缠很容易引发家庭关系的混乱。

倒三角。倒三角主要指的是家庭权力分配的错位，比如子女支配父母等。

现实生活中家庭问题的出现往往是以上几种病态结构导致的家庭问题的集中爆发和突出表现。

（4）家庭生命周期

家庭生命周期主要用来表示结构化的家庭同时还处于周期性的运动变化过程中，家庭生命周期是对家庭变化的一种理想表达，一般来说，家庭的发展都要经过形成期、发展期、扩展期、完成期、解体期等五个阶段。家庭生命周期有助于对家庭变化发展规律的揭示。

3. 治疗过程与技巧

（1）治疗过程

一般来说，结构家庭治疗模式的开展先后要经过进入、评估和介入三个阶段，但这不是一个绝对的划分，只是一个大致的归类。实际治疗过程中，还可能在同一时间开展这三个方面的工作。

第一，进入。进入指的是社会工作者对作为治疗对象家庭的进入，家庭尤其是问题家庭的进入往往不容易，一般来说，社会工作者进入家庭应注意如下事项：首先，接纳家庭的规则与习惯。为了避免家庭的拒斥，社会工作者应该事先尽可能了解和接受家庭的规则与习惯，不应该急于改变家庭的潜在规则。其次，注意了解家庭的交往过程和内在关系。通过对家庭交往过程以及家庭内在关系的把握，有助于社会工作者了解家庭的实质，进入家庭的问题核心。最后，社会工作者进入家庭的时候还应该注意协调自己的立场，贴近、中立还是远离，这三种不同的立场需要社会工作者根据家庭的不同情况并结合家庭治疗的不同进程灵活选择。

第二，评估。评估指的是社会工作者对于家庭做出的评判。评估的实际过程开始于接案之际，并贯穿于家庭治疗的过程之中。评估的目的主要在于通过搜集分析资料，对家庭的结构混乱以及功能失调状况做出评判。结构家庭治疗模式认为，对于家庭的评估应该包括以下内容：家庭的形态和结构；家庭系统的弹性；家庭系统的回馈；家庭的生命周期；家庭成员的症状；家庭交往方式间的关系。

第三，介入。介入主要指的是对于家庭的实际治疗过程，是具体治疗计划的实施过程。在实际介入过程中，结构家庭治疗模式往往持有以下三大专业目标：一是改变家庭成员的看法。家庭成员遇到问题时，通常会将问题的原因归结为某个家庭成员或者外部环境，忽略家庭成员交往方式与问题之间的联系。二是改善家庭结构。家庭问题通常表现为家庭边界的不清晰，家庭成员之间或者过分疏远或者过分亲密。改善家庭关系，其中包括：父子关系、母子关系、夫妻关系。三是改变家庭错误观念。每个家庭都有自己的期望、要求和价值观。社会工作者通过挑战家庭的一些错误的观念，让家庭成员从不同的角度观察和理解日常生活。

（2）治疗技巧

米纽秦的治疗方式是行动导向，他的技巧具有主动性、指导性和思考周全等特点。他强调社会工作者的重要性，要求社会工作者必须对于各种不同程度的参与都能感到轻松自如。米纽秦的主要治疗技巧包括：融入、家庭图示、情境扮演、辅导家庭中的互动关系、形成边界、边界重建、提供新的诠释框架等。

（二）萨提亚家庭治疗模式

1. 历史发展

萨提亚家庭治疗模式，又被称为联合家庭治疗模式。此模式创始人是维吉尼亚·萨提亚（Virginia Satir）。萨提亚一开始接受的是精神分析训练，她曾试图接受这种模式，即只注重个人而忽略家庭。但这种思考方式让她很不舒服。20世纪50年代萨提亚开始私人执业之后便尝试家庭治疗。1964年萨提亚出版了自己的第一部著作《联合家族治疗》。她在书中提出了自己的观点：与家庭共同开展工作是非常重要的，而且家庭系统对个人有着重要影响。从1969年开始，她每年都会主持长达一个月的培训项目，直到她1988年去世。在出版《联合家族治疗》一书后，她的主要精力用于在世界各地开展有关家庭治疗的工作坊和培训项目，帮助人们变成"更完整的人"。

2. 基本概念与理论假设

（1）人性观

萨提亚对人性持一种乐观的态度，她认为人性是善良的，如果有适当的环境，人性的善良就会真正发挥出来。相反，如果得不到适当的环境，人性的善良就会受到阻碍，人也会因此产生无能和无奈的负面感觉。

（2）自我价值

自我价值是对自己的感觉和想法，萨提亚认为一个人的良好自我观念和自我评价对于个人以及家庭非常重要。良好的自我价值能够带来良好的个人行为以及健康的家庭，负面的自我价值观则会导致个人的自我贬低并影响家庭功能的正常发挥。个人的自我价值的构成因素主要包括对自己的看法、对他人的看法、对他人关于自己看法的反应以及根据别人对自己的看法而做出的对自己进一步的看法。萨提亚家庭治疗模式的最终目标之一是提升家庭成员的自我价值感。

（3）家庭沟通

萨提亚非常强调家庭的沟通。她认为，家庭沟通的形式其实反映了家庭成员各自的自尊程度，沟通的不良很大程度上并不是因为沟通技能的不足，而是因为家庭成员自尊程度的偏低，由此导致沟通中心偏离，也就是内心所想和行为所示的背离。自尊偏低的人正是因为想掩盖自我的不良形象，所以，就故意表现出防卫性的举动。

很明显，沟通是一个多方传递的过程，涉及了自我、他人以及情境三方面因素，良好的沟通应该是这三方面之间的合理顺畅沟通，沟通中常常出现的不良沟通形式有四种：讨好型、责备型、超理智型以及打岔型。社会工作者的任务在于帮助服务对象建立良好的自我评价，开展表里一致的家庭沟通。

（4）家庭规则

萨提亚认为每个家庭都会形成特定的家庭规则，每个家庭成员都生活在特定的家庭规则之下，良好的家庭规则有利于家庭成员的发展，僵化、绝对或非人性化的家庭规则会阻碍家庭成员的积极发展，也会阻碍家庭本身的健康发展。社会工作者应该帮助家庭成员发现那些阻碍人们成长与发展的家庭规则，分析其中的问题，并推动家庭规则的合理化，从而促进家庭成员和家庭的良性发展。

（5）人对事物的反应

萨提亚认为，人是一个复杂的统一体，人对事物的反应也是一个复杂的过程，正确的反应会导致家庭成员积极的情绪和正确的行为，错误的反应则会导致家庭成员消极的情绪和不当的行为。人对事物的反应过程主要包括六个程序：发现事件；形成事件图像；对事件做出主观解释；对事件的解释产生的主观感受；对已有感受的进一步主观感受；由此产生外显的行为。显然，在这个过程中，服务对象的主观感受使最终的行为反应大大偏离了事件的本来面目。社会工作者应该紧紧抓住事件本身，澄清服务对象主观化的偏离，帮助服务对象建立准确的判断和积极的感受。

3. 治疗过程与技巧

（1）治疗过程

萨提亚认为，家庭治疗必须是"全人的"，即全面整合个人的内在经验和感受，使家庭成员能够成为有更高自尊、更多选择、更负责任以及和谐一致的人。完整的治疗过程可以分为三个部分。

第一是和过往联结（making connection with the past）。家庭问题发生于现在，但是从对于问题的应对方式而言，家庭成员的过往经历对如何应对目前的家庭问题是有深远影响的。所以在探索家庭问题的过程中，帮助家庭成员建立目前家庭问题与过往经验的联结，以此提升家庭成员的觉察能力，促使家庭成员深入了解自己的内在过往的体验。

第二是转化旧的经验（transformation of old experience）。在这个部分，转化是关键。通过联合家庭治疗模式的各种技巧，拓展服务对象的认知，促使服务对象重新看待自己的各种期待，对旧的认知、期待、感受等内在体验赋予新的意义，转化旧的内在体验。

第三是整合（integration）。整合涉及自我内在体验中的新旧经验整合、自我不同部分的整合、内在体验与外在行为的整合等。

（2）治疗技巧

萨提亚创造性地发展出了许多联合家庭治疗模式的技巧，包括家庭重构、家庭图、家庭年表、自我环、天气报告、冥想、个人面貌舞会等。

第三节 个案工作的程序与基本技巧

一、个案工作的程序

个案工作程序即个案工作的基本步骤，国外和中国台湾的学者对个案工作程序有不同的划分标准，总体上而言包括两个划分标准：按时间和服务内容两个标准。按时间划分，可分为开始阶段、中间阶段和结束阶段；按服务内容划分，可分为接案和建立关系、资料收集和分析、诊断和计划、治疗和服务、结案和评估、持续的治疗等阶段。结合时间和服务内容两个标准，可将个案工作程序化分为：接案与建立关系、收集资料与问题判断、制定目标和工作计划、服务计划的实施、结案与评估等不同的阶段。我们将按照此标准介绍个案工作的程序。

（一）接案与建立关系

接案是指社会工作者与求助者进行初步接触，对其带来的问题进行初步评估，并根据机构的功能与求助者商讨是否可以提供服务，使求助者成为案主的过程。接案阶段的工作重点包括：

1. 了解求助者的求助愿望

求助者前来机构求助的心态是相当复杂的，社会工作者对求助者现实性心理反应的了解越充分，越有助于与求助者建立初步的专业关系。求助者现实性的心理反应受以下因素影响：

（1）求助者可能不需要立刻接受服务，仅仅是进行咨询和试探。

（2）求助者曾经成功或失败的求助经验对这次的求助有影响。

（3）被迫寻求帮助，例如监禁人员、强制戒毒者、未成年人等。

（4）认识到自身需要改变是一件困难的事。

（5）面对陌生人讲出自己的问题尤其是隐私的问题感觉非常难为情。

（6）求助者意识到承认自己也是产生问题的一部分原因很痛苦，无法面对。

社会工作者必须对求助者的现实心理反应进行了解和分析，并采取不同的处理方法，对不需要立刻服务的求助者要对其问题进行一个简单的评估，看是否真的不需立刻服务还是有其他的原因；对询问信息者，要尽量为其提供有帮助的信息；对有求助意愿的，应鼓励其成为服务对象。

2. 促使有需要的求助对象成为服务对象

对那些有求助意愿的服务对象，社会工作者要给予鼓励，树立其解决问题的信心和对机构和社会工作者的信心。为此，建立初步的信任关系非常重要，社会工作者真诚的态度、机构具有的资源是鼓励求助者成为服务对象的必要条件。

3. 明确服务对象的要求

澄清求助者的期望，求助者将解决问题的希望寄托给机构和社会工作者，难免会对社会工作者寄予过大的期望。此时，社会工作者一定要明确求助者的要求，并向求助者澄清机构的服务范围和要求，并告诉服务对象，问题的解决需要双方共同的努力，而不仅仅是社会工作者和机构单方面的事。

4. 初步评估问题和需要

了解求助者的需要，对其问题进行简单评估，目的是决定机构是否需要对求助者提供服务。为此社会工作者需要了解以下问题以便作出初步的评估：

（1）求助者的求助意愿如何？是主动还是被动？

（2）求助者的主要问题是什么？怎么产生的？求助者期望达到什么目标以及需要什么结果？

（3）求助者曾经为此寻求过什么帮助和自己做过什么努力？

（4）机构的资源和社会工作者的能力能否为求助者提供必要的服务？

（5）机构对求助者的要求和求助者对社会工作者和机构的要求是否能够协调？

社会工作者需要将初步评估与求助者一起分享，以便保证结论的准确性。经初步评估后，认为机构和社会工作者可以为求助者提供适当的服务，同时求助者也希望与机构和社会工作者建立专业关系，求助者才成为真正的服务对象。

如果机构或者社会工作者不能为求助者提供他所需的服务，则需要进行转介。

5. 转介

转介是针对一些非机构或者个人所能提供服务的个案，经过必要的程序，转送到其他机构或者个人，使求助者能够得到适当的服务。

转介服务发生在两种情况下：一是社会工作者判断求助者所需解决的问题不属于本机构服务的范围；二是服务机构仅仅为某一个区域的人提供服务，求助者不属于这个区域，例如机构只为本社区的老人提供服务，那么对于其他社区的求助老人就要实行转介。

（二）收集资料与问题判断

此阶段的工作重点包括两个：一是收集与服务对象问题相关的详细资料；二是结合资料对服务对象的问题进行评估。

1. 收集与服务对象问题相关的详细资料

资料包括个人资料和社会环境资料：

（1）个人资料包括：基本资料如服务对象的姓名、性别、年龄、教育程度等；心理方面；生理方面；价值观和能力。

（2）环境资料包括服务对象的家庭系统、朋辈环境、社区环境、工作环境等情况。收集资料过程中还要注意个人和环境之间的互动情况。

2. 对服务对象的问题进行评估

从三个方面对服务对象的问题进行评估，即服务对象的问题；问题产生的原因；服务对象已采取的措施。

对服务对象问题进行评估一定要在资料收集齐备的基础上进行，并要求社会工作者与服务对象一起进行，社会工作者需要坚持个别化原则，二是注重服务对象的参与，三是警惕自己的价值偏见，四是避免对问题进行简单归因，五是了解社会工作者自己的判断标准。

（三）制定目标和工作计划

1. 服务目标和工作计划的内容

根据服务对象的问题，社会工作者与服务对象一起制定服务目标和计划。服务目标是服务对象要达到的结果与社会工作者的工作目标，目标包括直接目标、中间目标、终极目标；在每个目标中又可分为多个子目标，对所有的目标应按照轻重缓急进行排序。服务计划的基本内容包括六个方面：

（1）服务对象的基本信息（如姓名、性别、年龄、教育程度、婚姻状况等）。

（2）希望解决的主要问题。

（3）工作计划的目标。

（4）服务开展的基本阶段和主要方法（包括每个阶段需要采用的方法和需要动用的资源）。

（5）服务开展的期限（即达到目标所用的期限，即工作时间表）。

（6）联系的方式（包括服务对象的联系电话等）。

2. 制定一个完备的服务工作计划

要求社会工作者明确五点：（1）准确分析服务对象的需求和问题；（2）明确服务工作的目标、阶段和方法；（3）熟悉服务机构的具体服务；（4）清晰社会工作者具备的能力；（5）了解服务对象的资源。

3. 签订协议

社会工作者在制定好了工作计划之后与服务对象签订工作协议。工作协议是社会工作者与服务对象共同承担、合作实现双方所同意的目标和计划，促使双方关系具有承诺和责任要素的重要途径。对服务对象来说，工作协议是服务对象获得合适服务的规范化保障；对社会工作者来说，工作协议则是社会工作者督促服务对象采用服务过程与社会工作者积极配合的必要保证。根据实际的需要，协议可以是口头的，也可以是书面的。

协议一般包括五个方面的内容：

（1）服务目标。

（2）服务的内容和采用的方法。

（3）双方应该享有的权利和义务。

（4）服务的时间、地点、期限和次数。

（5）服务双方签字。

（四）服务计划的实施

服务计划的实施阶段即社会工作者执行计划的阶段。此阶段因为具体个案的情况不同，所以无法详细描述具体的过程详情，但社会工作者所扮演的角色一般是使能者、联系人、教育者、倡导者、治疗者等角色。

1. 使能者：社会工作者利用自己的知识与技巧使服务对象发挥自己的能力和资源，促使服务对象自身发生改变。

2. 联系人：社会工作者帮助服务对象与拥有资源的服务机构联系，保证服务对象能够获得合适的服务。

3. 教育者：社会工作者指导服务对象学习处理问题的新知识、新方法，调整原来的行为方式。

4. 倡导者：社会工作者利用自己的身份积极倡导服务机构实行一些改革，或者动员服务对象一起争取一些合理的资源和服务。

5. 治疗者：社会工作者运用自己的知识和专业训练，帮助服务对象宣泄情绪，提高服务对象对自己的认知能力，学习一些新的处事技巧以应对生活中的困难等。

（五）结案与评估

1. 结案

结案是助人服务工作的最后阶段。一般情况下，出现五种情况之一可以结案：一是双方都认为达到服务目标；二是服务对象具有独立面对和解决问题的能力；三是双方关系不和谐，都希望结束服务；四是服务对象出现新的要求和问题需转介服务；五是不可预测因素出现，需要结束服务。对于三、四、五这三种情况，社会工作者不仅需要结束服务，同时还需要与其他服务机构或者社会工作者联系，帮助服务对象获得合适、必要的服务。

社会工作者在结案时需要做好四个方面的工作：一是总结工作；二是巩固已有改变；三是和服务对象一起探讨影响问题解决的因素；四是处理服务对象的离别情绪，与服务对象一起探讨跟进服务。

结案时可以采取不同的形式，三种常用形式分别是：一是直接告诉服务对象；二是延长服务间隔时间；三是变化个案服务开展的方式。

2. 评估

个案工作的服务成效需要通过评估进行准确的判断。评估工作的主要内容涉及三个方面：一是服务对象的改变情况；二是工作目标的实现程度；三是服务介入工作的资源投入情况（各种人力、物力等资源的投入情况）。

评估方法可以采取不同的方法，经常使用的包括：服务对象评估，同行评估，服务机构评估，综合评估等。

3. 追踪

为了更好地了解服务对象在结案后的情况，一般来说，还需要对服务对象按照具体情况安排追踪（又称跟进）。追踪一共有三方面任务，即巩固进步，增强社会支持，持续评估工作效果等。

二、基本技巧

个案工作的基本技巧包括个案会谈技巧、建立关系技巧、收集资料的技巧、方案策划技巧、评估技巧等。

（一）会谈技巧

个案会谈是社会工作者与服务对象进行面对面有目的的专业谈话。包括三个方面的技巧：支持性技巧；引领性技巧；影响性技巧。

1. 支持性技巧

支持性技巧是指社会工作者通过身体及口头语言的表达，让服务对象感到被尊重、被理解、被接纳，从而建立信心的一系列技术。包括：

(1)专注。通过社会工作者的姿势、手势、面部表情和声音语调将非口语信息传达给服务对象。让服务对象了解社会工作者的真诚、认真和尊重的态度。重要的是这种专注的运用必须与社会工作者的语言相一致。身体上专注的基本要素包括：身体略微前倾面向服务对象；开放的身体姿势；保持良好的目光接触；轻松的身体姿势。

(2)倾听。社会工作者主动积极地运用视听觉器官去搜集服务对象信息的活动。内容包括：

服务对象的经验，服务对象所经历的和发生在他(或她)身上的事情；

服务对象的行为，他(或她)已做的和没有做的事情；

服务对象的感受，他(或她)的经历和行为所引发的感觉和情绪；

服务对象对自己经历、行为和感受的看法。

(3)同理心。社会工作者进入并了解服务对象内心世界，并将这种了解传递给服务对象的一种技术和能力。同理心包含初级同理心和高级同理心。

初级同理心，是指个案社会工作者让服务对象知道他了解服务对象的感受，以及在这些感受下的经验和行为。

高级同理心不仅要了解服务对象的陈述，同时也要了解服务对象所隐含的，或是没有表达出来的意思。

(4)鼓励。社会工作者通过恰当的话语和身体语言，去鼓励服务对象继续表达他们的感受和看法的技术。包括：身体符号的表达，运用专注的表情和倾听的技巧去传达社会工作者的关心和认真，如点头、微笑、用手示意、眼神鼓励等。语言鼓励，如运用"对""你做得很好""请继续"等语言来传达鼓励。

2. 引领性技巧

引领性技巧指社会工作者主动引导服务对象具体、深入地探索自己的经验、处境、问题、观念等技巧。目的是促进服务对象在相关主题上作较为具体、深入、有组织性的表达和探讨，增进社会工作者对服务对象的认识和了解，协助服务对象作较为深入的自我探索。具体技巧包括：

(1)澄清。社会工作者引领服务对象对模糊不清的陈述做更详细、清楚的解说，使之成为更清楚、具体的信息。也包括社会工作者解说自己所表达的不清楚的信息，如服务的目的、理念等。还包括对产生的误会进行必要的解释。

(2)对焦。社会工作者将游离的话题、过大的谈论范围，或同时出现的多个话题收窄，找出重心，并顺其讨论。

(3)摘要。社会工作者把服务对象过长的谈话或不同部分所表达的内容进行整理、概括和归纳，并作出简要的摘述。如社会工作者说"您刚才讲的是不是包括……这几方面的内容?"

3. 影响性技巧

影响性技巧是指社会工作者通过影响服务对象，使其从新的角度或层面理解问题或采取其他方法解决问题的技巧。具体技巧包括：

（1）提供信息

提供信息是指社会工作者基于专业特长和经验，向服务对象提供所需要的知识、观念、技术等方面的知识。提供信息包括提供服务对象不知道的新信息和帮助服务对象改正已有的错误信息。

（2）自我披露

自我披露是指社会工作者选择性地向服务对象披露自己的亲身经历、处事方法和态度等，一方面安抚服务对象的情绪，另一方面对服务对象在解决问题上有借鉴意义。披露的内容包括自己的或身边朋友的与服务对象相似的经历、感受等。披露要在不对服务对象造成不安和分心的基础上进行。同时披露后要通过分享反馈，对服务对象有所帮助。

（3）建议

建议是指社会工作者对服务对象的情况、问题有所了解和评估后，提出的客观、中肯、具有建设性和有助于解决问题的意见。提出建议应以商量的口吻、征询的态度清楚地表达，并说明作出该建议的原因或根据，与服务对象充分讨论该建议的适合性和可行性，让服务对象选择可行的方法，社会工作者不可将意见强加给服务对象。

（4）忠告

忠告是指社会工作者向服务对象指出服务对象行为的危害性或服务对象必须采取的行动，如："如果你还是每天翻看你丈夫的手机，他会觉得自己不被尊重，会影响你们之间的夫妻感情。"

（5）对质

对质是指社会工作者发觉服务对象的行为、经验、情感等有不一致的情况时直接发问或提出异议的技术。由于对质具有攻击性、面对面冲突的意味，因此，社会工作者应注意对质的使用应建立在信任关系的基础上，同时需要营造接纳、尊重、客观评价、真诚的情感环境。

（二）建立关系技巧

专业关系是为了达成特定目标而结成的关系，在个案服务过程中，良好的专业关系是社会工作者的工作重点。建立关系的技巧包括：

1. 感同身受。社会工作者在服务过程中，尽量站在服务对象的角度去感受他的想法和感受，设身处地为服务对象着想。

2. 建立有利于服务对象积极表达的关系模式。

3. 制造气氛。一般而言，个案服务的氛围应该是温暖、真诚、尊重的。

4. 积极主动。

（三）收集资料的技巧

资料收集过程是社会工作者通过与服务对象及其周围他人的接触、会谈和自己的观察以及调查整理和分析服务对象问题产生的原因与发展变化的过程。资料的收集具体技巧包括：

1. 会谈的运用。通过与服务对象面对面的访谈直接收集资料。

2. 调查表的运用。采用科学的调查工具，包括问卷、量表、心理测试了解服务对象的想法和感受。

3. 观察的运用。观察服务对象与周围他人互动的过程与方式。

4. 现有资料的运用。通过有关机构查阅和收集与服务对象相关的现有资料。

(四)方案策划技巧

个案工作服务方案的制定对服务工作是否能够顺利开展至关重要，方案策划的技巧主要包括：

1. 目标清晰而现实。服务目标要清晰易懂，根据服务对象实际能力进行确定。

2. 服务对象的范围明确。根据服务对象的问题和服务阶段明确服务对象的范围。

3. 策略合理。服务介入工作的基本方法、技巧、步骤以及时间安排等围绕服务目标进行合理安排。

(五)评估技巧

个案工作评估是指社会工作者对个案工作目标和计划的设计、互动中社会工作者与服务对象的表现、服务对象的问题情境及个人功能、相关的个人和社会资源、计划实施的效果和效率等进行的评定。技巧包括：

1. 正确运用评估的类型。评估有对介入活动的效果评估和对所运用策略、方法和技巧的评估。前者注重服务工作的成效，后者注重服务工作成效的实现方式。

2. 合理运用评估的方法。社会工作者要根据评估工作的要求以及服务对象的情况选择合理的评估方式。

3. 服务对象的积极参与。社会工作者可以通过不在场、不记名等方式让服务对象有充分的空间表达自己的想法和感受、参与评估过程。

4. 坦诚保密。社会工作者在评估前需要向服务对象说明评估的目的，表达自己的诚意，承诺为服务对象保密的原则，减轻或消除服务对象的担心。

✏ **基本概念**

个案工作　探索—描述—宣泄　自我概念　系统脱敏　家庭沟通　家庭系统　家庭结构　支持性技巧　引领性技巧　影响性技巧　评估

💬 **课后思考题**

1. 什么是个案工作？如何理解个案工作的本质特征？

2. 简述心理社会治疗模式的治疗技巧。

3. 简述建立人本治疗模式的工作关系需要具备的要素。

4. 结构家庭治疗模式与联合家庭治疗模式如何看待家庭问题？

5. 试述个案工作程序各阶段的工作内容。

6. 联系实际, 谈谈你对个案会谈技巧的理解。

📝 **参考书目**

［1］全国社会工作者职业水平考试教材编写组. 社会工作综合能力(中级)［M］. 北京: 中国社会出版社, 2012.

［2］许莉娅. 个案工作［M］. 北京: 高等教育出版社, 2013.

［3］隋玉杰. 个案工作［M］. 北京: 中国人民大学出版社, 2007.

［4］翟进, 张曙. 个案社会工作［M］. 北京: 社会科学文献出版社, 2002.

［5］陈志霞. 个案社会工作［M］. 武汉: 华中科技大学出版社, 2006.

［6］王思斌. 社会工作概论［M］. 北京: 高等教育出版社, 2014.

［7］张乐天. 社会工作概论［M］. 上海: 华东理工大学出版社, 2007.

［8］高刘宝慈, 区泽光. 个案工作: 理论及案例［M］. 香港: 香港中文大学出版社, 2001.

第八章 小组工作

小组工作①是社会工作三大传统工作方法之一，它通过有目的的小组活动，来增进人们的社会功能，从而促进个人或群体的发展。本章主要介绍小组工作的基本概念、小组工作的模式与理论基础、小组工作的过程与工作方法等内容。

第一节 小组工作概述

一、小组工作的含义

人是社会化的产物，人不能离群索居。我们每个人都生活在各种各样的群体当中，比如家庭、学校、单位等，但并不是任何个人组成的群体都能称为小组。在社会工作实务中，小组是社会工作者帮助个人成长和发展的主要工具，而小组工作是一种运用小组发展个人潜能和技巧的方法。因此，一个专业的社会工作者必须掌握小组的一般知识，了解不同小组的特质，从而利用不同的小组，使之更好地服务于个人和社会。那么，什么是小组呢？

(一)小组

例一：一群人同坐一个航班，从北京到昆明，空中经历了三个小时的飞行。他们可以算作一个小组吗？

例二：一群人在一个电影院看电影，共同经历了两个小时。他们是一个小组吗？

例三：一群陌路人同在一节卧铺车厢，途中遭遇列车出轨事故，大家在一起有72小时的抢险经历，彼此互助、合作，共同应对突发性灾难，终于渡过难关。他们算一个小组吗？

"例一"和"例二"不能算作一个小组，只是人的聚合，虽然一群人在一起，但他们彼此之间没有发生任何关系。

而"例三"就是一个小组了，因为一个突发事件使人群之间发生了互动关系，他们为一个共同的目标(渡过难关)而彼此合作，互相影响，在抢险过程中小组成员有内部分工

---

① 小组工作，英文为 social group work，我国港台地区学者一般称为"团体工作"或"社会团体工作"。内地学者一般称为"小组工作""小组社会工作"或"社会群体工作"，本书中统一称为"小组工作"。

(角色)，有团队的认同感。①

关于"小组"的含义，不同学者有不同的理解。例如，《国际社会科学百科全书》(1968)把小组定义为：有两个或两个以上的人，这些人感到有整体意识，并且这个整体将会维持一段时间；组员互相影响；有控制其成员相互影响的明确规范或规则；组员中有一套角色。

综合各方观点，我们认为，小组是指由两个或两个以上的人组成，组员之间相互影响、有心理归属感，为了达到某种目标，以一定方式联系在一起而进行活动的人群。

(二)小组工作

随着社会的发展，小组工作的形式不断改变，其内容、范围及意义也在不断扩展。由于不同学者的理论出发点不同，侧重的工作内容、形式和方法不同，关于小组工作的定义也形成了不同的看法。概括起来这些理解主要体现在以下几个方面：

1. 小组工作是一种团体活动或经验

最早的小组活动始于欧美各种性质的社会服务活动，早期从事小组工作研究的学者认为，具有小组活动的性质、能够提供小组经验、满足个人及社会需要的活动就是小组工作。如格蕾斯·科伊尔(Grace Coyle)于 1935 年将小组工作定义为：小组工作的主要目的是以经验为媒介，去满足个人的社会兴趣和需要；这种小组经验具有个人自我发展与社会价值的双重目的。

2. 小组工作是一种过程或方法

美国社会学家沙利文认为："小组工作是一种帮助个人人格发展的方法，在这种目的之下，小组本身被当做一种主要的工具。"

在过去一段时期内，小组工作还不被认为是一种社会工作方法，而是被当成了一种教育或休闲的过程，其目的在于达成个人的成长以及社会职责等目标。

3. 小组工作是一种社会工作方法

1959 年美国社会工作教育委员会发表的由莫菲(Marjorie Murphy)所主持的《课程研究》中指出：小组工作是社会工作方法之一，他通过有目的的小组经验来增进人们的社会性功能。

崔克尔(Trecker)对小组工作做了详尽而准确的解释：社会小组工作是一种方法，它是由知识、了解、原则、技巧所组成。透过个人在社区机构中的各类小组，借助小组工作者的协助，引导小组成员在小组活动中互动，促使组员彼此建立关系，以个人能力与需求为基础，获得成长的经验，旨在达成个人、小组、社区发展的目标。

综上所述，小组工作可以定义为：小组工作是一种以两个或以上的个人组成的小组为工作对象的社会工作方法，它主要由社会工作者通过有目的小组活动和组员间的互动，帮助小组成员共同参与集体活动，从中获得小组经验，处理个人、人与人之间、人与环境之间的问题，行为改变，恢复与发展社会功能，开发个人潜能，从而获得个人成长。②

---

① 刘梦主编. 小组工作[M]. 北京：高等教育出版社，2010.
② 王思斌主编. 社会工作导论[M]. 北京：高等教育出版社，2016.

二、小组工作的功能和类型

（一）小组工作的功能

综合学者的研究，可以将小组工作的主要功能归纳为：

1. 影响个人发生转变

当人出现生存能力方面的问题或心理行为有偏差时，通过小组工作过程可以恢复人原有的能力，达到社会化；小组工作过程可以影响个人的价值观念、态度及行为发生转变，成为家庭和社会中负责任的积极角色；小组成员通过分享不同的经验，可以丰富和增长经验和见识，改善人际关系；小组工作可以使其成员发展面对问题与解决问题的能力，学习适应危机情景，促进个人成长。

2. 社会控制

矫治性、教育性、治疗性的小组工作，通过小组工作过程，可以使小组成员学习遵从适应社会需要的行为规范，培养社会责任心，在社会生活中，担任积极而有用的社会角色。

3. 用集体的力量解决问题

在小组中，小组成员必须学习，共同思考，团结协作，共同面对环境，在这个过程中，既会增加小组成员与他人配合解决问题的能力，也可以用团队的力量来共同解决问题。

4. 再社会化

小组工作通过帮助其成员建立适应社会需要的新的价值观、知识、技巧来改变小组成员的行为，使他们扮演更适应社会生活的积极角色。①

（二）小组工作的类型

小组工作类型有不同的分类标准，本书主要参考香港理工大学何洁云等人的分类方式。

1. 形成方式

按照小组的形成方式，分为组成小组和自然小组。

组成小组是通过外部的影响和干预而组建起来的，这种小组一般有较强的目的性和结构性。比如工作委员会、兴趣小组等。

自然小组是人们自然而然聚在一起的小组。由于一些自然事件、成员间的互相吸引或感觉需要等因素而形成，他们通常具有较低的组织结构，如家庭、朋辈小组、街头玩伴群体等。

2. 组员的参与意愿

按照组员的参与意愿，分为自愿小组和非自愿小组。

自愿小组是基于组员自身动机和主动性而形成的。自愿小组中所有组员都是自愿参加

---

① 王思斌. 社会工作导论[M]. 北京：高等教育出版社，2016.

的，比如志愿者小组、家长技巧训练小组等。

非自愿小组不是因为自身动机和主动性组成的，具有强制参与性的小组。例如，在矫治机构中用于组员转变行为的治疗小组(戒毒小组等)。

3. 成员间的联系

按照成员间的联系，分为基本小组和次层小组。

基本小组的组员具有较高的互动频率和紧密联系。基本小组都是很小型的，小到组员可以用面对面的方式与任何一个人互相交流。它也是组员间有约定承诺的小组，小组组员相互表达情感，不论是积极的或是消极的，都可以清楚地表达出来。最典型的基本小组就是家庭，有些互动性小组(如成长小组等)也会有这样的效果。

次层小组成员之间相互联系较少而且关系不甚密切，例如同事等。

4. 小组的结构

按照小组的结构，分为正式小组和非正式小组。

正式小组具有正式的小组结构，确定的角色和地位。通常，正式小组有特定的目标去指导组员的行为。任务小组、行动小组、教育小组等都属于这种类型。

非正式小组不具有正式的结构。通常情况下，小组没有明确的目标，组员自然地聚拢在一起，通过互动达到交往和满足个人需求的目的。如街头玩伴群体等。

5. 组员的界限

按照组员的界限，分为封闭小组和开放小组。

封闭小组从小组聚会开始到结束都是相同的成员组合，不会随时间的变化而增加或减少组员。一般说来，深刻的互动关系和一些特殊的治疗关系都是在封闭的小组中完成的。比如，对吸毒者所做的"情感小组"、夏令营等。

开放小组在小组过程的任何时间都允许成员加入和离开。一般社会目标模式下的小组都具有很高的开放度。

6. 小组的性质和目的

按照小组的性质和目的，可分为社交小组、教化小组、服务或志愿者小组、兴趣小组、任务小组、意识提升小组、教育小组、成长小组、治疗小组、社会化小组、自助和互助小组、社会行动小组。

社交小组。小组目标是组员的关系改善和互动，小组活动围绕着提升组员的社会交往能力开展。

教化小组。小组有明确的角色指引和行为规范指导。通过小组工作教化和训练组员品德、行为、纪律等方面规范化，提升他们的自觉意识。

服务或志愿者小组。通过小组开展义务服务工作，培养和发掘公民的服务意识和潜能。比如大学生志愿者协会等。

兴趣小组。通过小组发展和培养组员的各种兴趣和能力，陶冶情操。比如学校的各类兴趣协会。

任务小组。小组有明确的任务(工作)取向。比如环保小组、艾滋病公共宣传小组等。

意识提升小组。这类小组致力于对组员的增权，提高他们对自己和社会整体的意识。比如，女性意识提升小组、单亲母亲支持小组等。

教育小组。用小组的方法帮助组员学习与自己的生产、生活和社会相关的各类知识，帮助人们获得更多的知识和技能，提高他们的自信心。这类小组的领导者通常是专家和学者。

成长小组。成长小组通过组员之间的互动，促使他们从思想、感情和行为等多方面觉醒并深刻反思，从而不断成长的过程。小组最终的目的是帮助组员发挥自己的潜能，在情绪、态度和行为等方面获得改变（成长）。比如青少年成长小组等。

治疗小组是通过小组互动，帮助有"问题"（如社会功能丧失，违反法律和道德等）的组员恢复社会功能，改变"不良"行为和态度、治愈身心"疾病"等。例如戒毒小组、偏差青少年行为矫治小组、精神病人适应社区生活小组等。

社会化小组。帮助组员学习社会适应技巧和行为方式，提高他们应对社会压力的能力。如大学生新生适应小组等。

自助或互助小组。自助或互助小组的目的是通过小组使成员相互支持、相互影响，以达到解决社会问题的目的。

社会行动小组的目的是利用小组资源，集结社会力量，达致社会改变，维护小组组员或社区的整体利益。这类小组已经趋向于社区工作的方法。如环境保护小组。

表 8-1   **小组工作类型表**

分类标准	社会工作小组
形成方式	组成小组、自然小组
参与意愿	自愿小组、非自愿小组
联系	基本小组、次层小组
结构	正式小组、非正式小组
成员界限	封闭小组、开放小组
性质/目的	社交小组、教化小组、服务或志愿者小组、兴趣小组、任务小组、意识提升小组、教育小组、成长小组、治疗小组、社会化小组、自助和互助小组、社会行动小组

三、小组工作的起源与发展

（一）小组工作的起源（19 世纪 50 年代—20 世纪 20 年代）

用小组工作的方式提供社会服务，最早是在欧洲和美洲发展起来的。小组工作的雏形开始于 19 世纪的教会活动，1844 年英国人乔治·威廉士创办了基督教男青年会，定期举行集会，组织各种宗教和社会活动。此教会开始创建时的目的是以小组为单位，通过开展诵经小组来拯救那些沾染恶习的青年人，改善他们的精神生活。后来青年会的活动由原来的读经转变为开展娱乐活动和康乐活动。很快这种方法也被应用于女性青年和儿童领域，以促进其身心发展。

此外，19世纪后期在欧美兴起的睦邻组织运动，对小组工作也产生了极其重要的影响。1884年，在英国伦敦东区成立了汤因比馆（Toyn-bee Hall），号召青年义务为本地区服务。邀请大学生团体入住贫民区，与穷人们一起生活，了解穷人们的社会环境和困难。发动居民互助合作，通过创办图片展、成人教育班和康乐服务等方式改善贫民的生活状况，培养他们的健康人格。这些具体的服务措施对小组工作的形成产生了直接的影响。

（二）小组工作的成长（20世纪20年代—60年代）

20世纪20年代到60年代，小组工作取得了长远的发展。第一次世界大战以后，小组工作成为一种运动。1929年美国经济危机，致使大批失业者流浪街头，并滋生了许多新的社会问题，使社会工作者开始怀疑个案工作协助人们适应社会环境的有效性，因而开始重视小组工作对社会环境的影响力，使用不同的小组工作来协助有行为问题的人，这使得小组工作快速发展，服务数量大量增加，其重要性也相对提高。

1936年美国小组工作者协会成立。1946年，在美国社会工作者会议上，小组工作被正式接受为社会工作专业方法。

在这一阶段，小组工作的成长还表现为学科知识的系统化、实践方法的多样化，出现了一批小组工作的专业著作，如格蕾斯·科伊尔（Grace Coyle）的《小组工作对美国青年的服务》、威尔森（Wilson）的《社会小组工作实务》、崔克尔（Trecker）的《社会小组工作》以及勒温的小组动力学等研究都推动了小组工作向专业化方向发展。

（三）小组工作的发展（20世纪60年代以来）

20世纪60年代，由于受到民权运动、反贫困运动、女权运动等的影响，小组工作应用领域不断扩大，理论迅速发展，其介入模式也趋向多元化。

以往小组工作的应用领域多为娱乐、教育、移民及宗教等方面，随着社会工作和社会福利机构的发展，小组工作开始被应用于医学治疗、学校教育、社区发展等领域。例如，在二战期间为身心失调的军人采取小组工作的方法，为他们提供心理治疗。

小组工作受到一般系统理论、社会制度理论、社会角色理论、行为主义、交互分析、格式塔治疗、危机介入以及生态学理论和学派的影响，理论愈加丰富完善。同时，小组工作的关注点发生转变，一些学者提出优势视角，强调发动服务对象自身的资源和潜能，解决其存在的问题。

（四）小组工作在中国

中国历史上历来有互助的传统，也不乏团体进行救济、互助的事例，但尚不具有专业性质。在20世纪30年代，我国成立了一些社会救济福利机构，这些救助组织在帮助困难的人群渡过难关的过程中发挥了一定的作用。

中华人民共和国成立以后，也出现了很多群众性组织，例如全国总工会、中国青年联合会、中国共产主义青年团、中华全国妇女联合会、中国残疾人联合会、中国老龄问题全国委员会和中国红十字会等，都各自担负了一部分向特殊人群提供社会服务的职责。港台地区社会工作发展较快，专业的小组工作被运用于许多领域，有很好的发展。

专业的小组工作在内地的发展，基本上是在90年代初期。随着高校社会工作专业系的建立，小组工作作为社会工作的主要工作方法，被列入教学大纲之中。这表明，小组工作作为一门专业方法，在内地开始进行传播。

第二节　小组工作的模式与理论基础

小组工作作为社会工作的一种工作方法，其理论来源主要有两部分，一是从心理学、社会学、医学、教育学、管理学等学科领域移植过来的理论；二是在小组工作的实践中形成的实务理论，即上述理论在实践过程中转化成的技术性的实践原则。小组工作最基本的四种模式为：社会目标模式、互惠模式、治疗模式和发展性模式，以下分别对其进行介绍。

一、社会目标模式

（一）理论基础

社会目标模式（social goals model）源于小组工作的早期实践，是最早的一个小组工作模式。其理论基础主要来源于系统论和社会学中的社会变迁理论，这些理论强调社会系统与人和群体间是相互作用和相互影响的，强调人对社会的社会责任和社会意识，认为个人和群体出现功能失调或问题与社会系统的功能是否正常有关，而个人和群体的行为又会影响社会系统的正常运转。因此，个人问题的解决必须通过社会变迁的途径来实现。

该模式关注的重点是社会变迁与整合，强调通过对个人社会责任感的培养去影响和促成社会的改变，这与社会工作的特点相吻合。在实务工作中，这一模式往往通过参与、意识提升、赋权等方式，发展成员的民主意识、启发社会良知和社会责任心，并增强他们适应社会生活的能力。社会目标模式下的小组工作就是通过社会行动的互动关系，推动社会制度的完善和改革，从而促进社会变迁。

（二）主要内容

社会目标模式的目标是培养小组成员的社会责任感，实现社会变迁。社会目标模式具有以下基本特点：第一，小组的目标是培养小组成员的社会责任感，发展小组成员的社会能力，尤其是与社会环境的互动能力；培养社区领袖使他们有能力、有意识带领和推动社会变迁。第二，小组成员有参与社会生活的动机和潜能。该模式注重人的社会归属感，小组成员可以是全社会的所有公民，特别鼓励那些社会弱势群体、边缘群体参与。第三，社会工作者扮演影响者的角色。工作者在小组的整个过程中，与小组成员"同行"，同时，影响和调动其他成员的积极性，促使大家行动起来。在社会目标小组中，社会工作者的角色，是使能者、促进者，他把社会责任及政治立场，个别化地在小组中表达出来并刺激小组行动。

在现代社会中，社会目标模式下的小组工作具有较强的适应性，可以广泛地应用于各个领域,特别是对于弱势群体有广大的应用空间。如 NGO 在"扶贫"中开展的以生计、教育、意识提升等为目标的小组,社区自组织的培育,单亲母亲自强小组等。

(三)优势和局限性

社会目标模式最大的优势就是符合社会工作最初追求社会公正和社会关怀的基本理念,它将个人的问题与其所处的社会环境或社会结构(社会制度)联系起来,强调个人问题的解决与社会结构问题的解决相关联。它通过强调小组成员的共识,提升民众的意识,有利于社区赋权、社区发展和社会进步。这个模式的优势还在于利用社区领袖管理社区问题,以及民主化原则使得此模式具有极其旺盛的生命力。

这个模式的限制是过分依赖意识形态,理论基础相对薄弱;过分注重组织的力量,忽视组员个人的独特需要,缺乏对个人动力的认识,强调解决群体需要优于解决个体问题;同时,过分依赖社会工作者,一旦离开小组工作者,这个小组工作将无法运转。

二、互惠模式

(一)理论基础

互惠模式(reciprocal model)又称互动模式或调节模式(mediating model),主要代表人物是施瓦茨(William Schwartz)。此模式关注个人与社会之间的关系。互惠模式的理论基础是主要是系统理论、场域理论等。

系统理论中有关人与环境关系的论述对互惠模式的意义重大。佩恩指出,每一个系统都有三个可供选择的协助人生活的系统:非正式系统和自然的系统,如家庭、朋友、同事等;正式的系统,如社区等;社会系统如医院、学校等。这些系统就是人所面临的环境系统,每个人一生都要与这些环境系统互动,既受环境系统的影响,也对这些系统有能动作用。

场域理论的基本概念包括行为环境论、生活空间论等。考夫卡(Koffka)的"行为环境论"在心理学和社会心理学领域很有影响。他把环境分为地理环境和行为环境。地理环境是指现实环境,行为环境是意想中的环境,又叫心理物理场,由自我和环境两极现象构成。考夫卡认为,行为产生于行为环境即心理物理场,心理学就是研究行为与心理物理场的因果关系。生活空间理论强调心理的需求和意向的作用。正是这种心理的需求和意向的作用,使生活空间产生了场的动力,即吸引力或排斥力。

互惠模式关注点既在个人也在环境,希望通过个人、小组和社会系统之间的开放和相互影响,以达到增强个人和社会的功能。

(二)主要内容

互惠模式小组的目标是促进成员相互支持。促进小组成员在社会归属感和相互依存中得到满足,使小组成员之间、小组之间、组员和小组与有关社会系统之间形成相互支持。小组工作的目标可能是预防性的、补充性的和复原性的。

该模式要求小组成员在小组中有互惠的动机和能力,能在小组中通过与其他组员的联系沟通达成共识，实现小组的目标并获得个人成长。小组成员独立、平等、互助，通过分享彼此的意志、情感、价值观，共同决策问题。

社会工作者扮演中介者的角色。社会工作者的角色是中间人或协调者，负责促进组员、小组、机构、家庭、学校、社区等各系统之间的彼此适应，帮助服务对象与产生问题的系统接触和谈判，协助系统接纳服务对象并继续按其在社区中扮演的角色提供有效的服务。在这种服务模式中，工作者不需要设计方案，不直接控制小组，而是提供信息引发小组自主发展。工作者是"工作者与案主体系"的一部分，既被影响，也能影响他人。

互动模式在中国有广泛的适用性。它适用于个体的各个生命周期，在推动儿童、青少年群体的成长，解决中年人生活工作压力，减低老年人的孤独感、适应晚年生活等方面，都发挥着很大作用。不过，由于中国人不善自我表达，具有含蓄内敛等特征，使这一模式的充分发挥受到一定影响。

(三)优势和局限性

互惠模式的优势在于，注重成员的独特价值及需求，注重小组成员个人潜能的开发；积极利用小组成员间的互动互助，促进个体改变，突出了社会工作助人自助的信念；小组工作的目标由成员协商讨论，成员自主选择恰当的介入策略去解决自己面临的问题，防止外界的价值干预，有利于成员主观能动性的发挥和自决意识的培养。

但此模式对小组中个人期望和个别化的关注不够深入，对成员个人改变程度的评估也存在不足。另外，由于工作者的权力不足，工作者难以用自己的权力推进小组过程。

三、治疗模式

(一)理论基础

治疗模式(remedial model)也称临床模式，是以治疗个人作为小组工作的任务，同时也提供个人的预防和康复的一种干预方式。该模式以精神分析理论、人类行为发展理论等为理论基础。

精神分析理论的创始人弗洛伊德认为，人的心理结构由意识、潜意识、无意识三个系统组成。与此相对应，个体的人跟系统可以划分为本我、自我、超我三个领域。精神分析小组的目的在于重建个人的性格和人格系统，这一目标通过使潜意识的冲突进入意识层次，并对其进行检验而达到。

人类行为理论认为个体早期的生活经验对他们日后的人格形成和发展有重大影响。人类具有学习的潜能，并随着成长，个体学习的潜能不断被发掘，人的意识是个不断成长和改变的过程。人类行为发展理论对小组工作的启示很多，包括重视小组成员早期的生活经历；通过小组生活，帮助促进小组成员潜能的开发和身心的发展；通过小组活动，协助成员恢复"自我的功能"，提高适应生活能力。

治疗模式关注的是个人的心理和行为问题的矫正而不是社会，强调通过小组来治疗个人的心理、社会与文化的适应问题。治疗模式认为小组是进行治疗的媒介，是一种治疗个人问题或矫正个人有问题的行为或态度的手段，既是治疗环境也是治疗工具，通过社会工作者推动小组成员互动来实现个人行为的改变，帮助个人增进自我认识和增进社会功能。

（二）主要内容

治疗模式以治疗个人为小组目标，它的目的就是帮助个人通过小组达到心理、社会与文化的适应。治疗小组组员通常是具有较严重的情绪问题、人格问题、精神异常、行为障碍或有社会偏差行为的人，成员更需要矫治性的治疗，而不仅仅是发展性和预防性的帮助。社会工作者扮演治疗者和专家角色。在这种模式中，社会工作者的角色是一位家长或博学的专家，他必须有足够的能力去诊断个人的需要，安排治疗计划并控制小组的发展。

治疗模式的小组工作可以较广泛地运用在偏差行为的纠正、医疗和精神病服务、社区特殊群体的服务以及学校社会工作服务中。比如精神障碍者治疗小组、戒毒小组以及心理健康小组等都属于这种工作模式。另外，治疗模式的小组工作也可用于提高社交能力或新角色的适应技巧方面。

（三）优势和局限性

治疗模式吸纳了心理学、精神病学的理论技术，建立了丰富的治疗体系。此模式强调专家的专业性和权威性，强调工作者的影响力，这比较适合中国"尊师重道"的文化传统，对各种人群都有很强的实用性，是小组工作的经典方式。

治疗模式小组工作的局限性有两个方面。首先，由于传统上治疗模式不太注重成员的互助系统，该模式关注心理或行为问题的矫治，强调"医患关系"，而非平等的合作关系，这在某种程度上限制了组员的潜能和能动性的发挥。其次，治疗模式的服务对象具有特殊性，由于小组的目标在一定程度上是"外界"决定的，工作者可能会面对很大的阻抗，对工作者的能力和素质要求较高。

四、发展模式

（一）理论基础

发展模式又称过程模式，自20世纪60年代开始受到广泛采用，虽发展较晚，但在小组工作中占有重要地位。发展模式的理论基础包括生命周期理论和社会角色理论等。

生命周期理论将人类生命周期划分为七阶段，个人的一生都要归属于小组中，在小组中表现自我，获得成就感和满足感。生命周期理论强调个体具有成长的潜能，这种潜能应用在小组工作中表现为：预防社会功能失调，关注成员社会功能的恢复和发展，帮助成员履行社会角色，正确处理社会关系。

社会角色理论是论述人们之间彼此的角色期望及互动关系的理论。社会角色是指与人们的某种社会地位、身份等相一致的一整套权利、义务、规范的行为模式，是人们对具有某种特定身份的人的行为期望。社会角色理论对发展模式小组工作的启示是：小组成员在现实社会生活中扮演着不同的社会角色，当角色扮演过程中遭遇困难、挑战、压力，甚至角色失败时，有可能会引发一系列个体心理、行为或社会问题。

该模式强调以人的发展为核心，关注人的社会功能的提升，认为人在不同的年龄阶段有不同的发展任务，通过发掘个人的潜力，能够寻找解决问题的方式，完成发展的任务。小组工作要使其成员学会自我管理、自我教育，扮演好个人的社会角色，发挥个人的社会功能。小组工作要帮助其成员形成正确的自我意识和角色观念，提升组员对抗环境压力的力量。

(二)主要内容

发展小组的目的是通过小组鼓励成员的参与，表达自己从而找到大家的共同兴趣和目标，在体现民主程序中达到小组目标，促进小组成员的自我成长。它的特点在于强调小组成员的朋辈关系、共同的目标和兴趣，重视自我完善。社会工作者在发展性模式小组中的主要角色是支持者，主要任务是帮助小组实现目标，促进人际关系和个人的自我实现。

发展模式关注的是个人的社会功能性，而非病理因素，重视自我实现，而非治疗过程。它从来不把个人当成问题，而把个人看成一个活生生的人，面临着一些发展中的困难、挑战、危机或压力，他们需要面对这些困难和挑战，因此，这个模式强调的是怎样发掘个人的能力，寻求解决问题的方式，而不是关注个人的弱点，解释人们的防御机制。

该模式适合在各类人群中应用。其既是救助性的，也是发展性的。适用于困难的人群、面临危机的人群，也适用于寻求更好自我发展的人群。

(三)优势和局限性

发展小组模式的优点在于它具有广泛的适用性，可运用于不同状况的小组。并且，小组成员在小组中比较自由，不会被贴上标签，没有压力。不足之处在于：它强调的是一种成长的信念，而成长本身是一个难以测量的概念，因此，这个模式似乎缺乏一定的科学性。

第三节 小组工作的过程及工作方法

一、小组的筹备

小组正式开始前的准备阶段称为小组的筹备，在这个阶段中，需要进行案主需求评估、确立目标、选择小组组员、设计小组方案等工作。

(一)需求评估

工作者是否适合用小组工作的方法开展工作，以及如何开展，应基于对案主问题(需求)的评估而决定。而如何进行案主需求评估？这里我们认同并极力推崇"同行"的需求评估方法，即工作者走进案主的生活世界，建立信任关系，评估他们的真实需要，在此基础上制定介入计划。

案例：

小刘最近参加了"世界宣明会流浪儿童保护中心"工作，工作的重要内容就是评估流浪儿童的需求，制定介入方案。小刘用了两个多星期去和流浪儿童接触，她甚至与孩子们一起捡垃圾，一起吃饭，到他们的住处和他们一起玩耍。没想到奇迹发生了，孩子们从开始的防备、躲避，到现在接纳她并把小刘当做自己的朋友看待。小刘他们听到了许多孩子流浪的真实故事，包括他们被成人利用，被警察收容，被他人歧视等经历，也听到了许多孩子要求读书、回家、被关爱等真实期望。由此，小刘找到了孩子们的真实需要，她正在决定帮助这些孩子。

上面案例充分说明，要找到案主的真实需要就必须与他们"同行"，当信任关系建立起来时，真实需求就自然地呈现出来了。而社会工作只有找到案主的真实需求，才有可能真正地帮助他们，而不是满足自己或机构的需要。

小组的需求评估由收集资料——分析资料——制定介入干预计划三个步骤组成。收集资料主要是通过访谈、问卷、文献回顾、机构资料查阅等方法，收集各种有关小组和小组的资料。特别要关注组前面谈和机构记录中的重要资料，这些是发现组员真实需求的珍贵的第一手资料。资料可以用定量或定性的方法进行分析：一般量表可以借助计算机软件进行分析，计算出变量之间的关系；许多访谈的资料需要通过定性的方法进行归纳分析，以此发现组员的特殊需求。在资料分析的基础上制定出切实可行的介入策略。[1]

(二)目标确定

工作者获得成员的真实需求后，就需要确定小组目标了。工作者需要思考许多问题，包括小组将协助成员达到什么目标、机构的目标是什么？工作者的目标是什么？潜在的成员对目标的理解是什么？等等。

工作者还需将小组目标操作化，思考小组的长期目标、中期目标、短期目标是什么？小组初期、中期、后期目标是什么？每一次聚会的短缺阶段目标是什么？采取何种方式达到目标？如何修正目标？等等。

总之，确定目标是小组筹备中重要的一环，只有清楚目标，才能有的放矢地工作。需要注意的是，目标的确定是一个动态发展的过程，不能将目标简单僵化。组员的需求会随着时间和空间的变化而改变，所以，需求评估要贯彻于小组工作的整个过程中。工作者应该有能力随时调整小组目标，以便最大限度地满足组员的需求。

(三)小组组员的选择

当小组目标确定后，下一步就是招募组员并确定组员了。

1. 招募组员

小组成员的来源有多种途径，比如某些人员主动向机构寻求帮助；通过互联网、社区宣传栏等宣传手段，成员自愿报名参加；工作者经由个案辅导，建议有共同需求的案主报名参加；其他机构转介的特定服务对象等。

---

[1] 刘梦主编. 小组工作[M]. 北京：高等教育出版社，2010.

2. 遴选组员

社会工作者通过个别会见或参阅文献资料的形式，对上述可能的小组组员进行必要的遴选和评估。遴选和评估的要点主要有：一是有共同或相似的问题，或者有共同的兴趣和愿望；二是年龄和性别（如果有此要求的话）；三是文化水平及对某些问题的认识；四是家庭状况；五是职业状况；六是对参与小组的要求。

社会工作者按照本小组的类型、特点及人数要求等，确定参加本小组的成员。社会工作者需要帮助这些成员了解小组工作的意义和特点、小组工作的具体程序与可能的活动项目、有关的社会政策。同时社会工作者要鼓励他们将自己对于小组的期望表达出来。

（四）组前会谈和聚会前的准备

1. 开组前的面谈

一般在小组聚会之前，工作者都要进行组前会谈。会谈可以是一对一的，也可以是座谈会形式的。在进行面谈前，工作者应该准备一个面谈提纲，通过会谈达到以下作用：全面了解潜在组员的个人情况，了解其参加小组的动机和目的，为制定小组工作计划奠定基础；向潜在组员宣传小组，使他们了解小组目标，畅谈对小组的期待；达到角色引导、澄清目标、认同协议的目的；建立良好的信任关系，进一步评估组员的需要和意愿，决定组员参加小组的资格，同时筛选出一些不适合参加这个小组的成员；对那些不适合参加的成员，工作者应及时发现，以确定是否转案或采取其他帮助的方法。

2. 聚会的准备工作

组员基本确定后，工作者还应该做好开组前的准备工作。

第一，工作者应该仔细考虑聚会的时间、地点。合理确定小组的期限、聚会期的长短、聚会的频率和聚会的时间等。尽可能有一个固定的场所和时间。会场的布置应该以能够使组员认同为标准。房间的大小应该能充分提供活动之用。座位的安排习惯上围成一个圆圈，座位安排应有弹性，成员可以根据自己的爱好和心理自由调整。房间内应提前准备好活动所需的器具，如粉笔、道具、游戏器材等。活动的次数不应该过多，一般一周一次为宜；每次持续时间不宜过长，一般是 45 分钟到 2 小时。

第二，工作者应该做好人事分工。比如由谁来负责接待、由谁来负责发放基本资料、由谁来负责咨询解答等。

第三，做好告知成员参加聚会的通知工作，一般在聚会之前应用书面或电话通知，通知内容包括第一次聚会的时间、地点和主题等。

第四，工作者应该在聚会前有一整套实施方案，并有备选方案。

（五）小组方案设计

在小组工作开始前制定小组计划书是非常必要的。一份内容详实的小组计划书是获得机构批准支持、获得资金资助的重要依据。更为重要的是，小组计划书可以帮助工作者对每一节的小组活动做好充分的准备。工作者可以清晰地指导工作的程序安排和每一个工作阶段的活动节目安排。另外，计划书设计也可以为小组评估奠定基础。小组计划书应该包括如下的内容：

表 8-2   小组工作计划书内容设计的要素

要　素	基 本 内 容
1. 理念的阐述	机构的背景 导致设计小组的原因 小组的理论/概念架构框架
2. 目标	总体目标
3. 组员	特征、年龄、性别、教育背景 需要处理的范围(如组员的问题和需求等)
4. 小组的特征	性质 长期/短期、持续时间 规模、组合 聚会频率 聚会的时间(上午/下午)
5. 明确的目的	阶段目标
6. 初拟的程序计划和日程	每次集体聚会的计划草案 程序活动 日期、时间、每次聚会的地点 活动的具体目的 社会工作者的责任 活动准备 所需器材 每次聚会所需的资金
7. 招募计划	按机构的规则制定小组建立的程序;组员的来源;宣传、招募方法;允许的招募时间;招收方法
8. 需要的资源(除资金外)	器材 地点和设备 人力资源(例如是否需要志愿者等) 特别项目 有关人员
9. 预料中的问题和应变计划	小组组员的问题 小组社会工作者或机构的问题 其他来源的问题
10. 预算	程序、器材、交通等费用问题的总和 费用或小组组员会费
11. 评估方法	评估的范围 评估的方法

二、小组初期

小组完成筹备工作就可以正式开始小组活动了。小组工作是一个动态的发展过程，其进程理论上可以用阶段进行划分。关于小组工作发展阶段的划分，不同学者有不同的划分方法。本书采用三阶段的划分方法。即：

小组初期：期间小组组员开始聚集，相互熟悉和探索了解小组功能、共同兴趣及目标，彼此吸引或逃避。

小组中期：组员开始关注自己在小组中的权力和地位，关心自己被小组和他人接纳的状况，因此会出现较多的权力争夺和意见冲突的情况，以巩固在小组中的位置。

小组后期：小组目标已经达到或小组不能顺利进入成熟阶段而中途涣散。

需要强调的是，现实是十分复杂的，在具体的小组工作中很难用这样僵硬的阶段说来阐释小组工作的现实处境，阶段划分方法只是理论上的提升或课堂讲授的需要，小组发展阶段的划分也只提供给工作者一个小组发展的可能方向。

从第一次聚会起，小组就进入了开始阶段，即小组初期。这一阶段是小组组员之间、社会工作者与组员之间的关系建构阶段，是小组组员对小组产生认同的阶段，也是小组规范形成的阶段，在整个小组进程中尤为重要。

（一）小组的特点

在小组的开始阶段，组员在心理和行为上有明显的特征：

1. 充满了两极情感

无论成员对于预期的聚会做了多么充分的准备，第一次聚会还是会处于内心充满兴奋和焦虑的两难境地。他们一方面对小组充满好奇和期待，愿意参加小组并渴望与他人进行互动和交流；另一方面又有疑惑和焦虑，如怀疑小组的能力和价值，担心社会工作者和其他组员对待自己的态度，担心在小组中失去自我的独立性等。这种矛盾使得不少组员陷入对小组活动既投入又逃避的情感困境之中。

2. 小心谨慎与相互试探

开始阶段大多数成员的行为比较拘谨，说话做事显得小心谨慎、客气、礼貌。他们会以自己以往的经验去揣测其他组员或社会工作者，也会以此划定自己的好恶范围。组员在讨论时只显露个人安全和可以展现给公众的一面，只对表面化、非个人化的问题做探讨。他们会试探性地询问其他组员的姓名、居所、工作之类的问题，但不会询问更深入的个人问题。

3. 依赖工作者

由于刚进入小组，对工作者和其他组员不是很熟悉，比较担心说错话、做错事，不少组员会表现为沉默、观望、等待的特征，大多希望在别人说做之后再被动跟进，由此，小组的气氛显得压抑沉闷，进程缓慢，缺乏自发性和流畅性。组员往往把小组工作者看作权威，对社会工作者有较强的依赖倾向，而忽视了自己在小组中的角色和能力。

4. 小组规范逐渐形成

在这一时期成员之间互动日益频繁，产生了小组规范、小组结构特征明显、小组动力开始形成。

小组规范是指小组成员之间语言与非语言的沟通规则与影响他人行为的方式，包括：保守秘密、彼此负责、参与原则、开放和诚恳的态度、批评与自我批评的态度、对小组和成员不满的表现方式等内容。当小组发展出规范时，成员可以彼此分享，可以通过语言与非语言规范进行接触。

这时的小组出现了明显的结构关系。主要包括：一是沟通结构。协助建立能够最大限度鼓励组员进行沟通的理想结构。二是接纳结构。在组员之间形成能够相互接纳、相互包容的结构。三是权力结构。工作者应该协助弱者使用权力。工作者可以通过角色安排、自我肯定训练，以及权力赋予来增强弱者的权力。四是领导结构。在开放性和流动性的前提下，建立注重责任、轮流参与、有利于推动小组过程的领导结构。五是角色结构。协助建立每个组员都有位置、都适合的角色结构。

（二）工作者的任务

这个阶段小组工作的重点在于帮助小组组员之间建立信任关系。因此，社会工作者应重点做好下列几项工作：

1. 寻找相似性，消除陌生感

在小组刚开始时，需要寻找并强调组员之间的相似性，可以邀请组员分享人生经验或感兴趣的事情，当组员发现彼此之间存在相似性时，小组的凝聚力就会产生。

在这个阶段，社会工作者可以根据组员的个性特征以及小组的类型，设计出有创意的、打破僵局的各种活动，恰当地使用一些游戏方法，帮助小组组员互相认识，活跃气氛，催化组员相互之间的互动。

活动设计

大 风 吹

目的：提供走动的机会，活跃气氛，使组员初步接触。

人数：不限（适合刚认识或不认识的人）

方法：

（1）组员围圈而坐。

（2）一位组员站在中间，他可以随意说大风吹或小风吹。如果他说大风吹，他说出某些组员的特征，如戴眼镜、穿红色衣服等，拥有该项特征的组员必须马上离座，和中间组员一起抢夺新的座位。没有座位的组员就要站在中间，进行下一轮。以此类推。

（3）这个游戏还有加入"小风吹"和"台风吹"的增强版。如果说：小风吹，就按照所说意思相反的特征进行，比如：吹带眼镜的人，那么没有带眼镜的人必须马上离座，寻找新的座位。如果说：台风吹，所有的人必须离开自己的座位重新寻找新的位置。

2. 澄清组员对小组的期望，提高对小组目标的认识

虽然在决定参加小组之前，小组组员对小组目标已有初步认识，但还是比较模糊抽象。另外，不同小组组员之间对小组的认知和期待也不尽相同，因此，在小组第一次聚会时，有必要就小组目标进行讨论，订立大家共同认知的小组目标。使组员清楚小组准备并且能够帮助他们实现什么样的目标，促进小组组员认识和接纳小组，做好融入小组的心理准备。

3. 讨论保密原则

在小组初期，社会工作者应与组员就保守秘密的问题进行讨论和协商，达成共识，并在小组内设定保密标准，确保组员置于身心不受伤害的安全环境。

需要强调的是，保密原则具有相对性。在社会工作中，我们强调保密的原则，但是，保密是相对的，不是绝对的。当有以下情形时可以放弃保密原则：当事人的生命处在危险边缘时；当事人问题涉及刑事案件时；当事人未满 16 岁又是受害者时；当事人有犯罪意向，或工作员评估会危及自身或社会时；当事人心理失常时；当事人有自杀倾向时等①。为了让组员对这个原则有一个明确的认识，小组工作者有必要在开组前，通过口头和书面的方式向组员解释清楚，在了解了相对保密性原则之后，组员有权决定在小组中袒露多少个人隐私问题。

4. 制定小组契约

小组契约是社会工作者与组员一起建立的适合管理和协调组员行为的规则。

小组契约一般可包括以下方面内容：一是秩序性规范，用来界定组员之间的互动准则；二是角色规范，界定和明确组员所期望的具体角色和行为；三是文化规范，澄清和说明小组的信念和基本价值，强调开放、平等、保密、非批判和团结合作等原则。

需要说明的是，在制定规则时，小组规则是大家共同制定的，需要大家自觉遵守。但规则也应该有充分的弹性，在具体处境下只要组员同意也可以修改。

5. 塑造信任的小组气氛

小组组员的相互认识、订立小组契约和规范，都是增加小组安全感和信任感的重要手段。社会工作者塑造信任和小组气氛有如下几种方法：一是主动与组员沟通，建立信任关系。可以运用同理、真诚和接纳等工作技巧，站在组员的角度考虑问题，倾听他们的问题，并作出真诚有效的回应。二是创造机会，让组员表达自己的想法，通过组员间的相互回馈和关怀，自然的产生信任。三是澄清组员之间的可能出现的误解。在小组开始阶段，由于组员互相不熟悉或不愿意与其他组员继续沟通，可能会出现一些误解，因此，要积极引导组员相互沟通。

三、小组中期

小组工作的初期完成后，就进入小组工作中期阶段。这个阶段是小组内部权力竞争开始的时期，也是组员关系走向紧密化的时期。在小组中期，随着组员的沟通和互动增强，

---

① 林孟平. 小组辅导与心理治疗[M]. 香港：商务印书馆，1994.

组员之间会在价值观、权力位置等方面产生冲突和矛盾，如果小组能够顺利地解决这些冲突和矛盾，小组就会进入良性的成熟阶段。

（一）小组的特点

1. 权力控制与争夺

成员开始关注自己在小组中的权力和地位，关心自己被小组和他人接纳的状况，成员个人"本我"暴露有所增加，可能会导致意见分歧甚至是权力地位的争夺。为了争取自己在小组中的位置，有些组员可能会出现攻击性语言和行为。成员在此阶段会具有负面情绪：不安、焦躁、迷惑、挣扎、有超越他人的意愿，但又有强烈的分离欲望，其根源在于对自主权丧失的恐惧和对环境的抗拒。作为工作者此时一定要非常注意，对小组中权力和控制欲强的人要给予特别的注意和分析，有时必要的对质是非常重要的。

2. 挑战工作者

经过小组前期，此时成员对自己在小组中的角色感到自满，他们开始表现自我。他们会挑战社会工作者，对社会工作者提出质疑，表现出不配合的态度。有时组员会把工作者看作是引起自己挫折感的罪魁祸首；有时组员发现自己不是工作者"最喜欢的人"而感到失望；有时组员对工作者"更主动地参与活动"的要求，感到压力和威胁。组员对工作者的态度也由一个"领导我们的权威象征"的观点，转变成"小组需要你，但是当我们需要你的引导时，我们会向你提出请求"。

冲突期就像人生命历程的青少年期，是一个充满感情而缺乏理智的时期。如果处理得好，小组就会向成熟阶段发展；如果处理不妥，小组有可能提前结束。所以，工作者必须积极努力，促使小组健康发展。

3. 成员达到最理想的沟通状态

小组后期，由于负面情绪和矛盾冲突得到表达并彻底解决，小组已形成一种让组员感到信任、安全和温暖的氛围。在这一阶段中，小组凝聚力和归属感增强，组员能够更紧密地联合与互动，更容易达成有共识的决策，更顺畅和更有效地开展活动，小组已经能够有效地处理各种突发事件。

小组的概念更加深入。随着成员在一起的时间增加，小组的界限被打破，凝聚力增强。这时成员会把"这个小组"变成"我们的小组"，来表达对小组的认同。另外，由于组员亲疏关系及喜好的差异，小组内部也会出现次小组。大多数情况下，这类次小组仅仅表现为互动和相互关怀的差异。

4. 小组的关系结构趋于稳定

当小组发展到这一阶段，小组的关系结构已经形成，小组的决策机制基本成型，小组的进程有规律可循，小组的权力结构基本稳定，小组的领导、次小组的领导已被组员认同，不会再有权利与控制之争。

（二）工作者的任务

这个阶段社会工作者的工作重点是，通过专业辅导，协调和处理组员之间的竞争及各种可能的冲突，促进小组内部的良性竞争与和谐，推动小组关系走向紧密化。

1. 协调和转化冲突

社会工作者要学习如何面对和处理小组的冲突，并协助组员让冲突成为他们正向成长的经验。在面对冲突时，社会工作者应该有包容、冷静和理性的态度。在解决冲突时，社会工作者可以运用一些具体措施：一是帮助组员澄清冲突的本质，特别是澄清冲突背后的价值观差异；二是增进小组组员对自我的理解，如运用角色扮演的方法，复制和重现类似的冲突情境，以增进自我了解和对他人处境的敏感度；三是重新调整小组规范和契约；四是协助组员面对和解决由冲突带来的紧张情绪和人际关系紧张；五是运用焦点回归法，即将问题抛回给组员，让他们自己解决。①

案例：

> 小张进行的大学生人际关系小组活动进行到第六次时，一名组员在讨论中对自己的观点很坚持，其他组员和他争论了半天，他仍不接纳别的意见，小组陷入了僵局。小组让大家暂停正在进行的活动，转而轮流谈谈现在的想法，澄清彼此的感受。

案例中，小张采用的是澄清此时此地感受的方法。当小组在进行过程中，遇到障碍无法前进时，如出现僵局、冷场或过于暴躁的情形时，小组工作者可以要求暂停活动，转而讨论个人当时的感受，以免留下心理上的障碍。这种方法运用得当，可以促进组员进入深入的沟通交流。

2. 次小组的处理

在小组中期，由于在一个小组中成员的社会关系、个人性格、心理倾向、特殊嗜好等都不相同，组员在沟通和互动过程中，会出现次小组的情况。

大部分小组都会产生次小组，这是小组发展过程中的自然现象。次小组有积极的一面，它可以增加小组的吸引力，可以使一个人在次小组中获得情感的归属。健康的小组发展是每一个次小组都认同小组共同目标，而且整个小组虽然有次小组"领袖"，但大家也有一个共同的小组领袖。

但是次小组也存在一些风险。次小组会降低与其他组员的互动，有时还会导致竞争与对立，甚至"派系"。作为工作者要及时加以引导，避免产生不利的次小组，影响小组整体目标的实现。

3. 协助组员获得新的认知、付诸行动、解决问题

社会工作者要协助和鼓励组员进一步的自我表露，更深的自我探索，以获得更深的自我认识。同时通过他人的回馈和自己反省，让组员对事物有更客观的了解，对自己问题的形成原因和可能改变的方法路径，以及对环境、对自己与环境的关系有更新的认知。

---

① 社会工作者职业水平考试精编教材委员会.全国社会工作者职业水平考试（中级精编教材）社会工作综合能力[M].北京：企业管理出版社，2017.

活动设计

自 画 像

目的：强化成员自我认识，促进自我觉察。

所需材料：图画纸，彩色水笔或油画棒。

过程：

(1)工作者给每位成员发1张图画纸，每人或几个人合用1盒彩笔。

(2)每位成员画出自己。可以有标题，也可以无标题。若有标题，如：大学生活中的我、我的梦等。无标题则让成员随自己的意思，可以用任何形式来画出自己，抽象的、形象的、写实的、动物的、植物的……什么都可以。总之，把自己心目中最能代表自己的东西画出来。这种方法可以使成员发现隐藏在潜意识层面的自我，不知不觉中对自己作出评估和内省。

(3)画完后挂在墙上，开"画展"，让成员自由观看他人的画，不加评论。

(4)欣赏完毕，请每一位"画家"对自己画的解释并答疑。自画像用非语言的方法将画者的内心投射出来，是一种独特的自我探索、自我分析、自我展示的方法。通过小组内交流，可以促进成员深化自我认识，加深对他人的认识和理解。

在组员有了新的认知后，社会工作者还需要协助组员意识到必须为自己的改变承担责任，并将这种认知转化为实际行动。社会工作者要协助组员将有关问题澄清，通过分析和磋商，协助组员建立合理的目标，并整合小组内的资源，在合理分工的基础上，一起寻找解决问题的方法。

总之，在小组中期，小组成员之间达到最理想的沟通状态，组员的自我管理、决策能力大大增强，开始自己寻找解决问题的方法和策略。此时工作者处于催化角色和边缘位置，工作者的角色和责任主要是信息资源的提供者和连接者、小组及组员能力的促进者、小组的引导和支持者。

四、小组的后期

"天下没有不散的宴席"，正如人生历程的发展是一个周期一样，小组的历程也有开始和完结。

小组后期不单是指小组的最后一次聚会，它包括小组和组员达到预期的目标，准备结束小组的一个动态过程，同时还应该包括小组结束后，一些相关的跟进工作的安排。小组的后期作为即将收尾的阶段，有其特殊性和重要的功能，同样是小组工作不可忽视的环节。

(一)小组的特点

小组后期阶段，小组的特点主要表现在：组员情绪上有正面积极的情绪，也有负面消极的情绪，小组结构发生变化。

1. 正面积极的情绪

小组组员在小组中具有正面、积极的情绪体验。由于小组大部分组员的需要在某种程度上得到满足，目标也已经实现，组员之间、组员与小组之间的关系更亲密，对社会工作者的依赖大大减弱。

组员通过参加小组活动，增强了对自身的认识和了解，不断自我完善，自我形象和社会功能也有所提高，有能力去面对和支配自己的生活，对自己的将来有一份美好的憧憬。而且，部分组员已经能在组外获得满意的经验，并能与他人建立良好的人际关系，这一切使组员的自我能力明显增强。

2. 负面消极的情绪

（1）浓重的离别情绪

经过前几个阶段的相处，组员之间已建立起密切的、支持性的组内人际关系。面临分离，组员之间依依不舍，甚至产生悲伤和失落感。这时的离别情绪主要表现在两方面：一是采取逃避的态度，否定小组即将结束的事实。比如，继续采用一贯的做法来互动，甚至引入一些新话题、新任务，或用缺席的方法避免小组的结束。二是出现倒退性的行为。成员亦会用一些倒退性的行为来对抗小组的分离，例如已解决的问题再度出现等，这些都是组员对分离的恐惧、抗拒等心理的反映。

（2）对外面世界的担忧

在进入小组之前，很多组员在外面世界里存在适应环境的困难。

在小组活动过程中，组员经过努力，与小组建立起接纳、肯定、相互支持的关系，这种愉快的体验反过来又使其对外界的人和事产生忧虑和担心，害怕自己再次适应不良。小组的解散意味着他们要独立面对许多新的情况，于是导致其产生无所适从和莫名的忧虑感等，甚至对自己的能力产生质疑。

3. 小组的结构关系逐渐松散

小组后期，小组的影响力和小组规范的约束力都逐渐减弱，组员间的联系也比较松散，互动频率和强度相对降低。这时有些组员开始情绪转移，向外寻找新资源，以适应实际生活，有的组员则因害怕小组结束对自己的伤害，提早离开小组或减少对小组的感情投入，从而降低由于小组分离对自身的伤害。

（二）工作者的任务

在结束阶段，社会工作者的任务主要是处理好组员的离别情绪、帮助组员保持他们获得的小组经验。

1. 处理组员的离别情绪

成员在小组结束前会有许多情绪，比如逃避否定、沮丧失落、不满愤怒、行为倒退等，有些情绪甚至难以处理，但是成员又必须学会面对，因为一次面对结束的经验本身都会增强下一次面对结束的能力。对小组工作来说，没有处理好的情绪经验会阻碍成员维持和应用本次小组中学到的经验和技能。

社会工作者有必要提前告知每一名组员小组结束的日期，让组员做好心理准备，接受即将离开小组的事实。一方面要调动小组成员的情绪，鼓励他们将内心的感受充分表达出来，讨论并处理他们此时内心的矛盾与伤感；另一方面要让成员认识到小组结束的正面的、积极的意义，从而引导其对离组后的生活做出妥善的安排，将视线投向对未来生活的美好憧憬。

工作者可以通过讨论的形式，让组员分享愉快的经验感受，协助组员回顾他们在小组中取得的成果。工作者可以以欢送会、祝福告别等形式结束小组。

2. 巩固组员的学习成果

如何在助人过程结束之后，协助案主维持过程中所获得的改变，是助人者最关心的事。工作者在面临小组结束时，必须和成员一起讨论维持新行为的技巧，使小组成员能够保持其已改变的行为，并能应用到日常生活中，从而使小组成员能将已经习得的新行为运用到现实生活中。具体的方法有：一是模拟练习。模拟现实的生活环境，让组员在小组中练习他们学到的行为规范等。二是树立信心。观察组员的变化，鼓励和肯定，让他们对离开小组后的生活充满信心。三是寻找资源支持，做好跟进工作。帮助组员得到其家人、社区或周围其他人的支持，以维持在组员身上已经产生的变化。四是鼓励独立。鼓励组员运用其自身的能力、资源去处理现实生活中的问题，逐步降低小组对组员的吸引力，以避免其在结束时对小组过度依赖。

活动设计

我 的 收 获

目的：成员回顾和总结自己的小组经验和收获，并且与其他组员分享。

时间：50分钟。

材料：白纸、笔。

方法：

(1)工作者将笔纸发下，请成员在纸上写下有关小组的感受和体会。如"在小组中你所学到的三四件事""小组中对你最有帮助的经验是什么""你的个人目标完成的状况如何""怎样才能将小组中所学到的运用到生活中"等。

(2)写完后成员交流分享。

3. 制定离组后的计划，适应外部的情境

工作者要协助组员将他们新的领悟、新的观念付诸实行。工作者可带领大家讨论将来可能会遇到的各种事件，思考在没有小组的日子里，自己准备如何行动，释放组员对未来的担忧情绪。工作者要协助组员面对不支持的环境，协助组员锻炼独立解决问题的能力。通过制定切实可行的行动计划，增加成员的信心和适应能力，完成由组内到组外的有效过渡，让他们勇敢地面对未来。

活动设计

写给自己的一封信……

十年之后的我会是什么样子，畅想对未来的期望。(重点在于有何计划，有哪些改变，想怎样努力)

讨论：

(1)写这封信时，你有什么感受？

(2)你能够做到计划的事情吗？

(3)自己的现状与未来目标之间有什么差距？

(4)有什么阻碍力量会使你觉很难、甚至不可能实现自己的规划？

(5)怎样改变自己，追求幸福美好的未来？

4. 结束后的跟进工作

跟进服务是帮助小组成员使其技能和行为进一步巩固和持久化的必要方法，包括转介、建立自助网络、安排探访等。

(1)转介

转介是跟进工作中的一种，指在小组结束后，工作者把还存在其他服务需要的组员转送到其他服务机构，以便其在新的服务中得到相关帮助的工作过程。

有些组员需要继续学习或接受进一步的服务，工作人员应该提供相关信息和资源。工作者要清楚地知道某些服务是否适合组员的需求，才可做出转介的判断。为此，工作者需要了解有关转介的程序和准则，了解其他机构的相关资源，并且同其他机构建立服务联系网络。

在工作者与小组成员对转介的需要达成一致的认识之后，才可进行转介服务。转介完成后，工作者应与小组成员保持联系，以进一步把握转介后的状况和成效。如果转介失败，或成员不能从新的服务机构中得到所需，应告知工作者以尽快采取措施。

(2)建立自助网络

建立自助网络是指社工在小组结束之前，帮助组员了解其自身存在的可供利用的支持性资源，并以此为基础帮助组员建立组后支持性环境系统的工作。

工作者帮助组员了解其自身的社会资源状况，寻找组员社会支持网络的协助，去应对生活中的问题与事件。组员学会通过自己的能力，运用身边的资源获得个人的成长和发展，则是小组工作比较圆满的结果。

(3)安排探访

探访是指在小组结束一段时间后，对组员进行的回访工作。这是跟进服务的一项重要内容，也是巩固小组成果的关键环节。工作者可以安排一对一的个别追踪面谈或电话交谈，了解其离组后的工作、学习、生活状况，遇到的问题及其解决状况等，使成员感到工作者对自己的关心和重视，并且可以通过了解组员的近况，做出评估及指导，使其得到更切合的资源支持。

组后的探访还可以延伸到对组员家人或相关人员的探访，更多地了解组员的情况，并对从组员处了解的情况进行核实、印证，从而更客观地把握组员离组后的状况。

另外，对离组成员的探访，也可以给正在举行的小组活动以启示和借鉴，促进小组工作的开展，形成小组工作的良性循环。

五、小组的评估

小组工作有效吗？为了证明工作的有效性和效率，进一步改进自己的工作方法，小组工作者有必要对小组工作进行评估。

（一）小组评估及其相关概念

1. 小组评估

小组评估是指通过科学和系统的评估方法，运用相关的资料与技术，对小组工作的需求、目标、理论、过程和结果等各个方面所作的单一性或综合性的评价。

小组评估的最终目的是通过评估，总结小组工作的经验和存在的问题，为机构进一步地开展小组工作提供决策的依据。它是每个小组工作者必须掌握的一个技巧，贯穿于小组工作全过程。

2. 基线数据

基线数据指组员在参加小组前，目标行为的表现。由于在社会工作研究中，不采用实验组和对照组的方式，因此，为了说明小组工作干预的有效性，通常会采用基线数据作为对照资料，通过前后两组数据的对比，说明组员在小组中的变化水平。

3. 前测

前测指的是对组员进入小组前的目标行为，或者某一特定状态进行的测量，并将其作为对组员进行干预的基线数据予以记录。在前测中，测量的对象可能是一个心理状态，也可能是一些需要改变的行为。测量的方法，既可以是一次性测量，也可以是某一段时间内（比如一周或数周）的跟踪测量。所用的测量工具基本上是根据各个小组的工作目标和性质，以及评估的类型来决定。通常采用问卷、访谈、量表、自我报告等方法。

4. 后测

后测指的是小组结束时，用组员入组前的测量工具，对组员进行再次测量。后测的目的主要是通过把前测和后测的数据进行对比，来显示和说明组员的变化情况。

5. 跟进测量

跟进测量指的是在小组结束后，用与前测和后测相同的测量工具，对组员所进行的测量。跟进测量通常在小组结束后3—6个月或1年之内进行。其目的是了解组员在小组环境中学习的行为和理念在现实生活中运用的情况。跟进测量中获得的资料基本上能够反映组员真正改变的情况，因为经过一段时间的实践，如果组员还可以将小组中的改变带进现实生活中，就可以说明小组工作是有效的。

6. 目标行为

目标行为指的是组员自身存在的需要通过小组的干预加以改变的行为。目标行为是根据组前的需求评估和小组的性质来决定的。在实务工作中，对目标行为的选择，必须满足下述三个条件：一是该行为必须具有代表性；二是该行为必须能够被观察和测量；三是该行为必须具有连续性。

(二)测量工具的选择与资料的收集

1. 测量工具的选择

小组评估中常用的评估工具主要有以下几种。

(1)小组记录

小组记录亦称小组进度笔记，它通常由社工在每次小组聚会之后撰写，记录聚会的活动过程，是小组评估时分析小组过程发展的重要资料。记录方式有过程式记录、摘要式记录、问题导向记录、录音和录像等。

过程式记录是叙事性的，逐步将小组的发展情况记录下来，过程记录可以帮助社会工作者分析小组运作的整个过程，但是过程式记录非常费时费力，有经验的社会工作者较少使用，一般用于培训和督导初学小组工作者。摘要式记录的焦点放在小组中的重要事件，可以由社会工作者填写，可以由组员记录，也可以在每次小组活动后以一些开放式问题的形式让组员填答；问题导向记录是一种焦点非常清楚的记录，针对某个问题将探讨的问题、要达到的目标界定清楚，资料的收集与这个特定的问题密切相关；录音和录像是记录小组过程、组员表现和社会工作者表现的重要资料。在得到组员同意的情况下，可以对小组过程进行录音或录像。它的特点是有助于获得准确、翔实而未经修改的原始资料，特别是一些重要细节。

不论是过程式记录还是问题导向记录，每次小组聚会结束后就立即记录是非常重要的，因为这样才能在没有干扰的情况下，准确地记录小组中发生的事情。①

(2)问卷

问卷是小组评估中常用的测量工具，社会工作者可以自己设计或邀请专家设计一系列问题，让组员和组员系统的人填写，用于测量人们的行为、态度与社会特征。问卷方法可以运用到组前和组后，以及跟进测量中，问卷内容的详略、问题的形式都可根据实际需要进行调整，是一种灵活、有弹性的资料收集方法。

(3)标准化量表(评估表)

标准化测量主要是一些已有的，并由经验证明行之有效的量表，是一种针对性很强的评估工具。

自我评量量表，一般会在小组开始之前给组员测量使用，在小组结束时再给组员测量。针对一些特别的问题，有一些共同使用的量表，这些量表大都来源于精神医学、心理学或行为科学，经过反复检验，信度和效度获得认可，被小组工作者借鉴用来作为评估的测量工具。此外，还有一些专门发展起来评估小组工作的专业量表。当前常用的评估量表有：目标达成量表、任务完成量表、情绪的自我评估表、价值澄清量表等。

(4)行为计量

行为计量是要求服务对象系统的成员(家长、老师、朋友、社会工作者或其他的观察

① 社会工作者职业水平考试精编教材委员会. 全国社会工作者职业 水平考试(中级精编教材) 社会工作综合能力[M]. 北京：企业管理出版社，2017.

员)观察被评估者某些行为出现的次数并记录,以评估其行为是否有所改善。社会工作者可以根据具体需要设计行为观察记录表。这种资料收集方法简单具体,如果由组员自己做,会引发组员更多地表现或抑制某些行为,增加小组工作的有效性。

(5)日志、日记

行为计量着重于统计行为出现的次数,而日志、日记不但强调记录行为出现的次数,还着重记录了行为出现的情境、过程与结果,比较具有描述性。为了方便组员记录,也为了便于资料收集后的分析,社会工作者可以事先制定一个较为标准化的日志。相对于行为计量表法,日志、日记提供的资料更为丰富,对社会工作者的评估或进一步介入很有帮助,但它对组员的文字表达能力有一定的要求。

2. 资料收集①

在确定了测量工具后,就要进行资料收集,在收集过程中,要考虑以下因素:

(1)资料来源

资料来源是多样的,或来自社会工作者本人的观察和感受,或来自服务对象本人的报告,或来自服务对象周围的人的观察和感受等。

(2)如何收集资料

收集资料主要有定量和定性两种方法。定量的方法,使用标准化测量工具,对目标行为进行量化;定性研究的方法,通过访谈、直接和间接观察的方法来收集资料。

(3)谁来做评估

由工作者或组员自己评估自己的工作,容易产生个人偏见,因为人人都希望自己的工作是有效的。社会工作者希望服务对象的改变是因为自己的工作成效;对于组员来说,他们也渴望有积极的效果,这不仅是针对社工,也是针对自己。所以由主持小组之外的人,如老师,督导等来进行测量比较客观。在收集资料时,有条件可采用三角测量方法,即由不同的人进行测量,然后将结果汇总、以减少误差,提高资料的效度。

3. 资料收集中的问题

(1)组员与社会工作者之间的关系

在很多情况下,社会工作者自己充当研究者的角色,在资料收集过程中,很容易对当事人产生一种误导。因为组员们通过小组活动,逐步与社会工作者建立起一种良好的关系,作为对社会工作者工作的回报,组员在填写问卷或量表时,容易给出高分。这种感激心态,往往会过高估计小组的效果。因此在条件许可的情况下,建议社会工作者不要参与评估资料的收集。

(2)非干扰性观察与干扰性观察

在以观察的方式收集资料时,常常会面临两种选择:非干扰性观察和干扰性观察。非干扰性观察指的是观察者融于观察群体之中,他的观察行为和记录,完全不被观察者知道。干扰性观察指观察者知道被观察,这种观察会对观察结果的信度产生一定的影响。选择何种方式进行观察,取决于小组的目标和性质、社会工作者与组员的关系、小组的外在环境等因素。

---

① 刘梦主编. 小组工作[M]. 北京:高等教育出版社,2010.

基本概念

小组 小组工作 社会目标模式 互惠模式 治疗模式 发展模式

课后思考题

1. 什么是小组？什么是小组工作？
2. 简述小组工作的主要功能。
3. 试述小组工作中社会目标模式的主要内容。
4. 试述小组工作中互惠模式的主要内容。
5. 试述小组工作中治疗模式的主要内容。
6. 试述小组工作中发展模式的主要内容。
7. 联系实际，对比分析小组工作中四种主要模式的优势和局限。
8. 结合社会工作实务，谈谈小组工作各阶段的主要特点和工作者的任务。

参考书目

[1]刘梦. 小组工作[M]. 北京：高等教育出版社，2003.

[2]王思斌. 社会工作导论[M]. 北京：高等教育出版社，2016.

[3]林孟平. 小组辅导与心理治疗[M]. 香港：商务印书馆，1994.

[4]社会工作者职业水平考试精编教材委员会. 社会工作综合能力（中级）[M]. 北京：企业管理出版社，2017.

第九章　社　区　工　作

社区工作是以整个社区及社区中的居民为服务对象，提供助人的、利他的服务的一种社会工作专业方法，它是与个案工作、小组工作并列的三大社会工作方法之一。社区工作既是一种基本的工作方法，同时也是一种促使社会变迁的重要途径。与个案工作和小组工作不同，社区工作不直接解决个人与家庭的社会问题，而是以整个社区为工作对象，通过社区组织与社区发展来解决社会问题。与前两种工作方法相比，社区工作更宏观、涉及面更广、更侧重于社会环境与制度的变迁。

第一节　社区工作概述

一、社区与社区工作

（一）社区的概念与功能

1. 社区的概念

"社区"一词起源于拉丁语。1881年，德国社会学家滕尼斯把"社区"一词首先用于社会学。此后，"社区"一词广泛出现于社会学和其他社会科学文献中，其含义随着时间的流逝和应用范围的扩大而不断变化。迄今为止，对社区这一概念的解释有数十种之多。在"社区"概念的发展过程中，有两大理论思潮在社区概念上打上了自己深刻的烙印。

（1）滕尼斯的共同体思想

在这里，滕尼斯所说的共同体与现代社会相对，它是建立在亲密交往、共同理想、共同信念基础上的。社区的英文是"community"，含有共同体的意思。滕尼斯认为，传统社会是一个共同体。共同体建立在共同的信念与价值的基础上，共同体的团结是有机的；人与人之间的关系建立在直接的面对面交往的基础上，人与人之间的互动是全面的、持久的、带有感情色彩的。而现代工业社会是建立在契约基础上的聚合体，社会的团结是机械的，人与人之间的交往是功利性的，人的关系只是为达到特定目的的暂时关系，滕尼斯在对社区与社会的区分上表露出对新兴现代工业社会的批判以及对传统社区中温情脉脉的人际关系的留恋与向往。社区工作往往强调社区成员的互动与互助、强调邻里亲善、守望相助，疾病扶持的价值，克服工业社会中人际关系冷漠、贫富分化的状况，这与滕尼斯把社区看作一个共同体的观念有一定的联系。

（2）功能主义的整体性观点

除了滕尼斯的共同体思想对社区概念的重要影响之外，另一大理论思潮就是功能主义思潮。功能主义采用整体性的观点来研究社会，认为社会生活是一个整体，社会中的各个部分在社会中承担着独特的功能，它们相互联系、相互依赖，其中任何一个因素的改变都会影响到其他部分，要理解各个部分、各个因素就必须把它放到社会的整体中去观察与理解。功能主义在具体研究中经常采用社区研究的方法，即划出一个特定的区域界限，然后从整体上进行研究，它认为只有从社区的整体出发观察、调查，分析社区与社会制度之间的功能、结构关系，才能正确地诊断出不同类型社区中出现的社会问题的症结所在，提出处理、解决社会问题的方案与具体措施。

现代的社区概念往往同时含有共同体与整体性这两层含义，只是在不同的场合，侧重点有所不同。

（3）我国社会学界的社区概念

我国社会学界在研究和实践中使用"社区"这一概念时，一般是指聚集在一定地域范围内的社会群体和社会组织，是根据一套规范和制度结合而成的社会实体，是一个地域社会生活共同体。这里的社区一般是地理性社区，且多为较小的基层社区。我国目前所称的社区在城市一般是指街道或居委会，在农村则是指乡、镇或自然村。这类社区大多由五个要素构成：

第一，社区包括一定的人口。第二，社区有一定的区域界域。第三，社区存在着有一定特点的行为规范与生活方式。一个社区可以包括若干不同性质的团体和小群体。居民中包括不同年龄、不同职业、不同籍贯、不同信仰、不同爱好和兴趣、不同社会阶层的人们、他们生活在社区中必然产生多方面的、复杂的人际关系。为了协调这种种关系，就需要有规章制度、行为规范、乡规民约等。第四，社区成员在心理上、感情上具有该社区的地方感情或乡土观念。第五，社区具有一定的服务设施和条件，以满足社区成员的物质生活和精神生活的需要。例如保护环境卫生，提供家庭服务，举办托儿所、幼儿园以及各种专业培训班等都需要活动场所、文娱设备、文体用具等。

2. 社区的功能

一个正常发展的现代社区一般具有八项功能：

（1）经济功能。任何社区均有各种单位，如商店、旅馆、市场、工厂等，可以给居民提供就业及谋生的机会。

（2）政治功能。主要在于维持社区秩序，保障居民安全。如村、镇、街道、居委会的办事处、派出所等。

（3）教育功能。如社区中的幼儿园、托儿所、中小学校及其他各类学校，分别提供学前教育和正规教育，社区内的文化设施与活动也发挥着社会教育的功能。

（4）卫生功能。各种公私立医院、诊所、药房等，向居民提供卫生保健服务。

（5）社会功能。通过社区中各种公共集会及活动，促进居民间的交往，建立良好的人际关系。

（6）娱乐功能。社区内设置的电影院、剧院、公园、儿童乐园等场所可开展各种康乐性群体活动，促进居民的身心健康。

（7）宗教功能。教堂、寺庙等。可使居民根据自己的宗教习惯从事宗教活动。

（8）福利功能。如对贫困者的救助，对老人、儿童的照顾，对不幸者的慰问等，都可以通过社区的福利机构或慈善组织完成。

在改革开放以前，我国城市中的人们主要依赖于工作单位，由工作单位来提供职业、社会控制、卫生、娱乐、福利等大量功能。人们生活的重心是单位，社区的功能相对弱化了，社区不是居民就业及谋生的主要场所，居民在经济上对社区的依赖较弱。由于个人主要属于单位，社区对个人的社会控制、社区的社会功能以及社区的福利功能都极弱。社区往往弱化为单纯的住宅区，居民之间的互动很少，人际关系趋于淡化，居民对社区缺乏认同感、依赖感、参与感和归属感。

随着我国经济体制改革的推进，企业逐渐从"企业办社会"的模式下摆脱出来，以追求利润为主要目标。大量原先由企业承担的社会性功能下放到区与街道，因而，社区工作的发展将直接关系到经济体制改革的顺利开展。与此同时，由于企业与职工的关系由原来的终身制转变为雇佣与被雇佣的暂时性合同关系，与工作单位相比，个人的居住地往往更稳定、更少变动。因此，居住地的社会服务与人际关系对个人的意义突现了出来，发展社区、健全社区的功能对个人的意义变得越来越大。

（二）社区工作的定义和目标

1. 社区工作的定义

社区工作的定义很多，多达几十种甚至几百种。其中，比较有代表性的有：

弗里德兰德（W. A. Friedlander）认为，社区工作是"一种社会工作的过程，它使同一地区内社会福利的需要与该地区内解决这种需要的办法，两者之间获得较为圆满的调节"。同时，他又指出了社区工作的三个工作目标：决定社区的需要；从事审慎严密的策划工作，以解决人民之需要；发动社区力量，希望以最有效的方法达到社区福利组织的目标。

而莱恩（Robert P. Lane）则认为，社区工作是一种"目的在于实现及保持社会福利资源与社会福利需要间的进步、有效的适应方法"。

此外，罗斯（Murray G. Ross）的定义也具有一定的代表性。他认为，社区工作是"一种过程，一个社区经由这个过程来确定它的需要或目标，排列其先后缓急次序，鼓励其从事改造的信心与工作的意志，寻求内外可用的资源，并对之采取行动，在此工作过程中，扩大和发展社区人民互助合作的态度和行为"。

台湾学者白秀雄则认为社区工作是"从社区入手，了解社区的问题或需要，动员社区内的一切资源，配合外界的协助，来解决社区的问题或满足社区的需要，以促进社区的福利"。

而大陆一些学者在总结这些定义的基础上也对社区工作做了定义。其中，张乐天认为，社区工作是一个过程，在这一过程中，社会工作者帮助社区成员确定其需要或目标，鼓起其行动的意愿与信心，协助其寻求各种资源，采取行动，以求得问题的解决。而王思斌则认为，社区工作是专业社会工作的一种基本方法，它以社区和社区居民为服务对象，通过发动和组织社区居民参与集体行动，确定社区的问题与需求，动员社区资源，争取外力协助，有计划、有步骤地解决或预防社会问题，调整或改善社会关系，减少社会冲突，培养社区居民自助、互助及自决的精神，加强社区的凝聚力，培养社区居民的民主参与意识和能力，发掘并培养社区的领导人才，以提高社区的社会福利水平，促进社区的进步。这里，我们采用王思斌对社区工作所下的定义。

需要说明的是，人们经常把社区工作分为社区组织与社区发展两个部分，这是由历史原因造成的。在社区工作发展的初期，社区工作就是社区组织工作，它的主要目标是以组织的方式解决工业化与城市化造成的社区的分裂与冷漠。后来社区组织工作的方法应用到农村社区，工作的目标转变成了落后地区经济与社会的发展问题，所以被称作社区发展。

社区工作的发展史使人们区分出社区组织和社区发展两个概念，其主要区别是：社区组织发生在工业社会的城市社区，主要在于应付当时因工业革命而引起的社会问题，是一种在动乱的或者已经发生剧变的社会中发展起来的工作方法，其功能在于调整社区生活，补救社会缺陷，重谋社会整合；而社区发展产生于农业社会的乡村社区，其主要目的在于打破旧的习惯，解决农村人民的贫困、无知、疾病等问题，诱导社会发生变化，并鼓励社会、经济、文化等的平衡发展，其功能是将静态的社会转变为动态的、创造性的、进步的社会。但是，社区组织与社区发展的区别只是工作对象上的不同，它们的工作方法与工作原则并没有本质区别，而且社区组织本身包含着社区发展的内容，社区发展也要借助社区组织的方法。因此，我们不打算严格区分社区组织与社区发展。

2. 社区工作的目标

社区工作的目标可以分为三个方面：第一，调整或改善社会关系，减少社会冲突；第二，寻求社会福利需要与社会福利资源的有效配合，以满足需要，消除问题，改善社区生活，促进社区进步；第三，改善社区权力与资源分配。

与社区工作的三个目标相应，罗斯曼（Rothman）总结出了社区工作的三个模型：地方发展、社会计划、社会行动。地方发展是指鼓励社区居民参与决策，并以自助互助的力量来解决其共同问题、改善生活质量。社会计划是指针对问题本身从事科学化的探究，通过理性的行动决策，来解决社区的问题，从而引导社会的变迁与进步。社会行动指组织那些处于不利地位的人们，对大的社区提出合理的权益保障要求，以求得社会资源的公平分配、从而促进社会的和谐与进步。

20 世纪 80 年代，英国学者托马斯（D. N. Thomas）提出另一个较有影响的社区工作目标分类法，他认为社区工作有下列两大目标：一是分配资源。社区工作是组织居民就他们的日常切身事务争取合理而平均的资源调配，从而令他们的权益得到保证。二是发动居民。其中包括两个方面：一方面，社区工作可以促进公民权的发展，这包括培养基层居民的"政治责任感"，即使得他们对政治感兴趣，掌握更多的政治知识和技巧去参与政治事务，同时还包括使居民拥有信心及能力，借以影响政党和政府，监督政党或政府的运作；另一方面，社区可以培养居民的社区凝聚力。他所提出的"分配资源"与罗斯曼的"社会行动"相类似，其特别之处在于他在罗斯曼的"社会行动"上进一步阐述了公民权及社区凝聚力的重要性。

二、社区工作的历史发展

社区工作最早始于 19 世纪的英国和美国的慈善组织会社运动。这一运动的目标之一是协调各慈善团体与救济机构的工作，以避免服务的重复与低效。他们采用"爱尔伯福制度"，将城市分成若干个小区，由每个小区组成的志愿会负责救济的分配。

第一次世界大战期间，美国各地纷纷成立了社区基金会与理事会，基金会的主要任务是募集资金，理事会的任务是有效地分配与使用资金。1918年"全美社区组织协会"成立，把原附属于地方社区社会服务计划与基金筹募中的各个团体与组织连结起来，主要从事为健康与福利服务联合募捐的工作。

1920年，世界性的严重经济危机表明，仅靠个人与民间机构的力量难以解决问题，从这时候起，政府开始承担起公共福利的主要责任。1933年，美国成立了"联邦紧急救济总署"。1935年，又颁布了"社会安全法案"，社会福利的基本职责由志愿团体转移到政府部门，政府介入了社区组织，并采用社区组织的服务方式实施公共福利服务，这就使社区组织理论与实践得到进一步的发展。

1939年，莱恩（Robert P. Lane）领导的研究小组在美国社会工作会议上提交了一份《莱恩报告》，使社区组织的理论为大家所了解，使社区工作方法被大会所接受，从那时起，社区组织与个案工作、小组工作同列为社会工作的三大基本方法。

20世纪60年代初，社区工作者和其他投入组织、计划与方案拟定的工作人员开始更明确地把自己称为"专业工作者"。他们以专家的身份解决社会问题。这些社区工作者往往自视为"社会工程师"，他们试图运用已有的专业知识和社会计划理论去解决社会问题，并以果断的策略去影响政府的各项社会政策。

在这个时期，许多重要方案和理论的发展影响了社区工作的实施，同时也为1964年最终通过"反贫困"立法铺平了道路。后来，美国又通过了以对抗贫穷为主的"经济机会法案"，该法规定设立"经济机会局"（OEO），直接隶属总统府，主持协调各有关部门消灭贫穷的行动，其工作内容与社区工作密切相关。

当时，美国在"向贫困开战"的热潮中，政府实施社区行动计划，希望可以改善对贫穷群体的社会服务，也希望可以让这些居民有参与决定政策的机会。但在执行计划的过程中，政府发现计划的目标太过空泛，而决策者与社区工作者（执行政策者）对整个计划的目标及意义有不同的理解。结果，这些计划在提供基本服务外，还热衷于对政府有关房屋、福利及就业政策进行批评。这些批评行动当然不受政府欢迎。到20世纪70年代，美国政府对基层居民组织及社会行动的热情大减，对这类计划的资助也随之减缩。自20世纪80年代开始，美国已将社区服务工作的重点转向一些有特别需要的社会贫弱群体，例如，少数民族、妇女、老人及精神病患者等。

社区工作最早产生于城市。在西方工业化国家，社区工作作为解决工业化所带来的一系列社会问题的方法之一，主要功能是为处于不利地位的社会成员提供社会福利，一般被称为"社区组织工作"；而主要施行于发展中国家农村地区，旨在促使传统社会转向现代社会的社区工作，一般称作"社区发展"。

按一般文献记载，社区发展开始于1939年埃及的非官方机构。但从中国的实践来看，我国平民教育家晏阳初于20世纪20、30年代在河北定县从事的乡村建设运动是社区发展的最早实践，晏阳初可以说是社区发展工作的鼻祖。1948年，英国正式提出"社区发展"的概念，以取代在殖民地开展的"民众教育"。1951年，联合国推出"联合国技术援助推广方案",并于 1952 年成立"社区组织与社区发展小组",试行推动社区发展。而 1955 年出版的《社会进步经由社区发展》认为,社会发展"是一种经由全区人民积极参加与充分发挥其创造力量,以促进社区经济、经济进步情况的过程"。

社区发展的目的在于带动社会变迁,以改善生活条件、解决社会问题、增进社区福利。按照联合国 1960 年《社区发展与经济发展》中的解释,社区发展是指"一种过程,即由人民以自己的努力与政府当局配合、去改善社区的经济、社会、文化环境。在这一过程中包括两个基本要素:一是由人民自己参加自己创造,以努力改进其生活水准;二是由政府以技术协助或其他服务,助其发挥更有效的自觉、自助、自动、自发与自治"。

第二节　社区工作的理论与理论模型

一、社区工作的理论

(一)社会分析和意识形态

1. 社会分析

社会分析帮助社区工作者从理论上把握社区及整个大社会。社区工作者对社区及大社会的分析,将影响其对社会或社区问题、介入策略、社区工作的方向及其在社会上应扮演角色的看法。因此,对社会的理解,便成为社区工作理论的重要内容,而社会分析的理论主要来源于社会学与政治学。

2. 意识形态

社会上存在着不同的意识形态。不同的意识形态影响着个人和群体对社会问题的看法,也影响着解决这些问题的建议。社区工作者也难免受到意识形态的左右。与社区工作直接有关的意识形态颇多,主要有:保守主义、多元主义、马克思主义、社会民主主义、激进自由主义(无政府主义)与女权主义等。

不同的意识形态对社区工作有不同的影响,其主要区别在于对问题的成因有不同的分析,以及采用激进或温和的策略。这些差异不仅存在于不同的意识形态之间,甚至在同一意识形态的不同流派之间也会出现。

保守主义使社区工作支持地区发展模式;而多元主义则促使社会计划及社会行动成为可接受的模式。马克思主义、社会民主主义和激进民主主义都支持社会行动的冲突性策略,但三者的不同之处在于:马克思主义认为要促使社区与经济领域的斗争连成一气,应当由劳工组织作领导;而后二者则不认为应由劳工组织来领导,其中激进民主主义更强调参与式民主,认为不同的小规模组织更能促进成员的全面参与,组织之间要彼此尊重,不存在谁领导谁的问题。女性主义反对劳工组织领导的方向,强调所有组织与妇女组织的平等相处,共同谋求男权制度的改变。

(二)社会变迁理论

推动社会变迁是社区发展的一大目标。社区工作本质上就是关于人和社会变迁的事情，它关注如何协助人们和服务提供者推动和促进环境的变迁。因而，社会变迁理论启示社区工作者，要了解社会变迁及其不同的类型，并善于在不同情况下选择社区工作所适用的模式。

(三)社会运动理论

伍德(Wood)和杰克逊(M. Jackson)将社会运动描述为非常规性、有不同程度及有组织的集体行动，目的是促进或防止某种社会变迁。吉登斯(A. Giddens)则认为，在现代化的社会中有四种不同类型的基本社会行动：一是民主运动；二是劳工运动；三是性别运动；四是生态运动。

社会运动的理论，主要以阐释社会运动的根源和发展的原因为主。大致可以划分为两大角度：一种是着重个体或群体心理状态的社会心理角度，另一种是着重社会状况和条件(包括种种社会矛盾)的结构角度。此外，近年来在欧美国家还出现了一种从另外一些层面探究的理论，如"新理论运动"，包括20世纪60年代以来发生在西方的和平(反核)运动、环境生态(反污染)运动、妇女运动、消费者权益运动以及消费合作社运动、绿色运动等。

二、社区社会工作的实施模型

美国学者罗斯曼1979年将美国社区工作的实践经验加以总结后，提出了社区社会工作的三大实施模型：地方发展、社会计划(社会策划)与社会行动。这三个模型的工作目标、工作原则与工作方法有很大的差异，但在实际的社区工作中，这三个模型并不是绝对分立的，社区工作者往往可以根据实施的场合不同选择其中之一，或者混合使用几个模型。罗斯曼的实施模型在西方社区工作的实践理论中是比较典型的，这里我们分别加以介绍。

(一)地方发展模型

地方发展模型认为，只要社区内的多数人广泛地参与决策和社区活动，就能实现社区的变迁，它主张在一个地域内鼓励居民通过自助及互助来解决社区内的问题。这一模型注重提高居民的民主参与意识，发掘与培养地方领导人才，发掘地方资源，主张通过社区工作者发动、鼓励居民自己起来关心本社区的问题，对问题作了解，进行讨论并采取行动。它强调民主程序，志愿性的合作，居民自助与教育，如社区服务中心所执行的邻里工作方案、实施于村镇的社区发展方案、成人教育领域的社区工作等。在这一模型中，社区工作者的工作主要就是提高居民的民主参与意识，解决问题的能力和居民之间的合作精神，加强居民对社区的归属感。地方发展模型的主要特点如下：

1. 社区问题所在

地方社区缺乏良好的人际关系与解决问题的技术，社区中的居民是孤立的；或者社区为传统所束缚，社区领导者思想保守，对民主程序一无所知，缺乏解决问题的能力。"社区发展"的观点即源于这一假设。

2. 变迁的策略与方法

"让我们聚集在一起来商量这件事"，也就是激发广泛的参与。该模型强调一致与共识，即通过各个不同的个人、团体、党派间充分的讨论与沟通，来实现一致与共识。

3. 目标

着重于建立社区自我发展的良性机制，着重于培养一种态度、氛围、程序与机制。该模型认为，在这个基础上，社区成员就能自发地、有效地解决具体问题。

4. 社区工作者角色

社区工作者是一个"促成者""协调者"或者教导者。他协助人们表达不满，发动并鼓励居民去思考问题的根源，发现自身的需要，从而引发改变现状的意愿、动机、信心及希望，培养良好的人际关系；协助社区建立组织与制度。

5. 服务对象体系

服务对象通常是一个地域性的实体，包括社区中的各种团体。其中，社区的权力精英也是社区工作中分工合作的一部分。

6. 服务角色

服务对象被看成是有相当丰富的未开发潜能的公民，他们在相互的互动以及与社区工作者的互动过程中，被看成为积极互动的参与者。

7. 公共利益的假设

该模型的公共利益假设倾向于理性主义，认为对社区的共识是可能取得的，社区中各团体与阶层的利益是可以调和的，社区的公共利益是可能实现的。

这一模型通常用于那些"居民背景比较划一、关系良好、冲突不明显，社区政治情况比较稳定，居民比较信任政府"的社区。该模型指导下的社区工作过程中，社区变迁比较缓慢，它采用的方法是自助与合作的方法，以具体目标为主，通常可能不能做到有效地引进外来资源。

(二)社会计划(社会策划)模型

社会计划模型强调专业人员的参与，依靠专家的意见，通过有关专家的调研、论证、计划，然后落实、推行，去解决社区内的问题；还强调理性设计的社会计划在社会变迁中的作用，认为只有专门的计划者运用专业技术知识才能制订合理的社会变迁计划，引导复杂的变迁过程，才可能为社区居民提供合适的服务，解决犯罪、住宅、心理卫生等社会问题。社会计划模型具有以下主要特点：

1. 社区问题所在

该模型认为，社区中存在着许许多多具体的问题，这些问题因为缺乏合理的社会计划与实施能力而产生，所以，解决问题的途径是专业技术人员的参与。

2. 变迁策略

即"让我们获得事实真相，并采用合乎逻辑的下一步"。该模型侧重于资料的收集、正确计划的制定与实施。

3. 目标

与地方发展模型寻求解决问题的普遍机制相比，社会计划更着重于具体问题的解决。

4. 社区工作者的角色

该模型强调专家的角色与专家的参与。社会工作者从事调查研究、方案拟订，并与各种不同科层体系及各种不同学科的专业人员建立关系，他们是事实的汇集者与分析者，同时也是方案的组织实施者。

5. 服务对象体系

该模型认为，服务对象是整个社区或社区的一部分。

6. 服务对象角色

服务对象在该模型中的参与比较被动，更倾向于被看成"服务的消费者"，他们享受各种社会计划的成果，如住宅、娱乐、福利等；他们的主动性与积极性主要表现在服务的消费上，而不是政策或目标的决定上。社会计划是社区权力精英所聘请的专家制定的，所以，社会计划本身较多地反映了权力精英的共识。

7. 公共利益的假设

该模型的公共利益假设倾向于理想主义，认为社区内各团体的利益可能是调和的，也可能是冲突的。为了使社区的公共利益不受政治利己主义的影响，应当强调知识、事实与理论，应当采取一种客观中立的态度。

（三）社会行动模型

人口中居于劣势地位的人们，为了向社区提出适度的要求，实现社会正义与民主，必须组织起来，采取行动，才能达到目标。把"社会行动"付诸行动的有两种群体：一是对社会不平等表示关切的群体，二是意识到自己在某些情况下居于劣势地位的群体。

在这一模型中，社区工作者首先要觉察到居民对某些问题的特别关切，利用这些问题去发动居民，组织起来或采取一致行动，主要方法有讨论、公开辩论、磋商、通过大众传播媒介呼吁去引起社会各界和政府当局的关注与同情，也可以采取请愿、游说、游行示威、静坐等行动方式直接采取行动或施加压力，以求问题的公正解决，促成社区制度、法规或政策的变迁。美国近代史中的争取公民权的团体、工会、社会运动、福利权利运动等都是社会行动的实例。

社会行动模型具有如下主要特点：

1. 社会问题所在

该模型认为社区问题的产生主要是由于社区中存在着权力与地位的分化，社区中的一部分人处于劣势地位，他们被剥夺、被忽视，失去了权力，由此导致了社区问题的产生。

2. 变迁策略

"让我们组织起来去对付我们的压迫者！"该模型强调，要组织大众行动起来，去实现预定的目标。

3. 目标

该模型认为，必须实际地改变社区中的权力关系与资源分配，或者通过基本制度的变迁提高一部分人的社会经济地位。

4. 社区工作者的角色

在该模型中，社区工作者是社会行动中的策动者，服务对象的辩护者与代言人。

5. 服务对象体系

服务对象通常只是社区中的一部分人，包括劣势团体以及处于劣势地位的个人，他们特别需要社区工作者的支持。社区权力精英往往是社会行动所针对的目标，不属于服务对象体系。

6. 服务对象角色

服务对象被认为是现有体系的牺牲者，也是所进行的社会行动的得利者。

7. 公共利益的假设

该模型的公共利益假设倾向于现实主义，假设社区各部门之间的利益是不一致的、无法调和的，既得利益者不会轻易放弃权利，所以需要采取强制性的措施，如立法、联合抵制、政治与社会动乱等。

这种模型在西方国家社区工作中的应用十分常见。它特别适用于那些社会情况比较复杂，社会矛盾比较多，政府部门官僚化，居民利益缺乏保障的社区。针对社会不公平、不平等与剥削现象，社区工作者动员、组织社区居民，采取集体行动，以从下而上施压的形式，求得问题的公正解决。

以上介绍的是罗斯曼的社区工作"三大模型"。1987年，罗斯曼修订了他1979年提出的这"三大模型"，他将"三大模型"归类为"社区组织实务"，同时又提出"政策实务"与"行政实务"，总称之为"宏观实务模型"或"宏观实务观点"。这套新模型中，新增的"政策实务"认为社区改变有赖于社会整体的政策。因此，强调要针对政策内容和政策的决定系统(亦即权力中心)做出介入。"行政实务"则是认为社区的改变需要由一些社团组织，通过行政运作促成，因此社区工作者必须掌握行政运作的规律，以达到解决社区问题的目标。

(四)社区照顾模式

除罗斯曼的社区工作"三大模型"外，美英等国还发展出了邻里动员、基层领袖培训、社区照顾、服务扩展等模式，这些模式也是社区工作在历史过程中不断发展的结果，这里对社区照顾模式加以补充介绍。

1. 社区照顾模式的含义

社区照顾模式是指社区中各方成员组成的非正式网络与各种正式社会服务系统相配合，在社区内为需要照顾的人士提供服务与支持，促成其过正常的生活，加强其在社区内的生活能力，达到与社区融合，并建立一个具有关怀性的社区的过程。其中，社区照顾的非正式网络一般由家人、亲戚、朋友、邻居和志愿者组成；正式的社会服务系统一般是指医院、养老机构、精神障碍照顾机构、残障康复机构等政府、非营利机构，也包括少量的营利机构。而需要照顾的人士一般包括老年人、儿童、残障人士、精神障碍人士等。

2. 社区照顾模式的实施策略

(1)在社区照顾

"在社区照顾"(care in the community)是指将一些服务对象放在社区内而开展的服务，即指有需要及依赖外来照顾的困难人士，在社区的小型服务机构或住所中获得专业人士的照顾。"在社区照顾"的核心是强调服务的"非机构化"，将被照顾者放回社区内进行照顾，使他们在熟悉的社区环境中生活，协助他们融入社区生活。"在社区照顾"的服务形式有多种：一是将照顾者放回他们熟悉的社区中的家庭里生活，并辅以社区支援性服务，如家务助理、社区护士及日间照料服务等；二是将大型机构改造为更接近社区的小型机构，如小型敬老院、小型儿童之家等；三是将远离市区的大型机构搬迁至社区内，使服务对象有机会接触社区，方便亲友探访见面。

（2）由社区照顾

"由社区照顾"是指由社区内的家庭、亲友、邻里、志愿者等提供照顾和服务。"由社区照顾"的核心是强调动员社区内的资源，发动社区内的亲戚、朋友和居民一起协助，为有需要的人提供照顾。例如，以社区为本的康复计划目的是用低廉而非专业的康复服务取代集中化和院舍化的昂贵方式。

"由社区照顾"的重点是积极协助困难群体和有需要人士在社区中重新建立支持网络，这些支持网络大致可以分为三类：

第一，提供直接服务的网络。这类服务较多是以地域社区为基础，在同一社区内动员亲人、邻居、志愿者或居民组织开展多样性的服务，关怀社区内有需要的人士，并逐步建立一个支援系统。例如，动员志愿者访问独居老人、动员医生、律师等专业人士参与志愿服务工作、满足服务对象的多元化需求等。

第二，服务对象自主网络。这是指建立服务对象为核心成员的互助小组，帮助他们以"助人自助"的理念提升自信、提供建议等，形成互相支持。这类自助组织一般都具有类似困难和问题，如糖尿病人互助小组、癌症病人互助小组、单亲妈妈俱乐部等。

第三，社区紧急支援小组。这是为了帮助个人及家庭预防突发事故或危机而建立的支持网络，如独居老人的电铃呼叫、社区中和治安巡逻等。

（3）对社区照顾

英国学者沃克（A. Walker）在对社区照顾进行系统划分时提出，除"在社区照顾"和"由社区照顾"外，还应包括"对社区照顾"（Care for the Community）。他认为，要成功地进行社区照顾，单靠社区及家人的力量是不够的。为了不使这些照顾者被"耗尽"，还需要充足的支援性社区服务辅助措施，才能使社区照顾持续下去。这些社区服务包括日间医院、日间护理中心、家务助理、康复护士、多元化的老人社区服务中心、暂托服务、关怀访问及定期的电话慰问等，只有提供足够的这类服务，才能辅助社区居民和家庭把需要照顾的人士留在社区里生活。

（4）整合式社区照顾——建立社会支持网

整合式社区照顾认为，只有将正式照顾和非正式照顾相结合，形成对服务对象的社会支持网络，社区照顾才能顺利实施。社会支持网络指的是个人与其他个人、组织和机构之间的直接联系，通过这些联系，个人获得情绪、物质、服务、信息等方面的支持。一个人所拥有的社会支持网络越强大，就越能够更好地应对各种来自环境的挑战。

非正式照顾通常是由服务对象的家人、朋友、邻居来承担的，社会工作者应与服务对象现有的个人网络中的成员接触，尽量动员这些成员提供支持，商议解决问题的办法。当服务对象所拥有的个人网络太小或不能提供足够的支持时，社会工作者应为其发展新的非正式照顾资源，如寻找、培训并分派志愿者为其提供较为长期的服务，推动邻居在危急时提供临时性的、非长期的协助，组织情况相似的服务对象成立互助小组。

正式照顾的提供方包括政府部门、非营利的社会组织和市场上的营利性机构，正式照顾的对象包括服务对象及其照顾者。为服务对象提供的正式照顾主要包括家政服务、送餐服务等日常生活照顾，护理、康复等医疗照顾，心理辅导、电话慰问等精神支持。此外，为照顾者提供的正式照顾主要包括一些"对社区照顾"的支援性服务，以帮助照顾者获得暂时休息并缓解长期照顾带来的焦虑和紧张感，如临时照顾服务、日间照顾服务、临时安置服务、照顾者的互助小组等。

社会工作者在实施社区照顾时，应评估服务对象的社会支持网络现状、发掘其中可能提供照顾服务的资源，如果发现其社会支持网络不足，则要为服务对象开拓其他正式和非正式的照顾资源，协助其建立和完善社会支持网络，实现社区照顾的目标。

（5）为家庭照顾者提供服务

由于非正式照顾系统在社区照顾模式中发挥着极为重要的作用，因此也有学者批评其服务和资源只集中给付那些服务对象或有需要的人士，而忽视了那些提供照顾的家属们的需要，尤其是对那些独立照顾家人的家庭成员缺乏必要的支援。社区照顾的政策也引起女性主义者的极大关注，她们指出社区照顾往往假设妇女是家庭照顾的主要承担者，因而剥夺了妇女在更广阔的社会空间中平等参与的机会。

（6）社区倡导

社区照顾应倡导尊重服务对象和以其需要为中心的服务精神。要落实这个以服务对象为本的价值，就要鼓励被照顾者和提供照顾者参与有关服务的决策和资源分配。只有通过这个层次的参与，服务对象才可以有系统、有组织地表达自己面临的问题，并保障服务质量。这个过程就是"社区倡导"。其中包含两个层面的意义：一是社区倡导是一个社区教育过程，目的是使社区内的居民了解服务对象的特殊困难，从而体谅、理解并接纳他们，并尽可能帮助他们融入社区；二是社区倡导也是社区增权（community empowerment）的过程，目的是帮助服务对象建立信心，维护自尊，勇于表达自己在经济、身体、精神方面面临的困境，更敢于向社区和社会提出合理的要求和政策倡议，并通过这个过程，增强服务对象的自我价值、公民意识和社群精神。

3. 对社区照顾模式的评价

（1）优点

第一，给予服务对象人性化的关怀。社区照顾注重在社区内解决个人及家庭困难，强调在社区内建立一个由社区居民组成的支援系统和网络，发挥照顾的功能，增强人性化的关怀、拉近社区居民之间的关系。

第二，动员社区普通居民参与社区照顾。社区照顾鼓励社区居民对一些有特殊需要的服务对象加以接纳和关心，号召社区成员参与志愿服务，为有需要的人士编织一个社区互助网络。这些由邻里和社区居民组成的互助网络，有助于营造关怀互助的社区环境，促进社区发展。

第三，倡导社区层面服务的综合化。"在社区照顾"体现了服务策略的改变，即通过服务的非院舍化及支援性服务的加强，使被照顾者留在自己熟悉的社区中生活；"由社区照顾"则突出了服务资源的综合运用，即发动服务对象的亲朋好友及邻居等提供协助照顾，从而促成关怀性社区的建立。可见，社区照顾是结合了不同对象、不同方法的服务，是倡导服务综合化发展的积极尝试和有益经验。

（2）不足

第一，资源及权力下放可能引发的政府责任与角色问题。社区照顾从一开始就强调了非正规网络和资源的运用，政府也有意识地将权力和资源从中央下放至地方乃至社区，然而这是否意味着政府责任的推卸？社区照顾的落实不是简单地更换成一种较便宜的服务，相反，其推行需要更多的投入及承诺。

第二，社区资源状况可能不符合社区照顾的要求。社区照顾的重点是强调家庭和社区资源的充分运用。随着工业化和都市化的发展，家庭制度也有了明显的变化，如核心家庭日益普遍，越来越多的妇女投身社会，婚姻观念的变化导致分居、离婚现象增多等。这一切都使我们不能过多奢望大部分老弱病残人士可以在家庭方面获得长期的照顾。

第三，激励机制问题。社区照顾显然是把传统责任和利他精神作为照顾行为的道德基础。然而，当我们肯定道德承担和约束力量的同时，必须承认道德的承担是有限度的。当家庭、社区网络不可能对服务对象承担长期照顾责任时，服务对象的利益也将被伤害。

第四，非正规照顾的服务质量难以保证。在社区照顾的范围内，服务提供者不再局限于受聘于政府或服务机构的专业社会工作者，而是尽量鼓励服务对象的亲人、邻居或志愿者提供照顾服务。但当遇到较复杂的照顾任务时，服务质量可能会难以保证。

第五，社区对有困难人士的排斥和歧视问题。社区对一些有特殊困难的人士，如残疾人士、精神病患者等，往往存有一定的偏见和歧视，有的甚至可能采取激烈的行动反对在社区内设立有关的服务设施。这实际上反映了社区居民对特殊困难群体境况的不理解，也缺乏一份关怀和体谅的态度去接纳他们。

第三节 社区工作的一般过程

社区工作是一个解决社区问题、满足社区需求的过程，包括一连串的工作方法、步骤及其应用技巧。社区工作的一般过程就是指为实现社区工作的目标而实施的一系列连贯有序的工作步骤和相应的方法、技巧的运用。

一、对社区工作过程的不同认识

关于介入式社区工作的一般过程，不同的学者有不同的划分。美国学者 M. H. 库汉认为社区工作是一个解决问题的过程，这个过程大致可以分为七个阶段：第一，搜集、探究并分析与问题有关的各种重要事实，包括问题产生的原因、历史、范围、结果以及过去或现在为处理这个问题所尝试过的各种方法；第二，寻求可能的解决途径并详细地加以陈述；第三，从事实、经验、时间、组织目标、所要达到的成果、资源、政策等角度衡量各种解决途径的可能性；第四，选定最佳对策；第五，发展适当的行动结构；第六，完成行动计划；第七，评估。[①]

---

① 吴亦明. 现代社区工作[M]. 上海：人民出版社，2003.

我国台湾学者徐震认为，社区工作主要是社区行动的过程，他将社区行动的步骤分为六个阶段：一是社区需求的研究；二是工作目标的确定；三是行动方案的拟定；四是大众意见的征求；五是行动方案的修订；六是工作进行的反馈。①

我国香港学者陈丽云认为，介入式的社区工作可分为四个时期，主要包括：探索期、策动期、巩固期和检讨期。②

我国香港学者莫邦豪认为，社区工作的历程可分为四个阶段：第一，准备与探索；第二，动员与组织；第三，推展与巩固；第四，检讨与反思。③

总的来说，社区工作的实施不仅受到社区本身发展水平的制约，而且受到各种不同理论基础与行为模型的影响。不同的工作模式可能有不同的具体操作过程，但综合各种不同观点以及社区工作发展的内在逻辑，可以将社区工作的一般过程划分为五个阶段，主要包括：建立专业关系、社区需求评估、制定行动计划、执行社区方案和评估工作成效。

二、社区工作的一般过程

(一)建立专业关系

建立专业关系就是进入社区与有关的人士和机构建立专业助人关系。社区工作者所要建立专业助人关系的对象主要包括社区居民、社区机构或团体以及有关方面的代表人物、知名人士。建立专业关系并了解社区居民的需求是社区工作实质性程序的第一步。建立关系首先可以由拜访社区的重要人士与社区机构入手，有时也可以开展一些有利于社区居民的活动来吸引社区居民，以便于尽快接纳社区工作者。其主要目的是让社区居民了解社区工作者与社区工作的作用和意义，同时社区工作者需要寻求工作对象及其对社区工作的支持。

建立专业关系是社区工作的第一步。在这里，专业关系是指社区工作者与服务对象之间为了一个共同的目标，在特定的时间和空间里，以公益、客观、自我了解为基础而建立的一种区别于日常生活的人际关系。如果将社区居民或社区组织看作是服务对象，社区工作者与服务对象建立专业关系应遵循社会工作的基本原则，如接纳、沟通、尊重、保密、个别化等。

(二)社区需求评估

社区需求评估是社区工作的重要导向，通过对社区问题和需要的了解，可以为社区工作者开展工作指明方向。因为人的需要是多种多样的，大致可以划分为基本需要(如衣、食、住、行)和心理需要(如归属感、安全感、自我实现等)两大类。当社区中大部分人的某些需求得不到满足时，就会形成社区问题。因此，调查和了解社区问题和居民需要就成

① 徐震．社区与社区发展[M]．台北：正中书局，1980.
② 陈丽云．基层社区发展工作：阶段性介入模式[A]．社区工作——社区照顾实践[C]．香港：香港社会工作人员协会，1989.
③ 莫邦豪．社区工作原理与实践[M]．香港：集贤社，1994.

为了社区工作的第一要务。

布拉德肖认为，通常社区存在四种类别的需要①，其中包括：

第一，感觉性需求(felt need)。即当大部分居民感觉到某些需要或期望不能满足时，社区服务的内容和设计就必须要照顾到居民这种感觉的需要。为此，社区工作者可以采取社区调查、个别拜访、居民小组和居民大会等方法。

第二，明示性需求(expressed need)。即大部分居民都使用某种服务，从而使这种服务供不应求，那么社区对这种服务便存在需要。例如，服务对象以申请服务、登记、排队等行动，表达出对某一项服务的需求。此时，社区工作者可以通过了解服务的使用情况来得出结论。

第三，规范性需求(normative need)。这类需求是由专家、专业人员、行政人员或社会科学家依据现存的、特定情形下所需要的标准而制订的，其中蕴含了专家的经验和知识，是在专家分析基础上形成的规范性需求。

第四，比较性需求(comparative need)。社区与社区之间在服务方面存在比较。一个社区如果没有其他社区都有的服务，而社区居民又对这种服务存在需求，则会出现比较性需要。

(三)制定行动计划

为了正确开展工作，必须制定周密完备、切实可行的计划。根据计划的对象与范围的大小而言，可将社区工作计划分为整体规划与具体计划两大类。整体规划是指立足于社区组织与发展的全局，对社区工作的现在与将来进行全盘规划。而具体计划则主要是针对社区中急需解决的某一具体问题制定出工作方案。有效的社区工作计划必须既具备明确的目的性，又必须具有可操作性；既符合全体居民的愿望与需要，又要有所侧重；既要有长远的宏观规划，也要近期的微观方案；既要有美好的愿景，也要充分考虑到其适用性和可行性。此外，所制定的计划及其相关资料都必须妥善保存，以备总结、评估之用。

一般社区行动方案包括九项基本构成要素：方案目的、目标；服务内容；具体时间或日期、日程安排；地点；工作人员(包括志愿者)；接受服务的对象；工作技术、方法、知识；财源、经费预算；备用方案等。开展社区工作前，要以符合性、可接受性和可行性三大指标讨论每项要素，最终形成具体的方案计划书。

(四)执行社区方案

社区行动计划制定出来之后，接着就是要执行方案。执行社区方案就是通过会议、教育宣传、人事、财政、协调等方面的工作，有效整合资源，充分开发社区潜能，激发社区居民行动起来，按照所制定的计划去努力实现社区行动目标。

1. 会议

社区会议是社区各方代表交流意见、分享经验并达成共识的过程，兼具教育与组织的

---

① 莫邦豪. 社区工作原理和实践[M]. 香港：集贤社, 1994.

功能。它是社区工作介入的一个重要步骤，通过社区会议，居民可以聚集起来，互相接触，一起讨论社区问题、计划行动，彼此交流对社区问题的看法。就此而言，社区会议可提高居民的参与意识，促进其共担责任的意识。同时，这也是一个体现民主参与的有益途径。在会议中，居民有更多机会听取他人的意见，学习如何以民主的方式去讨论并做出决定，而且居民之间也可通过会议加深认识及相互间的影响与支持。

2. 教育与宣传

社区工作的成败关键在于社区居民能否热心地参与进来。而教育与宣传就是要向社区有关机构或人员进行观念行为的引导与事实的告知，以引发其对社区事务的兴趣，从而激发起积极参与社区问题解决的动机。根据不同的现实情况，可以采用不同的教育与宣传方式，既可以运用广播电视、报纸杂志等传统媒体，也可以运用现代网络信息平台；既可以运用社区板报、宣传栏等，又可以利用社区文体活动等作为宣传教育的手段。

3. 人事

社区工作的开展，必须与社区居民及社区内各机构、社团建立起融洽的关系，可以组建开展社区工作的委员会、工作小组等组织，还可以采取就地原则充分发掘与培养当地社区的领袖和人才。

4. 财政

即严格按照计划与相关规定，筹措资金，编制预算，有效动员社区内的财力、物力以发展社区或支持社区的福利事业。

5. 协调

即指社区工作者扮演着"牵线搭桥者"的角色，使社区内人与人之间、机构社团之间通过交换信息、沟通意见、协助分工，从而实现相互支持，以避免重复、浪费和冲突，进而使工作在有限的资源配置下，获得最大的收益。

(五)评估工作成效

评估的内容主要包括成效(目标是否达成)、效率(成本与效果的关系)、人员的配置以及财务状况。总结评估可以对已取得的成绩加以肯定，有助于获得居民更大的信任和支持，也可以使得工作者获得成就感，还有助于对社区发生的变化产生更确切的、动态的了解，以利于日后随时弹性地修正方案，使之更趋合理。此外，通过适时地总结反思，不仅可以不断积累经验、发现问题、修正方案，为日后类似工作提供借鉴，而且更有利于社区成员培养和建立自助、互助等推进工作的能力。

总而言之，对社区工作一般过程的五个阶段划分是为了从理论上更好地理解和掌握这一问题，事实上社区工作的各阶段工作往往是相互影响、相互交叉的。比如，在建立专业关系的阶段可能就已经开始进行宣传和协调工作了；而在宣传工作中，又要注意与社区居民及各机构、社团等之间的相互协调，并建立有效的专业关系等。因此，在具体从事和开展社区工作时，未必一定要"死搬硬套"这一过程或程序，而应根据实际情况，进行灵活运用，以便有效促进社区发展。

第四节　社区工作实施的原则与技巧

一、社区工作的基本原则

所谓社区工作的基本原则，是指社区社会工作者在实际工作中所应遵守的规则，或者说是在判断什么是正确而有效的社区工作时所依据的价值观念，也可以说是一种工作守则。在社区工作中，实践原则是依据一般民主观点和价值取向而制定的。不同学者对于社区工作的基本原则有不同的总结。西方学者巴特恩（T. R. Battern）、阿瑟·邓汉姆（Arthor Donham）、罗斯（Murray G. Ross）等基于本国的社会政治环境总结出了社区工作的实务原则。而国内的学者们也从多个角度对社区工作的基本原则进行研究。莫邦豪认为，社区工作有两个最基本的信念，即"互相关怀、互相照顾"和"市民参与"；甘炳光将社区工作的基本原则概括为：注重以人为中心的发展目标、根据社区实际情况制定工作计划、尊重社区自觉、强调居民的自主参与、广泛及包容性的社区参与、民主和理性的社区行动形式等方面；周沛则侧重从以社区发展为目标、以人为本、社区居民内自主参与和社区自觉四个方面对社区工作的基本原则进行研究。

我国政府关于社区建设的指导原则在民政部《关于在全国推进城市社区建设的意见》（2000年11月）中有所体现，主要包括：（1）以人为本、服务居民；（2）资源共享、共驻共建；（3）责权统一、管理有序；（4）扩大民主、居民自治；（5）因地制宜、循序渐进。

各国学者对社区工作基本原则看法各异，是由于他们各自研究社区的角度、方法及所处历史情境、社会环境的不同。但在社区工作发展的历史长河中，沉淀出的一些基本原则是相同的，它们成为了社区社会工作的基础性理念，指导着社区社会工作有序进行。

（一）以人为本是基础

以人为本是社区工作实践中所遵循的最基本原则。美国社会工作协会对社会工作者的工作实践提出了十项基本原则，其中特别强调人是最重要的，要求社会工作者应尊重服务对象、建立与服务对象之间相互信任的关系、坚持为服务对象提供服务，并赞成发展服务对象的能力，鼓励其克服困难，并帮助其自助发展。

在一个特定社区中，人的发展是社区发展的前提和最终目标，而社区工作就是要促进社区居民的发展，满足社区居民的需要。解决社区存在的问题和促进社区发展是相辅相成、同步进行的。前者是任务目标，后者是过程目标。促进社区发展有两方面的含义：一方面，要满足社区居民的物质需求，提高其生活质量，改善其生活环境；另一方面，要提高社区居民的精神素养，提高他们自觉参与社会和社区事务的意识，发掘他们的内在潜能。

（二）促进社区全面发展

促进社区发展既是社区工作的目标，也是社区工作的基本原则之一。在社区工作实践中，通过解决社区问题、整合社区资源、发挥社区潜力，协调社区与社区、社区与个人、社区与组织之间的关系，从而达到社区发展的目的。社区发展要注意坚持综合与均衡，就是要将社区的经济、文化、环境、教育等各个方面进行综合考虑，努力提高社区居民自己解决问题的能力，培养居民主动参与的意识，为居民参与提供畅通而有效的途径。社区工作不是简单的救济和慈善活动，也不是单一的社区服务，而是以综合性的社区发展为原则，既注重社区服务、社会救助，更注重社区长期、综合发展。

（三）注重社区民主和参与

社区工作的主旨是发展社区，即通过整合社区资源、强化社区功能、增强社区活力、培育社区归属感等活动，使居民与社区之间建立起协调发展、和谐有序的平衡关系。要达到这一目的，就离不开社区成员积极而富有成效的参与。

社区参与是一个动态的、历史的概念，在不同的时序空间具有不同的含义。政治学意义上的参与一般包括三个基本要素，即"谁来参与""参与什么"和"怎样参与"。社区参与的形式可分为"制度性参与"和"非制度性参与"两大类。制度性参与是指社区成员在既定制度规范内的参与活动，常见的形式有选举、表态、执行、管理、决策、监督、观察等。非制度性参与是指社区成员超越既定制度规范的参与活动，常见的形式有议论、投诉、抗议等。

参与是民主的权利，高度的民主表现为"一人一票"制度，居民可以通过投票社区政治及事务的决策。参与能使居民对任何有关他们自身的决策和措施提出最有效的意见。参与特别强调广泛性，即要让社区内部不同的组织和利益群体都能有机会参与到有关社区发展的事务中来。自治的含义在于通过社区工作者的实践，使社区居民能够自己选择管理社区和利用社区资源的方式。而实现社区自治的最好方式就是将社区的事务和社区组织交给社区居民自己管理。

（四）强调因地制宜

因地制宜原则是指应当根据不同社区的具体情况和特点，制订工作计划，设计工作程序，以促进社区改变。一般说来，不同的社区有不同的问题和需要，不同社区的居民又可能有不同的处事方式和能力。对社区工作者而言，在制订工作计划和工作进度时，首先就应当对所在社区的具体情况有充分的认识。只有这样，工作计划和进度才能符合社区的实际。

二、社区工作的基本技巧

社会工作者在社区展开具体工作时，为满足社区居民需求、解决多种社区问题、促进社区发展进步，常需要综合运用多种基本工作技巧，推动实践工作的顺利进行。从社区分析的技巧、关系建立与维系技巧、动员及组织技巧、活动程序设计技巧、行政管理技巧五个方面对社区工作者经常使用的基本技巧进行简要介绍。

（一）社区分析技巧

认识社区是制定社区行动计划的基础。它是社区工作的一个重要步骤，也是必经的过程。透过认识社区可以探索社区需要，评估社区资源的运用，同时确定社区问题。社区工作者通过运用社区分析技巧，可以快速了解和认识社区基本情况，为制定科学的社区行动方案奠定基础。

社区分析技巧，即社区工作者在展开具体工作之初，通过查找文献、社区观察、街头访问、入户访谈、社区调查等方法，尽量收集有关社区的结构、过程、资源、需要、相关政策及尚存的问题等方面的详尽资料，并结合社会政策与社会问题等方面的大背景进行对比分析，找出其共性与特性，以指导具体工作的开展。

要全面认识社区，以下三项工作缺一不可：

1. 探索社区背景

探索社区背景，首先需要了解社区的人口、历史、政治、交通、设施、资源及社区的价值观念，认知社区居民及团体的关系、权力分布，探究社区问题与社区需要。其中，找出社区需要是最主要的环节。关于人的需要，主要可分为衣、食、住、行等方面的基本需要和包括安全感、归属感、自我实现等方面内容的心理需要。当一个社区里大部分成员的基本需要和心理需要得不到满足时，便可能成为社区问题。

2. 探索工作方向

当工作者对社区背景、社区需要及问题有了基本掌握后，便可探索工作方向。这时关键需要作出各种权衡，比如说，何种社区需要或社区问题要优先处理，工作目标是什么，通过何种途径去达成目标，在此过程中如何考虑社区居民的价值判断及工作者及其机构的意志如何发挥其影响等。

3. 探索社区动力，建立社区关系

在探索社区背景、社区需要、工作方向的过程中，人的因素至为重要。工作者通过接触大量的居民、社区领袖、专业人士、政府官员等，可了解本社区内的权力分布及个人、团体之间的交往模式等，这样做除了搜集资料为未来的工作铺路之外，还可与社区建立初步的工作关系，在社区树立良好形象，对工作开展的重要性却是不言而喻的。

（二）关系建立与维系技巧

即指社区工作者如何与社区群众初步接触以及如何处理与政府部门、社会团体等方面的关系的技巧。

1. 如何与群众初步接触

群众是社区工作者工作的核心对象，它既是社区工作中最有价值的资源，也是改变过程中最重要的关注点。工作者可以根据所要达到的目标的不同，既可以通过刊物、宣传栏、会议、电话等不同媒介与群众进行接触，也可以一对一、面对面地与其进行直接接触；最终在热诚、认真、开放等基本原则的规范下，引导群众去思索，讨论分析解决问题的必要性与可行性。在与群众直接接触的过程中，要特别注意以下几点：首先，事前的准备工作。其次，开始与对象接触。再次，如何维持与被访对象的对话。最后，结束交流。

2. 如何处理与政府部门、社会团体的关系

社区工作者在协助服务对象时，经常要与不同的组织建立关系。要解决服务对象的问题，社区工作者通常需要协助他们争取资源，如金钱、物资等；或协助他们善用不同政府

部门所提供的服务，如申请低保金。此外，社区工作者协助服务对象请求完善政府部门的运作常规，使其能更适合服务对象的生活方式、作息规律。另外，社区工作者在提供服务时经常需要各类组织的协助，特别是需依赖政府的资助。因此，与组织具体接触时，可考虑以下的技巧：既要平衡，又要统一；接触愈多，关系愈深；轻轻松松，闲话家常；求同存异，增加沟通。在运用技巧时，工作人员宜具体情况具体分析，不要僵化。

（三）动员及组织技巧

主要包括动员群众，发掘和培训社区领袖、居民组织的建立和运作、社会行动等方面的技巧。

1. 动员群众

即指在充分把握群众参与动机的基础上，通过讲座、报告会、培训班等方式，"晓之以理"，"说之以利"，因地制宜地鼓励居民积极参与、积极投入影响他们生活质素的社区事务，这样，既集结了人才，善用了资源，又加强了支撑，扩大了实力。因此，它可以是单一的活动，如参加一次教育性、康乐性活动或一次会议，也可以是一连串活动，如加入社会工作协会，参与社区共建，持久地为社区服务。

2. 发掘及培训社区领袖

社区最重要的精髓，不在于社区工作者如何有能力改善社区的实质，而在于推动社区内群体参与，建立居民组织，培育社区领袖和发掘人力资源，社区领袖对于社区，社区组织和居民相当重要。因此，社区工作者要重视社区领袖的发掘及培育。首先，社区工作者必须事先确定好社区领袖的特质标准，比如，一个好的社区领袖通常应该热爱群众、易于接近、善于聆听、乐于助人、严于律己、敏于思考、勤于工作等。其次，社区工作者通过训练班、小组活动、社区调查等活动，观察有哪些居民拥有上述特质，并加以发掘和适当栽培。最后，至于培训社区领袖的技巧，则主要包括通过鼓励参与、灌输当家作主精神、建立领导意识、不断提供学习机会、建立权责分工意识等方式来进行引导与培训。总之，工作者要充分认识到"工欲善其事，必先利其器"在此环节的重要意义。

3. 居民组织的建立和运作

居民组织是指成员自发地组成以地域、共同利益或关注为基础及以保障成员福利为主的集体，参与者多出于自发。关于该环节的技巧，主要体现在社区工作者在接触群众的基础上，如何有效协助其成立居民组织以及如何引导居民组织有效运作等方面的技巧。

4. 社会行动

社区工作的一个重要目标，是组织居民参与集体行动，合力解决社区问题，争取所需资源，改善社区环境及生活素质。要达成这个目标，社区工作者很多时候都会和居民一起组织社会行动，向公众表达他们的问题及困扰，并向有关当局施加压力，要求作出适当的解决措施。社会行动常见的形式有记者招待会、群众大会、游说、请愿、谈判等，而这些方面的技巧运用是否有效，则直接关系到整个工作目标的实现程度的高低。

（四）活动程序设计技巧

社区工作主要依靠不同形式的活动来达致目标，因此，活动的设计和计划是工作的重点。若社区工作者能对各项活动的进行过程有充足的准备及掌握，则能保证活动顺利进行。

程序计划是运用一些既定的原则、标准，根据实际情况及需要配合不同的资源协调，将活动项目、步骤，以适当的优先次序排列出来。至于程序设计则是更进一步将计划内的不同步骤、项目，详细地演绎出来，加以丰富，以方便具体工作的执行。社区工作者巧妙运用活动程序设计技巧，可以优化活动环节，充分利用有限资源，获得最佳活动效果，促进社区发展进步。

(五)行政管理技巧

行政管理技巧主要包括资料处理、财务处理和计划与评估工作三个方面。

1. 资料处理

资料处理环节的方法与技巧，可借鉴社会调查等学科中关于资料处理的方法，遵守保持资料之间的历史联系与便于管理、利用等原则实施。

2. 财务管理

财务管理是社区工作的一部分，即要求社区工作人员在财务收支方面要严格按政府会计程序进行，实行财、账、物分开管，决策、执行、检查分开，定期向居民公开财务收支情况，接受居民的有效监督，若有疑难，多向有关部门的财务人员咨询，并保持完整的财务记录。

3. 评估工作

评估是检测有关程序的效能是否与期望相一致的系统资料收集与分析活动或过程。通过评估，可以容许工作者监测有关程序的实施；提供资料去帮助了解程序所面对的困难和问题，并从中找出可以改善的地方，从而选出对参加者更有效的服务计划。一般而言，评估可分三大类：过程评估、成果评估、效益评估。无论具体采用何种形式，往往取决于评估的目的。

📝 基本概念

社区　社区工作　地方发展　社会行动　社会策划　社区照顾

💬 课后思考题

1. 简述社区工作的含义及其特征。
2. 社区工作的目标是什么？
3. 社区工作的主要模式有哪些？简述它们的工作目标、实施策略。
4. 如何理解社区工作的基本原则？
5. 试述社区工作有哪些基本技巧，并举例说明。

📝 参考文献

［1］陈良瑾. 中国社会工作百科全书［M］. 北京：中国社会出版社，1994.

［2］甘炳光等. 社区工作理论和实践［M］. 香港：香港中文大学出版社，1994.

［3］甘炳光等. 社区工作技巧［M］. 香港：香港中文大学出版社，1997.

［4］苏景辉. 社区工作：理论与实务［M］. 高雄：巨流图书公司，2003.

［5］赖两阳. 社区工作与社会福利社区化［M］. 台北：洪叶文化有限公司，2002.

［6］徐永祥. 社区工作［M］. 北京：高等教育出版社，2004.

［7］夏建中. 社区工作［M］. 北京：中国人民大学出版社，2005.

［8］周沛. 社区社会工作［M］. 北京：社会科学文献出版社，2002.

［9］吴亦明. 现代社区工作［M］. 上海：人民出版社，2003.

［10］徐永祥. 社区发展论［M］. 上海：华东理工大学出版社，2000.

［11］林胜义. 社会工作概论［M］. 台湾：五南图书出版公司，2003.

［12］王思斌. 社会工作概论［M］. 北京：高等教育出版社，2004.

第十章 社 会 行 政

社会行政是现代社会的产物。作为一种社会活动领域，它同现代社会福利的发展密切相连；作为一种知识体系，它与社会福利实践及相关社会科学知识的发展紧密联系，并且伴随着实践及理论的发展不断丰富和充实相关内容。

第一节 社会行政的基本理论

一、社会行政的概念与特征

（一）社会行政的概念

社会行政是指社会工作机构、社会福利保障组织对社会福利工作进行行政管理，并实施社会政策，以满足人民的各类福利需求的活动。社会行政也称"社会福利行政"或"社会工作行政"，它是依据行政管理的程序和技术，策动和利用社会资源，实施社会政策，向有需求者提供社会服务的活动。作为社会工作的基本方法之一，其核心在于执行社会政策。

（二）社会行政的特征

社会工作行政的特征可分为两大类：一类是社会工作行政与社会管理公共行政相区别；另一类是揭示了社会工作执行过程的层次性。

为此社会工作行政的特征可归纳如下：

1. 社会工作行政服务范围的有限性

社会工作行政服务的范围相对于社会管理、公共行政要窄一些，它仅仅涉及社会上遇到社会问题的一些弱势群体。而社会管理是针对整个社会系统的运行进行协调和管理。公共行政则涉及社会生活的公共领域，如公共安全、交通、教育，目的是使全体公民享受上述领域的服务以正常地生活和工作。

2. 社会行政服务职能的非营利性

由于社会工作行政的内容多涉及社会福利，社会工作行政比社会管理和公共行政更具有服务色彩，其宗旨在于最大限度、最为合理地使国家社会政策能在社会弱势群体身上得到贯彻落实。因而，其服务行为不在营利的目的。非营利性并不意味着非经营性或无偿服务，社会福利服务同样应该是一种经营活动，社会福利机构的资金运作越成功，机构的经济实力越强，机构服务的受益人群越多。因此；非营利性的关键是看机构将资金做什么用以及怎样用。

3. 社会工作行政服务手段的专业性

社会工作行政责任的执行者是社会福利行政机关及其他社会工作机构，机构的管理层面的工作人员多带有社会工作者的特征。社会工作行政也和社会管理公共行政有所区别，尤其是在具体实施福利服务时，更具有社会工作专业化的特点。社会工作的专业化和职业化由以下四个方面的因素构成：有专门的社会工作团体及下属的从事各类福利服务的机构；有公认的职业守则和保证守则被执行的审核和证照制度；有专门从事社会工作教育的院校和实用的系列训练课程；有保证工作顺利进行的工作程序和必要的职业权利保障。

4. 社会工作行政实施的层次性

社会工作行政过程，就是将社会政策转变为社会服务的过程。社会政策具有层次性，由政府制定的含盖面大而笼统的社会政策可称之为宏观政策。由某一基层政府和社会团体制定的用以协调内部利益关系，指导其成员活动的行为规划可称之为微观政策。由于社会政策层次上的差异性造成社会工作行政的层次性。我们可以把执行具体社会政策的活动，称为微观社会行政。宏观社会工作行政表现为社会福利机构的管理活动。因此，从政府部门到具体实施福利服务的机构和单位，构成了一个社会福利行政的层次序列。从宏观到微观，社会工作行政的内容逐渐具体化。

二、社会行政的作用

社会行政是在民间社会服务的开展、福利制度的建立以及公共行政、管理学的推动下发展起来的。社会行政在实施社会政策和社会福利这两方面起着重要作用。

(一)社会行政是实施社会政策的行动

社会政策的目标是要缓和社会成员在经济收入分配、生存条件和发展机会方面存在的巨大差距，缓解社会矛盾，促进社会公正，维持社会秩序。一项政策的落实和预定结果(政策目标)的达成需要处理各方面的问题，包括资源的实际筹集与配置，政策对象的实际划定，资源的分配与传递，相关各方关系的协调等。这些与实施政策相关的人力、物力、财力及其他条件之间的协调工作就是社会行政的责任。作为决策结果的社会政策只有通过实施才有可能变为现实，社会行政是实施过程的重要的、基本的组成部分。

(二)社会福利的传输需要行政协调

福利的来源不同，其提供方式也可能不同。在现代社会中，社会福利(不管是剩余性的还是制度性的)都是某种制度安排，都是在相当大范围内、比较普遍地存在的现象，这就需要对福利的提供或传输过程做出某种安排，并采取行动，这就是社会行政。

3. 社会行政的构成要素

社会行政的构成要素是由社会政策、社会福利资源、社会服务结构、社会行政人员以及社会服务人员构成的。

(一)社会政策

社会政策是社会行政的基础。从宏观角度分析，即从国家、政府的层面来看，社会行政就是实施社会政策的过程。从微观或具体活动的角度来看，没有社会政策，也就没有社会福利服务的传输系统，就没有强有力的制度去保证服务的有效提供。所以，社会政策是社会行政和其他社会服务活动的基础。

(二)社会福利资源

社会行政是以向有需要的人群，特别是向困难群体和弱势群体提供物质和服务支持的过程。社会福利资源是社会中存在的，可以用来改变有需要的人群，特别是困难群体和弱势群体的不利处境的物质和服务的总和。

(三)社会服务机构

在现代社会中，较大规模的、有组织的社会服务计划(或项目)都是借助于组织或机构进行的，社会组织和社会服务机构是社会福利输送的主体。组织化是现代社会福利服务的重要特征。当社会服务的对象众多、服务活动复杂，需要有组织地提供服务时，政府部门之间、政府部门与服务机构之间、各社会服务机构之间以及组织和机构内部的合作、协调就是必然的，这就是社会行政。

(四)社会行政人员

社会行政人员是在社会政策执行系统和社会服务机构中从事政策实施设计和对服务活动进行协调、督促的人员。从总体上来说，社会行政人员由两部分人组成：一部分是政府系统实施社会政策的推动者和政策实施框架的设计者(公共行政体系中负责推动和落实社会福利政策的官员和一般工作人员)，另一部分是与具体服务相连的行政人员(社会服务机构中的行政人员)，他们具体负责组织、协调服务活动，以促进服务的落实。

(五)社会服务人员

社会服务人员是直接将社会福利资源传送到政策对象手中的工作人员。社会服务人员是直接同服务对象接触的工作人员，他们与服务对象之间的互动直接决定了社会服务的效果。

第二节　社会行政的层次、功能

社会行政是在不同层面进行的、丰富内容的过程，包括宏观社会行政和微观社会行政。有效的社会行政对于促进社会服务、完善社会政策具有重要的作用。

一、社会行政的层次

社会工作行政过程，就是将社会政策转变为社会服务的过程。社会政策具有层次性，由政府制定的涵盖面大而笼统的社会政策可称之为宏观政策。由某一基层政府和社会团体制定的用以协调内部利益关系，指导其成员活动的行为规划可称之为微观政策。由于社会政策层次上的差异性造成社会工作行政的层次性。我们可以把执行具体社会政策的活动，称为微观社会行政。宏观社会工作行政表现为社会福利机构的管理活动。因此，从政府部门到具体实施福利服务的机构和单位，构成了一个社会福利行政的层次序列。从宏观到微观，社会工作行政的内容逐渐具体化。

（一）宏观社会工作行政

宏观社会工作行政在将社会政策变为具体服务的过程中，较高层次从事与政策阐释、推行、筹划和设计相关的活动，包括制定与执行、贯彻政策的某些细则和说明，阐明该政策的目标与意义，明确政策对象的范围，执行政策的主要责任部门，明确社会福利资源的来源及筹集方法，说明政策实施效果的检查评估及事故责任的承担。宏观社会工作行政并不限于中央政府与社会政策有关部门的工作，也包括地方政府层次。

1. 宏观社会工作行政特征：

（1）较强的政治性

宏观社会行政是从贯彻执行的角度，对立法部门制定的社会政策的内容进行进一步阐释，对贯彻执行的途径和方法进行设计和推动的活动。宏观社会行政包含了对政策目标的高度认同和对实现政策目标的承诺，这也是有很强政治意义的。

宏观社会行政的较强的政治性还可以从参与决策的角度来认识。任何政策的制定都必须考虑到该政策贯彻执行的基础及可行性。

（2）广泛的协调

一项社会政策的贯彻执行和实施需要许多部门、组织之间的合作，因为这一过程涉及人力、物力、财力的筹措和分配，涉及相关各方在政策实施中的权力和责任。宏观社会行政的协调工作是为基层执行和实施社会政策准备物质条件和制度化的基础。

（3）对政策实施负有主要责任

行政的基本功能是对政策的执行，当政策被确定而进入执行程序之后，政策的执行者行政系统和机构就被赋予权力去贯彻落实该项政策，从而也负有相应责任。

（4）运用权力系统推动政策实施

宏观社会行政并不直接落实社会政策，而是要通过任务分配和推动去促进政策的实施和落实。在本系统和本组织内，处在高层的行政人员主要通过内部的科层结构去推动整个系统和组织，分工合作，达到政策目标。在现代社会，在复杂的执行政策活动中，科层结构是最有效地达致政策目标的手段。科层体制强调自上而下的权力和权威，高层行政人员正是依靠这种权力和权威去推动整个系统分工合作、实施政策。这与微观社会行政中专业权威发挥的作用有所不同。

（二）微观社会工作行政

微观社会行政是相对于宏观社会行政的概念，它指的是在政府部门或社会服务机构中比较接近于具体服务的基层从事的行政活动。

1. 微观社会工作行政特征：

（1）实务性

与宏观社会行政的政治性特征相比较，微观社会行政带有明显的实务性，即以具体地促进某项服务任务的完成为目标。社会政策细化至末端就表现为一系列具体的操作行为，微观社会行政的职责就是要保障这系列合乎政策目标的服务的实施，进而达到政策目标。

（2）局部协调

由于微观社会行政面对的是基础的、具体的、局部的工作，所以行政人员所从事的协调统筹工作也是局部的。从组织系统的角度看，它主要是组织内部的行为，甚至是组织内部较少部门、人员之间的协调。

（3）部分责任

与上述特征相联系，微观社会行政对社会政策的贯彻实施负有部分责任。在社会行政系统中，基层行政人员只负责某一局部地区的政策执行，或负责政策落实的某个方面的工作。他们的资源配置权力是有限的，对实现政策目标的责任也是有限的。当然，这里的部分责任并不意味着不重要。

（4）科层权力和其他方法并用

基础层面上的行政工作也主要以科层制度为背景，因此，科层权力的行使是微观社会行政的构成要素，这常常是现代组织所要求的。除了科层权力，行政人员还可能会使用专业方法，比如运用小组工作方法去建立工作团队，对服务人员进行专业督导等。另外，由于微观行政要面对具体的服务活动，所以在工作中行政人员还要注意政策对象群体的文化特征，要与政策贯彻地区的权力系统、政策对象群体建立良好的关系。

二、社会行政的功能

（一）社会功能

1. 增进社会福利

因为社会行政的基本职能是实施社会政策，促进向有需要的人群特别是困难群体、弱势群体传送福利资源，提供精神支持，提高他们的福利，进而也增加社会福利。社会行政是将社会政策变为服务的过程，其实质是在一定社会福利理念和政策指导下进行社会财富的再分配。

2. 满足弱势群体的需要

（1）弱势群体的概念

弱势群体也被称为脆弱群体或劣势群体，指的是在某一社会生活结构中处于不利地位的群体。从社会竞争、社会利益分配的角度分析问题，其相对的是强势群体。弱势群体在经济利益、政治权利方面处于较弱的地位，缺乏资源或获取资源的机会。这种情况主要是社会造成的。

(2)社会行政在满足弱势群体需要中的作用

社会行政不但在社会政策实施过程中，能够将弱势群体所需的福利资源进行有效地传送，而且还能够发展他们获取、利用福利资源的能力。

(3)促进社会公平及社会秩序

公平或公正是人类社会生活的基本价值。追求公平和公正是人们的共同目标。在任何社会中，不公平不公正的现象是普遍存在的。严重的不公平既会伤害那些遭遇不公平待遇的社会成员的生活并影响其发展，又会损害社会秩序。社会行政就是为了缓解和减少社会不公平和不公正的，并给予弱势群体以有效的支持，这是符合现代社会的基本价值的。

(二)具体功能

对于社会行政的具体功能在制度层面上，将社会政策转化为具体的社会服务，同时对社会政策具有完善功能。实施社会政策是国家或机构根据社会进步的要求，为解决社会问题增进民众福利而制定的一系列原则和措施。至于管理层面上，提高机构的服务效率，包括资源的有效配置；服务的组织机构的设计；促进机构内部部门与人员之间的协调。政策层面上，社会工作行政人员在执行实施政策的过程中，对社会服务实际情况有深入的了解，就具备了评价社会政策的合理性与可行性的能力。

第三节　社会行政的主体

社会行政组织功能的发挥有赖于机构把各种资源有效地组合起来，并运用于服务活动。本节将介绍社会行政组织的静态结构，动态结构以及非营利组织。

一、社会行政组织

社会行政组织泛指为了推行社会政策，提供社会服务而将人们通过特定的结构形式、权责分配结成的系统的、协调的机构，也称社会工作机构。

社会行政组织包括了社会政府机构以及社会福利事业单位。社会政府机构包括民政部、民政厅、民政局、乡镇民政工作机构。社会福利事业单位是面向"三无"(无劳动能力、无生活来源、无法定赡养人或赡养人不具备赡养能力)人员以及家庭无力照管的老人、残疾人、精神病人的福利服务机构。主要包括社会福利院、儿童福利院、老人公寓、儿童村以及一些公办的康复机构。民办社会福利服务机构(第三部门)主要由私人投资、合伙经营或社会团体兴办，不以营利为目的，为老人、儿童、残疾人或其他有特殊困难的人提供居住、生活照料、医疗护理、康复训练等服务的社会服务机构。比如：民营养老机构(托老所、养老院等)；民营的康复机构以及一些面向特定群体服务的机构：如北京红枫妇女服务热线、广州的惠灵弱智服务中心等。

（一）社会行政组织的静态结构

1. 社会行政组织的结构

（1）纵向结构

行政组织的宏观纵向分工，有以下的特点：层级越高，管辖地域的范围愈广，但组织的数量愈少。行政组织的微观纵向分工是指各级政府或各个部门内部层级的分工，微观纵向分工的特点是：它们之间的分工关系是以职能的隶属关系为准。行政组织纵向分工的职责分配关系：最高层次的行政组织为决策层，中层行政组织为协调指挥层，基层行政组织为技术操作层。

（2）横向结构

现代行政管理的特征是既高度分工又高度综合。行政组织为完成各种行政任务，在纵向分工构成层级化的基础上，必须进一步进行科学的横向分工，以适应分门别类地处理不同行政事务即不同职能的需要。这种横向分工构成了行政组织的横向结构，即行政组织的部门化。宏观的横向分工是指一级组织内的部门分工，微观的横向分工是指一个部门内部的各个机构和职位的划分，它形成组织的机构系列和职位系列。行政组织横向分工的必要性：首先，适应各项社会事务管理的需要。其次，适应行政管理专业化、技术化的需要。其三，适应行政管理综合协调、宏观管理的需要。其四，适应行政管理程序的需要。按业务性质分工、按管理程序分工、按管理对象分工和按地区分工。

2. 社会行政组织体制类型

（1）首长制和委员会制

根据行政组织中最高决策权所属人数可分为首长制和委员会制。首长制：又称为一长制或独任制，是指行政组织的法定最高决策权归一个行政首长执掌的组织体制。委员会制又称合议制，是指行政组织的法定最高决策权由两个以上的委员通过委员会议集体执掌的组织体制。其最大的优点在于：能集思广益，使大家同心协力；能相互监督，防止营私舞弊。但其缺点也很明显：权力分散，各人职责不明，意见难以集中，决策相对迟缓，常出现议而不决，决而不行，功则相争，过则相诿的现象，造成时间的浪费和效率的低下。我国有"一个和尚挑水吃，两个和尚抬水吃，三个和尚没水吃"的现象，外国有"芝麻绿豆定律"。讨论的时间与问题的重要性成反比，就是例证。权衡首长制与委员会制的利弊得失，各有千秋，不能一概而论，关键在于运用，用其长则优，用其短则劣。

（2）层级制和职能制

行政组织构成单位的功能和性质可分为层级制和职能制。层级制又称分级制，指行政组织纵向分为若干层次，上下层业务性质相同，但有隶属关系，业务范围由上至下逐层缩小的组织体制。

职能制又称分职制，指行政组织横向依据不同的业务性质、职能而平等划分若干部门，每个部门所管业务内容不同，但所管范围大小基本相同的组织体制。职能制分工明确，有助于工作专业化，提高行政效率，行政首长也有精力进行组织的宏观管理。但分工单位无力进行全局操作，责任不明，过细的分工还促使部门主管过多，政出多门，使下级部门无所适从。

（3）集权制和分权制

根据行政权力的使用特点可分为集权制和分权制。集权制指行政权力集中在上级机关，下级机关只有有限的权力，须依靠上级机关的指令办事的组织体制。

集权制政令统一，可在行政组织系统内实行一致标准，便于集中力量，发挥优势，统筹兼顾。但节制过严，下级的行为带有被动性，积极性得不到发挥，不能因地制宜，及时处理行政事务，机关及个人也容易导致独裁和长官意志。分权制指下级组织在其管辖范围内有较大裁量权，上级组织不予干涉的组织体制。

（二）社会行政组织的动态结构

1. 行政组织气候

组织气候是生态行政学的一个重要概念，它是指组织成员的个性、目标与组织目标融合一致的一种变化过程，也可以说是组织内部环境的一种较具持久性的特质或行为气象，它由成员的工作感情、态度、思想、精神等所组成并通过上述因素表现出来。

组织气候是一种中介变量，它间接反映组织内部环境的内在特征和内部环境诸因素相互关系的模式。简洁地说，行政组织气候就是组织里边各项活动中经常呈现出的动向和形势，它是机关组织与组织、组织与人员、人员与人员之间各种动态关系联合构成的，是随组织内外部环境的变化和人员性格结构、心理结构、知识结构与智力结构等的变化而变化的。组织气候主要包括 8 个变数：结构，个人感受到的组织的法规和纪律的程度，如放任或拘谨等；责任，个人在组织中自主处理事务的程度；风险，个人在组织工作中所面临的挑战性及其程度；奖励，组织在奖励方面的公平程度与个人对所享受的待遇的满意程度；人情，个人与组织融合程度，个人所感受到的他人所给予的关注、友情及社交机会和非正式组织的态度；支持，个人所感受到的上司、同事和下级所给予的理解和协助；冲突，个人所感受到的他人听取不同意见的程度；标准，个人对组织目标以及组织所要求的绩效标准的重视程度。

2. 行政组织冲突

冲突是两个或两个以上的人或团体直接的、间接的、公开的隐含的斗争，彼此表现出对立的态度和行为。只要有组织存在，组织的冲突行为就不可避免，因为组织本来就是由人员的交互行为所构成的系统，在交互行为中，由于人们的思维方式与价值观念不同，必然要产生冲突行为。行政组织中存在个人角色冲突，角色是反映人员行为准则的一个概念，它是组织中特定地位上的组织成员所规定的行为模式。角色冲突是心理学上的名词，行为科学兴起后，它被应用到组织上。当个人扮演的角色不符合他人预期的要求或社会行为标准时，就会产生角色偏差，心理学家称之为角色冲突。通常当角色的期待不一致时，或是一个角色有数种期待时，或是角色变换，或是自我角色知觉不清晰时，都会产生角色冲突。

（三）非营利组织

1. 非营利组织的含义及特点

非营利组织是不以营利为目的，主要开展各种志愿性互益活动的非政府社会组织。它具有以下特点：

（1）组织性：有一定的系统结构、目标、资源；

（2）民间性：不隶属于政府，跟政府没有人事关系；

（3）非营利性：不以营利为目的，为了实现社会或一定范围内的公共利益；

（4）自治性：自我管理，有自己的管理决策制度；

（5）志愿性：以志愿精神为主的利他主义或互助主义。

2. 非营利组织的职能作用

非营利组织作为现代社会的第三大部门，其承担的基本职能就是弥补"市场失灵"和"政府失灵"，执行市场部门和政府部门所不能完成或者不能很好完成的社会职能，促进整个社会或一定范围内的公共利益。

（1）提供公共服务。政府的基本职能是提供公共物品，但是它所提供的往往是单一化的、标准化的公共物品，这就导致社会中少数人的特殊需求得不到满足。而非营利组织在一定程度上弥补了市场和政府在公共物品供应方面的不足。

（2）代行政府职能。非营利组织能够更接近社会基层中容易受害的群体，并灵活地对这些社会成员的需求做出反应。他们就成为政府实践其福利政策的重要中介机构。

（3）影响公共政策。非营利组织的服务对象主要是被主流社会组织体制所忽视或排斥的边缘性社会群体，如穷人、农民、失业者、妇女儿童、残疾人、老年人、少数民族等。他们的情况不仅与个人因素有关，也与社会结构和制度有关。非营利组织通过各种政策工具的介入来推动公共政策的形成和改变，以改善这些人的生存环境。

总之，它填补了政府用于社会发展方面资金方面的不足；开拓了大量的就业机会，形成了庞大的人力资源；推动了社会对弱势群体和社会问题的广泛关注；非营利组织畅通了三大部门之间的信息沟通；培育了公民的民主价值观念。

3. 我国非营利组织的发展情况

随着我国政府治理能力现代化进程的推进，政府职能逐渐明晰化，人们的需求越来越多样化，政府在提供公共服务时往往不能兼顾到所有群体，特别是在一些弱势群体领域，往往表现出"心有余而力不足"的状态。然而，自从有了非营利性社会组织的出现，它们不仅可以弥补政府在公共服务职能上的缺陷，而且也可以促进社会和谐发展。但是，由于非营利性社会组织在发展过程中存在的一些缺陷，如资金不足、专业人才缺乏、管理不规范等，严重阻碍了它本身的发展。然而，政府为了鼓励非营利性社会组织发展，不管是在政策上还是经济上都给予了大力的支持。因此这也是近些年来非营利性社会组织得到快速成长的原因之一。为了规范非营利性社会组织的发展，促进它的职业化与专业化，运用社会工作行政管理也将必不可少。

1989年，我国政府第一次建立了官办性质的非政府组织：中国扶贫基金。1994年，中华慈善总会成立，标志着中国由零星的救助活动转变为有组织的救助活动。1994年，中国青年志愿者协会成立，它是按照组织章程社会团体开展会员运动的非营利组织；21世纪，非营利组织继续蓬勃发展。如今，非营利组织在我国分为这几个类型：

（1）社会团体：公民自愿组成的为实现会员意愿、按照组织章程开展活动的非营利组织。包括协会、学会、研究会、促进会、联合会、联谊会。

（2）民办非企业单位：是由企事业单位、社会团体、公民个人利用非国有资产举办的从事非营利性社会服务活动的社会组织。

（3）基金会：是利用个人、法人或组织捐赠的资产，从事公益活动的民间非营利组织，可分两类，公募基金会：向社会公众募捐的公开捐赠的基金会；非公募基金会：向特定组织募捐。

二、社会行政领导

社会行政领导是指社会行政组织的领导者依法行使社会行政权力，全面履行策划、组织、控制以及人员配备等主要管理职能，积极有效地激励其下属员工实现组织目标的过程。社会行政领导的构成要素：领导者、被领导者，上述两个要素构成了领导活动中第一对基本关系：领导者与被领导者之间的关系。领导行为、客观环境，上述两个要素构成了领导活动中的第二对关系：领导者的主观指导和客观社会行政领导的特点环境之间的关系。社会行政领导既是动态的过程，同时也可以从静态角度理解，从静态角度看，社会行政领导是指社会行政领导者。

（一）社会行政领导者

社会行政领导者中关于领导者的产生，在西方国家的研究中主要经历了三个发展阶段：领导特质理论、领导行为理论和领导权变理论。

1. 特质理论，某些人特有的素质决定了他能够成为一个领导者，社会行政领导的特点有等级性、权威性、综合性、服务性、弹性化等。

2. 行为理论，天资出众的人不一定会成为优秀的领导者，真正决定一个人能不能成为领导者的是他的行为。那些既懂得关心生产，又懂得关心人的领导者才是最有效的。

3. 权变理论是指无论领导者的人格有多么高尚，作风有多么优良，只有当他将自己的个人特点与情境因素相匹配，他才能成为优秀的领导者。

（二）行政领导者的素质

"素质"一词本来是生理学上用来说明生理特点的概念，后被移植到心理学上，说明性格、兴趣、风度、意志等心理品质，现代已拓展为对一个立体对象各个层次、各个侧面性质的总称。管理主体的人，是否具有多层次、多侧面的素质能力，是能否使现代行政管理活动成功的重要条件。而行政领导的素质有下列几个方面：良好的专业态度，体现在可以尊重员工的隐私、才能，可以接纳员工，赞赏员工，信赖员工等；丰富的知识储备；娴熟的领导艺术；突出的工作能力，包括认知能力、组织能力、决策能力、应变能力、创新能力以及完备的情商；健康的体魄等。

（三）行政领导者的方法、方式与艺术

行政领导方法是指行政领导者在行政活动过程中，为实现行政领导目标而采取的各种手段、办法和程序的总和。行政领导方法可以分为两类：领导制度所要求的具有广泛制约力与影响力的根本方法和提高工作效率的具体可变的方法，这种方法随着时间和条件的变化而改变，又称为行政领导方式和艺术。根本的行政领导方法有实事求是的方法、群众路线的方法和矛盾分析的方法。

行政领导方式是领导方法的一种表现，是在领导过程中领导者、被领导者及其作用对象相结合的形式。领导方式的中心问题是正确处理上下级关系。几种主要的领导方式包括：利克特的领导模式、四分图领导模式、权变的领导模式(菲德勒的权变模式、情境领导理论、领导行为连续统一体模型)与领导理论的一些前沿发展。

行政领导艺术是行政领导者领导方法的个性化、艺术化，是行政领导者在工作中结合普遍经验和个人体会而形成的，它属于行政领导方法中创造性、随机性、权变性较强的部分。行政领导艺术对行政绩效的影响是通过它本身所具有的超规范和非模式化途径达到的，是通过行政领导对偶发性的特殊情况的艺术化处理而获得的，是将个人经验与科学规则有机结合为领导方法而达成的。行政领导艺术的类型，从范围影响上进行区分，可划分为总体性、局部性、专业性的领导艺术；从领导事务的类别上进行区分，可划分为授权艺术、用人艺术、激励艺术、惩罚艺术。授权是赋予下属一定的权力，使其拥有一定的处理事务的权力。要注意权责一致原则，有多大权力就要负多大的责任。

第四节　社会行政的动态过程

一、社会行政决策

决策是指针对问题，为达成某种特定的目标，就各种可能的替代方案中，作出最佳判断及抉择的合理过程。西蒙提出理性决策：在一些系统的价值需要根据一些行为的后果来评价时，优先行为的选择才会涉及理性。

社会行政决策是指社会行政主体在管理的过程中，根据实际情况运用一定的理论和方法在掌握信息的基础上，对所要解决的问题做出决定。进行理性决策的前提：首先，明确评判标准；其次，知道所有可用的选择；最后，清楚所有选择的最终结果。

(一)社会行政决策的类型

依据不同的角度，决策可以分为不同的类型和方法，较常见的分类方法有以下几种：

1. 依理性程度可分为直觉的决策、判断的决策和问题解决的决策

直觉的决策与情感而不是与理性相联系，判断的决策建立在知识和经验的基础上，问题解决的决策是建立在理性研究及分析基础上的一种比较客观和科学的理论模式。

2. 依问题性质可分为程序式决策和非程序式决策

程序式决策是正规的、有组织的、正式的类型，常用于处理问题明确、简单且重复、无需替代方案的工作。非程序式决策是非连续性的非正式的结构不严密的类型，常用于较为独特、问题结构不佳、需要创新的工作。在实践中，决策常常是介于二者之间的。

3. 依工作者本身的角色可分为咨询式决策、协商式决策、协助式决策、权威式决策

咨询式决策是决策者就有关行动方案征询其他人的意见，咨询对象一般是与特定决策相关的重要人士、专家或团体。协商式决策是决策者协调各方不同意见，做出折中、可接

受的决定。协助式决策是指并非本人自己要做决策，而是协助他人做决定。权威式决策则是指决策者在确认自己的权力范围的前提下，无需通过咨询，自己就可做决定。

（二）社会行政决策原则

整个过程都需要注意的原则：

1. 信息原则，信息是决策的基础，对信息的要求是准确、完整、及时，有的信息还要求保密。

2. 预测原则，科学的预测是决策可靠性的保证，也是选择实施途径的重要方法。

3. 系统原则，要用系统论考虑决策所涉及的整个系统和相关系统，决策对象和外界的相互联系及相互作用。

4. 可行性原则，决策的目的途径都要同主客观条件符合，有很大的现实可能性。

5. 优选原则，要从两个或两个以上方案中，对比分析选出满意方案。

6. 效益原则，选出的方案要有明显的经济效益、社会效益、生态效益。花费代价小，而取得的效果大。

7. 外脑原则，重视利用参谋、顾问、智囊团的作用，发挥集体智慧的优势。

8. 行动原则，决策是要付诸行动，否则无价值可言。

9. 跟踪原则，对决策实施跟踪反馈，及时进行控制调节，使决策实现。

10. 科学原则，自始至终都必须体现决策的科学性，保证决策的正确和目标的实现。

（三）社会行政决策的过程

社会行政决策的一般过程：

1. 发现问题是确定活动的起点，决策就是要针对解决问题。

2. 集思广益，拟定备选方案。目标确定后，要拟定实现目标的途径和方法，方案最好要有多个，同时注意发挥专家的作用，要有创新精神，不能墨守成规。

3. 评估选优，择定方案。评估是非常关键的一步，要明确把握择定方案的标准，以便更好地选出方案。

4. 组织实施，完善决策。通过实施检验决策发现问题、修正方案、完善方案。

二、社会行政计划

社会工作行政计划就是社会工作行政机构为了行政决策目标的达成而进行的筹划活动及所制定的实施步骤和方法。社会工作行政计划的基础是决策，决策为计划提供行动目标，是计划的核心部分。计划是将决策的结果具体化，形成详细的、具有可操作性的工作安排，并在人力、物力、财力等方面进行具体分工和部署，以便使决策目标细化，在实际的计划运行中体现出决策的社会价值。

任何行政决策所确定的目标都要通过制定和执行相关的行政计划才能实现具体落实。有效可行的行政计划，是决策的逻辑延续，促使形成的决策落到实处，使其既可操作，同时又相互支持、彼此协调。

计划是一切社会工作行政的重要一环，是相关行政管理活动如组织、人事、领导、协调、控制以及考核实施的依据，是社会工作行政行动的准则，管理的基础。

（一）社会行政计划特点

1. 目标性：行政实施的依据，效果评估的参照。
2. 普遍性：不同层次、不同领域与范围的社会工作行政机构都需制定工作计划。
3. 超前性：居于组织、人事、领导和控制等管理功能之前。
4. 可行性：了解已有资源和积累类似工作经验，对未确定因素做充分周全的预测，确保目标实现。
5. 具体性：内容翔实具体，包括环境分析、目标确定、方案选择以及计划文案编制。
6. 适应性：组织内外环境具有不确定性，一个完善的计划应具备一定的弹性。
7. 整体性：计划应从纵向和横向两个角度作统一部署，横向：总目标总计划、分目标分计划；纵向：确保实施步骤的合理有序。
8. 时效性：有预先的时间限定，考虑社会问题、社会需求的轻重缓急复杂程度；考虑社会工作行政机构本身的人物财等方面的因素。
9. 价值性：计划在制定与执行中有明确的价值判断和价值导向，在人物财的调配上体现出一定的人道精神。

（二）社会行政计划的制定

社会行政计划要阐释清楚该计划的具体目标是什么，它要使多少人受益，计划管理者所拥有的资源（人财物时等）如何，怎样实现需求和服务资源较好的配合，计划执行中的优先次序，在何种场所使用何种方法，按照什么规则开展计划，详细的计划开展和起始时间，以及预算编制等。

制定社会工作行政计划的程序：

1. 调查研究：对社会福利的服务对象的各个方面进行现状和历史的调查，充分掌握资料，透彻了解服务对象的问题和需求及相关的政策和法规。
2. 确定目标：决定机构将要做什么、重点应放在哪里，进行目标的设立，须考虑到组织的主客观因素，为部门设立次级目标，主次互相配合。
3. 拟定草案：随时记录对问题的理解以及解决问题的方式方法，以便制定计划时予以参考；对各种备选方案的优缺点、可行性进行比较评估，最终选择出理想和可行的方案。
4. 制定计划：当有两个或更多的方案都可能适合于工作开展时，在实际计划制定中可同时采用若干方案；在计划书里必须列明服务项目名称、工作任务、工作对象、何时开始、预期完成日期、由谁负责，以及如何去做、方案预算等。

（三）制定社会工作行政计划的方法

1. 滚动计划法：编制长期计划的一种形式，即采用"近细远粗"的方法，近期的计划订得较细、较具体，远期的计划订得较粗略、较概括，在近期计划完成后，再根据执行结果的情况和新的环境变化逐步细化并修正远期的计划。以后便根据同样的原则逐期滚动，每次修正都向前滚动一期。

2. 网络计划技术法：即用网络图的形式表达一项计划中各项工作的先后顺序和相互关系；其次，通过计算找出计划中关键影响因素和关键路线，然后通过不断改善网络图选择最优方案，并在计划执行中进行有效的控制和监督，保证有效的福利资源最优化的配置，从而取得最好反馈社会效益。

3. 甘特图法：它是一种线条图，以横轴表示时间，纵轴表示要安排的活动及其进度。甘特图可直观地表明任务计划在什么时候进行和完成，并可对实际进展与计划要求作对比检查；它能使社会工作行政管理者很容易搞清楚一项任务或项目还剩下哪些工作要做，并评估出某项工作是提前了还是拖后了或者按计划进行着。

三、社会行政执行

（一）社会行政执行的含义

社会行政执行指从行政决策一经形成或最后批准时起，行政机关及其工作人员贯彻决策、实现决策的全部活动或整个过程。包括指挥、控制、沟通、协调等。不能等同于全部的行政管理，也不能将其仅仅视作行政决策内容之一。行政执行的地位和作用：行政任务的最终完成，归根到底还在于对政策具体贯彻实施的如何，任务完成的好坏，还要靠行政实施的效果来作出判断。行政机构设置的合理与否，行政人员配备的恰当与否，行政决策内容的正确与否等，都有赖于行政实施结果的检验。

（二）社会行政执行中的过程

首先是沟通，指组织之间、组织与个人之间、个人与个人之间通过一定方式交换意见、思想、信息的过程。沟通的类型，根据组织结构，可以分为正式沟通和非正式沟通。根据信息有无反馈，分为单向沟通，只发送无回复，以及双向沟通，双方地位不断变化。根据信息流向，分为上行沟通、平行沟通和下行沟通。根据沟通的主体分为人际沟通、群体沟通和组织沟通。沟通的方式分为以语言或声音为媒介进行的口头沟通。以文字或图片，各种符号为媒介进行的文字沟通。以声波、光、信号、体态为媒介进行的沟通。以传真、闭路电视、计算机等为媒介进行的电子沟通和以按照信息的途径不同而产生的网络沟通。

其次是社会行政组织中的协调。协调是指领导者为了实行组织之间，成员之间分工协作、互相配合的管理行为。协调的类型从范围来看分为内部协调，外部协调。从协调内容来看，分为关系协调，思想协调，工作协调以及行动协调。从分工来看，有权力与义务对等关系的事权协调和职务与责任关系的职权协调。

最后是社会行政执行中的控制。控制是社会行政指挥者对执行过程进行的检查、监督和纠偏等管理活动。控制分为在活动实施过程中对活动实行全方位的控制，以及对冲突进行调解与控制的冲突控制。

四、社会行政监督和评估

社会行政监督评估介于社会工作实务与研究之间，是一种聚焦于社会福利服务机构组织绩效和社会行政方案绩效的评估过程与工具。综合起来，可以将社会行政评估的步骤归纳为以下几个步骤：

1. 确认评估的目标

这个步骤就是明确社会服务评估的目的是什么，为什么要进行评估。(1)通过评估目标可以帮助机构更好地规划未来，有利于机构进行服务方案的管理。(2)通过评估目标，可以更好地向捐款人交代，维持责信。(3)通过评估目标可以明确服务方案是否出现未曾预料的结果。(4)对服务绩效进行系统的评估，可以获得政策执行和成果量化的实证资料。

2. 完成评估前的准备工作

(1)评估者是评估关键因素之一。评估工作可以由社会工作者本身、机构以外的专业评估者，或社会工作者与外界的专业评估者组成的评估小组共同进行。选择机构内社会工作者成本低廉，但是缺乏客观性；选择机构外的专业评估者，则花费大；如果机构内社会工作者与外界专业评估者来共同来执行评估工作，则可能因为使用方法的不同而产生差异，因此机构在选择评估者的时候，就必须仔细斟酌这些优缺点。社会工作者应依据既定的目标、可用的资源，以及自身的能力选择适当的评估模式，并设计和研究服务绩效评估方法，这样才能够更好地推动专业发展。

(2)评估检验的是输出还是影响。所谓输出评估，是指评估者重视服务的案主数量、服务的时间量、人次、所支出的经费，以及其他量化指标。输出评估主要是描述而不是分析，重点是报告服务的情况而不是评价服务的真正内涵。影响评估除描述外，还注重分析。

(3)正确使用评估资料。评估通常是根据决策者的要求而进行的，评估方案要特别找出社会服务评估流程中的核心环节，确认社会服务的目标和变量，并据此来测量是否达到目标。把社会服务形成阶段的最初目标和后来的成果进行比较，是评价方案最简单和最直接的方法。

3. 确认评估的变量

(1)确定分析的对象：评估者在确认计划原来的目标或是重新建构的组织目标后，接着就必须确认分析的对象。

(2)选择分析变量：就是确认真正要被研究的可量化的变量。此外，一个完整的绩效评估也应包括量化因素的测量。

(3)确认资料的来源：资料是评估方案所需要的资讯。资料可以从现有的资料中获取，也可经过调查、问卷或面谈的方式收集。

4. 收集与评估(或)分析资料

(1)在确认资料来源后，接着就要从事收集与分析资料的工作。根据被评估社会服务的大小和重要性，来决定分析的复杂度与方式。

(2)在这个评估阶段中，还需检验社会服务有没有实现预期的收益和结果，有时没有预期的效益也是没问题的，这将有助于了解方案的意义与价值。如果发现非预期的结果有严重的危害性存在，就应停止这类社会服务。

5. 社会服务评估的结果

（1）确认社会服务的优点与缺点：良好的评估应当同时关注和发现正向和负向的评估结果。优点可以作为服务方案改善与修正的基础，缺点则是需要被加强和删除的环节。

（2）描述社会服务的效果：是否为预期中的效果？经费使用是否符合公平正义的原则？

（3）如果需要的话，要提出修正的建议。

第五节　社会行政的保障

一、社会行政人力资源管理

人力资源管理为了实现组织的宗旨，利用人力资源管理理论不断获得人力资源，并对其进行整合、调控与开发，从而有效地加以利用并使之可持续发展的过程。

（一）人力资源计划

机构服务与员工发展计划：机构服务与员工发展计划，就是机构通过科学的预测，分析自身的人力资源的供求情况，制定必要的政策和措施以确保自身在需要的时间和需要的岗位上获得各种所需要的人才，使机构获得可持续性发展，使员工得以成长。机构服务及员工发展计划的具体内容包括：

1. 预测机构的组织结构

机构的管理者应根据服务需求的程度预测机构的组织结构，对机构所需人才及数量做统筹的规划。

2. 制定人力供求平衡计划

在考虑机构的人力需求时，应根据服务对象的类型、服务的目标、所要求的服务、机构所排列的服务优先顺序，对机构所需人力的种类、所要提供的服务单位数量、员工工作负荷量进行计划，在计算机构现有的人力供应状况时，应根据现有的人事管理政策、机构现有员工的特征以及人力损耗等因素作通盘考虑，测算出机构现有的人力供应数量。然后将人力需求量与人力供应量加以比较，两者如不符合，则应重新对机构的服务目标及服务方案的优先顺序进行规划，并对人力使用的优先顺序进行排列。

3. 制定员工晋升计划

对机构来说，有计划地提升有能力的员工，是组织的一种重要职能。对员工个人来说，有计划的提升会满足员工自我实现的需求。

4. 制定员工培训计划

员工培训计划的目的是为了培养人才。加强对员工专业知识和工作技能的培训，可提升服务质量，防止机构员工的挫折感。

5. 人力使用和调配计划

人力资源计划不仅要满足机构未来对人力资源的需要，还要对现有人力进行充分的挖潜，通过有计划的人员配置和内部职位的流动来实现这一目的。

（二）员工的聘用

1. 发招募通知

如机构的岗位空缺而在机构内部调配，则可由内部通告通知员工，然后由员工提出申请。若经研究发现机构内部没有合适的人选，则需发布公告，对外公开招聘。

2. 收集申请者资料

要决定申请者是否被录用，首先要对申请者的背景资料进行分析。申请者的背景资料包括：学历、专业训练、经验及一般背景；表达能力、思考能力及组织能力；申请者的事业发展目标与期望；申请者的进取心；工作稳定性，申请人是否经常换工作；申请人申请岗位的原因与动机，对这岗位的期望，体能（身体状况）、性格、兴趣、爱好等。

3. 初步评估选择

如果时间允许，则可以从众多申请信件中挑选些合格者进行面谈，其标准是根据某职位所需的条件去评估申请者是否有资格接受面谈。具体可从三个方面去考察：一是申请者在以前的工作经历中最喜欢和最不喜欢的工作；二是申请者对工作环境职责、性质地点有何期望；三是申请者的兴趣、爱好与工作所涉及的责任是否相同。在个人特点方面，还需评估申请者的体能与性格特点是否符合工作分析所列出的要求。

4. 录用

经过一系列人力资源计划的制定、工作岗位分析、申请人资料汇集、评估选择，最后选定最适合的人员以填补岗位的空缺。

5. 安排职位

引导被录用者熟悉环境，包括了解机构的历史宗旨、组织结构、服务特色、人事政策、财政运作、工作守则等，使新员工尽快适应、掌握机构的要求及各项工作细节。

（三）员工的培训

1. 培训的意义

随着科学技术的迅速发展，社会发展进程加快，当代社会行政管理日趋复杂，知识更新加快，要使行政人员紧紧跟上时代步伐，必须加强培训工作。

培训的作用体现在两个方面。一是对机构而言，培训有助于：（1）提高机构的服务素质，如果机构员工不断得到培训，并在实践中加以运用，势必提高机构的服务水平；（2）增加服务对象，机构服务质量提高，必然造成良好的社会效应，使得更多的有需求的人前来求助；（3）吸引和储备人才，机构推行系统的员工训练计划，定能吸引更多的人才加盟，机构自身也能得到更进步的发展。

二是对员工个人而言，培训有助于：（1）丰富个人工作上的知识和技巧，使其能和社会发展同步；（2）提高员工对工作的兴趣和满意感，员工能力的增强，势必带来工作上的成就感，因而也会增进其对工作的兴趣；（3）促进员工对机构产生归属感，员工个人获得发展的机会，就会乐意为机构服务，并对机构的工作目标和方针政策产生认同感，因而产生归属感，最终增加机构人员的稳定性。

2. 培训的种类

培训方案的种类有三种：

（1）是岗前培训，指机构对新聘的员工在到岗前举办的培训。

（2）是在职培训，指员工参加其供职单位举办的各类培训活动。依其性质的不同，在职培训又可分为三种：学识技能训练、人际关系训练和理念整合技能训练。第一种在职训练是指机构管理者针对所属员工执行现有工作时应具备的技能中所欠缺的部分经过一定的基本技能训练加以改善，使其能胜任工作，并增进工作效率。第二种在职训练是为那些工作成绩优异及具有发展潜能的员工而设的，目的是增进员工对人际关系的认识，促进员工间的相互合作，以便对这类员工将来有可能担当更重要的管理工作做学识及技能的先行储备。第三种在职训练是指机构为解决现存问题，组织部分员工运用高度的智慧，提出处理问题的富有建设性的建议，以协助主管解决问题。

（3）是脱产培训，指机构深造员工参加其他相关机构及大学所举办的会议研究学会培训课程或其他训练活动等，目的是提供机会使员工能和其他机构的同仁进行交流，以开阔员工的眼界。

（四）激励和考核

激励就是激发行政人员的主观能动性，使行政人员产生内在的动力，使他们朝向机构所期望的目标前进。许多管理学家提出了多种激励理论。

马斯洛在他的《动机与人格》《人类动机理论》等著作中提到了著名的需求层次理论，他认为人的需要有五个层次分别是生理需要、安全需要、归属和爱、尊重与自我实现。因此，需要是逐层满足的。这是激励考核最核心的理论。美国的赫兹伯格在双因素理论中提出工作措施、薪酬只是预防而非治疗，这是保健因素；挑战性的工作、成就、成长、机会，这些对员工是激励因素。弗鲁姆在《工作与激励》中的期望理论认为员工会实现组织目标，是因为目标可满足自己其他方面需要，并可以实现处理员工的努力和他们绩效之间的关系，绩效与奖励之间的关系，奖励与个人需要关系。

1. 员工的激励

（1）关于激励因素的理论探讨

综合不同激励理论中提到的激励因素与社会服务机构有关的激励因素大致包括以下几点：个人兴趣，如果员工能做他们喜欢做的事，他们很可能在增加产量的同时还能提高工作质量。兴趣可在机构管理者的有效激励中得以发展和提高；行政支持，对员工进行支持意味着管理者在员工因决定或行动而陷入麻烦时能站在员工身后支持他们，即对员工采取理解和接受的态度；明确职责和权威，当员工理解他们的具体职责，并感到他们有执行这些职责的权威时，他们会有积极的情感并被激励去做力所能及的事来增加机构的利益；批准和赞赏，工作者需要从他们的领导那里获得回馈。在私下的会面和员工大会上，称职的管理者会向员工表达赞赏，尤其当他们取得了不寻常的成就时；成功的机会，做一些有价值的事情的机会对激励员工和鼓舞士气很重要，这样员工就可以从完成一些有价值的事情中获得真正的满足和积极的情感。

（2）耗尽与激励

社会工作服务领域常常出现耗尽现象，这表现为：薪水不具吸引力。员工的工作环境也不够理想，工作性质单调。工作成果常常是非实质性的，不能立即显现，得不到赏识和正面的反馈。服务对象问题复杂，难以解决。社会工作价值观常常与商业化社会价值观相冲突。社会工作者常常面对各类社会问题，久而久之，造成很重的心理负担。社会需求大于社会供给，社会工作者有较大的工作负荷。机构管理水平不高，同事之间缺乏支持；员工的个人期望和现实有很大距离，导致情绪低落，没有成就感。

机构主管应对社会服务中出现的耗尽现象引起高度重视，防止因员工产生对工作的倦怠感而影响机构的服务质量。

2. 员工的绩效考核

（1）绩效的含义

绩效是指员工在一定时间、空间等条件下完成某一任务所表现出的工作行为和所取得的工作结果，表现形式有：工作效率；工作数量与质量；工作效益。工作绩效是员工素质、服务对象、工作条件等相关因素相互作用的结果。因此，绩效随时间、空间、工作任务及工作环境等相关因素的变化而不同，呈现出多因性、多维性与动态性的特点。所谓绩效评估，是指组织定期对个人或团体小组的工作行为及业绩进行考察、评估的正式活动。

社会福利服务机构的服务对象是人，服务从业人员根据服务对象的不同特性及需要，灵活地运用他们的工作技巧去提供服务，并无一个固定的方式。机构的服务效能，往往取决于员工的表现，还需要一种机制来确保机构所提供的服务能达到一定的质量。对员工进行绩效考核，应是一种有效的机制。绩效管理的主要作用是：薪酬管理的依据；人事调整决策的依据；员工培训的依据；激励措施的依据；员工进步的动力；正常工作关系的基础。

（2）考核方法

比较方法主要有排列法和强迫分配法。排列法，此方法是按员工整体工作表现，包括工作态度、工作技术、工作成效、人格特质等，区分优劣，依次排列。强迫分配法，此方法较适用于人数较多的单位及机构。由于人数较多，他们的工作表现大多呈现一个常态式的分布，行政人员可按一定的百分比分成几个等级。

绝对方法包括短报告、检查列表、比重检查列表、特殊事件法、图表尺度法和行为排列等级法。此类方法的特点是，不以员工作为比较对象，而是针对每个员工的实际表现与标准或期望的距离进行评估，故称之为绝对方法。由于岗位的差异，其评估内容也会有所不同。这种评估方法符合个别化原则。

成效量度法，这种方法有别于比较方法和绝对方法，只注重测量员工实际完成工作目标的程度，也就是说只注重对结果的测量，而不太在意工作过程中的表现。社会服务机构常用目标管理法、结果管理法去进行考核。目标管理法，这种方法是指机构主管与员工共同商讨其工作职责、范围，确定具体工作目标及工作计划，然后不断检查员工的工作绩效与目标之间的差距，并随情况的改变而作适当的修改。这个方法的优点是可增进机构主管与下属之间的沟通。同时，因为目标明确，员工工作有方向、有动力，有利于机构目标的实现。结果管理法，结果管理法和目标管理法大致相似，稍有区别的是，结果管理法更强调员工的职责范围、所要完成的工作指标以及工作绩效标准的量化测量。

总之，社会服务机构的管理者为了实现机构的服务目标，必须对员工的工作绩效给予经常、全面、客观的评估和考核，以保证员工完成工作任务、改善工作绩效、增进工作的积极性及增强发展的潜力。

（五）员工的督导

督导制是指在社会服务机构内设立的由资深的高层次要员对较低级员工在工作知识、技能、工作态度、工作关系等方面进行指导的一种制度，这是一种比较特别的人事管理方式。

1. 督导的含义及原则

从正式的社会工作教育一开始，督导就被视为在理论上或实务中的一个关键过程。督导是指一个人受比较有经验有资格的督导者和同事监督指导的过程，它也是保证服务水准和增强专业发展的过程。在督导过程中，督导者不仅注重对受督导者工作的管制与绩效评估，更重要的是，要能以接纳、支持的态度，适时教导受督导者的工作态度和技能，使受督导者有学习和工作意愿，并做好独立提供服务的准备。故督导工作的最终目标是协助受督导者独立发挥专业服务功能。督导的性质在于：在专业目标上，属于一种继续教育或持续性的在职训练，以提高专业服务素质，实现有效的服务。在专业体制上属于一种职务和地位。在行政上具有一种从属和指挥的领导和权威关系。在组织上是一种分工合作的制度，以有效率地发挥功能。在教育上属于一种辅导性教育功能，以促进受督导者的学习成效。

督导与领导同属于管理活动的范畴。督导与领导的区别在于，在社会工作服务机构，督导具有一定的行政领导的功能，但督导还注重员工专业技能的培训和辅导，具有技术教育和心理、情感支持的功能。领导从根本上来说是一种影响力，是一种追随关系。督导者应以真诚、温暖和接纳的支持性和教育性的态度对待被督导者，故两者之间的关系就应比领导与被领导的关系更丰富。有效的督导者应具备的素质是丰富的专业知识与实务技巧、为人坦诚、赏识被督导者并能提供建议。

督导的基本原则是：督导者传授知识、原则、技术，信任员工能进行自我管理。员工通过选择那些与机构相协调的目的与目标，从而实现自我管理。需要时，员工可获得督导者的帮助。必要时，员工能与督导者取得联系。员工们要周期性地评估他们的督导者。

2. 督导的功能

督导的功能有三个：行政功能，指督导者执行有关工作计划、工作安排、工作指导和工作绩效评估等管理工作，以协调上下属之间的工作，确保员工完成机构所制订的服务目标。教育功能，指督导者协助员工增进工作知识、技能，提高理论与实践结合的能力，增加解决问题的办法以及对社区资源的发展与运用能力等，从而促进员工个人的成长并有效完成工作。支持功能，指督导者对员工在工作中产生的心理压力、情绪波动及思想困惑给予高度关心，通过自己丰富的经验与理论对员工进行心理疏导，提供精神上的支持。

二、社会行政财务管理

社会服务机构为了实现机构的使命和具体的服务目标，需要有足够的资金支持，资金的获得和有效使用需要有科学的财务管理。与社会服务机构的使命相对应，社会服务机构的财务管理目标可以描述为：获取并有效使用资金以最大限度地实现机构的目标。社会服务机构财务管理的主要内容涉及资金募集、运用、预算及报账制度、资金管理和审核等。

（一）资金筹集及运用的原则

1. 资金筹集
随着社会服务机构日益多元化与专业化，争取资金支持的途径也在多元化。
（1）争取政府拨款
各国政府都会在社会福利和服务方面提供相关的资源，对社会服务机构来说，重要的是必须了解政府的资源投入与分配的路径和信息。政府拥有的资源大致有：行政资源、经费资源、公众调动资源、责信资源。政府有资源、有经费、想做事，但无力做所有的事。社会服务机构有理念、有能力做事，但缺少资源和经费。因此，各国政府通过资源与计划的发展，以外包契约、公设民营或奖励补助等方式分配社会服务机构所需获得的资金。社会服务机构应认真研究政府各相关部门的服务目标和计划，主动向政府寻求经费或捐助，争取共同主办、协办或委办活动及参与投标等。
（2）劝募
科特勒将募款管道分为沟通管道和集款管道，并将募款组织、沟通管道、潜在捐款者及集款管道四方面视为一个循环。在劝募管道的部分，过去的做法不外乎在平面和电子媒体传递募款的讯息，然后透过捐款者亲自现场付款、邮政划拨、薪资定期扣款等方式来完成捐款。而今社会服务机构也开始与网络结合，利用网络的资源以实现使命目标，所以网络募款也开始成为社会服务机构募款管道之一。
（3）争取国际支持
经济全球化的趋势使大多数社会服务机构开始寻求国际支持和援助，许多机构纷纷加入国际联合劝募协会，成为国际联合劝募协会会员之一。这种联合劝募组织在市场上统一筹款，并根据一定的规则合理分配给非政府组织（NGO），尤其是社区福利性 NGO 组织。联合劝募的优势在于节约资源，效率高、能减轻一些社区小型 NGO 的筹款负担和压力，使它们集中精力从事社会服务工作。
2. 资金运用
（1）合法
机构越是从各种管道获得更多的服务资金，社会大众则越是需要对社会服务机构的工作和服务品质加以监督，并对其运作是否与其使命相符合、机构的资金使用是否合理和最有效率、提供的服务和项目是否有效等问题加以关心或提出质疑，这就是机构的合法性问题。
（2）有效
效率与效益是组织生存与发展的生命。资金的有效运作是社会服务机构管理的重要环节。一个好的财务管理系统，不仅能够保障项目所需的资金的收支，使机构处于安全运作状态，而且通过成本分析、预算监督等控制成本的环节，能够优化资源、提高效率。

（3）以服务为本

社会服务机构不是政治性组织，也不是经济组织，它是社会性服务组织。机构自身的服务性特征，使得机构在资金运用方面必须和机构的使命与目标保持一致。

（二）财务预算及报账制度

1. 财务预算

财务预算在本质上是一个计划，任何计划都涉及预算。财务预算是以货币形式表现的机构计划，它决定资源的分配，并由此反映出与预算相关的需求者对预算项目的偏好。具体地说，预算有四个功能：为机构将有限的资源合理分配打下基础，便于内部沟通；指明未来的筹资需求规模和时间；为管理者的决策提供依据；预算是评估项目绩效的基础。

预算的内容有：（1）收入预算。收入预算是机构经营计划的基础，预算制定前，应对目标市场的客户需求存在的机会和风险进行认真分析、调研，充分考虑各种可能的情况及其发生的概率，依据市场的需求量而不是往年的销售量，做出尽量准确的销售收入预测。（2）成本费用预算。成本费用预算要对成本结构（如物力、人力、管理等费用）进行分解、剖析。（3）资本预算。应从投资方向和投资规模两方面来控制资本预算。（4）现金流量预算。现金是机构正常运转的血液，衡量一个机构的财务状况是否健康，现金流量是个重要指标。

2. 报账制度

任何社会服务机构都需要保持精确的账簿和记录。会计活动是财务管理活动的一部分，是用于计量和报告一个机构财务记录的方法，是一套用来组织、保持一个机构财务记录的系统。

3. 机构的财务报告制度

（1）财务会计。财务会计是机构的对外报告制度，其主要目的是为组织的外部捐赠人及相关利益团体提供信息。社会通过财务会计提供的信息，对所捐赠的资金使用情况有所了解，并对是否进一步予以捐赠做出决策。财务会计要求机构按照一定的标准，定期公布财务报告。

（2）管理会计。管理会计又称对内报告会计，其主要目的是为机构内部管理部门的管理决策提供信息支持，包括预算编制、资金安排、存货管理、成本控制等。管理会计包括成本会计的内容。管理会计提供的信息属于机构内部机密，一般不对外公开。

4. 财务报告的操作方法

（1）财务记录。主要包括原始凭证日记账、过账、对账和结账。

（2）财务报告。财务报表主要包括资产负债表和损益表。资产负债表揭示了机构在某个时点的资产负债状况，通常包括三个部分：资产、负债和净资产。资产指机构现在所拥有的经济资源，包括货币和非货币性的、有形和无形的。负债包括应付账款以及该机构所负有的其他债务。净资产部分指总资产和总负债之间的差额。损益表记录了所发生的收入和费用，并显示出从某一年度到下一年度之间净资产的变化情况。

（三）资金管理

1. 成本分析

成本分析是社会服务机构的全部活动的基础。在明确的成本分析的前提下，组织才能设计筹款计划、营销策略、项目受益面等重要管理内容，成本分析使组织运作的各项成本一目了然，使成本控制有章可循，有助于降低成本、提高效率。

社会服务机构所提供的服务经常难以量化，使得成本分析很困难，选择成本的计量单位是一个先决条件。下面是四种常用的服务计量单位：（1）受益者数量。计算所提供服务的受益者人数。（2）服务种类。计算工作人员所提供的服务种类。（3）服务数量。计算工作人员所完成的服务数量。（4）服务时间。计算受益者所获得的服务总时间。

此外，行政和管理费用一般按成本计算，其中包括房屋租赁费、邮资、清洁费、电话费、人事费、公关费等。

2. 投资管理

所谓投资活动是指运用营运资金、固定资产及年度结余去投资并使资产增值的活动。社会服务机构投资管理有三个基本原则：一是安全、低风险；二是有一定的投资回报率；三是保证基金的增值。根据这三个基本原则拟定投资策略时，需要考虑下列参数：投资目标、投资期、风险极限、要求的回报率、要求的流动性、支出的原则、须签订的契约、法规的限制等。

3. 财务分析

与企业相比，社会服务机构更容易受到经济不景气、捐赠骤降、突然得到大笔捐赠等情况的影响，因此，机构需要根据形势的变化快速做出反应。经常进行财务分析，运用财务分析方法解读财务报表，是社会服务机构的理事、秘书长、高层管理人员的必修课，唯有如此才能随时掌握机构的财务状况，进行科学的管理和决策。纵向分析和横向分析是财务分析的两种基本方法。纵向分析又称动态分析或趋势分析，它根据连续几期的财务报告，比较前后期各项目的增减方向和幅度，来揭示财务和经营上的变化和趋势。横向分析又称静态分析，是将同一期财务报表上的相关数据进行比较，以说明财务报表上所列项目之间的相互关系。

4. 我国社会组织的财务管理

权责明确严格规范的财务管理是社会组织运行的保障。2004年，我国财政部发布了《民间非营利组织会计制度》。民间非营利组织被确定为三大类机构：一是依法登记的社会团体，二是民办非企业单位，三是基金会。我国民间组织管理局曾就社会组织如何做好财务管理给予以下指引：（1）确立财务审批人及财务经办人。明确财务审批人对资金支出的授权方式、权限、程序、责任和相关控制措施，规定经办人的职责范围和工作要求。（2）财务费用支出必须取得或者填制原始凭证，取得合法票据，无票据或不符合规定的票据不得作为财务报销凭证。（3）按照国家统一会计制度的要求，设置明细科目，进行项目资金的明细核算。（4）保留受益对象和社会服务活动的相关资料，如受益对象清单、付款及签收记录受益对象确认书等因发生服务的财务支出记录档案。

（四）审计

1. 审计的概念

审计通俗地说就是查账，就是对财政、财务收支的真实性合法性、效益性进行审查和监督。审计是独立于被审计单位的机构和人员，对被审计单位的财政、财务收支及其有关的经济活动的真实性、合法性和效益性进行检查、评价、公证的一种监督活动。我国的审计包括三种类型，即国家审计、内部审计和社会审计。国家审计是指国家审计机关和审计人员通过审查会计凭证、会计账簿、会计报表，查阅有关文件资料，检查现金、实物、有价证券，依法对社会服务机构的财政收支、财务收支的真实性、合法性和效益性进行审查和评价的监督活动。内部审计是指机构内部的审计部门和审计人员对本机构的财务收支及有关的经营活动进行内部审查和评价的活动。社会审计是指依法成立的社会审计机构和审计人员接受机构的委托，对被审计机构的财务收支及有关经营活动进行公证、评价的服务活动。审计具有独立性、权威性、公正性的特征。

2. 审计的一般原则与方法

一般原则，社会服务机构要坚持如下原则：

（1）政策法规性原则，即以国家的财政政策及有关法令法规作为判断和评估审计对象的标准，以促进机构的服务与管理水平。

（2）客观公正性原则，即从实际情况出发，以审计证据为依据，客观公正地对审计对象进行审查、分析、判断、评价和提出审计报告，维护审计的严肃性和权威性。

（3）独立性原则，即依照法律规定独立行使审计监督权，不受其他行政机关、社会团体和个人的干涉，这是审计部门公正处理问题的组织保证。

（4）效益性原则，即以提高财政收支效益为根本出发点，通过审计监督来促进社会服务机构的财务管理的效益和效用。

3. 内容

我国民间组织管理局对于社会组织项目审计工作给予以下指导内容：项目管理制度建立及执行情况；项目资金会计核算情况；项目预算执行情况；项目配套资金是否到位；项目资金支出是否符合规定用途；项目资金中是否列支人员费用；项目资金中是否列支规定资产购置费用；列支的费用标准是否符合规定；项目实施情况；其他需要检查的事项，如是否存在转包分包、挤占、截留、挪用、侵吞资金的现象等。

基本概念

社会行政 社会行政组织 社会行政领导者 社会行政决策 社会行政计划 社会行政执行 社会行政监督 社会行政评估 人力资源管理 财务管理

课后思考题

1. 试述社会行政的含义及其构成要素。
2. 社会工作行政的主要特征有哪些？

3. 简述社会行政的层次与功能。

4. 试述社会行政组织的静态结构和动态结构分别有哪些。

5. 简述社会行政领导的内涵及其构成。

6. 试述社会行政动态过程的主要环节。

7. 试述社会行政中的人力资源管理有哪些主要环节。

8. 简述社会行政中资金筹集及运用的原则有哪些。

📝 参考书目

[1]白秀雄. 社会福利行政[M]. 台北：三民书局，1981.

[2]王思斌. 社会行政[M]. 北京：高等教育出版社，2013.

[3]林显宗，陈明南. 社会福利与行政[M]. 台北：五南图书出版公司，2002.

[4]李增禄主编. 社会工作概论[M]. 高雄：巨流图书公司，2002.

[5]张曙. 社会工作行政[M]. 北京：社会科学文献出版社，2002.

[6]黄源协. 社会工作管理[M]. 台北：杨智文化事业股份有限公司，2000.

[7]斯基德莫尔. 社会工作行政——动态管理与人际关系[M]. 北京：中国人民大学出版社，2005.

[8]时立荣. 社会工作行政[M]. 北京：中国人民大学出版社，2015.

第十一章　社会工作法规与政策

在社会工作实务过程中，社会工作专业人才以各种专业化的方式为个人、家庭、社区和组织提供服务。这里的"专业化"不仅仅指服务过程中社会工作者所使用的专业理论、方法与技巧，还包括其服务领域中涉及的相关法规与政策。社会政策是政府为规范人们社会行为和社会生活、促进社会现代化治理的重要手段，是公共政策体系中的重要方面之一。为了更好地提供专业化社会工作服务，社会工作者有必要了解各个方面的法规政策。本章主要介绍社会政策的含义与类型、社会政策制定的一般过程以及社会工作法规与政策体系这三方面内容。

第一节　社会政策的含义与类型

在现代社会中，社会政策是政府公共政策体系中的重要类别之一，因此在分析社会政策的含义时，还需要了解什么是公共政策，以及社会政策与其他相关概念的关系。

一、社会政策的含义

社会政策是公共政策中的一个重要领域，在公共政策的概念框架中理解什么是社会政策，并结合公共政策及其他类似概念的定义去理解社会政策，有助于我们划分社会政策与其他相关概念的界限。

(一)社会政策

社会政策(Social Policy)的概念起源于欧洲，最早出现在 1873 年的德国，"新历史学派"的经济学教授们为解决德国当时最迫切的社会问题——"劳资冲突"而组织了"德国社会政策学会"。我国所使用的社会政策一词最初是由日文转译而来，自 20 世纪 40 年代初开始使用。由于国情、不同时期社会需求和学者关注点的不同，各国关于社会政策的定义有所不同。

马歇尔(T. H. Marshall)在 1965 年出版的《社会政策》一书中认为："社会政策不是一个有确定含义的专门术语。它指的是与政府有关的政策，这些政策涉及向公民提供服务或收入的行动，通过这些行动对公民的福利有直接的结果。因此其核心由社会保险、公共救助、健康和福利服务、住房政策等组成。"即社会政策是通过政府供给对公民福利有直接结果的政策。

蒂特马斯在 1976 年出版的《福利的承诺》一书中认为社会政策所关注的是某种共同的

人类需求和问题。"我们所关注的是对一系列社会需求，以及在稀缺的条件下人类组织满足这些需求的功能的研究。人类组织的这种功能传统上被称为社会服务或社会福利制度。社会生活这个复杂的领域处于所谓自由市场、价格机制、利益标准之外。"社会政策不仅仅指政府供给，也包括广泛的社会供给。

王思斌在 1999 年出版的《社会工作概论》一书中对社会政策的界定是："按照一般理解，社会政策是国家或机构为解决社会问题，增进成员福利，实现社会进步所采取的基本原则或方针。"

李迎生在《社会工作者概论》中认为："可将社会政策界定为国家或政府为解决社会问题、改善社会环境、促进社会公正和实现社会发展而制定或采取的各种原则、方针"。

关信平主编的《社会政策概论》中认为"社会政策定义为政府或其他组织在社会公平等价值目标的指导下，为达到满足民众基本需要、解决社会问题，进而维护社会稳定和提高社会生活质量等社会目标而采取的各种福利性社会服务行动的总和"。

综合以上观点，认为社会政策可定义为国家政府或机构在社会公平正义等价值目标的指引下，为满足人民群众社会需求、解决社会问题和促进社会和谐稳定发展而采取的具有福利性质的社会服务行动准则。在我国其实质是政府或机构在社会福利事务领域中的干预行动。

（二）公共政策

公共政策是一个国家在管理过程中的重要手段。社会治理始终贯穿着公共政策的制定和执行，具有公共性、权威性、价值性、阶级性与社会性的统一等基本特点。各国的公共政策是一个庞大而复杂的公共行动体系，包括经济政策、社会政策、文化政策、环境政策、国防政策、外交政策等大类。我国各级政府都是公共政策的主体，除了中央政府制定的各项全国性公共政策之外，还有各级政府指定的、适用于一定区域内的地方性公共政策。各级政府常常通过政府文件的方式发布各项政策，这种政府文本被称为"政策文件"。

关于公共政策的定义，政治学家戴伊认为，公共政策是政府选择的一切作为或不作为。迈克尔·希尔认为公共政策是一种"政府和官员的权威性行动，它不是建议或者讨论，而是用来满足被感知的国家需求的，包括法律、司法布告、执行命令和行政决定"[1]。李迎生认为公共政策是国家机关或执政党制定的旨在解决某一问题的具有权威性的行动准则。关信平在《社会政策概论》中认为公共政策概念可以定义为"政府或社会公共权威机构为有效管理社会、处理公共事务和解决社会问题而制定的行动方案和行为准则"。

综上所述，我们可以将公共政策定义为政府为维护社会和谐稳定发展、处理各类公共问题和公共事务而制定和实施的多种法律、法规和行动准则的总和。在制定和实施过程中具有明确的目的性和规划性来积极解决社会问题，调节社会运行，推动社会发展。

关于社会政策与公共政策的关系，社会政策主要涉及社会福利方面的政策，包括社会保险、社会救助、医疗卫生服务、房屋政策等。从活动的内容方面看，社会政策属于公共政策之内，二者的区别是社会政策多通过社会供给的方式来满足一些特别人群或个人的生

---

① 罗斯金. 政治科学[M]. 北京：华夏出版社，2001.

活需求和社会需求，与伦理道德价值研究密切相关，而公共政策面向的人群要更为广泛，包含全体公众。

(三)社会政策与其他类似概念的关系

为了准确把握社会政策的概念，需要了解社会政策与其他类似概念的关系，并加以区分。因此，本节主要从社会政策与社会福利、社会政策与社会保护、社会政策与社会行政、社会政策与社会建设和社会治理四个方面进行阐述。

1. 社会政策与社会福利

(1)"社会福利"概念的含义

"社会福利"(Social Welfare)一词在日常生活、政治活动和学术研究中都是常用词。同时也是一个歧义很大的概念，在不同国家和不同领域中有很大的差异。多数国家使用的"社会福利"概念一般是指不以直接商业性交换为原则，而是按照人们的实际需要来提供物质产品和服务的制度。更具体说，所谓社会福利，就是在公共资金的支持下向社会成员无偿或低偿提供物质产品或服务的制度和过程。这里有两个基本的含义，第一，社会福利是以非商业化的方式为社会成员直接提供物质产品和服务的过程；第二，福利性项目应该有公共资金的支持，因此能够无偿或低偿地提供给受益者。

(2)社会政策与社会福利的关系

由于在当代社会中社会福利项目大多是由政府或其他非营利机构直接投入并管理的。因此，划分是否属于社会福利项目，只需要看它是否在公共资金或优惠政策的支持下向社会成员提供非商业化物质和服务帮助，因而使服务接受者可以免费或低费获得这些物质产品和服务。从这个角度看，许多国家和许多研究者所使用的"社会政策"与"社会福利"这两个概念所指的行动领域可能是一致的，以至于在许多文献中这两个概念可以互换使用。

另一方面，这两个概念在表达问题的侧重点上也有所不同。首先，这两个概念表达问题的角度仍有很大的差异。"社会福利"是指一种既定的制度和过程，它可以是人为设计的，也可能是自然形成的。相比之下，社会政策概念则重点强调政府或其他组织在社会福利领域的干预行动，包括制定规则和投入资源。或者说，社会福利概念侧重既有的社会福利制度(包括正式的和非正式的制度)及其相关的实践操作模式；而社会政策概念则主要反映政府(或其他组织)在社会福利方面所采取的各种干预行动。其次，在不同的国家，这两个概念所包含的外延也并不相同。一些国家在使用社会政策概念时采用其广义，包含了比较广泛的内容，而使用社会福利概念时相对比较狭窄，所以导致二者的外延出现一定的差异。因此，在阅读这一领域的文献时，应该注意作者对有关概念的具体界定。从研究和学科体系来说，是冠以"社会政策"还是"社会福利"，则主要取决于各国以及不同研究者的习惯。除了美国等少数国家在使用"社会福利"概念时所指对象比较狭窄以外，其他多数国家的教学和研究体系中这两个概念的外延范围大致是一致的。

2. 社会政策与社会保护

(1)"社会保护"概念的含义

社会保护(Social Protection)是指由政府或其他社会组织建立各种保护性的制度和措施，以避免或减弱某些社会群体在社会经济变迁(包括经济、政治、社会和文化等方面的制度和结构变化)过程中所受到的利益损害。"社会保护"概念是在"社会保障"的基础上提出的，但前者包括的内容要多于后者。社会保障主要是指由社会(主要是政府)以社会保险、社会救助和其他一些社会福利的方式向失去劳动能力和劳动机会的公民提供基本的生活保障。而社会保护的含义除了包括向公民提供基本的生活保障之外，还包括在就业、教育、医疗、消费者权利以及其他一些方面的保护。

(2)社会政策与社会保护的关系

社会政策与社会保护是两个既相互关联，又不完全相同的概念。在提出社会保护概念的最初阶段，其含义主要指社会对弱势群体的保护，并主要着眼于最基本的生活保障和权利保护。从实践上看社会保护只是社会政策体系中的一小部分，因此与社会政策概念的差别较明显。但后来随着人们认识的发展，社会保护的概念也有了很大的扩展。目前社会保护概念的内涵已经不再局限于对贫弱群体的保护，而是强调对所有社会成员的保护，并且不再是基本生活的保障和最基本权利的保护，而是要提高生活质量，并且强调平等权、发展权等较高层次的权利。社会保护的外延也已从传统的社会保障领域扩展到医疗卫生、教育、就业、住房等各个方面。因此，社会保护与社会政策在内涵和外延上都越来越接近。欧洲一些研究者甚至认为这两个概念基本可以等同使用。

3. 社会政策与社会行政

(1)"社会行政"概念的含义

社会行政(Social Administration)一般指政府行政机构在其职权范围内代表国家在社会事务方面采取的各种行动的总和。社会行政的概念有三层含义：首先，社会行政代表着政府管理社会事务的领域。在政府所管辖的众多的事务中，有一部分属于社会性事务，这部分事务往往被称为政府的社会行政领域。其次，社会行政代表管理社会事务的政府机构，如教育行政管理机构、公共卫生与医疗行政管理机构、劳动与社会保障行政管理机构、社会福利行政管理机构等。最后，社会行政概念还代表政府管理社会事务的规则与程序体系。此外，广义的"社会行政"概念还包含公共社会服务机构管理的含义。

(2)社会政策与社会行政的关系

社会政策与社会行政的关系密切。从学科术语的角度看，在早期的社会政策学科中，这两个概念基本上是作为同义使用的。目前，世界各国的"社会政策"学科，在第二次世界大战后的最初发端时，其名称不是"社会政策"，而称为"社会行政"。直到目前，这两个概念之间仍有密切的关系。首先，绝大多数的社会政策，无论其是否通过国家立法，一般都由政府行政机构或其委托的机构来组织实施。因此，社会行政系统可看作是社会政策的执行系统。其次，政府行政机构在社会政策制定过程中常常起到关键性的作用，他们或者独立地制定社会政策，或者向国家立法机构提出社会立法议案，并且在国家法律的框架下制定社会政策的实施细则。同样，政府行政机构在社会政策制定中的作用与一个国家的政治体制和政治过程密切相关。在行政为主导的政治体制中，政府行政机构在社会政策制定中的作用更为重要。

4. 社会政策与社会建设和社会治理

(1)"社会建设与社会治理"概念的含义

社会建设是在党的领导和政府的主导下，社会中各类组织和广大人民群众广泛参与，以保障和改善民生及加强和创新社会治理为目标的社会行动体系。社会建设的具体内容包括优化社会结构、创新社会体制、发展社会事业和加强社会服务等方面。其中，优化社会结构和创新社会体制主要属于社会治理的内容，而发展社会事业和加强社会服务的任务主要是解决保障和改善民生的任务。应注意的是，在社会建设体系中，社会治理与民生事业是不能分割的两个方面，它们都是社会建设行动体系中的重要环节。

（2）社会政策与社会建设和社会治理的关系

概括地讲，社会政策与社会建设和社会治理的行动范围有较高的一致性，因此社会政策可以被看成是社会建设和社会治理行动的政策体系，是政府在社会建设和社会治理行动领域制定和实施各种规则、计划、项目的行动。更具体地看，社会政策在社会建设和社会治理体系中仍具有一定的侧重点。社会建设包括保障和改善民生而制定和实施的公共政策体系。同时，在创新社会治理行动中也需要通过各项社会政策去化解社会矛盾、调节社会利益、维护社会稳定。因此，社会政策也是创新社会治理行动的重要组成部分，在其中发挥重要作用。

二、社会政策的类型

当今学界，对社会政策的分类研究争议较大。我们认为，不同的划分标准可以区分出不同类型的社会政策，并且都有一定的参考价值。概括起来，社会政策大致有以下几种分类方法。

（1）按照社会政策实施领域来分，可以大致分为社会保障政策、公共医疗卫生政策、公共住房政策、公共教育政策、劳动就业政策、社会福利服务政策、针对特殊人群的社会政策和其他领域的社会政策体系等。

（2）依据社会政策制定和实施的目标来分，可以分为剩余型社会政策、制度型社会政策和发展型社会政策。

（3）根据社会政策的主体不同来分，可以分为单一型社会政策和多元型社会政策。

（4）按照社会政策实施的目标人群来分，可以分为普遍型社会政策和选择型社会政策。

（5）从社会政策的资金来源和运行过程来看，可以将社会政策大致分为纯福利型社会政策和准市场型社会政策①。

（6）从社会政策内容之间的包含与被包含的关系来分，可以将社会政策划分为总社会政策、基本社会政策和具体社会政策②。

第二节　社会政策制定的一般过程

各国社会政策和其他公共政策的制定过程都是按照一定的步骤进行的。在一般情况下，制定社会政策的一般过程包括制定、执行、评估和调整四个阶段。按照一定的步骤和

---

① 杨团，关信平. 当代社会政策研究［M］. 天津：天津人民出版社，2006.

② 丁建定. 社会政策概论［M］. 武汉：华中科技大学出版社，2006.

程序来制定社会政策，其最大的好处是能够在最大程度上保证社会政策制定过程的严肃性和规范性，避免草率行事和少数个人的任意决定，并最终有利于社会政策符合社会的公共利益。本节就上述社会政策制定的一般过程加以介绍和讨论。

一、制定过程

社会政策的制定涉及发现问题到政策方案出台的一系列过程。从我国的情况看，在一般情况下社会政策的制定过程大致要经过确立政策议程、设计政策方案、可行性研究与试点、初步方案征求意见和修改、审批与通过社会政策与发布政策文本等阶段。

（一）确认政策问题

社会政策制定过程的第一步是确定社会政策的议程。社会政策议程一般特指政府根据各项任务的轻重缓急而安排的制定社会政策的计划，其实质是政府对解决各种问题的优先性安排，即哪些问题应该优先解决。广义的社会政策议程概念除了政府的议程以外，还包括公众的议程，即公众对哪些问题应该优先解决的态度。一个社会问题能否进入社会政策的程序，最终要通过相应的政府议程来完成，但在政府议程的形成过程中又与公众议程有密切联系。在我国，政府了解公众议程的途径逐渐多样化，包括媒体反映、人大和政协会议上的发言和提案、专家研究报告以及越来越多官方和民间机构所做的民意调查。

当发现问题时，无论政府议程是否先于公众议程，在这一阶段政府的一般行动包括：

1. 组织调查研究，广泛收集相关信息。

2. 对各种信息进行分析，掌握确切情况，包括需求的程度和社会问题的严重性。

3. 初步评估该问题可能在社会各个方面产生的后果，以及对执政党和政府基本目标的影响。

经过上述的分析和评估，政府及领导人就会对这一问题是否进入社会政策议程而做出相应的决定。在这一阶段需要决定的内容有：

1. 是否启动一项社会政策行动：是否着手制定、修改或终止一项社会政策；

2. 新政府的基本方向：加强或减弱在某一领域的福利水平；提高或降低政府对某一领域的财政开支。

（二）社会政策的方案设计

在确定了社会政策的议程后，接着就是确定具体的政策行动方案。所谓社会政策方案，是指社会政策行动的具体项目的行动计划，包括政策行动项目的基本内容、规模和水平、受益对象、资源调动方式、运行机制、组织方式及具体的实施方案等内容。在方案设计阶段也有不同的步骤，其中包括基线调查、初步方案设计、多个方案比较。

1. 基线调查

基线调查，又称基础情况调查，是指在一项政策行动开始之前，就该行动所要解决的问题以及其他相关问题的现状进行详细调查。基线调查的意义一方面是收集相关数据为项目设计提供数据支持；另一方面起到实验"前测"的作用，以便与行动实施后的"后测"相比较，为评估项目实施的效果提供依据。

2. 初步方案设计

在初步方案设计中，一般要解决以下一些问题：

(1)明确社会政策的目标，其中包括总体目标和具体行动的目标。总体目标是指制定一项社会政策要解决哪些问题，例如发展老人服务的社会政策是为了改善老年人的生活状况。具体目标是对每一个特定阶段、具体项目需要达到的水平有明显的界定，例如在特定时期特定界定某一项任务应完成哪些量化指标才算是成功。

(2)明确可调动资源，包括需要投入的人力、物力、财力以及投入资源的来源。

(3)确定社会政策的基本体制、项目运行机制以及管理体系。

(4)对社会政策受益者及预期后果进行分析。大部分社会政策行动都有特定的受益人群，政策方案中应该确定受益者以及受益程度。

3. 各种方案的比较和最优方案的初步选择

在初步方案阶段结束后，决策者要依据一定的价值原则和技术标准对多种方案进行评估和选择，应坚持以下标准：

(1)应能最大限度地实现政策目标。

(2)消耗的资源尽可能地少。

(3)实现政策目标的风险尽可能地小。

(4)实施中产生的副作用尽可能地小。

政策制定机构可以在原有的多个方案中选择一个或少数最优方案，初步的最优方案确定后，对于一些比较简单的社会政策行动，就可以直接提交最高决策层审批，而后进入正式的实践阶段。但一般的社会政策方案则进入下一阶段：可行性研究和试点。

(三)社会政策的可行性研究与试点

可行性研究，有时也称可行性分析，是指运用各种社会调查及其他技术和方法，分析社会政策方案是否可以实施，确定社会政策方案在实践中获得成功的可能性。可行性研究通过后，部分简单的社会政策方案可以直接交给相关决策机构审批，审批通过后进行实施；较复杂的、影响范围广的社会政策行动，在正式审批和实施前一般还需要先在局部地区进行试点，有时候试点过程还可能反复进行。

可行性研究一般从以下几个方面进行：

1. 政治方面

首先分析社会政策方案与现行的法律、法规、执政党的主导意识形态有无矛盾。其次分析社会政策方案可能在社会上产生何种后果，这种后果对政府和执政党会带来什么影响。最后分析社会政策方案可能对社会中各个群体产生什么样的利益关系，它会招致各党派和利益集团什么反应，这些反应又会给政府和执政党带来何种影响。

2. 经济方面

首先是对一个社会政策方案所需的资金进行测算和评估，分析政府的财政能力是否能够支持。其次还需对社会政策将会给经济发展带来的影响做出分析，使得决策者清楚把握该政策的实施将在经济方面产生的代价。最后需要分析实施一项社会政策将对整个社会的经济权利的分配产生何种影响，这种影响又会带来什么样的经济及政治影响。

3. 技术方面

主要分析社会政策方案还需要哪些管理和技术手段，当前社会中的技术水平能否满足其需要，以及采用各种管理和技术手段所需要的成本和效果。

关于试点工作，从程序上看一般都包括选点、开展试点工作、试点工作的总结及效果评估阶段。选点过程中应注意所选取的点应具备典型代表性。在试点过程中应尽量保持客观、真实的社会条件，以使得社会政策的方案能够在真实情况下得到真正的检验。对试点工作的总结和评估，应实事求是，并全面总结和评估试点工作的结果，尤其是充分总结不足之处，为下一步的修改工作提供依据。

（四）社会政策方案的征求意见及修改

一项社会政策的方案初步确定后，在正式审批前还需要征求各个方面的意见，并根据各方面意见而加以修改。

社会政策方案征求意见的主要对象包括以下五种：

1. 向社会政策的对象征求意见。

2. 向社会政策的专业人员征求意见。

3. 向有关的政府部门征求意见，包括向同级其他职能部门和下级政府相关部门征求意见。

4. 向社区及社会组织征求意见。

5. 向一般公众征求意见。

社会政策征求意见的主要方式包括：

1. 采用传统的发布文件的方式征求意见，主要应用于政府部门之间。

2. 采用听证会的方式，邀请相关代表参加讨论。

3. 采用座谈会的方式，邀请专家参加讨论。

4. 采用向社会公开征求意见的方式，如通过大众传媒征求公众意见。

（五）社会政策的审批与文本发布

社会政策的审批是社会政策制定过程的核心环节，它决定着一项社会政策方案最终能否被确立并进入实施。

我国国务院的行政法规审批的大致程序如下（中华人民共和国国务院，2001）：

第一步：由某项社会政策的主管部门（国务院各部委办局等）会同国务院法制机构起草政策法规草案。在此过程中既可以是一个主管部门，也可以有多个部门联合提出政策草案。

第二步：国务院常务会议审议行政法规草案，并且由国务院法制机构或者起草部门作说明。国务院常务会议审批过程中决定是否通过并提出修改意见。

第三步：国务院法制机构就国务院的审议意见，对行政法规草案进行修改，形成草案修改稿，报请总理签署国务院令公布实施。

第四步：行政法规在公布后的一定时间内将报全国人民代表大会常务委员会备案。

此外，需要通过人大立法的社会政策法案按照相应的立法审批程序办理，同时，由国务院下属部委级机构制定的社会政策则按照相关部委内部的工作程序办理，或按其相互之间协作的工作程序办理。

一项社会政策经过决策者审批通过后，就将以一定的文本形式对外发布。这一过程中的主要事项一是确定社会政策文本的形式，二是确定社会政策文本发布的方式。

二、执行过程

社会政策的执行过程，即社会政策的执行机构按照已经确定的制度规范和行动方案去采取具体行动的过程。社会政策实施过程中的行动主要包括实施细则、确定具体的资金及其他资源的来源及使用方式、建立高效率的服务传递模式、建立有效的组织及管理模式等内容。本节主要介绍制定实施细则、资金分配方案、政策宣传等内容。

（一）社会政策方案的实施细则

1. 制定政策实施细则的主要方式
（1）对社会政策条文的解释

制定社会政策实施细则的过程首先是对政策条文的解释过程。由于各种原因，社会政策最初的文本可能是比较有原则的，因此需要通过政策执行者的解释后才能具体应用到实践中。对社会政策条文的解释包括语义解释和操作化解释两个方面。

社会政策的语义解释主要是对政策文本中的歧义性语言、非大众化的专业术语以及一些模糊性语言做出具体的解释，以便使参与政策实施的机构和工作人员能够准确地把握政策的含义，也能使公众正确地理解相关社会政策的真正含义。

社会政策的操作化解释是指将最初政策文本中的一般性标准加以操作化，即在最初文本中原则上规定的各种标准和条件加以具体的界定，准确地把握政策的对象、政策标准以及时间和空间范围等，使之在政策行动中能够具体操控。

（2）社会政策规划

在很多情况下，最初的政策文本只规定了社会政策行动的主要内容，而没有对政策行动设立具体的行动计划。因此政策执行者在制定实施细则时需要根据具体情况做出具体的工作计划。所谓社会政策规划，是指为一项社会政策的实施设立具体的行动计划。许多社会政策行动计划需要分阶段进行，因此还需要设立阶段性的行动步骤并对每一阶段设立阶段性的目标、资源调动方案和具体行动计划。

（3）政策行动的程序化

社会政策行动方案的程序化是指在实施社会政策的过程中，政策执行者根据一项社会政策行动的特点及相关的社会条件而编制社会政策行动的具体程序。该程序包括政策实施者（政策主体）方面的工作程序和社会政策受益者（政策对象）方面的程序。前者主要用于规范政策实施者的工作步骤，后者则是为受益者的受益过程制定相关的规范。

（4）附加规定

社会政策进入具体实施阶段以后要面对大量复杂的问题，许多具体的问题在政策制定阶段常常是被忽略的，因此在制定实施细则过程中政策执行者往往在最初政策文本的基础上再增加一些附加的规定。附加规定往往是对最初的政策文本的某种补充或修正。

2. 社会政策实施细则的一般内容

社会政策实施细则的一般内容较多，主要包含以下方面的内容：

（1）受益者资格及其认定方式。

（2）对收益标准的具体规定。

（3）对受益者及相关机构权利义务的具体规定。

（4）其他配套政策及措施的设计和运行。

（二）社会政策项目的资金分配与服务传递

1. 资金使用方案与分配比例

许多社会政策行动都是综合性行动，需要多个或多级组织的参与，通过共同的行动来达到预期目标。在这种综合性的行动中，各个方面需要合理分工，而分工又伴随着资金在各个部门或子项目之间的分配。资金分配的问题是一个比较复杂的问题，其中既涉及技术方面的考虑，即如何实现分配资金的综合效益最大化，又涉及政策制定者的目标和价值选择，即在多重目标项目中把什么目标作为资金投入的优先项。

2. 服务传递方式

在社会福利项目中，有些是直接给受益者提供现金或物质保障。如养老保险、社会救助、廉租住房或住房补贴等。有些是通过一定的服务机构向受益者提供福利性的服务，如义务教育、政府购买的社会工作者在社区的实务工作等。

（三）社会政策实施过程中的宣传

宣传工作的效果对社会政策的实施以及其社会效益具有直接影响作用。社会政策宣传首先是为了让广大社会成员了解社会政策的目标、原则以及社会意义，从而在政治上自觉地支持政府行动。其次是通过宣传使得社会成员明确并主动承担自己在社会政策行动中应负的责任。再次，通过宣传使得人民了解自己是否属于受益群体，是否符合申请福利条件。最后，有利于社会政策的实施在人民群众的监督下施行。

三、评估过程

由于社会政策的实施过程是一个面临着复杂环境和需要积极解决各种复杂问题的过程，而不是一个能够按照预先设计的计划自动完成和自动取得预期效果的过程。因此在社会政策实施过程中需要通过评估行动和其他方式来把握政策行动的进展状况。

（一）社会政策的评估标准

1. 传统的理性标准，包括政策实施的效能、成本—受益分析等，重点在于计算某一社会政策取得的实际效果。

2. 公众的评估标准，包括政策实施对象的满意度、政策绩效等。

3. 政治角度的评估标准，包括政策实施的代表性、回应性和政策的责任范围等。

4. 法律角度的评估标准，包括某一社会政策实施和执行方式的合法性、政策的法律层次性和政策制定程序的代表性等。

（二）社会政策的评估程序

1. 准备阶段。其主要工作是：确定评估的对象；制定评估方案，包括阐明评估的对象和范围，明确评估的目的和要求，确定对政策事实和政策价值进行评估的方法、标准和指标，规定评估的场所、时间、程序和评估的主体等。

2. 实施阶段。其主要工作是全面收集政策制定、实施、产出、影响等方面的各种信息，整理、归类、统计和分析这些信息，运用适当的评估方法和技术，测算和分析社会政策实施的效果，得出社会政策评估的价值判断和技术分析结论，提出相关的社会政策建议，写出评估报告。

3. 总结和反馈阶段。在提交评估报告、结束评估工作之前，要对评估过程进行再检查，对评估结果的可信性和有效性进行分析；要与社会政策设计、制定、执行、监督机构和人员以及社会政策的目标群体进行必要的沟通和讨论，以便提高社会政策评估的效果。

（三）社会政策的评估方法

1. 社会政策目标达成评估

社会政策目标达成评估是社会政策评估的传统方法，主要从两个方面进行评估：社会政策目标是否顺利实现，实现程度如何，社会政策结果与目标是否一致；社会政策影响评估，关心的是社会政策结果是否由社会政策目标造成，分析社会政策实施过程对实现社会政策目标的促进和妨碍作用。

2. 公众导向评估

公众导向评估是指将社会政策所作用的目标群体即公众的目标、需要、价值等作为评估的组织原则和价值标准，评估社会政策对公众的需要、价值、机会的满足程度。因此，不仅应当将社会政策问题的解决方式交由公众选择，而且可以将社会政策评估的权利交给公众。

3. 社会实验评估

它运用类似自然科学中的实验室分析方法，对社会政策实施效果进行监测评估。理想的实验方法是在对社会政策输入变量和过程变量直接控制的条件下，只将该政策用于某一个群体（试验组），而不用于类似情况的其他群体（控制组），并对社会政策执行的实验结果进行监测和对比分析。一项社会政策在全面推行之前，如果事先进行科学的实验分析，就可以比较各种社会政策的利弊。

四、调整过程

社会政策的调整是根据政策评估结果，对现行社会政策进行修改、补充、分解或终止的过程。

（一）政策调整的内容

一般来说政策调整的内容包括以下几个方面：

1. 功能的调整。功能是政策执行者为了满足目标群体的需要而提供的各种服务，政策的效果就是通过具体的功能来体现的。功能的调整意味着某种服务的改变或终止，这就会给政策对象的利益带来影响，因而往往会受到抵制。

2. 机构的调整。分两种情况：一种情况是有些机构专为实施某一政策而设立，政策一旦终结，机构亦随之解散；另一种情况是有些机构同时承担几种政策的推行工作，某项政策的终止会导致该机构规模、经费等的缩减。机构撤销或缩减因涉及相关人员的去留，往往并非一帆风顺。

3. 政策的调整。政策调整即改变或停止实施某一政策。通常情况下，特别是相对于功能调整及机构调整而言，政策本身的调整所遇到的阻力要小。

（二）政策调整的方式

政策调整的方式很多，包括替代、合并、分解、缩减等。政策替代即用新政策替代旧政策，但政策针对的问题不变。政策合并是指旧的政策作为整体虽被终止，但其部分内容仍适用，因而被合并到其他政策中。政策分解是指将原政策的内容按照一定的标准分解成几部分，每一部分各自成为一项新政策。政策缩减是采用渐进方式对某一政策加以终结，这样可以避免仓促终结所可能产生的剧烈反应。

第三节　社会工作法规与政策的主要内容

社会工作领域相当广泛，与社会工作有关的法规与政策也包含相当广泛的内容。在我国，社会工作的法规与政策大致可以分为有关社会建设的一般性法规与政策、促进和规范社会工作发展的法规与政策、社会工作主要业务领域中相关法规与政策三大类别。本节主要对这三大类法规与政策加以简要介绍。

一、我国有关社会建设的一般性法规与政策

在我国，社会建设是一个广泛的行动领域，其主要内容包括民生事业与社会治理两大方面。加强社会建设是党和政府改革开放以来，在发展中国特色社会主义的历程中，不断进行实践总结和理论探索的结果。在过去40多年的改革与发展中党和政府不断地从实践中总结经验教训，不断克服发展中的各种问题，此后，中央又提出了经济、政治、文化建设"三位一体"的发展方针。进入21世纪后，党中央通过不断地总结经验和理论探索，逐渐形成了加强社会建设的指导思想和理论框架。党的十六届六中全会作出了《中共中央关于构建社会主义和谐社会若干重大问题的决定》，全面提出了构建社会主义和谐社会的目标、要求和任务。在十七大报告中正式提出了经济建设、政治建设、文化建设和社会建设"四位一体"的中国特色社会主义的总体布局，并将其写入党章。在十八大报告中加入了"生态文明建设"，形成了"五位一体"的总体布局，并再次强调了社会建设的重要性。在党的十八届三中全会中又对社会建设的总体目标、要求和具体任务作了较为系统的论述。所有这些重要文件对做好社会工作具有重要的指导意义。作为社会工作者，首先要从总体上了解我国社会建设的一般性法规与政策。

（一）十六届六中全会对和谐社会建设的论述

党的十六届六中全会是改革开放以来专门研究社会建设重大事务的中央全会。在此次会议上做出了《中共中央关于构建社会主义和谐社会若干重大问题决定》（以下简称十六届六中全会《决定》）。十六届六中全会《决定》全面阐述了中央关于构建社会主义和谐社会的目标、要求和措施，其要点如下：

1. 构建社会主义和谐社会的重要性和紧迫性

关于构建和谐社会的重要性，十六届六中全会《决定》指出，构建和谐社会是中国特色社会主义的本质属性，是国家富强、民族振兴、人民幸福的重要保证，是全面贯彻落实科学发展观、从中国特色社会主义事业总体布局和全面建设小康社会全局出发提出的重大战略任务。关于构建和谐社会的紧迫性，十六届六中全会《决定》用四个"深刻"表述了我国进入改革发展关键时期后空前的社会变革："经济体制深刻变革，社会结构深刻变动，利益格局深刻调整，思想观念深刻变化"，这个深刻的变化向我国未来的发展提出了重大的挑战。为了抓住机遇、应对挑战，把中国特色社会主义伟大事业发扬光大，必须坚持以经济建设为中心，把构建社会主义和谐社会摆在更加突出的地位。

2. 构建社会主义和谐社会的总体要求、目标任务和原则

十六届六中全会《决定》提出了构建社会主义和谐社会的总体要求：要按照民主法治、公平正义、诚信友爱、充满活力、安定有序、人与自然和谐相处的总要求，以解决人民群众最关心、最直接、最现实的利益问题为重点，着力发展社会事业、促进社会公平正义、建设和谐文化、完善社会管理、增强社会创造活力，走共同富裕道路，推动社会建设与经济建设、政治建设、文化建设协调发展。

十六届六中全会《决定》指出，到 2020 年，构建社会主义和谐社会的目标和主要任务是：社会主义民主法治更加完善，依法治国基本方略得到全面落实，人民的权益得到切实尊重和保障；城乡、区域发展差距扩大的趋势逐步扭转，合理有序的收入分配格局基本形成，家庭财产普遍增加，人民过上更加富足的生活；社会就业比较充分，覆盖城乡居民的社会保障体系基本建立；基本公共服务体系更加完备，政府管理和服务水平有较大提高；全民族的思想道德素质、科学文化素质和健康素质明显提高，良好道德风尚、和谐人际关系进一步形成，全社会创造活力显著增强，创新型国家基本建成；社会管理体系更加完善，社会秩序良好；资源利用效率显著提高，生态文明环境明显好转；实现全面建设惠及十几亿人口的更高水平的小康社会的目标，努力形成全体人民各尽其能、各得其所而又和谐相处的局面。概括起来看，构建社会主义和谐社会的目标有三个基本维度：人民安康、社会安定、国家充满活力。

十六届六中全会《决定》还指出，构建社会主义和谐社会要遵循以下原则：

（1）必须坚持以人为本。

（2）必须坚持科学发展观。

（3）必须坚持改革开放。

（4）必须坚持民主法治。

（5）必须坚持正确处理改革发展稳定的关系。

(6)必须坚持在党的领导下全社会共同建设。

此外，十六届六中全会《决定》还提出构建和谐社会若干重要方面的重要任务：

(1)要坚持协调发展，加强社会事业建设。

(2)加强制度建设，保障社会公平正义。

(3)建设和谐文化，巩固社会和谐的思想道德基础。

(4)要完善社会管理，保持社会安定有序。

(5)要激发社会活力。

(6)要增加社会团结和睦。

(7)要加强党对构建社会主义和谐社会的领导。

(二)十七大报告和十八大报告对社会建设的论述

1. 党的十七大报告对社会建设的论述

党的十七大报告中首次将社会建设纳入全面协调可持续发展的总体格局中，并且较为全面地论述了社会建设的主要任务。十七大报告的第八部分专门论述了"加快推进以改善民生为重点的社会建设"。十七大报告提出，社会建设的基本任务是必须在经济发展的基础上，更加注重社会建设，着力保障和改善民生，推进社会体制改革，扩大公共服务，完善社会管理，促进社会公平正义，努力使全体人民学有所教、劳有所得、病有所医、老有所养、住有所居，推动建设和谐社会。

加快推进以改善民生为重点的社会建设的六大任务，包括：

(1)优先发展教育，建设人力资源强国。

(2)实施扩大就业的发展战略，促进以创业带动就业。

(3)深化收入分配制度改革，增加城乡居民收入。

(4)加快建立覆盖城乡居民的社会保障体系，保障人民基本生活。

(5)建立基本医疗卫生制度，提高全民健康水平。

(6)完善社会管理，维护社会安定团结。

2. 党的十八大报告对社会建设的论述

党的十八大报告中对社会建设又有进一步的发展。首先，十八大报告中进一步确认了社会建设在中国特色社会主义建设总体布局中的重要地位，将社会建设、经济建设、政治建设、文化建设和生态文明建设并列，提出了"五位一体"的总体格局。其次，十八大报告继续延续了十七大报告中关于加快推进以改善民生为重点的社会建设的思想，提出了"在改善民生和创新社会管理中加强社会建设"的要求。十八大报告中将社会建设的任务界定为保障和改善民生和社会管理两大方面，并对各个方面的具体任务作了较为详细的论述。在保障和改善民生方面，十八大报告指出，"加强社会建设，必须以保障和改善民生为重点。提高人民物质文化生活水平，是改革开放和社会主义现代化建设的根本目的。"在社会保障政策方面，重点提到要坚持全覆盖、保基本、多层次、可持续方针，以增强公平性、适应流动性、保证可持续性为重点，全面建成覆盖城乡居民的社会保障体系。

（三）十八届三中全会对社会建设的论述

十八届三中全会上通过的《中共中央关于全面深化改革若干重大问题的决定》（以下简称十八届三中全会《决定》）中关于社会建设改革的论述又有新的重要发展。总体上看，十八届三中全会《决定》以全面深化改革为目标，将社会建设纳入了国家治理体系和治理能力现代化的行动体系中，对当前我国社会建设中面临的许多深层次问题和民众关切的问题做出了回应，既提出了将来改革与发展的方向，也提出了许多具体的改革措施。

1. 社会建设的总体思路

十八届三中全会《决定》关于社会建设领域改革的总体思路是：要以"确保社会既充满活力又和谐有序"为基本目标，以"公平正义"和"共同富裕"为基本导向，以"保障和改善民生""改革收入分配制度""深化社会体制改革与创新"为主要任务。

2. 社会建设的具体要求

十八届三中全会《决定》对社会建设的各个领域提出了许多改革的具体要求：

首先，在保障和改善民生方面，改革要求包括在教育方面缩小差距、统筹资源，实行标准化建设和师资轮岗；在就业政策方面消除制度障碍和就业歧视，完善均等的公共就业、创业服务体系；在社会保障制度改革方面建立更加公平、可持续的社会保障制度。

其次，在收入分配政策方面提出改革要求。要形成合理有序的收入分配格局并着重保护劳动所得，同时提出了要建立公共资源出让收益合理共享机制，以及完善慈善捐助减免税制度；要规范收入分配秩序，完善收入分配调控体制机制和政策体系，提出增低扩中调高，逐步形成橄榄型分配格局。

最后重新定义"社会治理"概念。提出社会治理的总体目标是"确保社会既充满活力又和谐有序"；社会治理的主要方向是以人民利益为基础，以维护社会和谐、社会发展活力、平安中国、国家安全、社会安定有序为基本方向。

（四）十八届四中全会对民生事业和社会治理法治化建设的论述

党的十八届四中全会通过的《中共中央关于全面推进依法治国若干重大问题的决定》（以下简称十八届四中全会《决定》）进一步强调了保障和改善民生及推进社会治理创新的法律制度建设。其中主要内容有以下几个方面：首先是关于保障公民权利的论述，加强重点领域立法，制度化保障公民的各项合法权利，完善法律服务体系；其次是保障和改善民生法制建设，规范民生领域的法律法规，引导社会组织的正确发展方向，推动社区层面的立法规范的出台；最后是加强社会治理法制建设，强化法律在维护群众权益、化解社会矛盾中的权威地位，引导和支持人们理性表达诉求、依法维护权益，解决好群众最关心最直接最现实的利益问题。加强行业性、专业性人民调解组织建设。完善仲裁制度，提高仲裁公信力。健全行政裁决制度，强化行政机关解决同行行政管理活动密切相关的民事纠纷功能。

二、我国促进和规范社会工作发展的法规与政策

除了关于社会建设的一般性法规与政策文件以外，近年来党和国家还出台了一系列促

进和规范社会工作发展及社会工作机构和社会工作者职业活动有关的政策文件。这些政策文件主要是促进和规范社会工作制度建设、社会工作人才队伍建设和社会工作机构运行等重要的环节，对社会工作的发展、规范化运行以及社会工作专业人才队伍建设具有重要的作用。

我国近年来发布的促进和规范社会工作发展的政策文件主要有：

(1)2006年十六届六中全会通过的《中共中央关于构建社会主义和谐社会若干重大问题决定》，是我国社会工作人才队伍建设的纲领性文件，提出了"建设宏大的社会工作人才队伍"的战略决策。

(2)2010年中央颁布《国家中长期人才发展规划纲要(2010—2020年)》，将社会工作专业人才提升为国家六支主体人才队伍之一，确立了社会工作人才在国家发展大局中的重要地位；

(3)2011年中央组织部、中央政法委、民政部等18部门联合印发了《关于加强社会工作专业人才队伍建设的意见》和2012年中央组织部、民政部等19个部委和群团组织拟合印发了《社会工作专业人才队伍建设中长期规划(2011—2020年)》，明确了当前和今后一个时期我国社会工作发展的指导思想、基本原则、目标任务和主要措施。

(4)民政部作为社会工作的行政主管部门，自2006年以来单独或联合有关部门出台了一系列社会工作职业水平评价、社会工作岗位开发设置、政府购买社会工作服务促进民办社会工作服务机构发展和推动重点服务领域社会工作发展的法规与政策，主要有：《社会工作者职业水平评价暂行规定》《助理社会工作师、社会工作师职业水平考试实施办法》《社会工作者职业水平证书登记办法》《社会工作者继续教育办法》《关于民政事业单位岗位设置管理的指导意见》《关于政府购买社会工作服务的指导意见》《关于进一步加快推进民办社会工作服务机构发展的意见》《关于加快推进社区社会工作服务的意见》《关于加快推进灾害社会工作服务的指导意见》《关于加强青少年事务社会工作事业人才队伍建设的意见》和《关于组织社会力量参与社区矫正工作的意见》等。

三、我国社会工作主要业务领域中相关法规与政策

(一)社会救助领域的法规与政策

帮助贫困家庭是社会工作的主要任务之一，社会工作者应该熟悉社会救助领域的法规与政策。具体来讲，我国社会救助法规与政策大致分为三类：一是困难群众基本生活救助法规与政策；二是专项救助法规与政策；三是临时救助法规与政策。社会救助的法规与政策包括：城乡居民最低生活保障、医疗救助、住房救助、教育救助、就业救助、受灾人员救助、法律援助等各种专项救助，以及临时救助等方面的法规与政策。

国务院于2014年2月21日公布《社会救助暂行办法》，自2014年5月1日起实施。《社会救助暂行办法》为社会救助事业发展提供了法律依据，有利于统筹社会救助体系建设，不断完善托底线、救急难、可持续的社会救助制度，形成保障困难群众基本生活的安全网。

国务院于1999年颁布实施了《城市居民最低生活保障体系条例》，各省、自治区、直

辖市人民政府相继颁布了实施办法，对城市低保中的若干问题作出了规定。2007 年发布《关于在全国建立农村最低生活保障制度的通知》，2014 年国务院公布了《社会救助暂行办法》，其中第二章对最低生活保障做了明确规定。国家对共同生活的家庭成员人均收入低于当地最低生活保障标准且符合当地最低生活保障家庭财产状况规定的家庭，给予最低生活保障。民政部社会救助司为规范最低生活保障审核审批流程，确保低保制度公开、公平、公正实施，根据《城市居民最低生活保障条例》《国务院关于在全国建立农村最低生活保障制度的通知》《国务院关于进一步加强和改进最低生活保障工作的意见》和其他有关规定，制定了《最低生活保障审核办法(试行)》。此外，我国长期以来一直在农村中实施五保供养制度。新的《社会救助暂行办法》将此改为了"特困人员救助"，并从农村扩展到了城市。

自然灾害救助实行属地管理，分级负责。国务院 2006 年发布了《国家自然灾害救助应急预案》，2010 年 9 月 1 日起实施《自然灾害救助条例》，2011 年再次修订《国家自然灾害救助应急预案》。2016 年 6 月 2 日《民政部救灾应急工作规程》，2016 年 3 月《国家自然灾害救助应急预案》。

城乡医疗救助是我国专项社会救助的重要内容之一。民政部、卫生部、财政部于 2003 年提出来《关于实施农村医疗救助的意见》，2005 年国务院办公厅转发了民政部、卫生部、劳动保障部、财政部《关于建立城市医疗救助制度试点工作的意见》。2009 年民政部、财政部、卫生部、人力资源与社会保障部发布了《关于进一步完善城乡医疗救助制度的意见》。2013 年，财政部和民政部联合印发《城乡医疗救助基金管理办法》，进一步推动了医疗救助工作的开展。

《社会救助暂行办法》规定，教育救助是我国社会救助体系的一个重要部分。2004 年民政部和教育部联合发布《关于进一步做好城乡特殊困难未成年人教育救助工作的通知》，规范了教育救助的对象和目标等内容。此外《社会救助暂行办法》也对住房救助作出了规定，住房救助通过巩固租赁住房、发放租赁补贴、农村危房改造等方式实施。

人力资源社会保障部在 2010 年曾发布《关于加强就业援助工作的指导意见》，《社会救助暂行办法》明确是用来"就业救助"，并将其纳入我国社会救助体系。《社会救助暂行办法》将临时救助作为我国社会救助体系的一个部分。国务院 2014 年 10 月 3 日发布了《国务院关于全面建立临时救助制度的通知》，该《通知》明确规定了临时救助是国家对遭遇突发事件、意外伤害、重大疾病或其他特殊原因导致基本生活陷入困境，其他社会救助制度暂时无法覆盖或救助之后基本生活暂时仍有严重困难的家庭或个人给予的应急性、过渡性的救助。

法律援助是我国专项救助的一项重要内容。我国于 2003 年颁布实施了《法律援助条例》，对法律援助的有关事项作出了规定。

(二)针对特定人群权益保护和社会服务的法规与政策

社会工作常常面对社会中的特殊人群，尤其是困难人群，向他们提供专门的服务。在这些领域中，国家和政府也制定了相关的法规与政策，其中主要包括针对妇女、儿童、老年人和残疾人等的法规与政策。这些法规与政策的目标一是规定这些群体的权益保护，二是向他们提供专门的社会福利服务。

在立法上，形成了以《宪法》为统领，《中华人民共和国老年人权益保障法》《中华人民共和国妇女权益保障法》《中华人民共和国未成年人保护法》和《中华人民共和国残疾人保障法》为主体的政策法规体系。

(三)婚姻家庭法规与政策

帮助人民协调婚姻家庭关系，解决婚姻家庭中出现的各种问题是社会工作的主要领域之一。社会工作者在此方面要依据的法规与政策主要有规范婚姻家庭关系的法规、有关私有财产继承和收养关系等方面的法规和政策。

婚姻家庭法规是调整婚姻家庭关系的法律规范的总称。从范围上看，我国婚姻家庭法规是现行法律体系中所有调整婚姻家庭关系的法律规范的总称，不仅包括《中华人民共和国婚姻法》，还包括《中华人民共和国民法通则》等其他所有调整婚姻家庭关系的法律规范。

2001年4月28日九届全国人大常委会第十一次会议通过了《关于修改〈中华人民共和国婚姻法〉的决定》，修改后的《婚姻法》对原法作了必要的补充和修改，设总则、结婚、家庭关系、离婚、救助措施与法律责任、附则，共6章51条。

在我国，《中华人民共和国收养法》1991年12月29日经第七届全国人民代表大会常务委员会第二十三次会议通过，并于1992年4月1日起实施。1998年11月4日第九届全国人民代表大会常务委员会第五次会议通过了《全国人大常委会关于修改〈中华人民共和国收养法〉的决定》，对该法进行了修改，修改后的《收养法》自1999年4月1日起施行。该法共6章，计34条。

1985年4月10日第六届全国人民代表大会第三次会议通过了《中华人民共和国继承法》，该法于1985年10月1日起施行。《继承法》分总则、法定继承、遗嘱继承和遗赠、遗产的处理和附则5章，共37条。

(四)人民调解、信访工作和突发事件应对法规与政策

围绕调解邻里纠纷、解决社会问题、化解社会矛盾和应对突发事件等问题展开的工作，也是我国社会工作者发挥作用的主要领域之一。针对这些问题，政府也制定了相应的法规与政策，社会工作者应该熟悉这些法规与政策。

1954年国务院颁布《人民调解委员会暂行组织通则》，标志着中华人民共和国人民调解制度的正式确立。1982年颁行的《宪法》第一次规定了人民调节的地位和作用。1982年颁布的《中华人民共和国民事诉讼法(试行)》和1992年颁行的《诉讼法》都对人民调解作了规定。1989年颁布了《人民调解委员会组织条例》，2010年1月8日司法部、卫生部、中国保险监督管理委员会颁布《关于加强医疗纠纷人民调解工作的意见》，以化解医疗纠纷、和谐医患关系、促进平安医院建设。2010年8月28日《中华人民共和国人民调解法》正式颁布，并于2011年1月1日起正式实施，这对于完善人民调解制度、推动人民调解工作的改革与发展、充分发挥人民调解工作的职能作用具有十分重要的作用。2011年5月3日，最高人民法院和司法部发布《关于认真贯彻实施〈中华人民共和国人民调解法〉加强和

创新社会管理的意见》。2011 年 5 月 12 日印发了《司法部关于加强行业性专业性人民调解委员会建设的意见》，积极推动行业性、专业性人民调解委员会建设。

国务院 1995 年 10 月 28 日颁布了《信访条例》，将信访工作纳入规范化的轨道。2005年 1 月 5 日国务院第 76 次常务会议通过修订后的《信访条例》，并于 2005 年 5 月 1 日起实施。

2014 年 2 月 25 日中共中央办公厅、国务院办公厅印发了《关于创新群众工作方法解决信访突出问题的意见》。2014 年 4 月 24 日国家信访局发布了《关于进一步规范信访事项受理办理程序引导来访人依法逐级走访的办法》，进一步强化属地责任、调高信访工作效能，引导来访人依法逐级走访，推动信访事项及时就地解决。

2007 年 8 月我国颁布《中华人民共和国突发事件应对法》，这标志着我国突发事件应对工作进入法制化轨道。

(五) 社区矫正、禁毒和治安管理法规与政策

社区矫正、禁毒和治安管理是我国控制偏差行为和维护社会秩序的重要行动领域，也是适宜社会工作介入的领域。社会工作者直接在这些领域中工作，或者其工作与这些领域的行动有关，都需要了解这些领域的相关法规与政策。

2002 年上海市率先开始社区矫正试点工作。2003 年 7 月，最高人民法院、最高人民检察院、公安部、司法部下发《关于开展社区矫正试点工作的通知》，确定北京、天津、上海、江苏、浙江和山东等省(市)为进行社区矫正工作的试点省(市)。2005 年 1 月，最高人民法院、最高人民检察院、公安部、司法部下发《关于扩大社区矫正试点范围的通知》，决定将河北、内蒙古、黑龙江、安徽、湖北、湖南、广东、广西、海南、四川、贵州、重庆等 12 个省(区、市)列为第二批试点地区。2009 年 9 月，最高人民法院、最高人民检察院、公安部、司法部下发《关于在全国试行社区矫正工作的通知》，决定从 2009 年起在全国试行社区矫正工作。2012 年 1 月，最高人民法院、最高人民检察院、公安部、司法部印发《社区矫正实施办法》，2014 年 11 月司法部、中央信访办、教育部、民政部、财政部、人力资源和社会保障部联合下发《关于组织社会力量参加社区矫正工作的意见》。

1990 年 12 月，全国人民代表大会常务委会制定并通过了《关于禁毒的决定》，1995年 1 月国务院发布了《强制戒毒办法》，1997 年 3 月全国人民代表大会第八届五次会议通过了《中华人民共和国刑法》修订案。2007 年 12 月第十届全国人民代表大会常务委员会第三十一次会议通过了《中华人民共和国戒毒法》，2011 年 6 月国务院第 160 次常务会议通过了《戒毒条例》，从而使我国的禁毒工作走上了依法禁毒戒毒的发展道路。

2005 年 8 月 28 日第十届全国人民代表大会常务委员会第十七次会议通过《中华人民共和国治安管理处罚法》，并于 2012 年 10 月 26 日第十一届全国人民代表大会常务委员会第二十九次会议修正。

(六) 烈士褒扬和优抚安置法规与政策

烈士褒扬和优抚安置是帮助军人和烈军属，维护军队稳定，巩固国防建设的重要行动领域，也是适宜社会工作介入的领域。社会工作者直接在这些领域中工作，或者其工作与

这些领域的行动有关，都需要了解这些领域的相关法规与政策。

中华人民共和国成立之初，经政务院批准，内务部于 1950 年 12 月 11 日公布实施了《革命烈士家属革命军人家属优待暂行条例》《革命残废军人优待抚恤暂行条例》《革命军人牺牲、病故褒恤暂行条例》《革命工作人员伤亡褒恤暂行条例》《民兵民工伤亡抚恤暂行条例》，此后几年内国家又陆续制定公布了《中华人民共和国兵役法》《国务院关于安置复员建设军人工作的决议》《国务院关于处理义务兵退伍的暂行规定》，这些法律法规奠定了新中国优抚安置工作的制度基础。自 20 世纪 80 年代以来，对优抚安置政策法规进行了修订和调整，形成了较为完备的法律法规体系，出台的法律法规和政策性文件主要有：《中华人民共和国兵役法》(1998 年)、《革命烈士褒扬条例》(1980 年)、《革命烈士纪念建筑物管理保护办法》(1995 年)、《军人抚恤优待条例》(2004 年)、《退伍义务兵安置条例》(1987 年)、《中国人民解放军士官退出现役安置暂行办法》(1999 年)、《关于军队干部退休的暂行规定》(1981 年)、《军队离休退休干部休养所暂行规定》(1990 年)等。进入 21 世纪后，我国优抚安置政策法规再次进行了全面的调整和优化，目前施行的主要有：《中华人民共和国兵役法》(2011 年)、《烈士褒扬条例》(2011 年)、《烈士纪念设施保护管理办法》(2013 年)、《烈士安葬办法》(2013 年)、《烈士公祭办法》(2014 年)、《军人抚恤优待条例》(2011 年)、《光荣院管理办法》(2010 年)、《优抚医院管理办法》(2011 年)、《伤残抚恤管理办法》(2007 年)、《退役士兵安置条例》(2011 年)、《关于进一步做好军队离休退休干部移交政府安置管理工作的意见》(2004 年)、《军队离休退休干部服务管理办法》(2014 年)等。

(七)城乡基层群众自治和社区建设法规与政策

社区是社会工作的主要场所之一，促进居民自治，做好社区建设和社区服务工作是我国社会工作的主要任务。这一领域的法规与政策包括城市居民自治、农村村民自治和城乡社区建设等方面的法规与政策，主要包括《中华人民共和国宪法》《中华人民共和国城市居民委员会组织法》《中共中央办公厅、国务院办公厅关于加强和改进城市社区居民委员会建设工作的意见》《中华人民共和国村民委员会组织法》《民政部关于在全国推进城市社区建设的意见》《中央组织部关于进一步加强和改进街道社区当地建设工作的意见》《社区服务体系建设规划(2011—2015 年)》《关于加快推进社区社会工作服务意见》等。

(八)公益慈善事业与志愿服务法规与政策

大力发展公益慈善事业对促进我国社会事业发展具有重要的影响。同时，志愿服务对满足民众的各种需要、促进社会和谐也具有重要意义。社会工作在这些领域中应该发挥重要的作用。为了规范和促进公益事业和志愿服务，国家和政府出台了相应的法规和政策，主要包括：《中华人民共和国公益事业捐献法》《基金会管理条例》《救灾捐赠管理办法》《关于促进慈善类民间组织发展的通知》《关于进一步推进志愿者注册工作的通知》《社区志愿服务方案》《关于推进志愿服务制度化的意见》《关于促进慈善事业健康发展的指导意见》等。

（九）社会组织法规与政策

社会组织越来越成为我国公共管理和社会服务体系中的重要力量，同时也是社会工作的主要场所。许多社会工作都依托社会组织而开展。我国制定了规范和促进社会组织发展的法规与政策，包括与社会团体、民办非企业单位和基金会有关的法规与政策，以及近年来推动以政府购买服务等方式促进社会组织发展的政策文件。熟悉这些法规与政策对于社会工作者来说具有重要意义。1998年国务院发布了《社会团体登记管理条例》。1998年10月25日起实施《民办非企业单位登记管理暂行条例》，1999年施行《民办非企业单位登记暂行办法》《民办非企业单位名称管理暂行规定》。2004年6月1日起实施《基金会管理条例》，6月7日起实施《基金会名称管理规定》。2006年1月12日起施行《基金会年度检查办法》和《基金会信息公布办法》。2007年9月民政部发布了《关于社会团体登记管理有关问题的通知》，2010年12月20日民政部部务会议通过了《社会组织评估管理办法》。

（十）劳动就业和劳动关系法规与政策

促进就业和维护劳动者权益是社会工作的又一重要任务，因此需要大力发展企业社会工作。社会工作者尤其是企业社会工作者应该熟悉国家和政府制定的促进就业、保护劳动者权益、协调劳资关系和处理劳动争议等方面的法规与政策。

我国促进就业的法规与政策主要体现在《中华人民共和国就业促进法》《中华人民共和国劳动法》《中华人民共和国劳动合同法》《中华人民共和国劳动争议调解仲裁法》《集体合同规定》《就业服务与就业管理规定》。

（十一）健康与计划生育法规与政策

在当代社会中，提高健康水平是民众普遍关心的重大问题，也是社会工作者服务的主要领域。在此领域中，国家和政府制定了公共卫生、医疗服务和医疗保障等方面的法规与政策。同时我国的计划生育也需要社会工作者的参与，因此社会工作者还应该熟悉计划生育方面的法规与政策。

我国制定了各种医疗卫生法规与政策，包括：《中华人民共和国传染病防治法》《中华人民共和国母婴保健法》《中华人民共和国职业病防治法》《艾滋病防治条例》《突发公共卫生事件应急条例》等法律法规，以及《中共中央国务院关于深化医药卫生体制改革的意见》《国务院关于印发"十二五"期间深化医药卫生体制改革规划暨实施方案的通知》等政策文件。

我国自20世纪70年代末80年代初就将实施计划生育、控制人口数量、提高人口素质确立为国家的一项基本政策，比较有效地控制了人口数量，提高了人口素质。我国2001年颁布了《中华人民共和国人口与计划生育法》。2013年11月15日《中共中央关于全面深化改革若干重大问题的决定》中提出坚持计划生育的基本国策，启动实施一方是独生子女的夫妇可生育两个子女的政策，2015年12月27日《中华人民共和国人口与计划生育法》修订，其中第十八条指出：国家提倡一对夫妻生育两个子女。

（十二）社会保险领域法规与政策

社会保险方面的法规与政策包括养老保险、医疗保险、失业保险、工伤保险、生育保险等方面的法规与政策。随着社会保险覆盖面的逐步扩大，这些法规和政策，尤其是从事这些领域工作的社会工作者更应该非常熟悉这些法规与政策。特别需要注意的是，2011年7月1日《中华人民共和国社会保险法》正式实施，这是我国社会保险法治史上具有里程碑意义的事件。《中华人民共和国社会保险法》是社会保险制度的基本法，与《宪法》中的相关条款、国务院及其相关部门颁布的一系列法规、文件，以及部分地方立法机构通过的地方社会保险法律法规，共同构成广大社会保险法规与政策体系。

我国的养老保险体系主要由三项制度构成：城镇职工基本养老保险制度、城乡居民基本养老保险制度、机关事业单位离退休金制度。其中城乡居民基本养老保险制度是由2009年建立的新型农村社会养老保险制度和2011年起实施的城镇居民社会养老保险制度合并而来。

基本医疗保险制度的地区差异性较大，《社会保险法》只对基本的医疗保险制度框架和关键内容进行了原则性规定。基本医疗保险制度主要由：城镇职工基本医疗保险制度、城镇居民基本医疗保险制度、新型农村合作医疗制度构成。

1994年12月14日，劳动部颁布了《企业职工生育保险试行办法》，对生育保险的主要内容进行了原则规定。《社会保险法》第六章也对生育保险的相关内容进行了规定，提升了立法层次和水平。需要特别说明的是，根据2012年4月国务院颁发的《女职工劳动保护特别规定》，女职工的生育医疗费用和生育津贴，对于已经参加生育保险的，由生育保险基金支付；对未参加的，则由用人单位支付。

我国的失业保险制度经历了从待业保险向下岗职工基本生活保障，再到失业保险制度的转变。1999年1月，国务院颁布《失业保险条例》，《社会保险法》第五章对失业保险的主要内容进行了规定。2003年国务院颁布了《工伤保险条例》，《社会保险法》第四章则对工伤保险的主要内容进行了规定。《社会保险法》除了对各项社会保险制度的内容进行了规定之外，还对社会保险管理的内容和流程进行了规范，包括：社会保险基金、社会保险费征缴、社会保险经办与社会保险监督。

军人保险制度是中国社会保障体系的一个特殊组成部分。2012年4月27日，第十一届全国人民代表大会常务委员会第二十六次会议通过了《中华人民共和国军人保险法》，并于2012年7月1日起正式实施。

基本概念

社会政策　公共政策　社会福利　社会保护　政策评估

课后思考题

1. 什么是社会政策？社会政策的类型有哪些？
2. 谈谈你对社会政策和公共政策关系的理解。

3. 社会政策制定的一般过程包括哪些基本环节?

4. 谈谈你对社会政策调整过程的理解。

5. 社会工作法规与政策的主要内容包括哪些方面?

6. 谈谈你对社会工作与社会工作法规与政策的关系的理解。

参考书目

[1]王思斌. 社会工作概论[M]. 北京:高等教育出版社,1999.

[2]罗斯金. 政治科学[M]. 北京:华夏出版社,2001.

[3]李迎生. 社会工作概论[M]. 北京:中国人民大学出版社,2018.

[4]关信平. 社会工作政策[M]. 北京:高等教育出版社,2014.

[5]李由. 中国转型期公共政策过程研究[M]. 北京:北京师范大学出版社,2008.

[6]杨团,关信平. 当代社会政策研究[M]. 天津:天津人民出版社,2006.

[7]丁建定. 社会政策概论[M]. 武汉:华中科技大学出版社,2006.

[8]全国社会工作者职业水平考试教材编写组. 社会工作法规与政策(中级)[M]. 北京:中国社会出版社,2017.

第十二章　社会工作研究

1957 年，格林伍德在其《专业的属性》一书中提出了一个著名的观点："社会工作要成为一个专业应该具备五个特征：系统的理论体系、专业的权威、社区的认可、工作的守则、专业的文化。"而如今，社会工作需要在以上五个特征基础之上增加严谨的研究方法。在社会工作的方法体系中，个案工作、小组工作、社区工作是三大直接方法，而社会工作研究属于社会工作的间接方法之一，其研究成果对社会政策的制定、修改和完善，对社会工作实务的开展，对社会工作学科的发展等都具有非常重要的意义。社会工作研究是获取知识和发现事实的过程，在此过程中，社会工作及其他领域的研究者依托社会工作专业伦理和社会研究伦理，使用社会研究方法和程序，从社会工作视角搜集资料和协助达成社会工作目标。

第一节　社会工作研究概述

一、社会工作研究的含义与特征

研究是一种提出问题并以系统的方法寻找问题答案的过程。社会研究是相对于自然科学的研究而言的，既包括社会科学各学科的研究，也包括各个社会生活领域的研究，社会工作研究即是社会研究的组成部分之一，是在社会工作学科意义上进行的一种社会研究，是通过运用社会研究的一般方法在社会工作领域进行的。

(一)社会工作研究的含义

劳伦斯·纽曼(W. Lawrence Neuman)等人认为，社会工作研究是一种由社会工作者、社会学家、社会科学家和其他学者为寻求有关社会问题的答案而开展的一种研究①。波兰斯基·A·诺曼提出，社会工作研究是精密地探索与科学地检定社会福利计划、组织和机构的功能与方法的成效，并寻求一般原理与法则以发展社会工作的学理、技能、观念与理论的活动或过程②。

---

① [美]劳伦斯·纽曼，拉里·克罗伊格. 社会工作研究方法——质性和定量方法的应用[M]. 刘梦，译，北京：中国人民大学出版社，2008.

② See Polansky A. Norman. *Social Work Research* [M]. Chicago：The University of Chicago Press，1975.

综合不同学者对于社会工作研究的界定，本书认为，社会工作研究是获取知识和发现事实的过程，在此过程中，社会工作及其他领域的研究者依托社会工作专业伦理和社会研究伦理，使用社会研究方法和程序，从社会工作视角搜集资料和协助达成社会工作目标。具体来说，该定义包括如下四个概念要素：

第一，社会工作的研究主体是与社会工作领域有关的理论研究者和实务工作者。"研究者和实践者可以是两个独立个体，也可以合二为一"①。大学教授、研究中心的学者、政府部门的研究人员、社会服务机构的工作人员、一线社会工作者都可以开展社会工作研究。

第二，社会工作研究对象随社会工作服务对象而定。既包括基于提高社会成员生活质量的全体社会成员，又包括针对解决某一群体问题的特殊对象。一般以弱势群体为主要对象，发现对象的普遍需要和特殊需要。

第三，社会工作研究内容是一切以丰富社会工作理论、方法和实务为目标的研究。既有宏观社会工作研究，比如福利政策的分析等，也有微观社会工作研究，侧重于具体服务模式的探索等。周月清认为，需求评估（needs assessment）、方案开发（program development）和影响评估（effect evaluation）是社会工作研究的三个重要部分。需求评估是了解案主的信息，对其需要、问题及个人与社会环境原因机制的把握；方案开发是利用专业知识、发展有效服务的方法、模式或政策；影响评估是了解所执行工作方案对解决案主及其社会问题的效果②。

第四，社会工作研究方法是社会研究的一般方法，运用诸如社会调查法、个案研究法、行动研究法、项目评估法等方法来搜集和分析有关社会工作议题的资料。

(二) 社会工作研究的特征

社会工作研究是社会工作的重要部分，也是社会研究的组成系统。因此，社会工作研究应该体现社会研究的价值、主体、对象、方法和目标，并隐含社会工作的特性。

1. 以弱势群体及其问题为主要研究对象

社会工作研究的对象是问题或需求，涉及一般人士和困难人士，但是困难群体及其问题或需求始终是其核心对象。以困难群体的问题或需求为核心对象，是社会工作研究与其他社会研究的重要区别。

2. 注重采用社会工作视角

社会工作研究应当采用社会工作视角探究问题。从社会工作视角探讨问题，是社会工作研究的特性，也使社会工作研究更具现实性和操作性。

3. 体现社会工作伦理

社会工作研究相对于其他研究有更高的理论要求。社会工作研究作为社会工作的组成部分，必须遵循知情同意等社会伦理。研究者应该始终尊重研究对象的价值尊严，公正待人，协助研究对象进行自我决定。

---

① 顾东辉. 社会工作概论[M]. 上海：上海译文出版社，2005.
② 周月清. 社会工作实务研究法[J]. 中国社会工作教育学刊，1994(3).

4. 研究的根本目的在于促进实务及提升理论，从而推进民众福利

社会工作研究并不只是完成类似于其他社会研究的阶段任务，在临床或宏观层面推动社会工作实务也是其目标之一。

5. 研究者可以是资料的收集者、分析者和结果应用者

社会工作研究者可以是资料的搜集者和分析者，也可能是研究结果的应用者。社会工作者不一定直接从事实务。当然，社会工作研究也可以融入实务之中。理想的社会工作实务过程就应该是实务与研究的动态融合。因此，社会工作研究的成果可以直接或间接地指导社会工作，社会工作者也可以同时成为研究者和成果使用者。

二、社会工作研究的伦理与功能

社会工作研究的定义和特征没有脱离社会工作的研究范围，其伦理和功能也必须在社会工作的专业伦理和功能范围内加以讨论。在研究过程中，社会工作研究人员常常会面临很多的伦理困境，需要决定如何行事。伦理告诉我们什么是合法的、可以做的事情，或者在研究过程中有哪些是属于"道德"层面的内容。由于社会工作研究过程与实践往往是同步进行的，因此，有关社会工作研究的伦理议题，就显得尤为重要。

（一）社会工作研究的伦理

1. 自愿参与和知情的首肯原则（voluntary participation and informed content）

"自愿参与"是指"研究对象自己选择的，而不是因为强制或胁迫或因为允诺给予报酬"。"知情"是指"在同意参与一项研究之前，参与者应该相当清楚地了解其参与研究会有怎样的后果"。"首肯"是指"有一份清楚表示同意参加研究的书面文件"。这为研究者提供法律保护，以后他们可能需要提供参与者自愿参加研究的证据①。

2. 参与者无伤害原则（no harm to the participants）

医学研究以及几乎所有研究人类行为的研究都可能造成伤害，所以以人类作为参与对象的研究，特别是社会工作的研究要求在选题和设计、收集资料的开始就要注意到可能给参与对象带来的危险，如有需要，研究者要保证提供辅导或其他跟踪服务。

3. 匿名和保密原则（anonymity and confidentiality）

匿名和保密原则是为了保护参与者免受伤害。匿名是"研究者不知道参与者的姓名，而且也无法把他们提供的任何资料与其本人联系起来"。保密是指研究者不能透露参与者的身份，或不能让其他人无论以任何方式把所提供的任何资料和其中的参与者联系起来。

4. 研究者身份交代（the identity of the researcher）

研究者在伦理上不可以故意隐瞒身份或采取欺骗的手段，但是研究者如果提供真实身份可能会无法获得可靠的资料，因此，如果研究上有需要且已获得有关部门允许，工作人员可藉研究人员身份搜集资料。

---

① ［美］Bonnie L. Yegidis, Robert W. Weinbach. 社会工作研究方法［M］. 黄晨熹等，译，上海：华东理工大学出版社，2004.

此外，研究者还需要保持价值中立，并尽可能保持客观。研究者还需要抵制政治和经济压力等（诸如提供研究经费的机构）外来影响，防止影响研究结果。研究者若要将研究结果公开，必须全部而完整地发布，要能以开放的心态接受其他研究者对其结果重新解释甚至提出反面观点。

以上这些都是社会工作者在进行研究时要解决的一些主要的伦理议题。通过遵循这些伦理守则，研究者必须努力将研究参与者、同事和社会的危害减少到最低限度，同时又要将他们创造的信息质量提高到最大限度。当然，社会工作研究者也必须遵循研究选题的伦理、社会工作的伦理和社会研究的相应伦理。另外，社会工作研究者也应当遵守 15 条"社会工作与社会服务研究的伦理守则"[1]。

（二）社会工作研究的功能

社会工作是一个教育、实务和研究三位一体的学科，三者互相促进，并进发展。根据社会工作研究的定义和特征，社会工作研究的功能和目标大致体现在对象、理论、专业和社会层面。具体表现在：

1. 社会工作研究促进了社会工作实务的发展

台湾学者简春安、邹平仪将社会工作研究的功能描述为"叙述、解释、预测、干预和处置、比较和评估"五个方面[2]，这一概括很好地体现了社会工作研究和社会工作实务环环相扣、层层递进、互相促进、相互发展的过程。社会工作实践可以分为不同阶段，促进这些阶段的优化应该是社会工作研究的目的所在。

（1）搜索、描述和解释社会议题。在实务过程中，社会工作研究对社会工作实践的改善始于需求评估。了解服务独享的问题，发现其原因机制，把握其可控原因，是社会工作研究在本阶段的重要动机。

（2）协助方案的形成。社会工作研究应该依据研究发现，凝练可操作的工作目标，并形成相应的工作方案。

（3）指导计划的推行。社会工作研究应该协助社会工作者在项目执行过程中把握动态信息，及时提出完善思路，保证工作目标的达成。

（4）评估项目的效果。社会工作实践优劣以其结果为参照。社会工作研究应该积极发现社会工作者、社会工作项目乃至社会工作机构的实务效果，为服务完善提供建议。

具体而言，开展社会工作研究可以了解并掌握服务对象的需求，从而选择合适的服务项目，制定服务方案，为服务对象开展适切的社会工作服务，并且随着社会环境和服务对象需求的变化不断调整服务模式和方法，从而有利于服务质量的提升，有利于提高服务对象的福利。因此，社会工作研究应该以优化社会工作过程为重要任务，将研究融入实务各个阶段，促进其规范运作。社会工作研究，如社会政策的分析和研究等，有利于社会公共资源的合理、高效的配置和使用，有利于维护各个群体的合法权益，不断推动社会和谐与社会发展。

---

① 李迎生. 社会工作概论[M]. 北京：中国人民大学出版社，2018.
② 简春安，邹平仪. 社会工作研究法[M]. 高雄：巨流图书公司，2004.

2. 社会工作研究推动了社会工作理论的发展

有人认为，社会工作是实践性的学科，不需要理论或者不需要理论研究，这种观点是错误的。社会工作要成为一门专业，需要有系统的理论体系，只不过社会工作研究更侧重于应用性的理论研究。社会工作理论由基础理论和实践理论组成，前者在于回答为什么，后者在于说明怎么做。基础理论主要来自与个人有关的学科（如心理学）和场景有关的学科（如社会学），实践理论则是社会工作自身的理论。因此，社会工作研究应该首先对其自身理论有所贡献。

当前，我国社会工作发展迫切需要理论工作者进行理论和政策研究，包括社会工作和和谐社会建设的理论研究、社会工作的基础理论研究、社会政策的行动过程研究、社会工作的本土化研究、社会工作方法的方法论研究、社会工作教育体系研究、社会工作发展和国际比较研究等。实务工作者也通过实际工作中接触服务对象而不断反思，进行诸如社会工作的介入模式、实务理论等方面的研究。所以说，社会工作研究有利于检验并发展社会工作理论，而社会工作理论大多来自社会工作研究对实践的总结，因此社会工作研究也应该以对社会工作理论的完善和进步为自己的使命。

3. 社会工作研究促进了社会工作的专业化和职业化的发展

社会工作研究能够提高社会工作服务机构和社会工作者专业水平，能促进社会工作专业队伍的理论、知识素养，提高工作技能。作为社会工作者，如果能够做到"无论是否成为专业研究人员，将研究变成自己的主要工作，或者将研究成果运用到工作中去，了解研究过程都将使自己受益，如果能够将自己与研究过程有机结合在一起，那么我们的知识水平和能力就得到了丰富和提高。"①

4. 社会工作研究能够治疗和预防社会问题、推进社会福利

在社会工作中，社会议题是核心对象，如果议题存在不良后果则被视为社会问题。社会问题则被视为服务对象与外在场景之间互动不当的结果。这是社会工作实践应对社会问题的重要架构，也是社会工作研究的重要视角。在实践中，社会议题的负面表现众多。社会工作者针对这些后果进行应付，就成为治疗性社会工作。社会工作研究作为社会工作的组成部分，自然可以将社会问题的后果治疗作为基础目的。任何社会问题都有其缘由。积极开展研究以削减社会问题的原因，自然也是社会工作研究的功能之一。

另外，社会工作研究也强调对服务对象的伦理责任，以福利和公正为最终目标。社会工作以服务对象的权益为首，不但协助其疏解问题和满足需求（任务目标），而且在其中协助其综合提升（过程目标）。社会工作伦理也注重民众整体最大福利。因此，社会工作研究的进展、成果的公开和应用，也应该以保障民众幸福而推动整体福利最大化为宗旨。社会工作经验也证明，民众困境极大部分源于外在物质环境，有些来自外在软件环境，有些甚至是被社会建构出来的。社会工作研究与社会工作一样，也要促进公平正义为己任，营造有利于民众福利最大化的外在环境。

---

① ［美］劳伦斯·纽曼，拉里·克罗伊格. 社会工作研究方法——质性和定量方法的应用［M］. 刘梦，译，北京：中国人民大学出版社，2008.

三、社会工作研究的方法论

方法论是关于研究方法的理论，主要从哲学角度探讨与学科体系和基本假设有关的一般原理，即方法论探讨指导研究的基本原则、逻辑基础以及学科的研究程序和研究方法等。方法论是社会工作研究的宏观指南，方法论是构造社会工作理论的基础。

1. 实证主义方法论

实证主义方法论肯定社会现象的客观性，重视经验在认识中的作用，并致力于搜集资料和分析资料的科学性。实证主义方法论者认为，社会现象与自然现象没有什么本质的区别，对社会事实可进行类似于自然科学那样的探讨，要通过客观、具体的观察，通过经验概括得出结论。显然这种方法论的弊端在于忽视了社会主体的主观意识和价值取向，过于强调经验的取向而导致了对理论研究的不充分，故难以正确而全面地了解社会。社会行动理论、结构功能主义理论、冲突理论、交换理论和社会结构理论等都受到了实证主义方法论的影响，但相对于非实证主义的观点也展现了其不足之处。

通过实证主义方法论的指引，社会工作研究可以进行广泛而深入的资料收集与问题分析来探讨专业服务与社会项目的绩效，并从中探寻规律性的内容，以更好地推动社会工作事业的发展。

2. 反实证主义方法论

反实证主义与实证主义持相反的观点，由于人的特殊性，要充分考虑人类社会与自然现象之间的差别，要发挥研究者在研究过程中的主观性，反实证主义方法论者强调社会主体的主观意识和价值取向，即人有意识且人有差异性。其所主张的观点可概括为三点：

第一，强调在自然现象和社会现象之间做出区分，突出社会现象的特殊性、不可重复性，要求研究者使用与研究对象的特点相契合的方法，反对把自然科学方法绝对化。

第二，突出社会行动者的主体性、意识性和创造性，反对把人"物化"的现象。

第三，主张借助"价值关联"，理解人的主观意识在社会认识中的重要作用，并要求对社会事实的价值判断、理论和实践三者做出分别处理。①

在反实证主义方法论的影响下，社会工作研究将关注点放到服务对象主体性上，即对其主观经验、认识及体验的把握及关注，在研究中形成"当事人/案主-社会工作者"的伙伴关系，以推动相关服务项目的发展、完善及推广，促进社会工作事业的发展。

3. 建构主义方法论

建构主义方法论者认为对"事实"会因个人经验、情景而有不同认识，研究者与被研究者互为主体，研究结果是双方互动达成的共识，强调双方互动而达到生成性理解，知识是人们建构的结果，但这种建构又不是随意的。

4. 批判主义方法论

批判主义方法论一般又被称为马克思主义方法论、阶级分析和结构主义。它借鉴吸收了实证主义方法论和解释主义方法论的主要特征，并形成了独特的方法论观点。源头上是

---

① 李迎生. 社会工作概论(第二版)[M]. 北京：中国人民大学出版社, 2010.

追溯马克思、恩格斯的理论成果，最早是由德国法兰克福学派在 20 世纪 30 年代发展出来的，哈贝马斯、布迪厄等伟大学者都属于这一学派。

批判主义方法论者认为，社会科学研究的目的是为了批判和改变原有不合理的社会关系。而就社会工作研究而言，它的目的是为了揭示隐藏在表象背后的真相，帮助人们改变这个世界。因此，批判性社会工作研究是行动导向的，他们不满现状，积极动员草根力量寻求改变；它既倡导社会工作者注重对当事人/案主的现状剖析与问题解决，也强调对更宏观的社会制度的变革。

总的来说，实证主义方法论强调社会现象的客观性和外部原因，具有自然主义倾向，忽视"人"的因素及历史、文化因素；反实证主义偏重于构成主观经验现象的主观因素或内因，强调对人的行为应从其主观的因素方面去理解，否认客观认识的可能性；建构主义不认为存在唯一的、不变的客观事实，事实是研究者与被研究者的价值互动而达到的生成性理解；批判主义方法论思想既有其辩证性，又有其历史性，需在其指导下开展研究。

第二节　社会工作研究的一般过程

社会工作研究与一般社会科学研究大同小异，都是通过一定的程序或步骤来进行的。关于社会工作的过程，在学术界既有粗糙的划分也有精细的划分，一般而言，社会工作研究可以分为四个阶段，即准备阶段、调查阶段、分析阶段与总结阶段。准备阶段包括三方面工作：确定课题；设计调查方案；具体准备。调查阶段是社会调查研究方案的执行阶段，主要是按照调查研究方案中所确立的调查计划、调查方式进行资料的收集，具体贯彻调查设计中所确定的思路。分析阶段也称研究阶段，这一阶段是指在实地调查完成后，调查者对所收集的资料审核、整理、统计、分析的过程。总结阶段是社会调查的最后阶段，这一阶段的任务主要是总结调查工作、评估调查结果和撰写调查报告。

具体而言，大部分的社会工作研究在四个阶段中包括以下七个步骤：选择研究问题并确定研究题目、文献回顾和探讨、提出研究假设、研究设计、收集资料、分析资料、撰写研究报告。

一、选择研究问题并确定研究题目

研究过程首先由选择研究题目开始，如流浪乞讨者、离婚、犯罪、农民工群体等问题。那么，究竟哪些研究题目会进入研究者的选择领域呢？有学者提出"选题的动力应该来自社会服务机构所面临的决策问题或解决社会福利实际问题所需的信息"。[①] 也有学者提出研究问题的来源有"个人的兴趣引发、社会工作实践中常见问题的研究、主要的社会工作实践经验的研究、他人的研究资料及研究的启发"。实际上，确定研究问题要受到多种因素的影响和制约。研究问题的重要性、社会工作实践的需要、个人知识的积累、研究

---

① Rubin, A. & Babbie, E. *Research methods for social work* (2nd ed) [M]. Pacific Grove. CA: Brooks/ Cole, 1993.

兴趣、研究能力、可利用的人力、经费等资源、研究对象的配合等因素都会对研究选题起作用，研究者要综合考虑这些因素，然后优先选择要研究的问题。

确定研究问题后，研究者需要将某个研究问题具体化，将研究问题缩小到成为自己研究中的一个具体的研究题目。一个研究问题可能会有多个研究题目。例如，研究者选择的研究问题是"青少年网络成瘾问题"，但可生成多个研究题目，可以探讨"青少年网络成瘾的行为特征""青少年网络成瘾对学业的影响""青少年网络成瘾的社会工作干预""家庭与青少年网络成瘾"等多个题目。

二、文献回顾和探讨

研究题目确定后，研究者需要针对某个具体问题进行文献回顾和探讨。在这一阶段，文献回顾和探讨的目的表现在：深入了解研究问题的历史、渊源和范畴；了解相关研究题目已运用过的成功或不成功的研究方法；了解现存的一般研究题目的答案；辨识需要测量的变量，了解现有的测量方法；确定何为获取所需资料的最佳途径，谁最有可能提供这些资料，以及何为分析这些资料的最佳方式；进一步明确研究题目，并在这些题目明确之后，以假设的形式提出这些题目的答案；选择和使用合适的统计分析方法等方面。[①] 文献来源有很多，最常用的文献来源有：著作、专业期刊论文、报纸杂志、官方文件和数据、研究报告和专题研究、学术会议和研讨会报告、对权威人物的专访、互联网等。研究者需要掌握从上述途径收集资料的方法。一般而言，并不是要穷尽所有的文献，也不可能做到，研究者只需要收集那些能在研究问题或题目上对研究者有启迪的文献资料。

通过文献回顾，研究者"可以获得进行研究设计、确定变量和问卷内容的参考资料；可以找出有关研究问题的理论根据或相关理论；可以为研究者建立自己的理论构架提供帮助；可以为研究者提出假设提供理论依据；可以初步建立理论、问题与干预方案三者之间的关联"。[②] 其实，文献回顾和探讨既指一个研究步骤，也指一种研究成果，也就是说，是研究报告中的一个章节。

三、提出研究假设

在对研究对象有了初步了解之后，一般要提出研究假设。研究假设是对变量间的关系的未经过验证的理论判断。提出研究假设后，研究工作就是去验证或否定该假设。但是，并不是所有的研究类型都要建立假设。不少社会工作研究都是实际针对具体服务工作的开展，这类研究一般不需要研究假设。还有一些探索性研究以及大部分描述性研究中，对于该研究问题和题目都缺乏足够的了解，就不能作出假设。因为研究的目的只是对研究对象进行初步的了解和描述，而不是对相关概念之间相互关系的相关性作推论检验。还有质性研究方法中的扎根理论，它的主要宗旨是从经验资料的基础上建立理论，研究者在开始研究之前一般是没有理论假设的，直接从实际观察入手，从原始资料中归纳出经验概括，然

① [美]Bonnie L. Yegidis, Robert W. Weinbach. 社会工作研究方法[M]. 黄晨熹等，译，上海：华东理工大学出版社，2004.

② 李迎生. 社会工作概论[M]. 北京：中国人民大学出版社，2004.

后上升到理论。

四、研究设计

研究设计是在正式研究之前的计划，对研究问题的意义、研究思路、研究进程、研究方法、抽样方案、人员安排、经费预算、时间安排、资料的整理与分析及其他相关事项做出比较周密的计划。研究设计要解决的问题包括：研究应于何时何地开展；要收集哪些资料；这些资料最好向哪些人收集或收集什么；这些资料如何收集；需要测量的变量有哪些；这些变量该如何测量；如果有需要，要控制哪些其他变量，如何控制这些变量；所收集的资料该如何组织和分析；研究结果应该如何发表等。① 具体来说，研究设计阶段需要完成的工作是编制调查问卷和调查提纲；根据研究目标，确定适宜的研究方法；与研究相关人员和部门建立联系，做好调查前的准备工作；向相关部门或组织申请研究经费等。

五、收集资料

收集资料是按照研究设计中确定的方法，深入研究对象进行访谈、观察、问卷或实验的过程。这是社会工作研究过程中最为关键的一个步骤，研究者应收集尽可能丰富的、能反映问题的资料。搜集资料的方法有很多，就社会工作研究而言，研究者所采用的方法主要有社会调查法、观察法、个案研究法、文献研究法、行动研究法等。

六、分析资料

在对各种资料收集上来后，研究者需要进行初步的处理。对于问卷资料需要编码并录入电脑以便进一步分析，对于声音资料要还原文字资料，对于文字资料需要根据研究目的进行整理、摘要和归类。对于文字资料的分析所采用的方法主要有比较、归纳、推理、语义分析等，以揭示资料对研究问题的意义和价值。对数字资料一般采用统计分析方法，通过描述统计达到简化数据的目的，通过推论统计方法将调查所得资料与研究假设相对照，说明资料在多大程度上支持、证实了假设，以达到对资料的深入分析和解释。

七、撰写研究报告

当完成了资料的收集和分析之后，最后一个步骤是撰写报告，向别人报告自己的研究过程、方法和发现，以期同他人进行交流。研究报告没有一个绝对固定的格式，但是一份比较规范的研究报告一般应该包括这样几个部分内容：

1. 题目。题目不应太长，应该高度概括本研究的内容，并具有学术性。
2. 导言或引言。这部分主要包括问题的提出背景，本研究的目的和意义。
3. 文献回顾或文献综述。前面已经讲到文献回顾是研究报告中的一部分，是对以往研究的回顾和评价，不仅仅是对相关文献的罗列，还需要进行评述。

---

① ［美］Bonnie L. Yegidis，Robert W. Weinbach. 社会工作研究方法［M］. 黄晨熹等，译，上海：华东理工大学出版社，2004.

4. 研究方法介绍，具体应包括研究方法论、方法、具体研究方法与技术等。

5. 研究结果和发现。这是研究报告的核心，要从调查资料中进行推理或理论发展。

6. 结论、讨论、应用与建议。即用简明的语言概括研究的结论，并通过将本研究的结果与先前文献的比较，指出需要讨论的方面。社会工作研究还强调应用于实践。有的还会坦诚地告诉读者本研究的不足之处，未来进一步研究的方向等。

7. 注释、参考文献和附录。对研究报告正文撰写完成之后，要列出参考文献，并按照规范格式进行罗列，附录通常包含有关资料收集方法的附加信息(如问卷的内容)或结果。最后，需要说明的是，研究报告的具体部分的撰写，会根据研究是定量研究还是质性研究而有所不同，以上的内容更符合定量研究报告，质性研究报告的结构不会太固定，特别是田野研究报告很少会遵循一个固定的格式。初学者需要认真阅读不同研究类型的报告，加以学习并尝试写作。

第三节　社会工作研究的主要方法

社会研究方法很多，对社会工作研究都有一定程度的适用性，在此讨论几种社会工作研究中比较常用的方法，包括社会调查法、个案研究法、实验研究法、行动研究法及非接触性研究法等。

一、定量研究与定性研究

社会工作研究可分为定量研究和定性研究(或质性研究)两大范式。

在社会科学领域，定性研究是以现有的文献资料或调查材料为依据，对某一社会现象运用演绎、归纳、比较、分类、矛盾分析等方法，以判断事物性质为目的的社会调查研究。定性研究是从纷繁复杂的事物中探寻其本质特征和要素，在调查方式上多通过大量个案调查获得资料，得出结论，所得出的结论多具有概括性。

定量研究就是运用概率、统计原理对社会现象的数量特征、数量关系和事物发展过程中的数量变化等方面进行的研究。在收集资料方面，定量研究强调如果不能进行普查，则应当运用抽样技术选择样本；在对样本进行调查研究时，定量研究必须有一定结构，能对调查过程、调查方法和调查技术实施严格控制，对调查结果能够进行量化。

表 12-1　　　　　　　　　　　　**定量研究与定性研究的比较**

	定量研究	定性研究
哲学基础	实证主义	人文主义
研究范式	科学范式	自然范式
逻辑过程	演绎推理	归纳推理
理论模式	理论检验	理论建构
主要目标	确定相关关系和因果关系	深入理解社会现象

续表

	定量研究	定性研究
分析方法	统计分析	文字描述与阐释
主要方式	实验、调查	实地研究、个案研究
资料收集技术	量表、问卷、结构观察等	参与观察、深度访问等
研究特征	客观	主观

资料来源：风笑天．社会研究方法［M］．北京：中国人民大学出版社，2018.

二、主要的研究方法

社会工作研究方法是进行社会工作研究和实务评估的重要途径。社会工作质性研究和定量研究中很多研究方法，对社会工作研究都有一定的适用性。限于篇幅，本章只介绍调查研究法、实验研究法、文献研究法、田野调查法、行动研究法和评估研究法等六种主要研究方法。其中，调查研究法、实验研究法、文献研究法属于定量研究，田野调查法、行动研究法和评估研究法属于质性研究。

（一）调查研究法

1. 调查研究的内涵

调查研究是社会学研究和社会工作研究中搜集资料的主要方法之一。调查研究是指"采用自填式问卷或结构式访问的方法，系统地、直接地从一个取自总体的样本那里收集资料，并通过对资料的统计分析来认识社会现象及其规律的社会研究方式"。① 由于调查研究方法直接从调查对象处获取资料，只要能获得被调查者的合作，在大量调查的基础上，就能得出比较真实的变量之间的关系或现状的判断。

调查研究过程中需要注意这样几个重要环节：

（1）调查研究的对象。这里要区分"分析单位"和"调查对象"，分析单位是调查中分析和描述的对象，而调查对象是问卷直接去调查的对象。有的研究分析单位就是调查对象，而有的则不是。比如一项关于"城市家庭消费结构"的调查，分析单位是"家庭"，而调查对象是"家庭中的某位成员"；又如关于"大学生择业意愿的调查"，分析单位和调查对象都为大学生个体。

（2）确定总体和选取样本。社会学所研究对象的全体构成总体。从总体中抽出的这一部分对象的全体构成样本，这种调查又称抽样调查。具体的抽样方法有多种，有概率抽样和非概率抽样，还可以细分出若干不同的形式。在一般情况下我们期望抽样调查的数据能够代表总体的特征，否则，从调查中得出的结论就不能推论到总体。如果将不能代表总体的抽样调查数据应用于对总体的判断，我们就会犯错误。

（3）问卷和访问。在调查中，可以使用问卷、访问，也可二者兼用。问卷是社会调查

① 风笑天．社会研究方法［M］．北京：中国人民大学出版社，2018.

中用来收集资料的一种工具，它的形式是一份精心设计的问题表格，其用途主要用来调查被调查者的多种行为、态度和社会特征。调查者通过邮寄或发放等方法将问卷交给被调查者，让被调查者自己将问卷填好并将其交还送卷者或寄给调查者。这种方法要求被调查者有较高的文化水平和较高的理解力。邮寄问卷的收回率较低，但执行起来较省时、省力。访问则是访问者通过面对面问答的方式直接了解社会情况的方法。研究者去拜访被调查者，通过向被调查者提问以获取调查资料。研究者可直接提问，也可以就问卷上的问题逐项提问，并记录答案。前一种访问称为非结构式访问，后一种访问称为结构式访问。非结构式访问提问比较灵活，容许被调查者自由发挥，往往能获取较深层次的资料，其缺点是被访者的回答容易受访问者提问或暗示的影响，人们的回答也难以统计和比较。结构式访问相对而言较呆板，将提问和回答都限制在问卷设置的框架内，但其回答便于统计和比较，可以计算各个变量之间的相互关系或因果关系，因此受到了较多的社会学家的喜欢。

2. 调查研究方法的应用和限制

调查研究成为社会学家获取资料研究社会的方法，每隔一段时间就可重复一次，特别适用于研究社会的动态变化。但这种方法也有一些明显的不足之处，主要包括：

（1）很多人不能交回自填问卷，可能导致调查失去代表性。

（2）许多人的文化程度不足以理解并正确地填写问卷，会造成漏填或误填问卷，使调查资料误差增大。

（3）被调查者可能掩饰自己的某些看法或观点而提供不真实的资料，特别是在面对面的访问中涉及敏感问题的时候。

（4）在问卷调查或结构式访问中，人们常常会对他们根本不知道的问题发表意见。

（5）很难对问题进行深入的研究。

（6）有些问题不适合用调查法进行研究，如群体成员互动过程的研究等。

（二）实验研究法

1. 实验研究的内涵

所谓实验研究，是指"一种经过精心的设计，并在高度控制的条件下，通过操纵某些因素，来研究变量之间因果关系的方法。"[①]因为有严格的控制，实验法所得的资料不仅比较准确和真实，而且能够消除其他变量对我们所要研究的关系的影响，以显示变量之间的真实关系。因为有对变量的人为操纵，我们可以判定我们所研究变量之间的关系是因果关系。任何一项实验研究，一般都需要涉及三对基本要素：（1）实验组与控制组；（2）前测和后测；（3）自变量和因变量。

假如研究者决定进行一项实验，了解黑人、白人同班学习如何影响白人学生对黑人的态度，研究者就必须首先测量白人学生对黑人的态度，然后让他们和黑人学生同班学习，经过一段时间之后，再来测量白人同学对黑人的态度，看看是否发生了什么变化。但是，这一过程还不足以确定两个变量之间的因果关系。白人学生态度的任何变化可能是由其他相关因素引起的——也许在实验的过程中爆发了反种族主义宣传。因此，要确立黑人、白

① 风笑天. 社会研究方法[M]. 北京：中国人民大学出版社，2018.

人学生同班学习与白人学生对黑人态度之间的因果关系，我们必须强调实验法的另一方面——对其他相关变量的控制，以消除其对我们所研究变量的影响。通常的做法是把白人学生分成两组，采取随机分组的方式使两组学生在各个有关方面都很相似，包括对黑人的态度，然后让其中的一组作为实验组与黑人同学同班学习，另一组作为控制组，除不与黑人学生同班学习外，其他经历都与实验组相似。经过一段时间再测量两组学生对黑人的态度，其中的任何差异都被认为是自变量所造成的。

2. 实验研究的应用和限制

实验研究方法的采用对社会学的学科发展产生了积极的作用。研究者在严格的控制条件下，自主地操纵自变量，细致准确地测量它的影响，从而确定变量间的因果关系，使社会学家像自然科学家研究自然界一样精确地研究人的行为及其原因，促进了社会学研究从思辨向实证的转化。实验方法的应用是社会学的科学性的一个重要体现。实验方法的使用还使研究者可以研究在一些日常条件下往往无法系统研究的特殊问题，因为在日常的条件下，许多其他的因素会掩盖或歪曲有关的过程。

但是，由于社会学研究对象的特殊性和实验研究过程的人为性，必然使研究对象的行为偏离日常生活中的正常反应，割裂了社会学与活生生的现象社会的联系，使很多从实验室研究中得出的结论不能提供对社会现实有效的解释和预测。另外，实验法"价值中立"和"文化中立"的假设，掩盖了意识形态、价值观、文化背景等对研究工作的影响。很多社会学家对实验法是否适于研究复杂的人类行为，或实验法能否真正有效地研究人的行为表示怀疑，并且对社会学实验法能否做到"价值中立"和"文化中立"缺乏信心。

在社会工作研究过程中，为了检验某种干预策略对服务对象是否有效或产生作用，可进行实验，一旦这种干预方法的实际效果得到验证，便可针对同类案主的问题在更大范围内实施。但是，也要考虑到社会工作的研究对象实际上是很难加以人为的、有效的控制，因此在判断某种方法、技术对研究对象的实际影响时，应当谨慎。实验研究方法是社会工作研究的重要方法，但并不是唯一有效的方法，它有着自身无法克服的缺点。全面深刻地研究人类行为，还必须借鉴其他各种有效的方法。

（三）文献研究法

1. 文献研究的内涵

社会科学家在从事社会研究时经常会遇到某些特殊的问题，这些问题既无法用实验加以验证，又不能通过社会调查寻求答案，其解决的唯一方式就是分析既有的文献资料。这种利用各种文献记录所隐藏的大量资料来进行社会研究的方法就是文献研究。有些如历史性的问题、难以用调查研究和实验研究验证的问题就适用于文献研究。文献研究区别于文献回顾，一般而言文献回顾可作为社会研究的前期工作应用于很多研究课题，经常用于探索性研究，即在研究者要从事某个课题的正式研究之前，查阅相关的研究报告、文献和统计资料是其必须经历的一个研究阶段。而文献研究，准确地说，利用文献的定量研究则是"通过定量地收集和分析现存的，以文字、数字、符号、画面等信息形式出现的文献资料，来探讨和分析各种社会行为、社会关系及其他社会现象的研究方式"。① 大量有用的文献都是可以轻易获得的，有些是公开发表的，有些是尚未发表的。常用的文献有：日记、回忆录和自传，信件，报刊，官方统计资料和历史文献等。

内容分析、二次分析、现存统计资料分析是三种比较常用的文献研究方法。内容分析是一个收集与分析文本内容的技术，它通过分析任何书面的、可视的和口述的材料，包括书籍、报纸、杂志、日记、信件、官方文件、电影或录像带、歌曲、照片、衣物或艺术品等，来了解人们的行为、态度和特征，进而了解和说明社会结构及文化变迁。内容分析法对三类研究问题非常有用：有助于处理庞大的文本；有助于研究那些发生在"千里之外"的主题；能够揭示随意观察文本时很难发掘的信息。② 现存统计资料和二手资料都是非常有价值的资料，研究者可以根据研究问题或变量在这些现成的资料库中进行搜索，将资料重新组合，以新的方式进行探讨。

2. 文献法的应用和限制

用文献法从事社会工作研究有很多优点。第一，由于资料是现成的，研究者不必耗用大批经费去收集资料，可以节省开支。第二，大多数资料，特别是政府、组织的统计资料都是长期积累的，对此加以研究，可以看出事物变化发展的趋势。第三，用文献法研究不必争取研究对象的合作，减少了由于研究对象不合作而造成的误差。

虽然如此，文献法也有其自身不能克服的缺点：第一，文献的保存者不愿提供相关资料。除政府公开发布的数据资料外，很多对研究有用的文献都分别保存于各级组织和个人手里，往往不易获得，特别当资料涉及有关机密或隐私时。第二，既有的资料不能够完全满足研究者特殊的研究目的。任何文献资料都有其特有的来源和用途。这些资料对于后来的研究者来说可能是不充分或不完整的。第三，利用传媒的资料必须考察其来源及其可靠性、真实性，而这些又常常是难以做到的。

3. 文献研究的经典案例

涂尔干对自杀的研究发表于 1897 年，至今仍然是利用现有资料进行社会学研究的典范。他的名著《自杀论》仍被列为社会学专业研究生的必读书。与从心理学上寻找自杀的原因不同，涂尔干试图证明自杀并不完全是个体现象。在这个问题上，调查法显然是行不通的，因为你不可能对死人进行调查。实验法显然也是不合适的。但有关自杀的统计资料却唾手可得，于是涂尔干对这些资料进行了分析研究。通过比较不同地区、不同民族、不同群体的自杀率，涂尔干发现一个很有意思的现象：自杀的发生率因社会群体而异，而且多年来一直如此。基督教徒比天主教徒更可能自杀；大城市的人比小社区中的人更可能自杀；独立生活的人比在家庭中生活的人更可能自杀。涂尔干通过分析认为，个人与他人实现社会结合的程度是和自杀率相关的因素。那些与自己社区关系比较疏远的人比那些有比较密切联系的人更容易轻生，从而说明了自杀不仅仅是个人问题，而且在更深刻的意义上讲是一个社会问题。

---

① 风笑天. 社会研究方法[M]. 北京：中国人民大学出版社，2018.

② [美]劳伦斯·纽曼，拉里·克罗伊格. 社会工作研究方法——质性和定量方法的应用[M]. 刘梦，译，北京：中国人民大学出版社，2008.

（四）田野调查法

1. 田野调查的内涵

田野调查（field work）是一种质性研究方法，研究者在一个小规模的社会背景中，采用直接观察和亲自参与的方式来研究某个社区文化。这种研究不需要处理数字或进行复杂的统计，也没有抽象的演绎假设，它是在自然环境下与真实的人进行的面对面的互动。田野调查中，单个的研究人员直接与研究对象交谈或对他们进行观察，经过数月或几年的互动，研究人员对他们有了深入的了解，了解他们的生活史、爱好兴趣、习惯、希望、恐惧与梦想。① 英国人类学家马林诺夫斯基开创了田野工作的先例，是第一位从事田野研究的学者。1922 年，他的《西太平洋的航海者》一书出版，标志着田野调查的科学范式的建立。他认为："与当地人一起生活是开展田野工作的第一步，并且理论训练并不等于就是先入为主的成见，如果能在证据面前修正理论，那么这样的田野工作就是有价值的。"②

田野调查法一般适合于研究涉及了解、理解或描述某个互动中的人群的具体情况。适合田野研究的问题有：通过完整深入的观察，适合无法以量化方式呈现的研究主题；适合在自然情境下最能被理解的态度和行为；适合研究一组互动人群；研究不定型的社会经验；发现显示那些并非显而易见的事物。田野研究比定量研究具有更多的弹性，更少结构化。这对研究人员来讲，重要的是对田野工作做好完善的组织和充分的准备工作。田野研究的步骤是：

（1）做好准备，阅读文献，并且抛弃焦点。

（2）选择进行田野研究的地点，获得进入田野现场的渠道。

（3）进入田野，与田野成员建立社会关系。

（4）找到一个社会角色，获悉内幕，和田野成员融洽相处。

（5）观察、倾听、收集高质量的资料。

（6）开始分析资料，发现评估工作性假设。

（7）聚焦在田野环境中某些特定的方面，并且使用理论抽样。

（8）对田野知情人进行访谈。

（9）从田野环境中抽身，离开田野环境。

（10）完成分析并且撰写研究报告。③

2. 田野调查的应用和限制

田野调查和其他获取研究资料的方法相比，最大的优点是可以实时地、深入地观察到社会现象或行为的发生，不仅可以把握事物的全貌，而且可以注意到现象或者行为发生的氛围和情景，所获取的资料更加生动形象，能反映事物本来的面目，对微观层次或小团体

---

① ［美］劳伦斯·纽曼，拉里·克罗伊格. 社会工作研究方法——质性和定量方法的应用［M］. 刘梦，译，北京：中国人民大学出版社，2008.

② 朱敏. 田野研究的扎根与扩展［J］. 理论界，2009（1）.

③ ［美］劳伦斯·纽曼，拉里·克罗伊格. 社会工作研究方法——质性和定量方法的应用［M］. 刘梦，译，北京：中国人民大学出版社，2008.

面对面的互动最有价值。田野调查也有其自身无法克服的缺点，这些缺点常常是和它的优点相对应的，比如人类社会中有许多现象是不适宜或不可能进行田野研究的；而且研究事物或现象在长时间内发展变化的历程或趋势，田野研究具有很大的局限性，研究者无法跟踪一个人的生活来研究他的成长史，也无法亲身经历一种文化去研究其文化的变迁。同时，田野调查也面临着一些伦理问题，比如欺骗或暗中研究是否有违伦理，保密原则，发表田野报告时产生了隐私权和知识之间的伦理困境等。

3. 田野调查的经典案例

田野调查有许多精彩的案例。比如，美国社会学家怀特于 1943 年曾在美国的某个城市中的意大利贫民区生活，得出了不同的结论，即贫民社区也是高度有组织的，但不是按照中间阶级的标准来组织的。美国社会学家戈夫曼曾作为一名观察者在一座精神病院里呆了好几个月。他对精神病院机构如何有计划地使病人丧失个性，甚至加重他们的病情作出了详尽的说明。中国著名的社会学家、人类学家费孝通进行过三次著名的田野调查：第一次是在广西金秀瑶山，第二次是在江苏江村，第三次是在云南禄村。这也可以说是费孝通从事人类学田野调查的三部曲，由此形成三部著作：《花瑶蓝社会组织》《江村经济》和《禄村农田》。其中影响最大、获得广泛赞誉的是第二部《江村经济》。江村的调查对费孝通后来的学术之路和学术地位影响深远。费孝通本人也坦言："江村是我有意识地观察我国农村社会和文化的起点，它也就孕育了我一生的学术思想。"

(五)行动研究法

1. 行动研究的内涵

行动研究(action research)是指："对社会情境的研究，是以改善社会情境中行动质量的角度来进行研究的一种研究取向。"①行动研究反对那种将研究者和研究对象严格区分的传统做法，强调研究者是研究对象的一部分，在与研究对象的共同行动中从事研究；行动研究主张研究者与被研究者在没有层级没有剥削的状况下共同参与、产生改变，并缩短理论与实务间的差距；行动研究者的重点在强调"增加觉醒"与"赋权"(empowerment)，找出研究者与参与者合作的方式，让参与者变成行动研究者。因此，在行动研究中，研究者扮演的只是一个"触媒"的角色，帮助参与者确认和定义研究的问题、对分析和解决问题提供一个思考角度。②

2. 行动研究的具体步骤和方法

行动研究自提出以来倡导者们都力图寻找一种可以普遍推广的操作模式，以便使行动研究的实施更加规范和明确。然而，由于理论背景的差异和现实问题的千差万别，使得不同的研究者在实施行动研究的具体步骤上呈现出差异。勒温最先比较完整地提出了行动研究的一般过程，主要包括：

第一，用简便的方式仔细地考察将要达到的目标，不断地在情境中收集证据。在此基

---

① Elliot, J.. *Action research for education change*[M]. Milton Keynes & Philadelphia: Open University Press, 1991.

② 赖秀芬，郭淑珍. 行动研究[A]. 胡幼慧主编. 质性研究[M]. 高雄：巨流图书公司, 1996.

础上做出一个如何达到目标的总体计划和决定采取某种行动。

第二，执行已经确定下来的总体计划。

第三，观察行动的过程。这种观察有四种作用：一是评价行动，二是它为研究者提供一个学习的机会，三是它将为下一步计划提供经验，四是它为修改总体计划提供事实依据。

第四，重新设定计划、执行和观察的进程，以便评价第二步的执行效果，为第三步的设计提供理性基础，并对总体计划作出可能的修改。如此循环往复，不断提高。勒温的"螺旋循环程序"为后来的行动研究的倡导者提供了一个很好的范例。

20世纪80年代克密斯（S. Kemmis）将勒温的"螺旋循环程序"加工改造，形成由"计划-实施-观察-反思"四个环节组成的一个螺旋式发展过程。每一个螺旋圈都包括这四个相互联系、相互依赖的环节，其中反思环节是第一个螺旋圈过渡到下一个螺旋圈的中介。四个环节分别为：

（1）计划。以大量的事实发现和调查研究为前提，从解决问题的需要和设想出发，设想各种有关的知识、理论、方法、技术、条件及其综合，以便使行为研究者加深对问题的认识，掌握解决问题的策略，计划包括研究的总体计划和每一个具体的行动步骤。

（2）行动。按照目的实施计划，行动应该是灵活、能动的，包含有行动者的认识和决策，行动研究者在研究的过程中应该逐步加深对特定情境的认识，可以邀请其他研究者和参与者参与监督和评议。

（3）考察。对行动的过程、结果、背景和行动者的特点进行考察。考察没有特定的程序和技术，鼓励使用各种有效的手段和方法。

（4）反思。对观察到和感受到的与制定和实施计划有关的各种现象进行归纳，描述出本循环的过程和结果，对过程和结果作出判断，对现象和原因作出分析解释，指出计划与结果之间的不一致，形成基本设想、总体计划和下一步行动的计划。①

3. 行动研究的应用和限制

行动研究法自20世纪70年代以来发展起来后，被运用于社会科学的各个领域，特别是组织研究、社区研究、医务护理和教育。如今，行动研究被越来越重视，被认为是未来社会科学研究发展的一个方法。而行动研究与社会工作的专业理念和工作手法也非常契合。社会工作者在工作过程中，强调"助人自助"的理念，强调通过"赋权"，激发服务对象的潜能，从而解决问题并获得发展，以增进社会福利，促进社会进步。但是，行动研究并不能取代其他类型的研究，而是它们之间具有某种互补性。

（六）评估研究法

1. 评估研究的内涵

评估研究也称项目评估（program evaluation）是目前社会工作研究中常用的方法之一，是指"通过对某一社会方案或行动计划的实际效果加以评价、分析、比较和反思，以了解

---

① 陈向明．质的研究方法与社会科学研究[M]．香港：教育科学出版社，2003.

是否达到了预期目标的活动和过程"。①

按照简春安的观点，项目评估有需求性评估、评估性评估、过程评估、结果分析评估、成效评估几种。② 项目评估按照在实务过程进行的时段来分，也可以分为服务前评估、服务中评估和服务后评估三大类。

（1）服务前评估可以分为需求评估和方案开发。需求预估指社会工作者诊断所需舒缓议题的范围和领域、目标人口的特征、问题、表达性需要和欲望，从而指导项目的计划和开发。方案开发是指在若干候选计划中选取合适方案。

（2）服务中评估就是评价实务过程相关活动的状况，是一种动态评估。社会工作者在服务提供时最好同时也是评估者，从而有利于了解参与者的回应、社区其他组织的态度、资源的变动情况、执行效果、目标与方法的接受度等，滚动修订计划，保证服务顺利。

（3）服务后评估是对服务效果进行评判，又分结果评估和效率评估。结果评估就是比较服务前后服务对象的变化，判断项目是否有效实现计划目标。效率分析就是将干预结果与服务投入进行比较。③

2. 评估研究的应用

在社会工作领域中，评估研究有着非常重要的意义，它可以使社会工作机构了解社会工作方案、计划投入的人力、物力、资金、时间与实际取得的效果之比，从而确定该方案、计划的社会效益。社会工作者通过描述、分析和判断工作过程和成果，也可以对所提供的方案、服务更负责任。此外，社会工作的主管部门要掌握评估方法，使得评估资源的最大化利用。

基本概念

社会工作研究　社会工作方法论　社会工作研究程序　定量研究　质性研究　调查研究法　实验研究法　文献研究法　田野调查法　行动研究法　评估研究法

课后思考题

1. 什么是社会工作研究？
2. 谈谈你对社会工作研究伦理的理解。
3. 试述社会工作研究的功能。
4. 简述社会工作研究的一般程序。
5. 简述社会工作研究的主要方法。

参考书目

[1]王思斌. 社会工作概论[M]. 北京：高等教育出版社，2014.

---

① 李迎生. 社会工作概论[M]. 北京：中国人民大学出版社，2004.
② 简春安，邹平仪. 社会工作研究法[M]. 高雄：巨流图书公司，2004.
③ 顾东辉. 社会工作概论[M]. 上海：上海译文出版社，2005.

［2］李迎生. 社会工作概论［M］. 北京：中国人民大学出版社，2018.

［3］风笑天. 社会研究方法［M］. 北京：人民大学出版社，2018.

［4］［美］Bonnie L. Yegidis，Robert W. Weinbach. 社会工作研究方法［M］. 黄晨熹等，译，上海：华东理工大学出版社，2004.

［5］袁方. 社会研究方法教程［M］. 北京：北京大学出版社，2002.

［6］陈向明. 质的研究方法与社会科学研究［M］. 香港：教育科学出版社，2003.

［7］简春安，邹平仪. 社会工作研究法［M］. 高雄：巨流图书公司，2004.

后　记

正如我的博士生导师风笑天教授在《社会调查方法》一书中所写到的那样，一本教材的出版可以看作是授课教师在一段时期内的教学和研究小结。本书的出版，可以说是笔者及团队近年来在社会工作领域学习、教学和实践的一个小结。感谢武汉大学出版社提供了这样一个机会！

进入21世纪以来，中国的社会工作得到了长足发展，尤其是在党的十六届六中全会做出《构建社会主义和谐社会若干重大问题的决定》后，社会工作的春天似乎已然来临。随着党和政府对社会工作人才队伍建设的重视和对专业社会工作的大力支持，中国社会工作教育也得到了蓬勃发展。社会工作的专业书籍、教材日渐增多，且种类越来越丰富。

作为有着十几年社会工作概论课程教学实践经验的教师，笔者也算是中国社会工作教育进步和发展的一个亲历者和见证者，从最初对社会工作的一无所知到如今的有所了解，尽管水平和能力有限，但仍觉得有必要将自己和团队的教学成果贡献出来，以为蓬勃发展的社会工作专业教育增砖添瓦。

本书是河北大学社会学系师生团队合作的成果，其中的每一章节都凝聚着团队成员的大量心血。章节撰写和完成的具体情况是：第一章，关于社会工作的基本认识（贾志科、李月）；第二章，社会工作的历史起源（贾志科、李月）；第三章，社会工作价值观与专业伦理（贾志科、王思嘉）；第四章，社会工作理论（贾志科、李文强）；第五章，社会工作过程（贾志科、李月）；第六章，人类行为与社会环境（郝亚飞、石雯雯）；第七章，个案工作（李旸、尤阳阳）；第八章，小组工作（孙晓天、郭亚川）；第九章，社区工作（孙晓天、郭亚川）；第十章，社会行政（王云、李佳颖）；第十一章，社会法规与政策（郝亚飞、石雯雯）；第十二章，社会工作研究（吴银玲、李月）。在这里，笔者对每一位参与者和合作者表示由衷的感谢！

需要说明的是，在本书的编写过程中，我们引用了大量已出版的教材、著作和相关研究成果，限于篇幅，书中未能一一做出标注。如有侵犯相关研究成果之处，望读者及时予以批评、指出。书中存在的缺陷和不足，也欢迎广大师生和实际工作者提出宝贵意见和建议，以便于将来不断修订和提高！

最后，本书出版得到了河北省高校百名优秀创新人才支持计划、河北省青年拔尖人才支持计划、河北省宣传文化系统"四个一批"人才中后期项目以及河北省高等教育教学改革研究与实践项目资助，在此表示诚挚的谢意！

贾志科

2020年3月31日

于河北大学